Maksim Hübenthal
Soziale Konstruktionen von Kinderarmut

Kindheiten – Neue Folge

Herausgegeben von Helga Kelle

Die Reihe „Kindheiten" (hrsg. von Imbke Behnken und Jürgen Zinnecker) hat seit Anfang der 1990er Jahre der damals neu entstehenden interdisziplinären Kindheitsforschung einen publizistischen Ort verschafft. Mit insgesamt 31 Bänden haben die beiden Herausgeber entscheidend dazu beigetragen, eine sozial- und kulturwissenschaftliche Perspektive auf Kinder und Kindheit und damit ein theoretisch und empirisch produktives Forschungsfeld zu etablieren.

Die Reihe „Kindheiten – Neue Folge" führt diese Tradition fort, herausgegeben seit 2008 zunächst von Michael-Sebastian Honig und seit 2017 von Helga Kelle. Gegenüber den 1990er Jahren haben sich die Forschungsfragen verändert und an Universitäten und Fachhochschulen sind kindheitswissenschaftliche Studiengänge entstanden. Der sozial- und kulturwissenschaftliche Blick auf Kinder in unserer Gesellschaft muss nicht mehr durchgesetzt, er muss vermittelt, differenziert und kritisch weiterentwickelt werden. Die Reihe „Kindheiten – Neue Folge" bleibt dabei ein zentraler Ort für Debatten der Kindheitsforschung.

Maksim Hübenthal

Soziale Konstruktionen von Kinderarmut

Sinngebungen zwischen Erziehung, Bildung, Geld und Rechten

Der Autor

Maksim Hübenthal, Jg. 1980, Dr. phil., Diplom-Pädagoge, ist wissenschaftlicher Mitarbeiter am Arbeitsbereich Sozialpädagogik des Fachbereichs Erziehungswissenschaft und Psychologie an der Freien Universität Berlin. Seine derzeitigen Arbeits- und Interessenschwerpunkte sind Armuts- und Kindheitsforschung sowie die Analyse der wohlfahrtsstaatlichen Rahmenbedingungen Sozialer Arbeit.

Dieses Buch stellt die gekürzte und überarbeitete Veröffentlichung der Dissertationsschrift „Die Transformation der wohlfahrtsstaatlichen Regulierung sozial verletzter Kindheiten. Eine qualitativ-gegenstandsverankerte Analyse der Kinderarmutskonstruktionen im politischen Feld Deutschlands zu Beginn des 21. Jahrhunderts" dar (verteidigt im Januar 2015, Martin-Luther-Universität Halle-Wittenberg).

MIX
Papier aus verantwortungsvollen Quellen
FSC
www.fsc.org
FSC® C089473

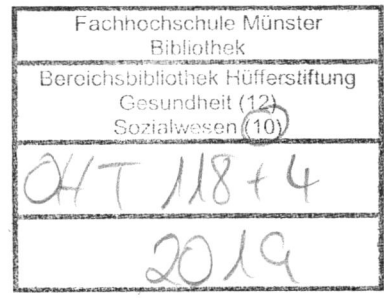

Dieses Buch ist erhältlich als:
ISBN 978-3-7799-3306-9 Print
ISBN 978-3-7799-4224-5 E-Book (PDF)

1. Auflage 2018

© 2018 Beltz Juventa
in der Verlagsgruppe Beltz · Weinheim Basel
Werderstraße 10, 69469 Weinheim
Alle Rechte vorbehalten

Herstellung: Ulrike Poppel
Satz: text plus form, Dresden
Druck und Bindung: Beltz Bad Langensalza GmbH, Bad Langensalza
Printed in Germany

Weitere Informationen zu unseren Autor_innen und Titeln finden Sie unter: www.beltz.de

Some is rich and some is poor.
That's the way the world is.
But I don't believe in lying back,
sayin' how bad your luck is.

The Clash: Bank Robber. 1980

Vorwort

Kinderarmut ist ein relevantes Thema der öffentlichen Diskussion in Deutschland. Maksim Hübenthal fragt in der hier publizierten Studie nach verschiedenen Konstruktionen dieses vielschichtigen gesellschaftlichen Problems. Er macht deutlich, wie unterschiedliche Konstruktionsweisen mit je besonderen Ursachen dieser Armut operieren. Zudem zeigt er, welche Strategien des Handelns man als wichtig erachtet und mit welchen Bedingungen die konstruierenden Akteure rechnen. Nicht zuletzt arbeitet er heraus, wie Handlungskonsequenzen eingeschätzt werden. Um die sich artikulierende gesellschaftliche Problematik nachvollziehbar analysieren und forschend handhaben zu können, grenzt Hübenthal sie auf einen materialen Komplex von relevanten Dokumenten ein: die Bundestagsdebatte zur Verfassungswidrigkeit der SGB II-Regelsätze für Kinder und zu dem daraus sich ergebenden Bildungspaket; ein Corpus von insgesamt 42 Plenarprotokollen des Deutschen Bundestages, das sich auf den Zeitraum zwischen dem 29.01.2009 und dem 25.02.2011 bezieht.

Ihre Aufgabe geht die Hübenthalsche Sozialforschung methodisch im Rückgriff auf die Grounded Theory an, die Strauss und Corbin entwickelt haben. Mit Hilfe des Codierverfahrens, das diesem Zugang eigen ist, macht sie in überzeugender Weise einen neuen Schritt. Sie arbeitet nämlich nicht nur die besagten internen Gesichtspunkte und gängigen Argumentationsbögen von insgesamt vier Konstruktionsweisen der Kinderarmut heraus, sondern expliziert auch, wie sie aufeinander verweisen. Sie legt insofern dar, wie die verschiedenen Konstruktionen ein politisches Feld konstituieren. Der Autor nennt die von ihm rekonstruierten Bestandteile dieses Feldes Erziehungsarmutskonstruktion, Bildungsarmutskonstruktion, Geldarmutskonstruktion und Rechtearmutskonstruktion. All diese Konstruktionen bauen sich – das wird in der Studie detailliert verdeutlicht – um ein gemeinsames Anliegen herum auf: Sie streben – je auf ihre Weise – die „Transformation der wohlfahrtsstaatlichen Regulierung sozial verletzter Kindheiten" an. Was ihre besonderen sinnhaften Implikationen anbelangt, so unterscheiden sie sich aber beträchtlich und Hübenthal sieht sie sich in „Spannungslinien" zueinander positionieren. Die damit verbundenen Varianzen, verschiedenen Bezüge und begrifflich-theoretischen Gehalte detailliert herauszuarbeiten, ist das Verdienst der in diesem Buch vorgestellten Forschung. Der gelingt somit ein Mehrfaches: Sie macht transparent, inwiefern Kinderarmut einen zurück verfolgbaren und sozial unterschiedlich konstruierten Sinn im mit Bourdieu begriffenen politischen Feld annimmt. Zudem verdeutlicht sie, welchen Rang die unterschiedlichen Konstruktionen in Machtverhältnissen besitzen, die auch über dieses Feld hinausreichen. Schließlich stellt sie heraus, auf welche Weise eine kindheitsbezogen-wohlfahrtsstaatliche Perspektive in dieser Studie orientierungswirksam wird und sie die Kinderarmutsforschung bereichern kann.

Reinhard Hörster   Halle/Saale im Juli 2017

Danksagung

Wie die meisten (akademischen) Tätigkeiten eines Einzelnen profitierte auch die vorliegende Studie von der Unterstützung vieler verschiedener Personen. Mein Dank gilt Prof. Dr. Thomas Olk (†) und Prof. Dr. Reinhard Hörster, die sich beide nicht nur als Gutachter der Dissertation, die diesem Buch zu Grunde liegt, sondern auch als wirkliche Betreuer verstanden und das für mich richtige Maß zwischen eigenverantwortlicher Freiheit und unterstützender Lenkung fanden. Thomas Olk im Speziellen danke ich für sein offenes Ohr, das er stets für meine Fragen und Ideen hatte – auch in den unpassendsten Situationen. Ich danke ihm vor allem auch für die vielen Jahre des fruchtbaren und herzlichen Miteinanders! Reinhard Hörster gebührt mein Dank nicht zuletzt auch deshalb, da er mir nach Thomas Olks Ableben als verlässlicher Ansprechpartner bei der Überführung der Dissertationsschrift in das Buchskript zur Seite stand. Meinem Freund Ekkehardt Albert danke ich für seine über die Jahre fortwährende Versorgung mit Hinweisen auf die neuesten einschlägigen Studien, Schlagzeilen und Gesetzesnovellen. Meiner Frau Anna Ifland gilt mein Dank, da sie mir stets mit klugem Rat zur Seite stand und es trotz zeitgleich eigener Promotion irgendwie geschafft hat, mich über weite Strecken von familiären und häuslichen Verpflichtungen zu befreien. Meinen Eltern und Schwiegereltern danke ich für die entlastende Unterstützung bei der Kinderbetreuung und speziell Martina Ifland für das unermüdliche Korrekturlesen.

Last but not least gilt mein Dank sowohl dem alten Herausgeber der Reihe ‚Kindheiten – Neue Folge‘, Michael-Sebastian Honig, als auch der neuen Herausgeberin, Helga Kelle, für ihre Weitsicht und Geduld bei der Erstellung des Buchskriptes.

Dankeschön!

Inhalt

Kapitel 1
Einleitung

Recherchiert man das Stichwort ‚Kinderarmut' in den gängigen Internetsuchportalen wird derzeit circa eine halbe Million Treffer ausgegeben. Kinderarmut erzeugt damit zum einen eine ähnliche Trefferquote wie andere soziale Probleme – so bspw. Obdachlosigkeit, Altersarmut, Drogenabhängigkeit, Jugendkriminalität, Ausländerfeindlichkeit und Kindeswohlgefährdung. Zum anderen wird es ungefähr genauso intensiv im Internet diskutiert wie die Dauerthemen der gesellschaftlichen Mitte: sei es die Eigenheimzulage, der Bandscheibenvorfall, der Jahresurlaub, die Abwrackprämie, die Lottoziehung, Payback-Punkte oder Steuertipps – unabhängig davon, ob legale oder illegale. Ohne mit diesem Vergleich Anspruch auf Wissenschaftlichkeit erheben zu wollen, lässt sich – zugegeben mit einem Augenzwinkern, aber durchaus guten Gewissens – von einer öffentlichen *Präsenz* des Themas Kinderarmut ausgehen. Blickt man etwas genauer auf die öffentliche Thematisierung des Kinderarmutsproblems, zeigt sich, dass diese durch das Vorzeichen der *‚moralischen Skandalisierung'* geprägt ist. Dieses Vorzeichen fällt ubiquitär aus, tritt international auf und erzeugt generationale Distinktion. Das Merkmal der Ubiquität wird deutlich, wenn man sich Folgendes vor Augen führt: Akteure[1], die auf Grund ihrer Verschiedenheit ansonsten wahrscheinlich beachtliche Schwierigkeiten haben, einen gemeinsamen gesellschaftspolitischen Standpunkt zu entwickeln, sind sich – zumindest in ihrer Rhetorik – darüber einig, dass Kinderarmut ein nicht hinnehmbarer Skandal ist. Diese Sichtweise stellt u. a. das Deutsche Kinderhilfswerk (2016), den Lebensmitteldiscounter ‚Netto' (2014), die evangelische Kirche (2005) im Verbund mit der katholischen, den Deutschen Gewerkschaftsbund (2008), die Wirtschaftszeitung ‚Handelsblatt' (2016), den think tank ‚Feministisches Institut Hamburg' (2008), den Grundschulverband (2007) sowie Armutsforscher wie Roland Merten (2007) und Christoph Butterwegge zusammen mit Michael Klundt (o. J.) in eine gemeinsame Reihe. Wer in Deutschland Kinderarmut zum moralisch unhaltbaren Skandal erklärt, kann sich einer breiten Front auch internationaler Unterstützung sicher sein. So argumentiert bspw. der New York Times-Gastkolumnist Charles M. Blow: „I'm not someone who believes that poverty can ever truly be ended – I'm one of those ‚the poor will always be with

---

[1]   Grundsätzlich sind in dieser Untersuchung stets alle Geschlechtsformen gleichermaßen gemeint. Die Verwendung der männlichen Form erfolgt lediglich aus Gründen der besseren Lesbarkeit.

you' types – but I do believe that the ranks of the poor can and must be shrunk and that the effects of poverty can and must be ameliorated. And there is one area above all others where we should feel a moral obligation to reduce poverty as much as possible and to soften its bite: poverty among children" (Blow 2015, o. S.). Die Moralisierungs- und Skandalisierungsrhetorik scheint also durchaus quer zu wohlfahrtsstaatlichen Kulturen und Traditionen aufzutreten. Das Zitat von Blow lässt sich nicht nur als Beleg für die Internationalität dieser Rhetorik heranholen, es verweist zugleich darauf, dass damit generationale Distinktion erzeugt und Kinder- von Erwachsenenarmut getrennt wird. Kinderarmut gilt demnach in der öffentlichen Debatte im Mindesten „mehr noch als Armut im allgemeinen [sic]" (Qvortrup 2003, S. 109) bzw. im Maximalfall im Gegensatz zur Armut Erwachsener als moralisches Problem, wobei Kinder in Armut als per se ‚würdige Arme' konstituiert werden (vgl. Olk 2004, S. 21).

Um die Liste der Eigenschaften des Moralisierungs- und Skandalisierungsvorzeichens über das Offensichtliche hinaus fortzuführen, bedarf es eines Perspektivwechsels zu denjenigen Eigenschaften, die dieses Vorzeichen *nicht* als solches ausmachen. Dazu lässt sich auf die von Doris Bühler-Niederberger durchgeführte Analyse parlamentarischer Debatten zurückgreifen. Ihr zufolge gehören Verweise auf kindliches Leid aufgrund unerfüllter Bedürfnisse – unabhängig davon, ob tatsächlich Lebensbeeinträchtigungen vorliegen oder nicht – zum politischen Tagesgeschäft, um den jeweiligen Gegner mit dem Vorwurf der Kinderfeindlichkeit unter Druck zu setzen und eigene politische Absichten durchzubringen. Folgt man Bühler-Niederberger, lässt sich – mit Blick auf die faktische wohlfahrtsstaatliche Leistungspalette – aus der Moralisierung kindlicher Notlagen und der daran gekoppelten Überhöhung des Kindes zum „unschuldige[n] Opfer" (Bühler-Niederberger 2005, S. 149) widriger Gesellschaftsumstände allerdings keinesfalls ein automatisches Aufkommen politischer Entscheidungen ableiten, die Kinder überproportional begünstigen (vgl. Bühler-Niederberger 2005, S. 149 ff.; weiterführend siehe Kap. 3.2.1; Kap. 9.2). Jens Qvortrup geht diesbezüglich von einer offenkundigen Lücke „zwischen Wort und Tat" (Qvortrup 2002, S. 64) aus.

Die Differenzannahme als Prämisse dieser Studie

Die öffentliche Kinderarmutsdebatte in Deutschland scheint nicht nur ein durch Präsenz geprägter Diskurs zu sein, der aus Lippenbekenntnissen moralischer Skandalisierung besteht, sondern weist zudem eine zweite Eigenschaft auf: *Differenz*. Aus der öffentlichen Moralisierung und Skandalisierung ist kein homogener bzw. konkordanter Diskurs der Kinderarmut mit Einigkeit über Ursache, Problem und Bekämpfungsstrategie ableitbar – so die Annahme, die den Anstoß für die vorliegende Untersuchung gegeben hat. Die Plausibilität dieser Differenzannahme lässt sich besonders deutlich anhand der Disparitäten innerhalb der quantitativen Kinderarmutsmessung verdeutlichen. Diese zeichnet sich durch die drei folgenden Zugänge mit ihren jeweils eigenen Diskrepanzen aus: relative Einkommensarmut, Grundsicherungsabhängigkeit sowie kindheitsspezifische Mehrdimensionalität.

Blickt man auf die Vorgehensweise, Kinderarmut als *relative Einkommensarmut* zu erfassen, zeigt sich, dass hier zwei Grundpfeiler der Armutsmessung berührt sind – monetäre Ressourcen in Form von Einkommen sowie Ungleichheit (vgl. Barlösius/Ludwig-Mayerhofer 2001, S. 20; Ullrich 2005, S. 117; Halleröd et al. 2006, S. 332). Die Statistiken der relativen Einkommensarmut fußen auf der Logik, dass in einer marktwirtschaftlich verfassten Gesellschaft der Geldmangel (Kinder-)Armut zwar nicht unbedingt einzig ausmacht, aber dennoch als Proxy für weiterreichende Problemlagen aussagekräftig repräsentiert (vgl. auch Zimmermann 2000, S. 65).[2] Als arm in diesem Sinne gilt ein Kind, wenn es in einem Familienhaushalt lebt, dessen äquivalenzgewichtetes Haushaltsnettoeinkommen – grosso modo – weniger als die Hälfte des Durchschnittseinkommens der jeweiligen Bezugsgesellschaft ausmacht. Der derzeit aktuelle ‚Fünfte Armuts- und Reichtumsbericht der Bundesregierung‘ gibt an, dass circa jedes fünfte bzw. jedes sechste Kind in Deutschland arm in diesem Sinne ist. Die Varianz resultiert daraus, dass die verschiedenen Datenquellen, trotz Verwendung der gleichen Armutsmaße und Kindheitsdefinitionen[3], zu jeweils anderen Kinderarmutsraten kommen – EU-SILC: 14,6%, EVS: 15,6%, Mikrozensus: 19,0% und SOEP: 21,1% (vgl. BMAS 2017, S. 549ff.). Mit 6,5 Prozentpunkten Abstand zwischen dem höchsten und dem niedrigsten Wert fällt die Varianz zwar nicht unerheblich[4], aber noch verhältnismäßig moderat aus. Besonders gravierend war die Kluft im ‚Dritten Armuts- und Reichtumsbericht‘. Während die EU-SILC-Daten eine Kinderarmutsrate von 12% ausgaben, waren es bei den SOEP-Daten 26% – wohlgemerkt auch hier unter Verwendung identischer Armutsmaße und Altersgrenzen (vgl. BMAS 2008, S. 305f.).[5] Während darauf zuerst Kritik an der Güte der EU-SILC-Daten laut wurde (vgl. Hauser 2008), sah sich drei Jahre später das Deutsche Institut für Wirtschafts-

---

2   UNICEF weist in seiner ersten ‚Innocenti Report Card‘ darauf hin, dass lange Zeit der ökonomische Mangel sogar als nahezu einzig relevanter Kinderarmutsaspekt erachtet wurde, dessen Behebung etwaig vorhandene weitere Aspekte des Kinderarmutsproblems automatisch auflösen würde (vgl. UNICEF 2000, S. 5.).

3   Neue OECD-Skala, Median und 60-Prozent-Armuts(risiko)grenze; Kinder definiert als unter 18-Jährige; Bezugsjahr: 2014 (lediglich die EVS bezieht sich aufgrund ihres 5-Jahres-Turnus abweichend auf 2013; vgl. BMAS 2017, S. 549ff.).

4   Im ‚Vierten Armuts- und Reichtumsbericht‘ lag eine beinahe homogene Befundlage vor: EU-SILC: 15,6%, EVS: 16,3%, SOEP: 16,5% und Mikrozensus: 18,2% (gleiche Armutsmaße und Altersgrenze wie im ‚Fünften Armuts- und Reichtumsbericht‘; Bezugsjahr 2010 bzw. 2008 (EVS); vgl. BMAS 2013, S. 461f.).

5   Gleiche Armutsmaße wie in den beiden Nachfolgeberichten. Allerdings sind Kinder hier als Personen unter 15 Jahren definiert. Bezugsjahr: 2005 (vgl. BMAS 2008, S. 305f.).

forschung (DIW), welches die SOEP-Daten produziert, dem ebenfalls schweren Vorwurf einer (vermeintlichen) „Statistikpanne" (Spiegel online 2011) ausgesetzt. Ausschlaggebend dafür war, dass die OECD mit den gleichen SOEP-Daten, mit denen das DIW eine Kinderarmutsrate von 16,4 % für das Bezugsjahr 2009 errechnet hatte, auf lediglich 8,3 % kam (vgl. für die Stellungnahme des DIW: DIW 2011). Von der breiten Öffentlichkeit weniger beachtet, aber mindestens genauso viele Fragen und Skepsis produzierend, war die Umstellung der Armutsmaße als Folge eines EU-Beschlusses im Jahr 2001. Die Umstellung vom Modus der ‚alten OECD-Skala‘, dem arithmetischen Mittel und der 50-Prozent-Armutsgrenze auf den Modus der ‚neuen OECD-Skala‘, den Median und die 60-Prozent-Armutsrisikogrenze hatte erhebliche Verschiebungen in der statistischen Abbildung der Altersstruktur der Armutspopulation zur Folge, wobei die Armut unter Kindern nun als geringer und die der älteren Bevölkerung als größer angezeigt wird – ohne, dass sich etwas an der sozialen Realität verändert hat (vgl. Hübenthal 2009, S. 9). Derartige Probleme und offene Fragen sind Öl in das Feuer der Kritiker des Ansatzes, (Kinder-)Armut als relative Einkommensarmut zu messen. Lässt man die diesbezüglich anzutreffende sarkastische Polemik (vgl. federführend Krämer 2000) außen vor, kann diese Kritik mithilfe der siebten von UNICEF herausgegebenen ‚Innocenti Report Card‘ wie folgt gebündelt werden: Es ist – erstens – etwas vollkommen anderes, ein als einkommensarm erachtetes Kind in einer reichen Industrienation zu sein, als in einem Entwicklungsland. Zweitens werden mit der relativen Einkommensarmut Kindeswohlbeeinträchtigungen ausgeblendet, solange das Familieneinkommen über dem (ungefähren) Durchschnitt liegt (vgl. UNICEF 2007, S. 6 f. sowie auch UNICEF 2010, S. 11).

Parallel zur relativen Einkommensarmut wird Kinderarmut mit dem *Bezug der wohlfahrtsstaatlichen Grundsicherung* – seit 2005 im Sinne des Bezugs von SGB-II-Leistungen – gleichgesetzt. Was im Volksmund als ‚Hartz-IV‘ gilt, stellt im wissenschaftlichen Feld die sogenannte ‚bekämpfte Armut‘ dar, da mit der Grundsicherung Kinderarmut im Sinne einer absoluten, die physische Existenz bedrohenden Armut verhindert werden soll. Mit diesem Zugang wird Kinderarmut weniger im Kontext sozialer Ungleichheit, sondern mehr im Zusammenhang der elterlichen Arbeitslosigkeit und der wohlfahrtsstaatlichen Gewährleistung sozialer Sicherheit verortet. Anders als die relative Einkommensarmut zeichnet sich dieser Zugang zur Messung von Kinderarmut durch eine relativ große Konstanz der ermittelten Kinderarmutsrate aus. Die Statistiken der Bundesagentur für Arbeit zeigen an, dass seit der Implementierung des ‚Hartz-IV-Systems‘ bis zur Gegenwart mehr oder weniger durchgängig circa eineinhalb Millionen Kinder in SGB-II-Haushalten leben (vgl. BA 2005, S. 127: 1,52 Millionen; BA 2010, S. 51: 1,82 Millionen; BA 2017, S. 172: 1,62 Millionen; vgl. auch Funcke et al. 2016, S. 4). Wie die relative Einkommensarmut ist auch diese Form der Kinderarmutsoperationalisierung nicht frei von Kritik. So ist der SGB-II-Grundsicherungsbezug als Kinderarmutsmaß zwar oftmals in der medialen und politischen Öffentlichkeit zu beobachten, aus der sozialwissenschaftlichen Perspektive ist dieser Zugang allerdings zum einen aufgrund der hohen, von Irene Becker auf circa 1 Million Kinder geschätzten, Dunkelziffer problematisch (vgl. Becker 2007, S. 36 ff.). Zum anderen bereitet der Wissenschaft die politische Definitionshoheit über das (Kinder-)Armutsphänomen Unbehagen. Schließlich haben die politischen Akteure, die unter ständigem öffentlichen Druck stehen, (Kinder-)Armut möglichst abzubauen, damit die Möglichkeit, die Armutsschwelle ohne wissenschaftliche Kriterien herabzusetzen, um die statistisch erfasste Anzahl der Armen zu verringern – ohne dass sich die Lebenslage dieser Bevölkerungsgruppe verbessert (vgl. auch Olk 2004, S. 26; Dietz 1997, S. 92 ff.).

Den dritten Zugang zum Bemühen, Kinderarmut statistisch greifbar zu machen, stellt die vergleichsweise junge *kindheitsspezifische Mehrdimensionalität* dar. Das in Deutschland prominenteste Beispiel einer solchen direkt auf Kindheit bezogenen Konzeptualisierung bildet die AWO-ISS-Kinderarmutsstudie. In dieser 1997 begonnenen Langzeituntersuchung wird die Lebenssituation von Kindern in einkommensarmen mit denen in nicht-einkommensarmen Familien verglichen. Dabei tritt zu Tage, dass zwischen der Einkommenssituation der Familie und den Beeinträchtigungen des Kindes kein simpler Automatismus besteht, wohl aber sind die Lebenslagen der Kinder einkommensarmer Familien mit deutlich mehr Beeinträchtigungen und kumulierten Benachteiligen verbunden (vgl. Holz 2012, S. 12 ff.) Die AWO-ISS-Kinderarmutsstudie ist zwar richtungsweisend für die kindzentrierte und mehrdimensionale deutsche Kinderarmutsforschung (siehe auch Kap. 2.4.2); da es um einen Lebenslagenvergleich geht, kann sie allerdings nicht als Beispiel für die statistische Vermessung des Kinderarmutsproblems dienen. Dafür bietet sich primär der Deprivationsindex an, der in der zehnten UNICEF-‚Innocenti Report Card' vorgestellt wurde (vgl. UNICEF 2012 sowie auch Adamson 2013, S. 30 f.). Dieser Index besteht aus 14 Items und wird der in der Studie ebenfalls erfassten relativen Einkommensarmut von Kindern als Alternative gegenübergestellt. Ein Kind gilt als depriviert bzw. arm, wenn es ihm an mindestens zwei der 14 Items, die als ‚normal' und relevant für die Kindheit in einem westlichen Wohlfahrtsstaat erachtet werden, mangelt, weil die Familie es sich nicht leisten kann, diese bereitzustellen. Darunter sind Items wie bspw. drei Mahlzeiten am Tag zu erhalten; Kinderbücher (nicht Schulbücher) zu besitzen; regelmäßige Freizeitaktivitäten zu unternehmen bzw. Hobbies zu verfolgen; eine Internetverbindung zu haben; gelegentlich Freunde zu sich zum Spielen einladen zu können sowie die Möglichkeit, den eigenen Geburtstag sowie andere Feiertage zu feiern. Im Vergleich der 29 erfassten europäischen Länder weist Deutschland mit 8,8 % der in diesem Sinne armen Kinder[6]

---

6 Kinder definiert als 1- bis 16-Jährige; Bezugsjahr 2009; Datenquelle: EU-SILC (vgl. UNICEF 2012, S. 2).

zwar eine unterdurchschnittliche Kinderarmutsbetroffenheit auf (Durchschnitt: 13,3 %), allerdings wird in dieser Statistik auch deutlich, dass Deutschland weit hinter den skandinavischen Spitzenreitern rangiert (bspw. Island: 0,9 %, Schweden: 1,3 % sowie Norwegen: 1,9 %; vgl. UNICEF 2012, S. 2, S. 13). Die offenen Fragen bzw. Schwachstellen dieses Zugangs der Kinderarmutserfassung lotet die UNICEF-Studie mittels einer kritischen Eigenreflexion selbst prägnant aus. Die dort gebündelten Zweifel lassen sich zu der Doppelfrage verdichten, warum gerade die verwendeten und nicht andere Items in den Deprivationsindex aufgenommen wurden und warum die Grenze zwischen deprivierten und nichtdeprivierten Kindern bei zwei Items und keiner anderen Itemanzahl gezogen wurde (vgl. UNICEF 2012, S. 11 ff.).

Die skizzierte Varianz der Zugänge zur Messung des Kinderarmutsproblems lässt sich einerseits als Ausdruck dessen begreifen, dass viele Wege nach Rom führen. Die drei verschiedenen Zugänge erscheinen dann als jeweils spezifische Operationalisierung eines vom Grunde her gleichen oder zumindest ähnlichen Phänomens, das mit jeweils abweichenden Schwerpunktsetzungen, Kontextualisierungen sowie eigenen blinden Flecken, offenen Fragen und Problemen – in dem hier skizzierten Forschungsausschnitt: statistisch – gegriffen werden soll. Andererseits erscheint eine weniger konkordante Lesart – im Mindesten als Ergänzung dieser ersten Lageinterpretation – ebenfalls sinnvoll. Dieser zweiten Lesart nach gibt es nicht (nur) unterschiedliche Wege nach Rom, es existieren (zugleich) verschiedene Hauptstädte dieses antiken Reiches. Die Legitimität dieser Einschätzung lässt sich besonders prägnant pointieren, wenn man die Varianz der Kinderarmutsoperationalisierungen auf zwei ihrer diametralen Extrempole eindampft: So können Akteure, die es – wie Walter Krämer – „für hochgradig pervers [halten], in einer Zeit, in der 18 Millionen Menschen jährlich in der Welt verhungern, einen deutschen Halbstarken nur deshalb ‚arm‘ zu nennen, weil er anders als seine Klassenkameraden keine Diesel-Lederjacke oder Nike-Turnschuhe besitzt" (Krämer 2000, S. 115 f.; H. i. O.) zweifelsohne nicht dasselbe mit Kinderarmut meinen, wie Akteure wie UNICEF, für die Folgendes ein zentrales Merkmal von Kinderarmut darstellt: „falling so far behind the normal standard of living in the society as to be excluded from the advantages and opportunities that the majority take for granted" (UNICEF 2012, S. 15 f.). Für die Anhänger letztgenannter Sichtweise wären die mangelnde Diesel-Lederjacke bzw. die Nike-Turnschuhe keinesfalls per se als Kinderarmutsindikatoren ausschließbar. Sie kämen unter der Bedingung in Frage, dass ihr oder ein vergleichbarer Besitz zur Normalität von Kindheit in der beobachteten Gesellschaft zählt und der Mangel daran bzw. an vergleichbaren Gütern das hohe Risiko eines sozialen Ausschlusses mit sich bringt. Aus dieser Gegenüberstellung wird hier die Annahme abgeleitet, *dass nicht jeder, der über Kinderarmut spricht, das Gleiche meint.* Da die als Beispiel bemühte Kinderarmutsmessung vor allem den Gesellschaftsbereich der Wissenschaft betrifft und dieser immer auch ein Stück weit ein Spiegel der Gesamtgesellschaft ist – allen voran in einer vernetzten Gesellschaft, wie der deutschen –, erscheint es angebracht, diese Differenzannahme als zumindest vom Grunde her auch über die Wissenschaft hinaus als gültig anzunehmen und als allgemeine Prämisse dieser Arbeit zu setzen. Wie sonst wäre es zu erklären, dass beim Thema Kinderarmut ideologisch eigentlich so unterschiedliche Akteure, wie die eingangs angeführten (vom Netto-Einkaufsmarkt über die katholische Kirche und das ‚feministische Institut' bis hin zu liberalen Wirtschaftszeitungen), unter einem gemeinsamen Dach zusammenkommen können? Dass diese Differenz im Konkreten auch für das in dieser Studie zu analysierende politische Feld zutrifft und sich dort unterschiedliche Sinngebungen – im terminus technicus ausgedrückt: soziale Konstruktionen – von Kinderarmut finden lassen, ist Aufgabe und Herausforderung dieser Untersuchung.

Die angeführte Aufgabe zu erfüllen, wird mit insgesamt neun Kapiteln angestrebt – diese Einleitung (Kap. 1) eingerechnet. Die beiden nachfolgenden Kapitel bilden den ersten Teil dieser Studie und zielen auf die Entfaltung des Forschungsdesigns. Dazu wird in Kap. 2 der Untersuchungsrahmen mitsamt der Forschungsfrage, den Begriffsklärungen, der Forschungsstandaufarbeitung und der Zielsetzung dargelegt. Daran anknüpfend wird in Kap. 3 die Anlage der Untersuchung erörtert. Dazu wird einführend die ‚Grounded-Theory-Methodologie' (GTM) als Forschungsstil dieser Arbeit vorgestellt, um darauf aufbauend den Untersuchungsgegenstand abzustecken, die Schritte der Materialarbeit vorzustellen und den Theorierahmen sowie das sogenannte ‚sensibilisierende Konzept' der Untersuchung zu bestimmen. Der zweite Teil der Arbeit – der Empirieteil – umfasst die verbleibenden sechs Kapitel. In den ersten vier Kapiteln dieses zweiten Teils werden die aus dem Untersuchungsgegenstand gewonnenen, insgesamt vier Kinderarmutskonstruktionen jeweils einzeln dargelegt (Kap. 4–7). Im Anschluss daran werden die Konstruktionen explizit analytisch in den Blick genommen und unter Anwendung der kindheits-, armuts- und gerechtigkeitssoziologischen Bezüge dieser Arbeit verdichtet, hinsichtlich ihrer Gemeinsamkeiten beleuchtet, unter ein gemeinsames Modell zur Kinderarmut im politischen Feld Deutschlands subsumiert und bezüglich ihrer Spannungslinien sowie Hierarchien in den Blick genommen (Kap. 8). In der Schlussbetrachtung (Kap. 9) geht es darum, die Untersuchungsergebnisse zu generalisieren sowie anhand der Befunde den gegenwärtigen Forschungsstand neu zu lesen und Impulse für weitere Forschungsfragen zu geben.

Teil I: Forschungsdesign

Kapitel 2
Untersuchungsrahmen

Der Rahmen dieser Untersuchung wird anhand der folgenden vier Punkte abgesteckt: Darlegung der Forschungsfrage (Kap. 2.1), Definition klärungsbedürftiger Begrifflichkeiten (Kap. 2.2), Aufarbeitung des Forschungsstandes (Kap. 2.3) sowie Absteckung der Untersuchungsziele (Kap. 2.4).

2.1   Forschungsfrage

Vor dem Hintergrund der eingangs skizzierten Differenzannahme (siehe Kap. 1) geht es in dieser Untersuchung um folgende Forschungsfrage: *Welche sozialen Konstruktionen von Kinderarmut liegen gegenwärtig im politischen Feld Deutschlands vor?*[1] Im Zuge der Verankerung der Studie in der ‚Grounded-Theory-Methodologie' (GTM) (siehe Kap. 3.1) wird es möglich, diese Forschungsfrage zu beantworten, indem die unterschiedlichen Verständnisse herausgearbeitet werden, die sich bezüglich der folgenden fünf Teilfragen beobachten lassen:

* Warum sind Kinder in Deutschland arm? (Ursache)
* Was macht die Eigenschaften ihrer Armutslage aus? (Kontext)
* Mit welchen Mitteln und welcher Absicht gilt es auf ihre Armutslage zu reagieren? (Strategie)
* Aufgrund welcher Annahmen und Setzungen erscheint das anvisierte Vorgehen sinnvoll? (Rahmenbedingungen; im Originalsprachlaut der GTM: ‚intervenierende Bedingungen')
* Zu welchen Folgen würde eine jeweilige Strategie führen? (Konsequenzen).

Diese fünf Teilfragen werden nicht im Sinne eines Fragenkatalogs abgearbeitet. Vielmehr deckt eine jede der aus dem Untersuchungsgegenstand herausgearbeiteten Kinderarmutskonstruktionen (Kap. 4–7) jeweils alle fünf Teilfragen ab. Die empirisch ermittelten Konstruktionen werden über ihre Darlegung hinaus vertiefend analytisch bearbeitet und dazu a) in theoriegeladenen Steckbriefen gebündelt (Kap. 8.1), b) hinsichtlich ihrer Gemeinsamkeiten beleuchtet und in einem übergreifenden Modell zusammengeführt (Kap. 8.2) sowie c) bezüg-

---

1   Warum spezifisch die Politik für die Fokussierung der Fragestellung gewählt wurde, wird in der Begriffsklärung zum politischen Feld dargelegt (siehe Kap. 2.2.2).

lich ihrer Spannungslinien und der Hierarchiestruktur in den Blick genommen (Kap. 8.3). Die Untersuchung kann folglich als *gegenstandsverankert-rekonstruktiv* charakterisiert werden.

2.2 Begriffsklärungen

Die Fragestellung der Untersuchung lässt zwei klärungsbedürftige Begriffe ersichtlich werden: ,soziale Konstruktion' und ,politisches Feld'. Da zudem Akteure, die die Armut von Kindern thematisieren, nicht umhinkommen, sich auf die eine oder andere Art mit wohlfahrtsstaatlichem Handeln auseinanderzusetzen, kommt als dritter zu klärender Begriff der des ,Wohlfahrtsstaates' hinzu.

Im Sinne welchen Verständnisses diese drei Begriffe in der vorliegenden Studie verwendet werden, wird nachfolgend erörtert.

2.2.1 Soziale Konstruktion

Das Verständnis, was im Rahmen dieser Analyse eine ,soziale Konstruktion' ausmacht, hat seine Wurzeln in den Grundannahmen der Wissenssoziologie (vgl. Mannheim 1964; Berger/Luckmann 1969/2004). Demnach gilt die Ausgestaltung des menschlichen Zusammenlebens nicht als ahistorisches Naturphänomen, sondern als das Ergebnis menschlicher Sinnsetzungen und damit als ein Zustand, der kontingent ist – also gegenwärtige Ausprägungen hat, die so wie sie sind nicht zwangsläufig sein müssen und die sich im Laufe der Zeit in ihrer Ausgestaltung verändern können. Diesen Grundgedanken bringt Ian Hacking mit direktem Verweis auf soziale Konstruktionen folgendermaßen auf den Punkt: „Soziale Konstruktionen neigen dazu, folgendes in bezug [sic] auf X zu behaupten: […] X hätte nicht existieren müssen oder müßte [sic] keineswegs so sein, wie es ist. X – oder X, wie es gegenwärtig ist – ist nicht vom Wesen der Dinge bestimmt; es ist nicht unvermeidlich" (Hacking 1999, S. 19). An dieses konstruktivistische Weltverständnis im Allgemeinen und dieses Konstruktionsverständnis im Spezifischen anknüpfend, wird in der vorliegenden Studie auch Kinderarmut als ein Phänomen angesehen, das nicht naturgegeben ist, sondern das Ergebnis eines von Menschen ausgeführten und folglich *sozialen* Sinngebungsprozesses. Im Zuge dieses Verständnisses wird Kinderarmut hinsichtlich der Erzeugungspraktiken und damit – wie mit dieser Untersuchung angestrebt – auch bezüglich der inhaltlichen Sinngebungen, die dieses Phänomen ausmachen, rekonstruierbar.

Konkretisiert auf die Fragestellung ist in dieser Untersuchung mit einer *,sozialen Konstruktion von Kinderarmut'* ein sozialwissenschaftliches Analysemittel gemeint, mittels dessen aus den Aussageereignissen eines Akteurs das ,Typische' seines Verständnisses von Kinderarmut herausgefiltert wird *(Typik)*. Diese typischen Aussageereignisse werden in der sozialen Konstruktion zu einem logisch kohärenten Sinnmuster *(Ordnung)*, das über die Sichtweise eines einzelnen Akteurs hinausgeht, gebündelt *(Abstraktion)*. Ihre logische Kohärenz und somit ihre Struktur erhält eine soziale Konstruktion dieser Untersuchung durch das sogenannte ‚axiale Kodierparadigma' der Grounded Theory Methodologie (vgl. Strauss 1994, S. 56 ff.; Strauss/Corbin 1996, S. 75 ff.; Strübing 2008, S. 28; siehe auch Kap 3.1.2). Wie bei der Skizzierung der Forschungsfrage angedeutet, umschließt dieses Kodierparadigma die folgenden Aspekte, mittels derer ein Phänomen erfasst wird: Ursache, Kontext, Handlungsstrategie, intervenierende Bedingungen – hier als Rahmenbedingungen bezeichnet – und Konsequenzen. Jede der empirisch ermittelten Kinderarmutskonstruktionen besteht folglich aus der gleichen Struktur (siehe Abb. 1), während deren spezifische Füllung den eigenen Charakter einer jeweiligen Kinderarmutskonstruktion ausmacht und diese von anderen Konstruktionen abgrenzt.

Abb. 1: Grundstruktur einer Kinderarmutskonstruktion

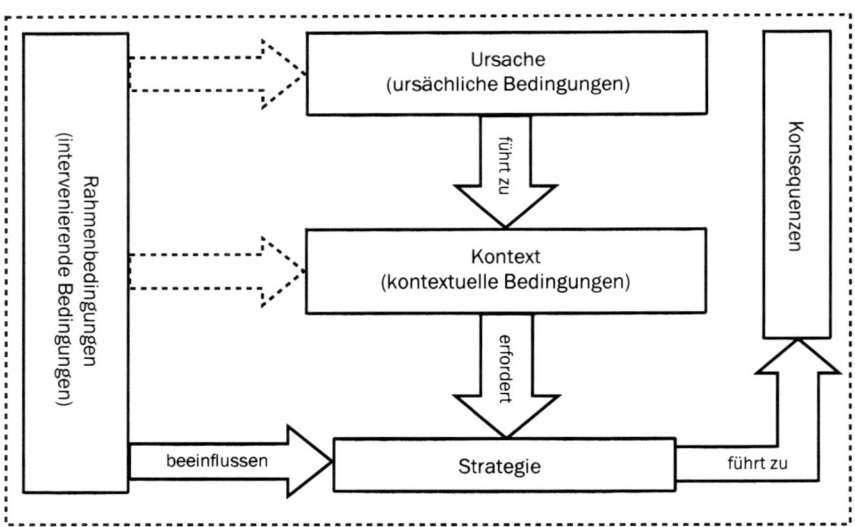

Grundlage und Quelle der Darstellung: Kodierparadigma des axialen Kodierens der GTM nach Anselm Strauss (vgl. Strauss 1994, S. 56 f.; Strauss/Corbin 1996, S. 78 ff.; Strübing 2008, S. 28).

Allen voran das Konstruktionsmerkmal der Typik, aber in gewissem Maße auch die Merkmale Abstraktion und Ordnung, führen dazu, dass eine Kinderarmutskonstruktion im hier vorliegenden Sinne immer eine Zuspitzung der beobachteten sozialen Realität darstellt. Dass ein Kollektivakteur wie bspw. eine Partei, ein Verband oder ein Verein bzw. ein Individualakteur wie bspw. ein

Journalist, Politiker oder Wissenschaftler eine Kinderarmutskonstruktion in absoluter Gänze vertritt und zudem auf keinerlei Sinngebungen anderer Konstruktionen zurückgreift, erscheint unwahrscheinlich, wobei prototypische Annäherungen von jeweiligen ‚Hardlinern‘ durchaus möglich sein können. Für die breite Masse der gesellschaftspolitischen Akteure ist davon auszugehen, dass diese zwar zu einer spezifischen Konstruktion tendieren, sich aber auch einzelner Sinnelemente anderer Konstruktionen bedienen und dies zu akteursspezifischen, jedoch nicht zwangsläufig kohärenten Argumentationsfiguren zusammensetzen (siehe auch Forschungsausblick in Kap. 9.2).

2.2.2 Politisches Feld

Das politische Feld wird in dieser Untersuchung in Anlehnung an den französischen Soziologen Pierre Bourdieu definiert. Bourdieu geht davon aus, dass sowohl zwischen als auch innerhalb verschiedener gesellschaftlicher Teilbereiche Machtkämpfe stattfinden: gemeint sind bspw. politische Wahlen als Teil des Kampfes innerhalb eines einzelnen gesellschaftlichen Teilbereichs bzw. Durchdringungsphänomene wie bspw. die ‚Ökonomisierung der Bildung‘ als Ausdruck der Kämpfe zwischen den Gesellschaftsbereichen. Die einzelnen gesellschaftlichen Teilbereiche bezeichnet Bourdieu als Felder, wobei er mit einem Feld „eine kleine, relativ autonome soziale Welt innerhalb der großen sozialen Welt" (Bourdieu 2010, S. 97) meint. Jedes Feld – sei es das wissenschaftliche, politische, journalistische, ökonomische, religiöse oder ein anderes Feld – weist sich durch eine eigenständige Gesetzmäßigkeit und Logik aus: den sogenannten ‚Nomos‘. Bourdieu versucht die Charakteristik der von ihm propagierten Felder durch den Vergleich mit einem Spiel zu illustrieren, da auch diese spezifische Einsätze, Regeln, Strategien, Gewinne etc. umschließen. Seiner Theorie nach verfolgen die in ein Feld eingebundenen Akteure Strategien, die ihre dortige Stellung stärken, und fördern Prinzipien, Regeln und Mechanismen, die ihnen dabei helfen (vgl. Bourdieu/Wacquant 1996, S. 132). Gekämpft wird mit und um Kapital, wobei Bourdieu zwischen ökonomischem, kulturellem, sozialem und symbolischem Kapital (Prestige) unterscheidet (vgl. Bourdieu 1983). Entscheidend dafür, dass etwas in dem jeweils spezifischen Feld tatsächlich zum Kapital wird, ist Folgendes: Zum einen muss es in der Logik des Feldes begehrt sein, zum anderen muss es seinem Besitzer die Möglichkeit geben, seine Interessen durchsetzen zu können (vgl. Bourdieu/Wacquant 1996, S. 128 sowie grundlegend: Bourdieu 1993, S. 107 ff.).[2]

---

2 Für Sekundärliteratur zu Bourdieus Feldtheorie siehe Barlösius (2006, S. 90 ff.); Fuchs-Heinritz/König (2011, S. 139 ff.); Schwingel (2011, S. 82 ff.) sowie Rehbein (2016, S. 101 ff.).

In dem in dieser Untersuchung fokussierten *politischen Feld* wird um und mit politischem Kapital im Sinne einer Anhängerschaft gekämpft. Das politische Feld zeichnet sich durch den ‚Nomos' eines „Kampf[es] um Ideen [aus], aber einen ganz besonderen Typ von Ideen, fundamentale Ideen *(idées-forces)*, die als Mobilisierungskraft fungieren" (Bourdieu 2010, S. 106f.; H. i. O; vgl. grundlegend: Bourdieu 2001, 2005). Im politischen Feld geht es um die Frage, anhand welcher „Sicht- und Teilungsprinzipien" (Bourdieu 2010, S. 106) die soziale Welt kategorisiert wird. Es geht darum festzulegen, an welchen Klassifizierungen sich politisches Handeln orientieren soll: bspw. an der Differenz von Reichen und Armen, In- und Ausländern, Jungen und Alten, Männern und Frauen etc. (vgl. auch Rehbein 2016, S. 194). Im politischen Machtkampf wird nicht nur die Vorherrschaft im politischen Feld selbst angestrebt, sondern auch darum gerungen, wer den Staatsapparat kontrolliert (vgl. Bourdieu 2010, S. 107 sowie auch Swartz 2012, S. 169). Das staatliche Feld stellt also die Summe der im politischen Feld durchgesetzten Ideen dar und bildet ihre Manifestation in Form von Gesetzen, Maßnahmen, Programmen, Leistungen etc. Da Politik zum „Großteil von Eliten und Experten dominiert wird" – so David L. Swartz (2012, S. 169) –, ist das politische Feld nicht nur durch die Nähe zum Staat, sondern auch durch eine enge Verwandtschaft mit dem sogenannten ‚Feld der Macht' charakterisiert. Mit diesem Feld meint Bourdieu den durch die gesellschaftlichen Eliten determinierten, übergreifenden „Zusammenhang aller sachlich ausdifferenzierten Felder" (Bongaerts 2011, S. 119). Hier konkurrieren die einzelnen Felder um die Ausrichtung der sozialen Welt im Gesamten und kämpfen darum, ob wir in einer bspw. eher künstlerisch, religiös, wissenschaftlich oder ökonomisch geprägten Welt leben (vgl. Swartz 2012, S. 169).

Mit der Begriffsklärung deutet sich auch an, warum es gerade das politische Feld ist, das sich als Fokuspunkt für die Forschungsfrage – und damit für die Auseinandersetzung mit dem Varianzraum der Kinderarmutsverständnisse – anbietet. So erscheint dieser spezifische Gesellschaftsbereich auf dreierlei Art besonders mächtig und daher forschungsrelevant:

1. Da im politischen Feld um die Ausgestaltung des (Wohlfahrts-)Staates gerungen wird, stellt dieses Feld einen Gesellschaftsbereich dar, der besonders gravierende Auswirkungen auf die Lebenswelt von Kindern (sowie Menschen im Allgemeinen) hat *(Wirkungsmacht)*.
2. Da das politische Feld eine deutliche Nähe zum ‚Feld der Macht' aufweist, nimmt es im Kampf mit anderen Feldern eine starke Position ein *(Durchsetzungsmacht)*.
3. Da das politische Feld wirkungs- und durchsetzungsmächtig sowie trotz aller Zugangsbarrieren und Einstiegshürden „zwar relativ abgeschottet, aber dennoch offen ist" (Klages 2006, o. S.), bildet es eine zwingend zu betretende

und zugleich vom Grunde her betretbare Kampfarena für alle auf gesellschaftliche Gestaltung zielenden Akteure *(Anziehungsmacht).*

Der Attraktivität, die vorliegende Untersuchung auf das politische Feld zu fokussieren, steht die keinesfalls einfache Frage gegenüber, wer (und damit auch was) genau zum politischen Feld Deutschlands gehört. Bourdieu selbst merkt hierzu an: „Man erkennt die Präsenz oder Existenz eines Akteurs in einem Feld daran, dass dieser den Zustand des Felds verändert (oder dass sich viel verändert, wenn er nicht mehr da ist)" (Bourdieu 2010, S. 105). In diese Logik eingebettet zählt er allen voran die Berufspolitiker sowie die sie umgebenden Parteien zum politischen Feld, aber zusehends auch Angehörige eigentlich anderer Felder wie allen voran Journalisten und Meinungsforscher (vgl. Bourdieu 2010, S. 105). Das politische Feld – wie vom Grunde her jedes andere Feld auch – besteht folglich aus einem inneren Kern (Berufspolitiker) und einer Peripherie (bspw. Journalisten), in der es zu Überschneidungen mit anderen Feldern kommt. Niilo Kauppi drückt diese Differenzierung in einen autonomen Feldteil mit viel politischem Kapital und einen heteronomen Feldteil mit wenig politischem Kapital wie folgt aus: „Agents at the autonomous pole of the political field possess the most legitimate type of political capital, whereas agents at the heteronomous pole of the political field accumulate alternative types of political capital. The dominant have a lot of capital, the dominated relatively little" (Kauppi 2003, S. 778).

Vor diesem Hintergrund kann in dieser Studie ein Kinderarmutsverständnis auf zweierlei Art zum politischen Feld gehören: Entweder wurde es von einem dem autonom-kapitalstarken Feldteil zugehörigen Akteur entwickelt und entspringt somit dessen Kopf bzw. Feder. Zu diesem Kern des politischen Feldes zählen auf der Bundesebene die in den Verfassungsorganen des politischen Systems und damit im Bundestag, im Bundesrat, im Bundespräsidentenamt, in der Bundesregierung und im Bundesverfassungsgericht versammelten (Polit-) Akteure. Oder das Kinderarmutsverständnis entstammt eigentlich einem anderen Feld, löst aber dennoch (auch) im autonom-kapitalstarken Feldteil des politischen Feldes eine signifikante Reaktion aus – auch wenn dies bspw. nur eine kritisch-abwertende Distanzierung ist – und lässt sich folglich (auch) dort mindestens in Ansätzen empirisch beobachten (vgl. auch Geden 2006, S. 25; Bongaerts 2008, S. 199 f.). Auf diese Art wird dieses Kinderarmutsverständnis ‚politisch‘ im vorliegenden Sinne.

2.2.3 Wohlfahrtsstaat

Wie die Kapitelüberschrift zeigt, wird in der vorliegenden Untersuchung der Wohlfahrtsstaatsbegriff verwendet. Da im deutschen Sprachraum die Terme

Wohlfahrts- und Sozialstaat parallel Anwendung finden, gilt es nachfolgend diese Entscheidung zu begründen und zu illustrieren, was in dieser Untersuchung mit dem Ausdruck ‚Wohlfahrtsstaat' gemeint ist.

Die Begriffsunterschiedlichkeit erklärt Franz-Xaver Kaufmann damit, dass der Sozialstaatsterm dem politisch-juristischen Bereich[3] zuzuordnen ist, während in der sozialwissenschaftlichen Forschung – allen voran mit international vergleichender Ausrichtung – der Wohlfahrtsstaatsbegriff Fuß fassen konnte: wahrscheinlich im Sinne einer wortgetreuen Übersetzung des englischen Ausdrucks ‚welfare state' (vgl. Kaufmann 1997, S. 21; Lessenich 2000, S. 40). Carsten G. Ullrich sieht den Wohlfahrtsstaatsbegriff sogar auf dem Siegeszug und geht davon aus, dass der Sozialstaatsbegriff im sozialwissenschaftlichen Kontext zusehends an Bedeutung verliert (vgl. Ullrich 2005, S. 16) – eine Einschätzung, deren empirischer Gehalt allerdings fraglich wird, sobald man einschlägige Datenbanken nach beiden Begriffen durchsucht.

Kaufmann zufolge wurde der Ausdruck des Wohlfahrtsstaates vor allem von Anhängern der sozialen Marktwirtschaft verwendet, um damit das als überbordend empfundene skandinavische Modell des sogenannten ‚Versorgungsstaates' polemisierend zu markieren und sich davon zu distanzieren. Nichtsdestotrotz sieht er beiden Begriffen eine gemeinsame Substanz innewohnen, die dadurch charakterisiert ist, dass öffentliche Verantwortung für die Wohlfahrt des Einzelnen übernommen werden soll, während zugleich die privatkapitalistische Wirtschaftssphäre und die demokratisch verfasste Staatssphäre strukturell voneinander getrennt sind – auch wenn zweitgenannte regulierend in erstgenannte eingreift. Eine wohlfahrts- bzw. sozialstaatlich organisierte Gesellschaft stellt in Kaufmanns Verständnis also einen Mittelweg zwischen rein marktliberalen Gesellschaften einerseits und sozialistischen Gesellschaften andererseits dar. Derartige Gesellschaften folgen ihm zufolge der Setzung, dass die Inklusion des Einzelnen in die Gesellschaft nicht in einer rein marktwirtschaftlich verfassten Gesellschaft erfolgen kann, sondern der staatlichen Vergabe und Sicherstellung subjektiver Rechte im Sinne bürgerlicher, politischer und sozialer Rechte bedarf (vgl. Kaufmann 1997, S. 21 ff.; Kaufmann 2003, S. 42; siehe auch ‚Citizenship' bei Thomas H. Marshall 1949/1992). Folgt man Kaufmann, streben Wohlfahrts- bzw. Sozialstaaten nach der Verwirklichung des „Grundprinzip[s]" staatlich gewährleisteter Partizipationschancen für jedermann an allen für gesellschaftlich relevant erachteten Funktionsbereichen: Familie, Bildung, Arbeit,

---

3   Damit verweist Kaufmann auf die sogenannte ‚Sozialstaatsklausel' (vgl. Kaufmann 1997, S. 21 f.). Diese ist in den Artikeln 20 und 28 des Grundgesetzes (GG) erfasst. Hierin heißt es: „Die Bundesrepublik Deutschland ist ein demokratischer und sozialer Bundesstaat" (Art. 20, Abs. 1 GG) sowie: „Die verfassungsmäßige Ordnung in den Ländern muss den Grundsätzen des republikanischen, demokratischen und sozialen Rechtsstaates im Sinne dieses Grundgesetzes entsprechen" (Art. 28, Abs. 1 GG).

Gesundheitswesen, soziale Sicherung, Kultur – um nur die wichtigsten zu nennen" (Kaufmann 1989, S. 94 f.).

Für Kaufmann gibt es den Wohlfahrts- bzw. Sozialstaat nicht als spezifisch abgetrennte Institution. Gemeint ist vielmehr ein staatliches Ausgestaltungsmerkmal, das Staatsziele wie bspw. den Kampf gegen Verelendung oder extreme Ungleichheit, die Absicherung von Lebensrisiken, die Gewährleistung sozialer Sicherheit etc. vorgibt, die dann in spezifischen Institutionen wie bspw. der Sozialversicherung, dem Bildungssystem, dem Gesundheitswesen oder der Arbeitsmarktpolitik verfolgt werden. Wohlfahrts- bzw. sozialstaatliches Handeln bedeutet also keinesfalls nur das Umverteilen von Geld, sondern auch die staatliche Organisierung eines eigenständigen Sozial- bzw. Wohlfahrtssektors, in dem soziale Dienstleistungen her- und bereitgestellt werden. Kaufmann sieht die diesbezügliche staatliche Verantwortung nicht in einer Homogenisierung oder Zentralisierung der Dienstleistungssysteme, sondern in der Herstellung von Rahmenbedingungen, in denen diese ihre eigene Professionalität entwickeln und entfalten können (vgl. Kaufmann 1997, S. 22 f.).

Mit den vorangehenden Ausführungen wird ersichtlich, *was* in dieser Untersuchung unter einem Wohlfahrtsstaat verstanden wird. Zu klären bleibt, *warum* für die sprachliche Benennung der öffentlichen Verantwortung für das Wohl des Einzelnen der Wohlfahrtsstaats- und nicht der Sozialstaatsbegriff gewählt wurde. Ausschlaggebend hierfür ist, dass – an den Stellen, an denen beide Begriffe gegeneinander in Stellung gebracht werden – der Wohlfahrtsstaatsbegriff die umfassendere Programmatik öffentlicher Verantwortung für die individuelle Wohlfahrt widerspiegelt (vgl. auch Ullrich 2005, S. 15). Stephan Lessenich geht sogar explizit davon aus, dass der Wohlfahrtsstaat konzeptionell umfassender ausfällt als der Sozialstaat. Letztgenannter stellt für ihn das „institutionelle Ensemble" (Lessenich 2000, S. 40) der staatlichen Eingriffe zur Bearbeitung sozialer Probleme dar, während der Wohlfahrtsstaat mehr meint und die darum gelagerte, grundlegende „Form gesellschaftlicher Organisation"[4] (Lessenich 2000, S. 40) beschreibt. Ein konzeptionell breiter Zugang zur öffentlichen Wohlfahrtsverantwortung, der möglichst viele unterschiedliche Vorstellungen wohlfahrtsstaatlicher Interventionstiefen und -formen zu umschließen vermag, erscheint für diese Studie sinnvoll, da davon auszugehen ist, dass in der zu untersuchenden Plenardebatte eine große Varianz von Wohlfahrtsstaatsvorstellungen auftreten dürfte.

---

4   Lessenich zitiert an dieser Stelle Kaufmann (1989, S. 94).

2.3 Forschungsstand

Entgegen mancherorts vorherrschender Annahmen wird auch in einer GTM-verankerten Untersuchung bereits bestehendes Wissen nicht einfach zu Gunsten einer vermeintlich unvoreingenommenen Annäherung an den Untersuchungsgegenstand ausgeblendet. Zu einer GTM-Studie gehört explizit die transparente und systematische Auseinandersetzung mit dem als forschungsrelevant identifizierten Wissensstand (vgl. Strauss 1994, S. 36 f.; Strauss/Corbin 1996, S. 25 ff., S. 31 ff.; Strübing 2008, S. 51 ff.; Mey/Mruck 2009, S. 105 ff.). Die zu diesem Wissensstand zugehörige Fachliteratur trennen Anselm Strauss und Juliet Corbin in Theoriebeiträge einerseits sowie Forschungsarbeiten andererseits auf (vgl. Strauss/Corbin 1996, S. 25, S. 31). Während die untersuchungsrelevanten Theoriezugänge in der Untersuchungsanlage aufgearbeitet werden (siehe Kap. 3.2), erfolgt die Auseinandersetzung mit dem Forschungsstand nachfolgend.

Steckt man ab, womit sich die ‚scientific community' der Kinderarmutsforschung derzeit beschäftigt, lassen sich die folgenden fünf Zugangsweisen[5] identifizieren (siehe Tab. 1).

Innerhalb dieser Sortierung stellt die *kindheitsbezogen-wohlfahrtsstaatliche Zugangsweise* den geeignetsten Ort dar, um den für die Untersuchung relevanten Forschungsstand herauszuarbeiten. Mit dieser Forschungsstandaufarbeitung wird Folgendes angestrebt:

- Markierung der Forschungslücke, die dieser Studie ihre sozialwissenschaftliche Berechtigung verleiht (siehe Kap. 2.3.2);
- Sensibilisierung für Aspekte, die möglicherweise die herauszuarbeitenden Kinderarmutskonstruktionen (mit) konstituieren und somit zugleich Herstellung von Transparenz des in die Materialarbeit eingeflossenen Vorwissens (die Forschungsstandaufarbeitung stellt eine der zwei Hälften des ‚sensibilisierenden Konzepts' dieser Untersuchung dar; siehe Kap. 3.3);
- Absteckung eines Ortes innerhalb der sozialwissenschaftlichen Forschung zu Kinderarmut, an den die Untersuchungsergebnisse anschlussfähig rückgebunden werden können (siehe dafür Kap. 9.2).

---

5 Das Sortierschema zielt nicht auf eine vollständige Abbildung aller thematisch einschlägigen Arbeiten, sondern setzt auf eine mit möglichst treffenden Beispielen gefüllte Schematik. Als Vorrangregelung wurde Folgendes angesetzt: ausschließlich Arbeiten, die semantisch einen expliziten Bezug zur *Armut* von Kindern aufweisen; Bücher/Studien vorrangig vor Aufsätzen; aktuelle Arbeiten vorrangig vor älteren Publikationen; deutschsprachige/deutschlandbezogene Veröffentlichungen vorrangig vor anderssprachigen Beiträgen bzw. Abhandlungen über andere Länder. Anderweitig ausgerichtete Überblicke zur Landschaft der deutschen Kinderarmutsforschung finden sich u. a. bei Butterwegge et al. (2004, S. 72 ff.); Butterwegge et al. (2008, S. 127 ff.); Klundt (2008, S. 51 ff.); Zander (2010c, S. 93 ff.); Mierendorff (2011, S. 126 ff.) sowie Laubstein et al. (2016, S. 21 ff.).

Tab. 1: Sozialwissenschaftliche Zugangsweisen zu Kinderarmut

Zugangsweise zu Kinderarmut
1) historisch mit Beiträgen zum zeitgeschichtlichen Umgang mit Kinderarmut sowie zur weiterreichenden Geschichte der Kinderarmut vor allem als Teil der Kinder- und Jugendhilfegenese bzw. der erwachsenenbezogen ausnotierten Armutsgeschichte vgl. Autorenkollektiv Ahlheim et al. 1971; Sauer 1979; Scherpner 1979; Meumann 1995; Beiträge in Cornia/Danziger 1995; Platt 2005; Konrad 2008; Bühler-Niederberger/Sünker 2009; Lindsey 2009; Braches-Chyrek 2011; Sachße/Tennstedt 1980–2012; Reichwein 2012; Neuberger 2016.
2) kindbezogen-sozialpädagogisch mit Beiträgen zu konkreten Lebenslagen, Wahrnehmungs- und Bewältigungsmustern von armen Kindern, individuellen Folgen eines Aufwachsens in Armut und Interventionsmöglichkeiten sozialer Dienste vgl. Duncan/Brooks-Gunn 1997; Richter 2000; Ridge 2002; Meier-Gräwe 2006; Chassé et al. 2010; Weiß 2010a; Beiträge in Boyden/Bourdillon 2012; Holz et al. 2012 für AWO-ISS-Kinderarmutsstudie; Winkelhofer/Schübel 2012; Wadsworth et al. 2013; Beiträge in Teil II von Hammer/Lutz 2015; Zander 2015; Groos/Jehles 2015; Andresen/Galic 2015; Andresen et al. 2015; Schiettecat et al. 2015; Laubstein et al. 2016.
3) bildungsfokussiert mit Beiträgen zu Bildung als Ort der Generierung und Verfestigung von Kinderarmut sowie als Mittel der Überwindung vgl. Hacket et al. 2001; Lange et al. 2003; Edelstein 2006; Beisenherz 2007; Beiträge in Herz et al. 2008; Andresen 2010; Butterwegge 2010a; Beiträge in Teil I von Fischer/Merten 2010; Kampshoff 2010; Meier-Gräwe 2011; Fischer 2012; Boyden 2013; Schmitz et al. 2013; Simpson 2013; Häußermann 2014; McKinney 2014; Hammer 2015; Hannum et al. 2017.
4) kindheitsbezogen-wohlfahrtsstaatlich mit Beiträgen zur wohlfahrtsstaatlichen Konstituierung und Regulierung armer Kindheiten sowie den Ursachen und gesellschaftlichen Folgen von Kinderarmut vgl. Honig/Ostner 1998; Esping-Andersen/Sarasa 2002; Beisenherz 2002; Ostner 2003; O'Neill 2004; Ridge 2007; Klundt 2008, 2011; Mierendorff 2008, 2011; Olk/Hübenthal 2009; Beiträge in Vandenhole et al. 2010; Bargain/Donni 2012; Butterwegge 2007, 2010b, 2012; Bayer/Hübenthal 2012; Bradshaw/Huby 2012; Engster 2012; Anhorn 2013; Arjanco et al. 2013; Diris et al. 2014; van Lancker/van Mechelen 2015; Schweiger/Graf 2015; Esping-Andersen 2002a+b, 2004, 2016; UNICEF 2016a.
5) quantifizierend mit Beiträgen zur statistischen Vermessung von Kinderarmut auf nationaler Ebene sowie international vergleichend vgl. Fertig/Tamm 2010; IAW/Uni Tübingen 2011/2013; Gornick/Jäntti 2012; Bradshaw 2015; Funcke et al. 2016; Tophoven et al. 2016; OECD 2008, 2009, 2011, 2016c; UNICEF 2012, 2013a, 2014a, 2016c; BMAS 2017.

Quelle: Eigene Darstellung.

2.3.1 Der Forschungsstand als Set widersprüchlicher Interpretamente

Gliedert man den Wissensbestand zur gegenwärtigen wohlfahrtsstaatlichen Regulierung von Kinderarmut in Deutschland auf, lassen sich drei Themenblöcke voneinander unterscheiden, die allesamt als ein dichotomes Set zweier widersprüchlicher Interpretamente darstellbar sind. Dabei handelt es sich um den Forschungsstand zur gegenwärtigen Wohlfahrtsstaatsarchitektur, zur wohlfahrtsstaatlichen Armutsregulierung und zur wohlfahrtsstaatlichen Kindheitsregulierung. Diese drei thematischen Blöcke werden nachfolgend skizziert, wobei – sofern vorhanden – diejenigen Arbeiten, die explizit die wohlfahrtsstaatliche Regulierung der Kinderarmut thematisieren, dem jeweils passenden thematischen Block zugeordnet werden.[6]

Wohlfahrtsstaatsarchitektur: neoliberal oder neosozial?

Die sozialwissenschaftliche Analyse der gegenwärtigen Wohlfahrtsstaatsarchitektur hält – neben der vor allem im wissenschaftlichen Diskurs der Sozialen Arbeit verankerten ‚Post-Wohlfahrtsstaats-These' (vgl. Kessl/Otto 2008; Kessl 2013 sowie kritisch: Sandermann 2010) – vor allem das Interpretament eines ‚neoliberalen Wohlfahrtsstaatsabbaus' sowie das eines ‚neosozialen Wohlfahrtsstaatsumbaus' bereit.

Die Einschätzung, dass die deutsche Wohlfahrtsstaatsarchitektur zusehends *neoliberaler* wird, trägt in der sozialwissenschaftlichen Forschungslandschaft besonders prominent und elaboriert Christoph Butterwegge vor (vgl. Butterwegge 2014, 2017 sowie die (anderen) Beiträge in Butterwegge et al. 2008, 2017). Um diese Neoliberalisierung abzubilden, gilt es ihm zufolge, sich mehrdimensional mit diesem Phänomen auseinanderzusetzen und dessen ideologische, institutionelle und sozialstrukturelle bzw. materielle Ebene zu beleuchten. Auf der ideologischen Ebene setzt sich Butterwegge mit den konzeptionellen Säulen des Neoliberalismus auseinander und beschreibt diesen als Mischung aus „(Wirtschafts-)Theorie, Ideologie und Strategie" (Butterwegge 2017, S. 124), dessen Ideal eine an Marktprinzipien ausgerichtete Gesellschaft mit möglichst geringen staatlichen Interventionen darstellt. Dem Wohlfahrtsstaat im Speziellen wird laut Butterwegge seitens des Neoliberalismus vorgeworfen, die Leistungsbereitschaft des Einzelnen zu schwächen und seine Freiheit zu beschneiden sowie die Entfaltung der Volkswirtschaft zu behindern und folglich Armut zu schaffen, statt dieser entgegenzuwirken. Das im Neoliberalismus verwurzelte Streben nach wohlfahrtsstaatlichem Rückbau wird Butterwegge zufolge als zwingend notwendige Reaktion auf die Globalisierung und den demographischen Wandel verstanden und in Szene gesetzt. Die Gewährung sozialer Sicherheit sowie die damit einhergehende Reglementierung der Wirtschaft werden in Zeiten globaler Konkurrenzkämpfe demnach als Gefahr für den Wirtschaftsstandort Deutschland erachtet. Auch die Veränderung der demographischen Struktur der Gesellschaft durch einen Anstieg des Anteils der älteren Bevölkerung bei gleichzeitig niedrigen Geburtenzahlen dient in Butterwegges Verständnis im Neoliberalis-

---

6 In dieser Aufarbeitung wird an einigen Stellen auch auf Beiträge verwiesen, die in der vorangehenden Tabelle (Tab. 1 in Kap. 2.3) der kindbezogen-sozialpädagogischen bzw. der bildungsfokussierten Zugangsweise zugeordnet wurden. Diese Beiträge enthalten neben ihrem eigentlichen Schwerpunkt auch hinsichtlich der wohlfahrtsstaatlichen Ebene relevante Informationen.

mus als Ausgangspunkt für Forderungen nach wohlfahrtsstaatlichen Leistungs-kürzungen. Rentenzahlungen werden zusehends als ökonomische Last darge-stellt, die einer zwingend auszubauenden Geburtenförderung und ‚Humankapi-talbildung' der nachwachsenden Generation im Wege stehen. Zusätzlich zum Rückgriff auf diese zwei Narrative wird im Neoliberalismus Gerechtigkeit neu interpretiert und Freiheit zusehends als Eigenverantwortung und weniger als Selbstbestimmung sowie Abwesenheit von materieller Not missverstanden – so Butterwegge. Im Zuge des Gerechtigkeitswandels wird Butterwegges Analyse zu-folge – erstens – die Gewährung von Bedarfsgerechtigkeit durch die Einforde-rung von Leistungsgerechtigkeit im Sinne einer stärkeren Belohnung von dem, was als ‚Leistung' verstanden wird, ersetzt. Zweitens wird Verteilungs- durch Teilhabegerechtigkeit verdrängt, wodurch monetäre Umverteilung von oben nach unten durch das Bemühen bzw. Versprechen ausgetauscht wird, den Ein-zelnen durch bessere Bildungschancen effektiver für den Arbeitsmarkt vorzube-reiten. Drittens argumentiert Butterwegge, dass im Neoliberalismus soziale durch generationale Gerechtigkeit abgelöst wird, wodurch seines Erachtens von den zentralen sozioökonomischen Ungleichheiten innerhalb der jeweiligen Genera-tionen abgelenkt werden soll (vgl. Butterwegge 2017, S. 123 ff.; siehe kritisch hierzu Kap. 9.2).

Auf der institutionellen Ebene diagnostiziert Butterwegge, dass der voran-gehend skizzierte Neoliberalismus circa seit dem Ende der 1990er Jahre auch in Deutschland Fuß fassen konnte – nicht zuletzt gestützt von der im Jahr 2000 ausgerufenen ‚Lissabon-Strategie' zur Stärkung des europäischen Wirtschafts-raums (vgl. European Council 2000). Als zentrale Manifestation der Neoliberali-sierung der deutschen Wohlfahrtsstaatsarchitektur gilt Butterwegge die ‚Agen-da 2010' – vor allem mit der darin eingelassenen ‚Hartz-IV-Reform', die zur Zusammenlegung der früheren Sozialhilfe mit der Arbeitslosenhilfe zum ak-tuellen Arbeitslosengeld II führte. Obwohl Butterwegge in derartigen Verände-rungen vor allem einen Abbau des Wohlfahrtsstaates sieht, betont er zugleich, dass damit auch ein Umbau einhergeht. Aus dem früheren, vergleichsweise wohltätigen Wohlfahrtsstaat entwickelte sich seines Erachtens ein kaum noch als Wohlfahrtsstaat zu bezeichnendes Gebilde, das zusehends soziale Angelegen-heiten ökonomisiert (‚Wettbewerbsstaat'), wohlfahrtsstaatliche Eingriffe redu-ziert (‚Minimalstaat'), Gegenleistungen für wohlfahrtsstaatliche Hilfe einfordert (‚aktivierender Wohlfahrtsstaat') und Sozialleistungen durch Disziplinierungs- und Strafmaßnahmen ersetzt (‚Kriminalstaat') (vgl. Butterwegge 2017, S. 156 ff.).

Die Folgen dieser Politik diskutiert Butterwegge auf der von ihm als sozial-strukturell bzw. materiell bezeichneten Ebene. Die Konsequenzen der Neo-liberalisierung des deutschen Wohlfahrtsstaates sieht er vor allem in einer zu-nehmenden ökonomischen Spaltung der Gesellschaft und Verarmung der Be-völkerung, die vermehrt auch Menschen aus der Mitte der Gesellschaft treffen sowie soziale und politische Konflikte schüren wird (vgl. Butterwegge 2017,

S. 191 ff.). Zu den Neoliberalisierungsauswirkungen zählt Butterwegge explizit auch das Kinderarmutsproblem: „Eine kapitalistische Hochleistungs-, Konkurrenz- und Ellenbogengesellschaft, die sich eher für Berufskarrieren und Aktienkurse als für Suppenküchen, Kinderarmut und Babyklappen interessiert, bietet sozial benachteiligten Familien keine gesicherte Existenzgrundlage" (Butterwegge 2017, S. 184). Die konkreten Ursachen für Kinderarmut sieht Butterwegge darin, dass der neoliberalisierte Wohlfahrtsstaat

- die Auflösung des ‚Normalarbeitsverhältnisses' zulässt, wodurch der Anteil der ‚working poor' in prekärer Beschäftigung steigt;
- die Unterstützung von Familien weiterhin primär am Modell der ‚klassischen Normalfamilie' mit einem männlichen Alleinernährer und einer Ehefrau, die unbezahlt Haus- und Erziehungsarbeit übernimmt, ausrichtet, obwohl dieses empirisch an Bedeutung verloren hat;
- die Kürzung wohlfahrtsstaatlicher Unterstützungsleistungen für als markt- und leistungsfern erachtete Bevölkerungsgruppen voranbringt (vgl. Butterwegge 2007, S. 178).

Die somit verursachte Kinderarmut stellt für Butterwegge ein mehrdimensionales Phänomen dar, das über Geldmangel hinausgeht und mannigfaltige „Beeinträchtigungen, etwa im Wohn-, Bildungs-, Ausbildungs-, Gesundheits- und Freizeitbereich" (Butterwegge 2006, S. 33) mit sich bringt – wodurch es nur durch eine konzertierte, politikfeldübergreifende Strategie eines ‚starken Wohlfahrtsstaates' bekämpft werden kann (vgl. Butterwegge 2006, 2010b).

Dem primär abbaubetonenden Neoliberalisierungs-Interpretament steht das von Stephan Lessenich entwickelte Interpretament eines *neosozialen Wohlfahrtsstaatsumbaus* gegenüber. Grundsätzlich geht auch Lessenich davon aus, dass in Deutschland Ende der 1990er Jahre ein signifikanter Wandel der Wohlfahrtsstaatsarchitektur stattgefunden hat. Der alte, stärker auf Versorgung ausgerichtete Wohlfahrtsstaat geriet ihm zufolge durch den Wandel des Kapitalismus zum neuen, flexiblen Kapitalismus zusehends unter Druck. Das entscheidende Merkmal dieses flexiblen Kapitalismus ist für Lessenich die Durchsetzung einer neuen, alles vereinnahmenden Leitdifferenz von „Aktivität vs. Inaktivität, Mobilität versus Immobilität" (Lessenich 2008b, S. 76). In der Welt dieses flexiblen Kapitalismus werden Aktivität und Mobilität bis hin zum Selbstzweck verehrt, während Passivität und Immobilität Verachtung erfahren – so Lessenich. Verehrung erfährt die Aktivität bzw. Mobilität des Einzelnen im flexiblen Kapitalismus allerdings nur unter der Bedingung, dass diese dem Gemeinwohl dienen oder zumindest als gemeinwohldienlich interpretiert werden können. Dieser gesellschaftlichen Entwicklung entspringt Lessenich zufolge der neue Wohlfahrtsstaat in Deutschland (vgl. Lessenich 2008b, S. 73 ff.).

Spätestens bei der Analyse der neuen deutschen Wohlfahrtsstaatsarchitektur tritt die Differenz von Lessenichs Lageverständnis zum Neoliberalisierungs-Interpretament zu Tage. Den neuen Wohlfahrtsstaat nach der ‚Ära Kohl' als ‚neoliberal' zu bezeichnen, erscheint Lessenich grundlegend falsch, da dieser sich weder aus der Regulierung des Sozialen zurückzieht, noch dem Einzelnen mehr Freiheit einräumt (vgl. Lessenich 2008a). Für ihn ist das genaue Gegenteil der Fall, da der ‚neue' Wohlfahrtsstaat mit seiner aktivierenden Arbeitsmarktpolitik, seiner bildungsinvestiven Familienpolitik, seiner auf Aktivierung ausgerichteten Alterspolitik, seiner auf Selbstoptimierung geeichten Gesundheitspolitik etc. „in höchstem Maße aktivistisch mit der Produktion sozialverantwortlicher Subjekte beschäftigt" (Lessenich 2008b, S. 84) ist. Der Einzelne wird demnach im neuen, neosozialen Wohlfahrtsstaat zusehends in die Pflicht genommen, „Eigenaktivität im Interesse der gesellschaftlichen Gemeinschaft" (Lessenich 2008b, S. 83) zu erbringen. Zur Durchsetzung dieser Agenda setzt dieser Wohlfahrtsstaat zuerst und zuvörderst auf weiche, subtile Regulierungsmittel. Aktivität und Erfolg werden gemäß Lessenich vom Modus des Außergewöhnlichen zur gesellschaftlichen Normalität erhoben und in einer „Feier der Jungen, Mobilen und Schlanken" (Lessenich 2008b, S. 126) zelebriert, sodass diese zum ubiquitären Appell an Jeden werden. Wer gegen den gesellschaftlichen Aktivierungsappell, sein individuelles Handeln am Gemeinwohl zu orientieren, verstößt und zu den „Passiven, Antriebslosen und Unbeweglichen" (Lessenich 2008b, S. 126) gerechnet wird, bekommt die diesem Interpretament zufolge explizit und hart regulierende Seite des neuen Wohlfahrtsstaates zu spüren – bspw. in Form von Leistungskürzungen in der SGB-II-Grundsicherung (vgl. Lessenich 2008b, S. 84 f., S. 124 ff.).

Armutsregulierung: zu lax oder diskriminierend?

Ebenso bzw. sogar noch deutlicher als bei der Wohlfahrtsstaatsarchitektur ist der Wissensstand zur wohlfahrtsstaatlichen Armutsregulierung durch eine klare Frontstellung geprägt. Gegenüber stehen sich das Interpretament einer ‚zu laxen Regulierung der neuen Unterschicht' und das Interpretament einer ‚Diskriminierung sozioökonomisch benachteiligter Hilfebedürftiger'.

Das erstgenannte Interpretament der zu laxen Regulierung einer ‚neuen Unterschicht' spiegelt die Analysen des Berliner Historikers Paul Nolte wider. Noltes Auseinandersetzung mit dem, was er als ‚neue Unterschicht' versteht, lässt sich als deutsche Fortführung des US-amerikanischen Diskurses der ‚culture of poverty'[7] begreifen. Nolte argumentiert, dass in Deutschland (spätestens) seit

---

7 Angestoßen wurde der Diskurs zur Armutskultur durch die Arbeiten von Lewis (1959) sowie Murray (1984/1994) (vgl. sekundär-überblickartig: Ludwig-Mayerhofer/Barlösius 2001, S. 47 ff.).

circa Mitte der 1990er Jahre „neue Mechanismen der Klassengesellschaft" (Nolte 2004, S. 41) beobachtet werden können. Diese neuen sozialen Spaltungen treten im Gegensatz zu früheren Zeiten weniger in der Produktionssphäre, sondern zusehends im Alltagsleben und Konsumverhalten auf. Noltes Diagnose zufolge lässt sich eine zunehmende Polarisierung des Warenangebots in hoch- und minderwertige Segmente beobachten, wobei dieses Warenangebot „sehr klassenspezifisch genutzt wird; mehr noch: der Demonstration und auch der Verfestigung von Klassenunterschieden dient" (Nolte 2004, S. 41). Für Nolte zeigt sich diese Spaltung in allen Konsumbereichen – sowohl bspw. beim Thema Lebensmittel, wo ihm zufolge die Differenz darin liegt, ob man beim „Discounter oder im italienischen Feinkostladen" (Nolte 2004, S. 54) einkaufen geht, als auch beim Thema Unterhaltung, wo die einen dem „Kulturprogramm der Öffentlich-rechtlichen treu [bleiben]" (Nolte 2004, S. 54), während die anderen „mit RTL und SAT.1 ein spezielles Unterschichtsfernsehen" (Nolte 2004, S. 42) einschalten (vgl. Nolte 2004, S. 36 ff.).

Die sich in dieser Differenz andeutende ‚neue Unterschicht' eifert gemäß Nolte – im Gegensatz zum alten Industrieproletariat – nicht mehr der bürgerlichen Mitte mit ihrer Leistungs- und Disziplinorientierung, ihrem höflichen Verhalten und ihrer höheren Bildung nach, sondern orientiert sich an eigenen, zusehends abgeschotteten Werte- und Normenmustern, die zudem sogar auf die gesellschaftliche Mitte abfärben und streckenweise von ihr aufgenommen werden. Nolte fürchtet eine Verdrängung des klassischen Anzugs durch Jogginghose und Trainingsjacke (vgl. Nolte 2004, S. 55 f., S. 66). Die von ihm diagnostizierte ‚neue Unterschicht' vermutet er „zwischen Arbeit und Arbeitslosigkeit, zwischen Teilzeitarbeit und Sozialhilfe, zwischen Schwarzarbeit und frustrierendem Totalrückzug, auch: zwischen völliger Entpolitisierung und Anfälligkeit für den Populismus" (Nolte 2004, S. 61) bzw. sieht er sie gefangen im „Konsumdreieck aus Tabak, Alkohol und Lottospiel" (Nolte 2004, S. 65). Die Denk-, Lebens- und Verhaltensweise dieser ‚neuen Unterschicht' stellt für Nolte den eigentlichen Kern und das verbindende Element eines breit gefächerten Bündels unterschiedlicher sozialer Probleme dar – seien es bspw. Bildungsmangel, Übergewicht, Integrationsprobleme von Migranten oder häusliche Gewalt (vgl. Nolte 2004, S. 58). Soziale Benachteiligung äußert sich für Nolte weniger in Geldproblemen, sondern in kulturellen Defiziten. Statt diese Problematik weiter zu tabuisieren, muss sich Nolte zufolge die deutsche Gesellschaft zum einen die Frage stellen, welches Ausmaß an als abweichend verstandenem Verhalten sie sich erlauben kann und will. Zum anderen steht für Nolte fest, dass die bisherige wohlfahrtsstaatliche Armutsregulierung künftig anders aussehen muss. Er spricht sich für eine Überwindung dessen aus, was er als „fürsorgliche[] Vernachlässigung" (Nolte 2004, S. 68) begreift – primär hohe Transferzahlungen an die Armutsbevölkerung, die das Unterschichtsproblem nicht lösen, aber der sogenannten Mehrheitsgesellschaft ein gutes Gewissen verschaffen. Dies gilt es für

Nolte durch eine Armutspolitik zu ersetzen, die die ‚neue Unterschicht' kulturell und sozial in das, was er als Mehrheitsgesellschaft versteht, inkludiert und sich dafür auch nicht scheut, kulturelle Werte und Normen im Sinne einer ‚Leitkultur' dezidierter innerhalb der Armutsregulierung zu vermitteln (vgl. Nolte 2004, S. 62 ff.; vgl. grundlegend auch Nolte 2003, 2007).

Noch deutlicher als sich das bei Nolte selbst abzeichnet, verweisen kritische Auseinandersetzungen mit dem Unterschichtsdiskurs darauf, dass Kinderarmut in diesem Interpretament als Problem des Versagens der in Armut lebenden Eltern gesehen wird. Diese werden vom Grunde her für sämtliche Kindheitsprobleme in die Verantwortung genommen – seien es bspw. Schulprobleme, falscher oder übermäßiger Medienkonsum oder Gewaltausbrüche (vgl. Andresen 2010, S. 501 f.).

Stefan Hradil zufolge herrscht Uneinigkeit hinsichtlich der Frage „inwieweit Arme in Deutschland eine eigene Schicht darstellen" (Hradil 2010, S. 5). Er sortiert den Unterschichtsdiskurs in

- eine gemäßigte Position, in welcher der Armutsbevölkerung ein vergleichsweise hohes Maß an Resignation zugeschrieben wird;
- eine weitergehende Unterschichtsauffassung, in der von einer geschlossenen und umfassenden Armutskultur fernab bürgerlicher Werte und Lebensweisen ausgegangen wird, wobei die als schwierig erachteten Lebensumstände als ausschlaggebend für das als problematisch verstandene Verhalten der Unterschichtsangehörigen gelten;
- eine besonders stark stigmatisierende Unterschichtsauffassung, in der die Disziplinlosigkeit der Unterschichtsangehörigen und nicht strukturelle Lebensbedingungen als ursächlich für die ihnen zugeschriebene Armutskultur und ihr Verhalten eingestuft werden (vgl. Hradil 2010, S. 6).[8]

Den verschiedenen Formen des Unterschichtsdiskurses gegenüberstehen sieht Hradil die Sichtweise, dass es empirisch so etwas wie eine hinsichtlich ihrer Werte- und Normenmuster sowie ihrer Verhaltensweisen geschlossenen, homogenen und von anderen Schichten abgegrenzten Unterschicht nicht gibt, weshalb der Unterschichtsbegriff, so wie er im Diskurs der ‚neuen Unterschicht' verwendet wird, zurückgewiesen wird – bereits deshalb, da dieser stigmatisierend ist (vgl. Hradil 2010, S. 6). Dieses Grundverständnis findet sich innerhalb weiter Teile der Fachdisziplin Sozialer Arbeit (vgl. exemplarisch Heite et al. 2007, S. 57 f.) sowie darüber hinaus auch bei der breiten Öffentlichkeit bekannten Soziologen wie bspw. Zygmunt Baumann (vgl. Baumann 2009,

---

8 Für eine historische Analyse der Armutsverständnisse in Deutschland siehe Lorke (2015).

S. 163).[9] Es stellt die Basis des hier zu beschreibenden Interpretaments der wohlfahrtsstaatlichen Armutsregulierung als *Diskriminierung sozioökonomisch benachteiligter Hilfebedürftiger* dar.

In seiner Kritik am Unterschichtsdiskurs spricht u.a. Fabian Kessl dem Konstrukt der ‚neuen Unterschicht' analytische Sinnhaftigkeit ab. Für ihn wird damit weder die Armutsbevölkerung als solches beschrieben, noch werden diejenigen gesellschaftlichen Gruppen in den Blick genommen, die „sozialwissenschaftlich schon seit Jahrzehnten als Unterschicht markiert werden – also diejenigen Milieus, deren Angehörigen es sehr schwerfällt, eine bestimmte symbolische Grenze zu überwinden und damit sozial aufzusteigen" (Kessl 2012, S. 187; vgl. zudem Heite et al. 2007, S. 57f.). Für Kessl sowie bspw. auch für Heite et al. fungiert der Unterschichtsdiskurs vor allem als Motor eines Wohlfahrtsstaatsab- und -umbaus *(bei Kessl als ‚neoliberal', bei Heite et al. als ‚neosozial' gelabelt)*. Der Verweis auf die Existenz einer ‚neuen Unterschicht' gilt Kessl sowie Heite et al. als Weg zur Durchsetzung eines wohlfahrtsstaatlichen Wandels, im Zuge dessen eine gleichheitszentrierte Geldumverteilungslogik zusehends durch eine moralisierend-pädagogisierte Logik der Arbeitsfähigkeitsschaffung und -aktivierung ersetzt wird. Dabei sitzen die Unterschichtsthesenvertreter einem Irrglauben auf – so sowohl Kessl als auch Heite et al. Soziale Probleme, wie sie im Zuge des Unterschichtsdiskurses kontinuierlich angeprangert werden, wurden als Massenphänomen bisher nicht in leistungsstarken Wohlfahrtsstaaten (bspw. in Skandinavien) hervorgerufen, sondern – ganz im Gegenteil – in Gesellschaften, die nur geringe öffentliche Sozialleistungen vorhalten und nur wenig für sozioökonomische Gleichheit sorgen (bspw. in den USA) (vgl. Kessl 2012; Heite et al. 2007).

Die Kritiker des Unterschichtsdiskurses prangern nicht nur die einstellungs- und verhaltensfixierte Moralisierung der Armut des Einzelnen bei gleichzeitiger Ausblendung der gesellschaftlichen Erzeugungsbedingungen an, sondern monieren zudem, dass durch den Unterschichtsdiskurs Armut fortschreitend zum Motor für gesellschaftliche Missachtung wird und immer weniger gesellschaftliche Unterstützung und Solidarität aktiviert (vgl. Chassé et al. 2011, S. 235). Als verantwortlich für die Entsolidarisierung gelten zum einen als überspitzt, dramatisiert und entwürdigend eingestufte mediale Inszenierungen (vgl. exemplarisch: Stern 2004 sowie dazu kritisch: Kessl 2005, S. 34ff.). Zum anderen findet dem vorliegenden Interpretament zufolge eine Entsolidarisierung auch direkt in der wohlfahrtsstaatlichen Armutsregulierung statt. Anders als im vorherigen Armutsregulierungsinterpretament wird hier die gegenwärtige Armutsregulie-

---

9 Kritik am Unterschichtsbegriff findet sich darüber hinaus auch bei Kessl (2005); Chassé (2007, 2010); Kessl/Reutlinger (2007); Chassé et al. (2011); Dörre (2007, 2013) sowie Dörre et al. (2013).

rung im Zuge der aktivierenden Arbeitsmarkt- und Sozialpolitik als das Anknüpfen an eine Tradition verstanden, die durch „Arbeitshäuser und Internie-
rungslager" geprägt ist und die „bereits im Europa des 17. Jahrhunderts mit der
Internierung von Arbeitslosen und Müßiggängern begann" (Dörre et al. 2013,
S. 26). Klaus Dörre zufolge generiert das ‚Hartz-IV-System' nicht zuletzt durch
sein auf der Handlungsebene beobachtbares Klima der Abwertung, des Passivi-
täts-, Ausnutzungs- und Betrugsverdachts Diskriminierungen der Leistungs-
empfänger, die bspw. Rassismus und Sexismus ähneln (vgl. Dörre 2013, S. 374).
Im Verständnis dieses Interpretaments wird also nicht eine ‚neue Unterschicht'
zu lax durch die wohlfahrtsstaatliche Armutsregulierung behandelt, sondern es
werden sozioökonomisch Hilfebedürftige institutionell diskriminiert.

Im direkter Opposition zum Unterschichtsdiskurs wird hier eine auf das El-
ternverhalten gerichtete Individualisierung des Armutsproblems als Verhinde-
rungsmoment für die als dringend notwendig verstandene Ausweitung der
wohlfahrtsstaatlichen Gesamtverantwortung für die multiplen Problemlagen sozioökonomisch schlecht gestellter Kinder in Armut kritisiert (vgl. Weiß 2010a,
S. 47 f., S. 61 ff.).

Kindheitsregulierung: entwicklungsunfunktional oder verzweckend?

Hinsichtlich der wohlfahrtsstaatlichen Kindheitsregulierung stehen sich das Interpretament einer *entwicklungsunfunktionalen* und einer *verzweckenden Regulierung der Lebensphase Kindheit* gegenüber. Der Spiritus Rector des Interpretaments einer *entwicklungsunfunktionalen Kindheitsregulierung* ist zweifelsohne
der dänische Wohlfahrtsstaatsforscher Gøsta Esping-Andersen. Esping-Andersen sieht die europäischen Wohlfahrtsstaaten gegenwärtig vor neuen sozialen
Risiken stehen: klassische Familienmodelle verlieren an Bedeutung, der Anteil
der älteren, nicht mehr erwerbstätigen Bevölkerung steigt, die Individualisierung nimmt zu, die Ungleichheit der Markteinkommen wächst an und die Arbeitswelt steht vor der Herausforderung, sich zu einer „wissensintensive[n] und
dienstleistungsbasierte[n] Wirtschaft" (Esping-Andersen 2004, S. 505) wandeln
zu müssen, wobei der technologische Fortschritt immer größere Anforderungen
an die Kompetenzprofile der Erwerbstätigen stellt und der Konkurrenzkampf
zusehends global geführt wird (vgl. Esping-Andersen 2002b, S. 2 ff.; Esping-Andersen 2004, S. 502 f.). Esping-Andersen zufolge fallen diese Herausforderungen
zwar für alle europäischen Gesellschaften ähnlich aus, die wohlfahrtsstaatliche
Bewältigung weist jedoch große Unterschiede auf. Die konservativ-kontinentaleuropäischen Wohlfahrtsstaaten – und damit auch Deutschland – bewältigen
ihm zufolge die neuen Herausforderungen weitaus schlechter als die sogenannten ‚sozialdemokratischen', primär skandinavischen Wohlfahrtsstaaten. Die
konservativen Wohlfahrtsstaaten Kontinentaleuropas beschreibt er als Gesellschaften, die am traditionellen Familienmodell festhalten und der Absicherung
des männlichen Allein- oder Primärverdieners durch Sozialversicherungssyste-

me höchste Priorität einräumen. Für Esping-Andersen resultiert daraus ein ganzes Bündel gesellschaftlicher Probleme bzw. bleibt dieses ungelöst – so a) die lediglich geringe soziale Sicherheit für arbeitsmarktferne Gruppen wie bspw. Frauen und Kinder bzw. auch prekär Beschäftige, b) die lediglich partielle Arbeitseinbindung von Frauen und damit die nur marginale ökonomische Emanzipation dieser Bevölkerungsgruppe sowie c) die geringe Geburtenrate (vgl. Esping-Andersen 2002b, S. 13 ff.). Besonders problematisch erscheint ihm das ebenfalls ungelöst bleibende Problem einer anhaltend hohen sozialen Ungleichheit und geringen intergenerationalen sozialen Mobilität – explizit auch in Deutschland, während es in den skandinavischen Staaten wie Dänemark und Schweden zurückgegangen ist (vgl. Esping-Andersen 2004, S. 8). Im direkten Vergleich der sozialdemokratisch-skandinavischen mit den konservativ-kontinentaleuropäischen Wohlfahrtsstaaten sieht er zwei zentrale Gründe für die Überlegenheit des erstgenannten Wohlfahrtsstaatstypus. Erstens haben diese Wohlfahrtsstaaten durch eine größere monetäre Umverteilung ökonomische Sicherheit für Familien geschaffen, sodass diesen ausreichend Mittel zur Verfügung stehen, das Wohl ihrer Kinder zu sichern. Zweitens haben die nordischen Staaten ihren Fokus explizit auf Chancengleichheit gerichtet und familienbezogene Dienstleistungen zur besseren Vereinbarkeit von Familie und Beruf ausgebaut (vgl. Esping-Andersen 2004, S. 508 f.).

Zum einen auf Basis von Wohlfahrtsstaatsvergleichen dieser Art und zum anderen auf Befunden aufbauend, denen zufolge die Zukunftschancen von Kindern vom Vorhandensein etwaiger Familienpathologien wie bspw. Alkoholismus sowie dem ökonomischen und kulturellen Kapital der Familie abhängen, votiert Esping-Andersen für eine ‚*Child-Centred Social Investment Strategy*‘ (vgl. grundlegend Esping-Andersen 2002a sowie auch Esping-Andersen 2016). Darin knüpft er an die Annahme einer besonders hohen Bedeutung möglichst früher Bildung für den Aufbau sogenannten ‚Humankapitals‘[10] an und votiert für folgende Doppelstrategie:

- Ausbau qualitativ hochwertiger Kindertageseinrichtungen als primäres Mittel: sowohl um etwaige Beeinträchtigungen des kindlichen Humankapitalaufbaus durch mangelndes kulturelles Kapital der Eltern zu kompensieren, als auch damit Mütter umfangreicher am Arbeitsmarkt teilnehmen und zum Familieneinkommen beitragen können;
- Expansion monetärer Umverteilungen als sekundäres Mittel: um in Kombination mit der ausgeweiteten Müttererwerbstätigkeit das Kinderarmutsproblem – im Sinne einer relativen Einkommensarmut der Familie – vollstän-

---

10 Besonders prominent sind diesbezüglich die Arbeiten von James J. Heckman (vgl. Carneiro/Heckman 2003; Cunha/Heckman 2006; Heckman/Masterov 2007).

dig zu überwinden und Eltern finanzielle Handlungsspielräume zu gewähr-leisten (vgl. Esping-Andersen 2004, S. 505 ff., S. 511 ff.; Esping-Andersen/Sara-sa 2002).

Esping-Andersen möchte sein Streben nach mehr Egalität explizit nicht (allei-nig) in Gerechtigkeitslogiken verankert wissen, sondern vor allem in gemein-wohlbezogenen Gewinnrechnungen. Seiner gesamteuropäischen Perspektive entsprechend geht es ihm damit darum, die Konkurrenzfähigkeit der europäi-schen Staaten im weltweiten Kampf der Wissensökonomien mittels einer effek-tiven Humankapitalpolitik sicherzustellen (vgl. Esping-Andersen 2004, S. 507).

Esping-Andersens Analyse und seine ‚Sozialinvestitionsstrategie' können als kindzentrierte und geldumverteilungsfordernde Weiterführung des von Antho-ny Giddens entwickelten Konzepts des ‚Dritten Weges' verstanden werden. Mit seinem ‚Dritten Weg' liefert Giddens einen Vorschlag für das ab, was er als eine „zeitgemäße Politik links der Mitte" (Giddens 2001, S. 41) begreift. Seinen Vor-schlag versteht er zum einen als Alternative zum Neoliberalismus und zum anderen als Appell zur Erneuerung der klassischen Sozialdemokratie, die seines Erachtens Ressentiments gegenüber Märkten überwinden und einsehen muss, dass auch wohlfahrtsstaatliches Handeln eigene Ungleichheiten und soziale Probleme wie bspw. Leistungsmissbrauch und Abhängigkeit erzeugen kann. Wie auch Esping-Andersen geht es ihm um eine Anpassung der gesellschaftli-chen Institutionen an die Herausforderungen der globalen Wissensgesellschaft (vgl. Giddens 2001, S. 41 f.). Das Kernstück seines ‚Dritten Weges' bildet das Plädoyer, den Wohlfahrtsstaat zum *,Sozialinvestitionsstaat'* (‚social investment state') umzubauen. Dieser soll Giddens zufolge

- „in *menschliches Kapital* [investieren], statt direkte[...] Zahlungen" (Gid-dens 1999, S. 137; H. i. O.) vorzunehmen sowie monetäre Umverteilung bestmöglich durch Bildungschancengerechtigkeit ersetzen (vgl. Giddens 1999, S. 118, S. 121, S. 128);
- die Ressorts der Wirtschafts- und Sozialpolitik miteinander verknüpfen und in diesem Zuge die unternehmerischen Rahmenbedingungen durch eine ‚angebotsorientierte Wirtschaftspolitik' verbessern, die Sozialausgaben be-züglich ihres volkswirtschaftlichen Nutzens bewerten sowie auf Arbeits-marktaktivierung im Sinne von „‚Arbeit statt Sozialleistungen'" (Giddens 2001, S. 134; H. i. O.) setzen (vgl. Giddens 1999, S. 145 f.; Giddens 2001, S. 134, S. 62);
- die Sozialleistungen so umbauen, dass diese weniger anfällig gegenüber Missbrauch ausfallen und stärker als bisher Risikobereitschaft sowie Eigen-verantwortung nach dem Prinzip *„Keine Rechte ohne Verpflichtungen"* (Gid-dens 1999, S. 81; H. i. O.) fördern und einfordern (vgl. Giddens 1999, S. 143).

Esping-Andersens sozialinvestive Denklogik knüpft nicht nur an Giddens' ‚Dritten Weg' an, sondern fällt auch darüber hinaus auf fruchtbaren Boden bzw. hat – andersherum – dazu beigetragen, dass dieser u.a. in Deutschland so existiert. So argumentiert bspw. Hans Bertram im Sinnhorizont von Humankapitalaufbau und Bildungsinvestitionen, dass das kindliche Wohl nicht nur im Kontext der UN-Kinderrechtskonvention zu sehen ist, sondern auch „ein zentrales Element der Zukunftsgestaltung einer jeden Gesellschaft" (Bertram 2008, S. 16) darstellt. Noch expliziter als bei Bertram kommt bspw. bei einer von Tobias Fritschi und Tom Oesch (2008) für die Bertelsmann-Stiftung verfassten Studie sowie bei Friedhelm Pfeiffer zum Ausdruck, „dass in Deutschland zu wenig in die Entwicklung von Fähigkeiten im frühen Kindesalter investiert wird" (Pfeiffer 2010, S. 41), wodurch der deutschen Volkswirtschaft Milliardeneinnahmen entgehen. Auch direkt in der Kinderarmutsforschung finden sich an den Sozialinvestitionsdiskurs anschlussfähige Zugänge – wenngleich diese keinesfalls zwangsläufig diesem Diskurs folgen müssen. So verweist u.a. Margherita Zander darauf, dass es bei Kinderarmut „immer auch den *Entwicklungsaspekt* von Kindern zu berücksichtigen" (Zander 2013, S. 206; H. i. O.) gilt (vgl. sozialisationsbezogen: Walper 2008), während bspw. Uta Meier-Gräwe im Kontext der Problematisierung der Herkunftsabhängigkeit des Bildungserfolgs zu verstehen gibt, dass für sie Kinderarmut nicht nur etwas mit Ungerechtigkeit zu tun hat, sondern auch mit volkswirtschaftlich verschenkten Potenzialen und folglich mit „einer latenten Belastung für die bundesdeutsche Gesellschaft insgesamt, weil in alternden Gesellschaften eine insgesamt kleiner werdende Zahl von jungen Menschen eine größer werdende Gruppe von hilfs- und transferabhängigen Menschen mittragen muss" (Meier-Gräwe 2011, S. 107).

Dem Interpretament einer derzeit entwicklungsunfunktionalen Kindheitsregulierung steht das gegenteilige Interpretament gegenüber, demzufolge die wohlfahrtsstaatliche Regulierung der Kindheit in Deutschland bereits jetzt zu *verzweckend* ausgestaltet ist. Rein begrifflich entspringt die Formulierung einer ‚Verzweckung von Kindheit' bzw. – als Gegenposition formuliert – einer ‚zweckfreien Kindheit' den sozialwissenschaftlichen Kindheitsanalysen im Umfeld des Deutschen Jugendinstituts (DJI). Als zweckfreie Kindheitsmomente definieren bspw. Wolfgang Gaiser und Pia Rother „Freiräume zum Träumen, Spielen, Schauen, Staunen, Fragen, Ausprobieren und zum eigensinnigen Aneignen der Umwelt" (Gaiser/Rother 2009, S. 5). Eine Auseinandersetzung mit der Frage nach zweckfreien respektive verzweckten Kindheitsmomenten erscheint ihnen dringend notwendig, da sie im vorangehend skizzierten Sozialinvestitionsdiskurs die Gefahr einer Instrumentalisierung von Kindern und Kindheit sehen (vgl. Gaiser/Rother 2009, S. 6). Gaiser und Rother sowie grundsätzlich Vertreter des ‚Verzweckungs-Interpretaments' fürchten, dass die zunehmenden Bemühungen, Kinder möglichst effektiv und frühzeitig in ihrer Entwicklung und Bildung zu fördern, die Schattenseite haben, dass zweckfreie Kindheitsphasen zum einen an Relevanz und Legitimität verlieren und durch effektivierte pädagogische Bemühungen ersetzt werden – sowohl im familiären Binnenraum als auch in den Einrichtungen: allen voran dem Kindergarten. Zum anderen sehen sie die Gefahr, dass Kinder vermehrt „ausschließlich unter der Perspektive ihrer Nützlichkeit für künftige ökonomische oder politische Zwecke" (Olk/Hübenthal 2010, S. 53) betrachtet werden und Kindheit mit Verweis auf die hohe gesellschaftliche Relevanz möglichst umfangreicher Förderung zusehends mit externen Absichten und Vorhaben überladen wird, wodurch Kindern immer weniger Platz für eine eigene Entfaltung bleibt (vgl. Gaiser/Rother 2009, S. 6 f.).

Risiken des Sozialinvestitionsstaates für die Lebensphase Kindheit werden vor allem in Beiträgen herausgearbeitet, die im Paradigma der ‚neuen Kindheitssoziologie' verankert sind (siehe für die ‚neue Kindheitssoziologie': Kap. 3.2.1).[11] So argumentiert Thomas Olk, dass in Deutschland das Leitbild des Sozialinvestitionsstaates programmatisch mit dem Schröder-Blair-Papier von 1999 eingeleitet wurde. Ihm zufolge führte der arbeitsmarktaktivierende Teil der Sozialinvestitionsstaatslogik unter dem Leitbild ‚Fordern und Fördern' zu Veränderungen in der Arbeitsmarkt- und Sozialpolitik (Stichwort: ‚Hartz IV'-Reform, 2005), während es mit dem direkt sozialinvestiven Teil in der zweiten Legislaturperiode der rot-grünen Bundesregierung (2002–2005) zu einem Kurswechsel in der Politik für Kinder und Familien kam, der sich in Maßnahmen wie dem 2007 eingeführten Elterngeld zur Senkung der durch Kinder entstehenden Opportunitätskosten für die Mittelschicht sowie dem Ausbau der Kindertagesbetreuung und der Ganztagsschulen niederschlug. Politik für Kinder und Familien wird seitdem als ‚nachhaltige Familienpolitik'[12] verstanden und folgt der Logik einer Verkoppelung von familien- mit wirtschaftspolitischen Zielsetzungen – so Olks Analyse. An dieser Entwicklung kritisiert er, dass zum einen nun sämtliche familien- und kinderpolitische Maßnahmen ökonomische Nützlichkeit erzeugen und beweisen müssen. Zum anderen gibt er zu bedenken, dass somit Kinder und Kindheit zwar aus der jahrelangen wohlfahrtsstaatlichen Missachtung geholt werden und nun als zentrale wohlfahrtsstaatliche Bezugsgruppe gelten, in deren Aufwachsen möglichst umfassend öffentlich inves-

---

11 Für eine anderweitig verankerte Sozialinvestitionsstaatskritik siehe bspw. Lessenich (2008b, S. 97 ff.); Evers (2008) sowie angelsächsisch: Jenson/Saint-Martin (2003); Lister (2003, 2004b, 2006, 2013); Jenson (2014).

12 Ausformulierungen des Konzepts der ‚nachhaltigen Familienpolitik' werden u. a. von Rürup/Gruescu (2003); Schmidt/Rürup (2003); Bertram et al. (2005); Ristau (2005); BMFSFJ (2006) sowie im weiteren Sinne auch bei Bertram/Deuflhard (2014) vorgebracht. Diesbezügliche sozialwissenschaftliche Analysen finden sich u. a. bei Leitner (2008); Leitner et al. (2008) sowie Ostner (2008).

tiert werden sollte. Da Olk zufolge Kinder allerdings lediglich als ‚Arbeitsbürger der Zukunft‘ neue wohlfahrtsstaatliche Relevanz entfalten, bleibt für ihn ihre über Jahrzehnte institutionalisierte Marginalisierung zu minderwertigen ‚Anderen‘ mit stark eingeschränkten Anspruchsrechten gegenüber der Gegenwartsgesellschaft jedoch unangetastet bestehen (vgl. Olk 2007, S. 47 ff. sowie auch Olk 2009, 2010).

Spezifisch mit Blick auf die Gruppe der von Armut betroffenen Kinder sieht Johanna Mierendorff in dem von ihr ebenfalls attestierten Wohlfahrtsstaatswandel in Richtung eines Sozialinvestitionsstaates die „Figur ‚Kinderarmut = Entwicklungsrisiko = Bildungsarmut‘“ (Mierendorff 2008, S. 157) in die wohlfahrtsstaatliche Regulierung von Kindern und Familien einziehen. Ihr zufolge soll damit die staatliche Kontrolle über die kindlichen Bildungswege und das elterliche Handeln erhöht werden. Ähnlich wie Lessenich in seinem Interpretament eines neosozialen Wohlfahrtsstaatsumbaus geht sie von subtilen Kontroll- und Regulierungsmechanismen aus. Diese bedienen sich laut Mierendorff vor allem der „permanenten Befürchtungen der Elterngeneration, dass die eigenen Kinder als zukünftige Erwachsene von ökonomischer Integration ausgeschlossen sein könnten, sollte es nicht gelingen, eine optimale Bildungskarriere zu arrangieren“ (Mierendorff 2008, S. 159 f.). Besonders problematisch erscheint ihr, dass die Aufmerksamkeitsfokussierung auf eine in der Zukunft der Kinder liegende Bildungsarmut ihre ökonomischen Lebensbeeinträchtigungen in der Gegenwart weitgehend überblendet (vgl. Mierendorff 2008, S. 160 sowie auch Olk/Hübenthal 2009).

2.3.2 Forschungsdesiderat und Untersuchungsverortung

Die Aufarbeitung des Forschungsstandes zur wohlfahrtsstaatlichen Regulierung von Kinderarmut in Deutschland zeigt, dass es diesbezüglich kein allseitig geteiltes Lageverständnis gibt. Vielmehr existieren widersprüchliche Interpretamente. Ob wir in einem neoliberalen Wohlfahrtsstaat leben, der sich zuvörderst aus sozialen Angelegenheiten zurückzieht, oder in einem neosozialen Wohlfahrtsstaat, der unter Aktivierungsvorzeichen die Regulierung des Sozialen neu justiert, ob die Armutsregulierung zu nachsichtig gegenüber einer neu entstandenen Unterschicht agiert oder ob die sozioökonomisch hilfebedürftige Armutsbevölkerung vielmehr institutionell diskriminiert wird und ob die Entwicklung von Kindern wohlfahrtsstaatlich zu ineffektiv gefördert wird oder bereits jetzt zu sehr unter alles überblendenden Nutzenkalkülen abläuft, ist Interpretationsangelegenheit und damit unsicher. In diesem dreidimensionalen Interpretationsraum von Wohlfahrtsstaatsarchitektur, Armuts- und Kindheitsregulierung deutet sich auch ein vielfältiger Varianzraum unterschiedlicher Kinderarmutsverständnisse an. Im gegenwärtigen Forschungsstand schimmert durch, dass

Kinderarmut im Kontext seiner wohlfahrtsstaatlichen Regulierung entweder a) entwicklungs-, bildungs- und zukunftsbezogen, b) werte-, kultur- und verhaltensbezogen oder c) teilhabe-, rechte- und gegenwartsbezogen thematisiert wird. Dieser Wissensstand ist vor allem deshalb von Relevanz für die vorliegende Studie, da der Bourdieuschen Soziologie zufolge im politischen Feld um die Vorherrschaft über das staatliche Feld gekämpft wird (siehe Kap. 2.2.2), weshalb zu erwarten ist, dass die im Forschungsstand akkumulierten Befunde auch im zu untersuchenden politischen Feld Bedeutung entfalten könnten und sollten (weiterführend siehe ,sensibilisierendes Konzept in Kap. 3.3).

Mit der Forschungsstandaufarbeitung zeichnet sich nicht nur ein spezifischer Wissensstand ab, es wird auch ein deutliches Desiderat erkennbar. Erstens beziehen sich die zusammengetragenen Befunde auf die wohlfahrtsstaatliche Kinderarmutsregulierung und damit auf das staatliche Feld – schlicht und ergreifend, da systematische empirische Untersuchungen zu den Kinderarmutsverständnissen des politischen Feldes in Deutschland nicht vorliegen.[13] Zweitens deuten sich zwar im gegenwärtigen Forschungsstand unterschiedliche Kinderarmutsverständnisse an – es sind allerdings tatsächlich eher Andeutungen. Eine dezidierte empirische Untersuchung und systematisierende Ordnung der Varianz der Kinderarmutsverständnisse und ihrer Verflechtungen – sowohl spezifisch hinsichtlich des politischen Feldes als auch allgemein – liegen derzeit nicht vor (vgl. für einen der wenigen Sortierungsverweise: Dierckx 2010, S. 184 ff.). Dieses Desiderat wird innerhalb der Kinderarmutsforschung auch direkt wahrgenommen. So stellt bspw. Mierendorff fest, dass „nicht immer nachzuvollziehen [ist], wovon überhaupt die Rede ist, wenn von armen Kindern gesprochen wird" (Mierendorff 2010a, S. 80), während Laubstein und Kolleginnen in ihrer Analyse des Forschungsstandes zu Kinderarmut die „uneinheitliche Definition von ,Kinderarmut' sowie eine Vermischung von Konzepten sozialer Ungleichheit und materieller Einkommensarmut" (Laubstein et al. 2016, S. 73; H. i. O.) beklagen. Die Autorinnen geben zudem zu bedenken, dass die Kinderarmutsforschung zwar aus einer großen Fülle von Veröffentlichungen besteht, allerdings nur aus verhältnismäßig wenigen empirischen Untersuchungen, die teilweise schon Jahre und Jahrzehnte alt sind und folglich eine deutliche Distanz zur aktuellen gesellschaftlichen Lage aufweisen (vgl. Laubstein et al. 2016, S. 73).

Verortung der Untersuchung

Mit dem Anknüpfen an die Themenbereiche der Wohlfahrtsstaatsarchitektur sowie der Armuts- und Kindheitsregulierung wird ersichtlich, dass sich die Un-

---

13 Siehe für die Ausnahmen vor allem die in Kap. 2.3 erfasste zeithistorische Untersuchung von Reichwein (2012), die in Kap. 9.2 aufgegriffene Studie von Klundt (2008) mit einer Vergleichsperspektive auf Wissenschaft, Politik und Medien sowie auch die in Kap. 1 und 2.4.1 angeführte Parlamentsanalyse von Bühler-Niederberger (2005).

tersuchung nicht nur in der als kindheitsbezogen-wohlfahrtsstaatlich abge-
steckten Zugangsweise der Kinderarmutsforschung verorten lässt. Ihr Platz liegt
auch im Makrobereich der Überschneidungsfläche der soziologischen Wohl-
fahrtsstaats-, Armuts- und Kindheitsforschung.

2.4   Untersuchungsziele

Entsprechend der Verankerung der vorliegenden Studie in der ‚neuen Kindheitssoziologie' (siehe Kap. 3.2.1) wird mit dieser Untersuchung ganz grundsätzlich angestrebt, einen Beitrag dazu zu leisten, dass „Marginalisierungen der
Kinder aufgedeckt" (Hengst/Zeiher 2005, S. 17) werden. Über diese grundsätzliche Zielstellung hinaus werden Ziele sowohl auf einer erkenntnisbezogenen
als auch einer wissenschaftspolitischen Ebene verfolgt.

2.4.1   Erkenntnisbezogene Zielebene

Auf der erkenntnisbezogenen Ebene lassen sich zwei Teilziele unterscheiden.
Erstens soll mit der Untersuchung der sozialen Konstruktionen von Kinderarmut ein Beitrag zur Verdeutlichung geleistet werden, dass Kinderarmut kein
natürliches, sondern ein sozial konstruiertes Phänomen ist.[14] Dieser Beitrag erscheint relevant, da der in Kap. 1 angeführten Untersuchung Bühler-Niederbergers zu Folge die Bedürfnisse von Kindern im Allgemeinen und von armen
Kindern im Besonderen im parlamentarischen System Deutschlands – wider
dem wissenschaftlichen Erkenntnisstand der sozialen Konstruktivität von Phänomenen wie Kindheit und Armut – gern als natürlich gegeben und damit vermeintlich unverhandelbar sowie zwingend zu erfüllen inszeniert werden. Folgt
man der Studie, geschieht dies, um fernab der sonst im deutschen Parlament
gängigen Diskussions- und Aushandlungskultur politische Entscheidungen
durchzusetzen, „die ansonsten kaum zu begründen gewesen wären und stets
den Widerspruch und die Unzufriedenheit der einen oder anderen gesellschaftlichen Gruppe hervorgerufen hätten" (Bühler-Niederberger 2005, S. 159; vgl.
auch Bühler-Niederberger 2005, S. 149 ff.; für eine Relativierung dieses Befun-
des siehe Kap. 9.2).
Zweitens soll die Ausleuchtung der unterschiedlichen Kinderarmutsverständnisse dazu beitragen, das Phänomen der Kinderarmut in Deutschland in-

---

14 Siehe für die Betonung des Konstruktionscharakters von Armut allgemein: Ullrich (2005,
    S. 118), für die Konstruktivität von Kinderarmut im Speziellen: Gordon (2015, S. VII)
    und für die Konstruktivität von Kindheit: Ariès (1960/1994) sowie die in Kap. 3.2.1 dar-
    gelegte ‚neue Kindheitssoziologie'.

haltlich besser greifen zu können. Die Relevanz dieser Zielsetzung ergibt sich aus dem augenscheinlich ungestillten Bedarf zu verstehen, warum Kinderarmut wohlfahrtsstaatlich so reguliert wird, wie es reguliert wird. Besonders deutlich bringt dies die von Margherita Zander aufgeworfene Frage auf den Punkt: „Warum bloß finden die zahlreich kursierenden Vorschläge und Konzepte, die im Kleinen bereits erprobten praktischen Ansätze, letztlich so wenig Beachtung bei jenen, welche die Macht haben?" (Zander 2010a, S. 142). Der Blick hinter den in Gesetze und Maßnahmen geronnenen Output der Wohlfahrtsstaatsarchitektur soll es den in die Kinderarmutsdebatte involvierten Akteuren erleichtern zu antizipieren, zu welchem Teil des politischen Feldes sie mit etwaigen Forderungen tendieren bzw. warum ihre Forderungen in manchen politischen Lagern unweigerlich auf Widerstand stoßen werden. Dies erscheint hilfreich, da bspw. Danielle Dierckx argumentiert, dass Kinderarmut mit einem „bunch of definitions" (Dierckx 2010, S. 184) einhergeht: zwischen Einkommensarmut vs. mehrdimensionaler Armut/Deprivation, materieller vs. immaterieller Armut, armen Kindern als homogene vs. heterogene Gruppe etc. Folgt man ihr, greifen auch politische Akteure auf dieses (oder andere) Definitionsbündel zurück, wobei hinter jeder Kinderarmutsdefinition eigene Weltanschauungen und Interessen stehen bzw. aus jeder Definition spezifische politische Lösungsansätze erwachsen (vgl. Dierckx 2010, S. 184 f.). Dass eine gegenstandsverankerte, sinnrekonstruierende Untersuchung von der ‚scientific community' der Kinderarmutsforschung vom Grunde her als hilfreich eingeschätzt wird, kommt u.a. in Eva Reichweins zeithistorischer Kinderarmutsanalyse zum Ausdruck. Sie merkt Folgendes an: „Sicherlich wäre es auch beim Thema Kinderarmut interessant und vermutlich sogar angebracht, über die Macht der Worte und die Konstruktion der Wirklichkeit zu schreiben" (Reichwein 2012, S. 46).

Die Zielsetzung eines besseren inhaltlichen Verständnisses von Kinderarmut fußt zudem auf der von Johanna Mierendorff getroffenen Feststellung des „Fehlen[s] einer Theorie der Kinderarmut" (Mierendorff 2011, S. 124). Zwar kann und soll mit dieser Untersuchung keine alles erklärende Kinderarmutstheorie entwickelt werden. Allerdings wird angestrebt, durch die Bildung eines datenverankerten Modells, in welches die empirisch ermittelten Kinderarmutskonstruktionen eingeordnet werden (siehe Kap. 8.2), zu einem solchen Unterfangen zumindest beizutragen.

2.4.2 Wissenschaftspolitische Zielebene

Auch auf der wissenschaftspolitischen Ebene lassen sich zwei Ziele unterscheiden. Erstens wird mit Blick auf die Kinderarmutsforschung angestrebt, durch den gegenstandsverankert-rekonstruktiven Charakter dieser Untersuchung den Modus des ‚erklärenden Verstehens' (vgl. Weber 1921–1922/1980, S. 1–30) in der kindheitsbezogen-wohlfahrtsstaatlichen Zugangsweise (siehe Tab. 1 in Kap. 2.3) zu stärken. Die Relevanz dieser Zielsetzung ergibt sich aus dem starken normativen Bestreben der Kinderarmutsforschung, eigene „Wege aus der Kinderarmut" – so bspw. ein Aufsatztitel von Christoph Butterwegge (2006) sowie ein Buchtitel von Ronald Lutz und Veronika Hammer (2012) – zu propagieren. So relevant und verdienstvoll ein solches Bemühen ohne jeden Zweifel ist, so schwer scheint es mit primär korrektiv ausgerichteten Beiträgen, Fragen wie die zuvor von Margherita Zander zitierte systematisch angehen zu können.

Das zweite Teilziel dieser Zielebene ist auf den außerhalb der Kinderarmutsforschung liegenden Andockort der Untersuchung gerichtet. Betrachtet man die drei im Forschungsstand gebündelten Wissenschaftsgebiete, zeigt sich, dass zwei davon direkte Wurzeln der Kinderarmutsforschung darstellen. Kinderarmut sozialwissenschaftlich als ein *eigenständiges* Phänomen zu begreifen und mit Blick auf die Lebenslagen der Kinder zu bearbeiten, setzte sich in Deutschland in den 1990er Jahren durch. Zuvor wurde Kinderarmut als Randphänomen der Armut Erwachsener behandelt. Arme Kinder fanden primär als Angehörige sozioökonomisch benachteiligter Haushalte bzw. als Ursache familiärer Armut Beachtung. Als zentrale wissenschaftliche Anstoßpunkte einer eigenständigen Kinderarmutsforschung gelten zum einen das Entstehen der ‚neuen Kindheitssoziologie' in der Kindheitsforschung sowie zum anderen die innerhalb der Armutsforschung von Richard Hauser (1989) vorgebrachte These der ‚Infantilisierung der Armut'.[15]

In Anlehnung an den in der ‚neuen Kindheitssoziologie' (siehe Kap. 3.2.1) enthaltenen Modus, Kinder als soziale Akteure der Gegenwartsgesellschaft zu begreifen, nach deren Benachteiligungen es – auch fernab entwicklungs-, bildungs- und sozialisationsbezogener Aspekte – wissenschaftlich zu fragen gilt, wurde und wird in der Kinderarmutsforschung zusehends eine dezidiert kindzentrierte Herangehensweise[16] an das Phänomen der Kinderarmut gefordert. Dies bedeutet in erster Linie, die Frage nach den aktuellen Lebensbeeinträchtigungen der in Armut lebenden Kinder nicht in den Schatten einer Perspektive zu stellen, die einzig nach den zukünftigen Auswirkungen eines Aufwachsens in Armut fragt (vgl. Olk 2004a, S. 23 f.). Dieser kindzentrierten Herangehensweise bzw. der Forderung danach steht die faktische Perspektivsetzung der deutschen Kinderarmutsforschung diametral gegenüber. Folgt man Johanna Mierendorff,

---

15 Diese Lageeinschätzung lässt sich aus den Beiträgen von Borsche (2003, S. 403); Butterwegge et al. (2004, S. 72, S. 85); Olk (2004, S. 21 ff.); Zander (2010b, S. 7; 2010c, S. 100) sowie Bühler-Niederberger (2011, S. 35) ableiten. Für den politischen Anstoß einer eigenständigen Kinderarmutsforschung siehe den ‚Zehnten Kinder- und Jugendbericht' (BMFSFJ 1998).

16 Verweise auf eine kindzentrierte Kinderarmutsperspektive bzw. die Anwendung dieser Perspektive finden sich u. a. bei Holz (2008, S. 484); Ridge (2002) sowie Saunders (2015).

richtet diese ihr Augenmerk derzeit vor allem auf die „langfristigen Folgen von Armut für die kindliche Entwicklung und Entfaltung" (Mierendorff 2011, S. 129). Auch andersherum betrachtet findet sich deutliches Ausbaupotenzial. So wird der ‚neuen Kindheitssoziologie' von Teilen der Kinderarmutsforschung vorgeworfen, die Analyse des Kinderarmutsproblems zu vernachlässigen, da zu sehr auf Kindheit als homogene Einheit fokussiert wird, die es primär gegenüber anderen generationalen Gruppen und nicht intern zu vergleichen gilt (vgl. Zander 2010c, S. 102 f.).

Ungenutztes Potenzial findet sich auch mit Blick auf die Verankerung der Kinderarmutsforschung in der Armutsforschung. Folgt man der Einteilung der Armutsforschung wie sie Berthold Dietz vornimmt, lassen sich armutserklärende und -beschreibende Ansätze unterscheiden (vgl. Dietz 1997, S. 58 f.).[17] Mit den armutserklärenden Ansätzen meint Dietz „Modelle zur Erklärung sozialer Benachteiligung und Ungleichheit" (Dietz 1997, S. 83) – so bspw. die Marxsche Klassentheorie, Max Webers Ständemodell, Claus Offes Disparitätenthese, Stefan Hradils Konzept ‚neuer sozialer Ungleichheiten' und Ulrich Becks Individualisierungs- und Risikogesellschaftsthese (vgl. Dietz 1997, S. 58 ff.). Die armutsbeschreibenden Ansätze gehen in Dietz' Unterteilung der Frage nach, „was als Armut angesehen wird" (Dietz 1997, S. 83) und mit Verweis auf welche Bezugspunkte diese wie definiert und gemessen werden kann. Hierzu zählt er bspw. Konzepte wie den Lebenslagenansatz, absolute und relative Armut, bekämpfte Armut im Sinne wohlfahrtsstaatlicher Grundsicherung, Deprivation aber auch Armut als Subkultur (vgl. Dietz 1997, S. 83 ff.). Während die ‚beschreibenden Ansätze' einen festen Platz in der Kinderarmutsforschung haben (siehe Kap. 1 sowie Tab. 1 in Kap. 2.3), spielen erklärende Zugänge in der Kinderarmutsforschung eine ebenso geringe Rolle wie andersherum betrachtet Kinder/Kindheit bzw. Kinderarmut in den erklärenden Zugängen der Armutsforschung. Das diesbezügliche Defizit bringt Jens Qvortrup wie folgt auf den Punkt: „Falls Kinderarmut kein erwünschter Zustand ist […], brauchte man schon eine Erklärung dafür, dass sie […] so hartnäckig anhält" (Qvortrup 2002, S. 64).

Auch die Verbindung von Kinderarmuts- und Wohlfahrtsstaatsforschung ist durch ein deutliches Ausbaupotenzial geprägt. 2003 attestierten Renate Kränzl-Nagl, Johanna Mierendorff und Thomas Olk der Wohlfahrtsstaatsforschung eine Kindheitsblindheit und zugleich der Kindheitsforschung, dass diese wohlfahrtsstaatliche Bezüge ausklammert (vgl. Kränzl-Nagl et al. 2003). Zum einen ist vor allem innerhalb der Kindheitsforschung die Wohlfahrtsstaatsblindheit zusehends abgebaut worden (vgl. exemplarisch Mierendorff 2010b). Zum ande-

---

17 Eine zumindest in Ansätzen ähnliche Unterteilung findet sich bei Ludwig-Mayerhofer/ Barlösius (2001, S. 13 ff.).

ren scheint innerhalb der Kinderarmutsforschung die Ausblendung wohlfahrtsstaatlicher Bezüge weniger gravierend zu sein – worauf nicht zuletzt die zur
kindheitsbezogen-wohlfahrtsstaatlichen Zugangsweise zusammengefassten Arbeiten hinweisen (siehe Kap. 2.3). Nimmt man allerdings die von Stephan Lessenich herausgegebenen „[w]ohlfahrtsstaatliche[n] Grundbegriffe" (Lessenich
2003) als Orientierungspunkt für das Analysepotenzial der Wohlfahrtsstaatsforschung, zeigt sich, dass Konzepte wie die folgenden in der Kinderarmutsforschung bislang allenfalls eine randständige Rolle spielen: Sicherheit, Freiheit,
Solidarität, Bürger, Nation, Risiko, Anerkennung – um nur die prägnantesten
Beispiele aufzuführen. Ebenso hat in der Wohlfahrtsstaatsforschung Kinderarmut bzw. – wie vorangehend mit Verweis auf Kränzl-Nagl et al. (2003) angeführt – Kindheit allgemein keine große Bedeutung.

Vor dem Hintergrund dieser unausgeschöpften Potenziale wird mit dieser
Studie angestrebt, einen Beitrag zur weiteren Öffnung der (kindheitsbezogen-
wohlfahrtsstaatlichen Zugangsweise der) Kinderarmutsforschung gegenüber
der Wohlfahrtsstaats-, Armuts- und Kindheitsforschung zu erbringen – et vice
versa. Eine solche Öffnung der Kinderarmutsforschung bedarf allerdings dringend einer festen Verankerung in der ‚neuen Kindheitssoziologie'. Nur so wird
es möglich, erwachsenen- oder familienbezogen generierte Befunde und Konzepte in eine eigenständige, kindheitszentrierte Kinderarmutsforschung zu inte-
grieren, ohne in das alte Muster zu verfallen, Kinderarmut nur als Randerschei-
nung bzw. Ursache der Armut gegenwärtiger Erwachsener zu verstehen oder
weiterhin primär entwicklungsbezogen zu analysieren.

Kapitel 3
Untersuchungsanlage

Wie bei der Skizzierung der Fragestellung (siehe Kap. 2.1) und der wissenschaftspolitischen Zielebene (siehe Kap. 2.4.2) angeführt, ist die Studie gegenstandsverankert-rekonstruktiv angelegt. Daher bedient sie sich des Forschungsstils der Grounded Theory Methodologie (GTM). Dieser Forschungsstil sowie dessen konkrete Umsetzung werden nachfolgend vorgestellt.

3.1 Die Studie als GTM-Untersuchung

Die GTM stellt einen qualitativ ausgerichteten Forschungsstil dar, der darauf zielt, gegenstandsverankerte Theorien aus empirischem Material zu entwickeln (vgl. für die GTM: Strauss/Corbin 1996; Strauss 1994).[1] Eine GTM-Untersuchung fußt auf den folgenden drei Säulen: a) theoretisches Sampling bis zur theoretischen Sättigung, b) dreistufiges Kodieren sowie c) Verfassen von Memos.

- *Theoretisches Sampling bis zur theoretischen Sättigung:* Die zu untersuchenden Daten oder Fälle werden nicht nach einem aus dem Vorwissen abgeleiteten Erhebungsplan ausgewählt, sondern im Sinne einer „rollende[n] und absichtsvolle[n] Stichprobenziehung" (Mey/Mruck 2009, S. 110). Dies bedeutet, dass sich Phasen der Datenerhebung und -auswertung durchgehend miteinander abwechseln und dass nur diejenigen Daten in den Untersuchungsgegenstand aufgenommen werden, die einen Beitrag zur angestrebten Theoriebildung leisten. Der Prozess der Datenerhebung gilt als beendet, wenn die sogenannte ‚theoretische Sättigung' eingetreten ist – also keine neuen, für die Theoriebildung relevanten Informationen mehr zu finden bzw. zu erwarten sind (vgl. Strauss/Corbin 1996, S. 148 ff.; Mey/Mruck 2009, S. 110 ff.). Mit einer Theorie ist hier keine allumfassende ‚grand theory' – wie bspw. die soziologische Systemtheorie – gemeint, sondern ein auf einen klar abgegrenzten Bereich gerichtetes Kategorienset, das die Beziehungen zwischen den konzeptuellen Ereignissen des in den Blick genommenen Phänomens erfasst (vgl. Strauss/Corbin 1996, S. 7 ff.; Strübing 2008, S. 61 ff.).

---

1 Zur führenden Sekundärliteratur zählen die Arbeiten von Strübing (2008); Mey/Mruck (2009) sowie die Beiträge in Mey/Mruck (2011).

- *Dreistufiges Kodierverfahren mit offenem, axialem und selektivem Kodieren:* Die Kodierarbeit stellt ein zentrales Mittel der GTM auf dem Weg zur angestrebten Theoriebildung dar. Das am Anfang einer jeden GTM-Untersuchung stehende *offene Kodieren* dient der Herausarbeitung der in den untersuchten Aussageereignissen enthaltenen konzeptionellen Bezüge mitsamt einer ersten Kategorisierung der dabei vergebenen Kodes. Das sich anschließende axiale Kodieren zielt darauf, diese Kodes anhand eines Kodierparadigmas in größeren Hauptkategorien neu zu arrangieren und systematisch zueinander in Beziehung zu setzen. Im abschließenden selektiven Kodieren wird der sich durch die Aussageereignisse schlängelnde rote Faden herausgearbeitet, wobei die zuvor erstellten Hauptkategorien in einer allumfassenden Kernkategorie gebündelt werden (vgl. Strauss/Corbin 1996, S. 43 ff.; Strübing 2008, S. 19 ff.; Mey/Mruck 2009, S. 118 ff.).
- *Protokollierung des Arbeitsprozesses mittels sogenannter Memos:* Eine in der GTM verankerte Untersuchung zeichnet sich durch ein von Beginn bis Ende des Forschungsprozesses begleitetes Verfassen von Forschungsnotizen aus. Diese sogenannten ‚Memos' umfassen bspw. Notizen zur ‚Fall'-Auswahl, zur Vergabe einzelner Kodes und abschließend auch zur Theoriebildung (vgl. Strauss/Corbin 1996, S. 169 ff.; Strübing 2008, S. 34 ff.; Mey/Mruck 2009, S. 113 ff.).

Um die Vorgehensweise der Materialarbeit in dieser Untersuchung nachzuzeichnen, erscheint vor allem die Darlegung der konkreten Anwendung der beiden erstgenannten GTM-Säulen relevant. Dies erfolgt in den nachfolgenden Kapiteln 3.1.1 und 3.1.2.

3.1.1 Untersuchungsgegenstand

Die Logik des theoretischen Samplings stellt in dieser Studie einen von zwei Bezugspunkten dar, anhand derer der Untersuchungsgegenstand abgesteckt wurde. Dieser muss es demnach – mit Blick auf das theoretische Sampling – ermöglichen, die Varianz der Kinderarmutsverständnisse im politischen Feld in ihrer konzeptionellen Breite und Tiefe zu erfassen, sodass am Ende der Materialarbeit eine Theoretisierung erfolgen kann. Zudem muss der Untersuchungsgegenstand – mit Blick auf die Definition des politischen Feldes (siehe Kap. 2.2.2) – im autonom-kapitalstarken Feldteil liegen und die Wirkungs-, Durchsetzungs- und Anziehungsmacht dieses gesellschaftlichen Teilbereichs möglichst gut widerspiegeln. Wie es nachfolgend zu zeigen gilt, erfüllt die Plenardebatte des Deutschen Bundestages zur Verfassungswidrigkeit der SGB-II-Regelsätze/-leistungen für Kinder diese Bedingungen sehr gut.

Die angeführte Parlamentsdebatte wurde durch eine Entscheidung des Bundessozialgerichtes (BSG) vom 27.01.2009 angestoßen. Das Gericht setzte sich mit der Frage der Verfassungswidrigkeit der SGB-II-Leistungen für Kinder auseinander. Im Konkreten ging es darum, ob folgende – damals bestehende – Gesetzesbestimmungen gegen das Grundgesetz verstoßen:

- die Festlegung der Regelleistung für Kinder als prozentualer Anteil vom SGB-II-Regelsatz Erwachsener ohne Beachtung kindspezifischer Bedarfe;
- die Differenz von Sozialgeld für Kinder in SGB-II-Bedarfsgemeinschaften und Geldleistungen für Kinder in SGB-XII-Haushalten, da nur für die zweitgenannte Gruppe die Beantragung ‚abweichender Bedarfe' vorgesehen war;
- die Einteilung von Kindern in lediglich zwei Altersklassen: bis zur Vollendung des 14. Lebensjahrs mit Anspruch auf einen 60-prozentigen Anteil des Erwachsenenregelsatzes bzw. 80 % für ältere Kinder (vgl. BSG 2009).

Das BSG kam zu dem Schluss, dass in allen drei Punkten eine Verfassungswidrigkeit anzunehmen ist und reichte diese Rechtsfrage an das Bundesverfassungsgericht (BVG) weiter. Dieses bestätigte am 09.02.2010 die Einschätzung des BSG. Das BVG sprach das Urteil, „dass die Vorschriften des SGB II, die die Regelleistung für Erwachsene und Kinder betreffen, nicht den verfassungsrechtlichen Anspruch auf Gewährleistung eines menschenwürdigen Existenzminimums aus Art. 1 Abs. 1 GG in Verbindung mit Art. 20 Abs. 1 GG erfüllen" (BVG 2010b, o.S.). Das BVG kritisierte nicht die Leistungshöhe als solches, sondern das Berechnungsverfahren. Neben der mangelnden Beachtung eigenständiger und angemessen altersdifferenzierter, kindspezifischer Bedarfe wurde moniert, dass bereits der Regelsatz für Alleinstehende, der auch als Grundlage für die prozentualen Abschläge zur Festlegung der Kinderregelsätze dient, vom Grunde her unangemessen berechnet wurde, da dabei maßgeblich intransparente und unsachgemäße Setzungen vorgenommen wurden: bspw. flossen Ausgaben für Bildung überhaupt nicht in die Festsetzung der Regelsatzhöhe ein. Das BVG forderte den Gesetzgeber auf, die Regelleistungen bis zum 31.12.2010 neu zu berechnen – in einem transparenten „Verfahren zur realitäts- und bedarfsgerechten Ermittlung der zur Sicherung eines menschenwürdigen Existenzminimums notwendigen Leistungen entsprechend den aufgezeigten verfassungsrechtlichen Vorgaben" (BVG 2010b, o.S.). In der Neuregelung sollten auch regelmäßige außergewöhnliche Bedarfe, die noch nicht vom SGB II abgedeckt, aber für ein menschenwürdiges Existenzminimum notwendig sind, beachtet werden. Spezifisch bezüglich Kindern wies das BVG darauf hin, dass ihre Existenzsicherung an ihrem Entwicklungs- sowie Entfaltungsbedarf auszurichten ist, wobei die Verfassungsrichter von einem besonderen Bedarf vor allem bei schulpflichtigen Kindern ausgingen. In seinem Urteilsspruch betonte das

BVG, dass der Gesetzgeber aufgrund des Sozialstaatsgebots verpflichtet ist, die Maßnahmen für ein menschenwürdiges Existenzminimum bereitzustellen. Es wies zugleich aber auch auf dessen politische Gestaltungsfreiheit hinsichtlich der Frage hin, in welchem Umfang und mit welchen Mitteln das Existenzminimum gewährleistet wird (vgl. BVG 2010a+b).

Während das Bundesarbeitsministerium auf den Forderungspunkt der regelmäßigen außergewöhnlichen Belastungen zügig – am 17.02.2010 – mit einem Härtefallkatalog reagierte, konnte darüber hinaus die Frist des Jahresendes 2010 nicht eingehalten werden. Die Parlamentsdebatte wurde erst am 25.02. 2011 mit der Verabschiedung des Regelbedarfs-Ermittlungsgesetzes (RBEG) und des Bildungs- und Teilhabepaketes (BuT) für Kinder in Geringverdienerfamilien abgeschlossen.[2] Das rückwirkend zum 01.01.2011 in Kraft getretene RBEG brachte Veränderungen im Verfahren der Regelleistungsbemessung mit sich. Für Kinder führte dies dazu, dass ihre Regelleistungen nicht mehr als prozentualer Abschlag der Regelsätze Erwachsener, sondern als eigenständiger Regelbedarf anhand der Verbrauchsausgaben von Familienhaushalten erstellt werden, wobei drei Altersstufen[3] unterschieden werden. Der Übergang vom alten zum neuen System der Regelleistungsfestsetzung brachte allerdings nur für Erwachsene eine sofortige Leistungserhöhung mit sich (jedoch nur um fünf Euro).[4] Für Kinder stellt das – ebenfalls rückwirkend zum 01.01.2011 in Kraft getretene – BuT die entscheidende Veränderung dar. Dieses ist gesetzlich im Bundeskindergeldgesetz (BKGG), im SGB II und SGB XII sowie im Asylbewerberleistungsgesetz (AsylbLG) verankert. Es wird für Kinder gewährt, deren Eltern SGB-II- oder SGB-XII-Leistungen, Wohngeld, den Kinderzuschlag oder Leistungen nach dem AsylbLG erhalten. Zum Bildungspaket gehören vor allem

- die zuvor im Rahmen des ‚Schulbedarfspakets' bereitgestellten 100 Euro, die pro Schuljahr zur Deckung des Schulmaterialbedarfs gezahlt werden (eingeführt mit dem Familienleistungsgesetz vom 01.01.2009);
- die Übernahme der Schülerbeförderungskosten;
- die Bezuschussung der Kosten für das Mittagessen im Kindergarten bzw. der Schule mit einem Eigenanteil von einem Euro pro Tag;
- die Unterstützung von Kultur- und Sportaktivitäten wie bspw. die Mitgliedschaft im Sportverein respektive ein Musikschulunterricht in Höhe von monatlich bis zu zehn Euro;
- die Finanzierung von ein- und mehrtägigen Ausflügen im Kindergarten bzw. in der Schule;

---

2 Für die Chronologie der Debatte siehe Deutsche Bundesregierung (A) (o.J.).
3 Die Differenzierung in drei anstelle von vorangehend zwei Altersstufen wurde vor dem RBEG, am 01.07.2009, eingeführt.
4 Eine kritische Bilanz der aktuellen Regelbedarfsermittlung legt Irene Becker (2016) vor.

- die Übernahme von Lernförderungskosten, insofern dies als geeignet und notwendig erachtet wird, um die schulischen Lernziele erreichen zu können.

Die genannten Leistungen sind von den Eltern zu beantragen und werden zuvörderst entweder in Form von Gutscheinen für die Leistungsberechtigten oder als Direktüberweisung an die Leistungsanbieter erbracht. Leistungen wie bspw. zur Deckung des Schulmaterialbedarfs werden als Geldleistung an die Eltern ausgezahlt (vgl. zur Leistungspalette des BuT: BMAS 2014).

Diese von Anfang 2009 bis Anfang 2011 geführte Plenardebatte zur Verfassungswidrigkeit der SGB-II-Leistungen für Kinder als Untersuchungsgegenstand für die Analyse der Kinderarmutskonstruktionen im politischen Feld Deutschlands zu nehmen, bietet sich sowohl aus generellen als auch spezifischen Gründen an. Auf der Ebene der generellen Gründe lässt sich festhalten, dass die im Deutschen Bundestag geführten Plenardebatten grundsätzlich die Wirkungs- und Durchsetzungsmacht des politischen Feldes (siehe Kap. 2.2.2) besonders gut widerspiegeln, da der Bundestag unerlässlich für die Gesetzgebung ist (vgl. Korte/Fröhlich 2004, S. 47). Der Deutsche Bundestag erfüllt zudem das Kriterium, die Anziehungsmacht des politischen Feldes bei gleichzeitiger relativer Offenheit zu repräsentieren. Dies trifft zum einen zu, da hier die vom Volk gewählten politischen Vertreter zusammenkommen und zum anderen, da auch nicht-politische Akteure durchaus bzw. vom Grunde her auf diese Arena einwirken bzw. dies zumindest versuchen können – sei es durch Protest, Lobbyismus, Beratung, Fachveröffentlichungen, Berichterstattungen oder direkt durch Anhörungen in den Bundestagsausschüssen – sofern sie dahin eingeladen werden (bspw. in der Kinderkommission als Unterausschuss des Ausschusses für Familie, Senioren, Frauen und Jugend). Darüber hinaus spricht auch ein forschungspragmatisches Argument für die Fokussierung auf eine Parlamentsdebatte. Jede Debatte im Deutschen Bundestag ist in Form eines stenographischen Berichtes protokolliert und auf der Internetseite des Deutschen Bundestages in Form eines pdf-Dokuments als Download öffentlich zugänglich.

Auf der Ebene der spezifischen Gründe gilt, dass die Plenardebatte zur Verfassungswidrigkeit der SGB-II-Leistungen für Kinder im Konkreten inhaltlich direkt zur Fragestellung passt, da es in dieser Debatte explizit um Kinder in der wohlfahrtsstaatlichen Grundsicherung und damit am unteren Rand der sozioökonomischen Gesellschaftsstruktur ging. Da mit der Novellierung des SGB II – also dem zentralen Element der wohlfahrtsstaatlichen Grundsicherung – zudem eine entscheidende politische Weichensetzung erfolgte, wurde die Debatte sehr kontrovers geführt und musste zwei Mal in den Vermittlungsausschuss. Es erscheint also sinnvoll anzunehmen, dass sich diese spezifische Plenardebatte besonders gut dafür eignet, tiefgehende Kinderarmutsverständnisse aus den Redebeiträgen herausarbeiten zu können.

Entsprechend der Logik des theoretischen Samplings der GTM hätte es durchaus sein können, dass diese Plenardebatte nicht zu einer vollständigen theoretischen Sättigung führt, was eine Ausweitung auf andere Plenardebatten oder auch andere Datenmaterialien des politischen Feldes wie bspw. Parteiprogramme, Pressemeldungen, Stellungnahmen, öffentliche Reden etc. notwendig gemacht hätte. Allerdings zeigte sich empirisch, dass mit den insgesamt 42 in die Materialarbeit eingeflossenen Plenarprotokollen (erstes Protokoll vom 29.01. 2009 und letztes Protokoll vom 25.02.2011) die theoretische Sättigung alleinig mit dieser Plenardebatte hergestellt werden konnte (für eine Übersicht der verwendeten Plenarprotokolle siehe Quellenverzeichnis).

3.1.2 Materialarbeit

Entsprechend der Dreistufigkeit des GTM-Kodierverfahrens wurde die Materialarbeit mit dem sogenannten *offenen Kodieren* eingeleitet. Zu Beginn der Materialarbeit speiste sich die Stichwortsuche in den Plenarprotokollen primär aus dem ,sensibilisierenden Konzept' gebündelten empirischen und theoretischen Vorwissen (siehe Kap. 3.3). Gesucht wurde in dieser Anfangsphase zum einen nach dem Begriff der Kinderarmut sowie dessen sprachlichen Variationen wie ,Armut von Kindern', ,arme Kinder', ,Aufwachsen in Armut' etc. Zum anderen wurde nach Begriffen gesucht, die in der Forschungsstandaufarbeitung Bedeutung im Zusammenhang mit Kinderarmut entfaltet haben – bspw. ,Hartz-IV', ,SGB II', ,Bildungsarmut', ,Chancenungleichheit', ,Unterschicht', ,Kinderrechte', ,Arbeitslosigkeit', ,Neoliberalismus' etc. Der offene Kodierprozess fand in zwei Teilschritten statt. Zuerst wurden die mit den als untersuchungsrelevant erachteten Aussageereignissen zum Ausdruck gebrachten konzeptionellen Bezüge und Verweise herausgefiltert und durch die Vergabe von ,Kodes' benannt (Konzeptualisierung). Im zweiten Schritt wurden diejenigen Kodes, „die zu demselben Phänomen zu gehören scheinen" (Strauss/Corbin 1996, S. 47), gruppiert (Kategorisierung). Dabei wurden Kategorien mitsamt Subkategorien anhand ihrer spezifischen Eigenschaften und dem damit verbundenen dimensionalen Ausprägungsraum gebildet. So wurde in dieser Kodierphase bspw. die Kategorie ,Kind in Gefahr' gebildet. Diese beinhaltet u.a. die Subkategorie ,Raum-Zeit-Struktur der Gefahr', welche u.a. die Eigenschaft der ,Distanz zum Familienhaushalt' mit dem dimensionalen Ausprägungsraum ,nah bis fern' enthält. Dieser Varianzraum wird u.a. durch die Kodes ,Gefahr daheim', ,Spielhöllenkindheit' und ,Gefahr in öffentlichen Institutionen' ausgefüllt. Mit Voranschreiten der Materialarbeit speiste sich die Stichwortsuche in den Plenarprotokollen immer stärker (auch) aus den vorangegangenen Kodes und Kategorien sowie den daraus resultierenden Fragen sowie Optionen zur

Kontrastierung und zu Vergleichen (vgl. zum offenen Kodieren: Strauss/Corbin 1996, S. 43 ff.; Strübing 2008, S. 19 ff.; Mey/Mruck 2009, S. 118 ff.).

Nach dieser ersten Konzeptualisierung und Kategorisierung wurde der Schwerpunkt auf den zweiten Kodierschritt verschoben, wobei zugleich fortwährend weitere neue Kodes durch offenes Kodieren erstellt wurden. In dieser zweiten Phase des *axialen Kodierens* konnten mittels des ‚Kodierparadigmas‘ von Anselm Strauss (1994, S. 56 f.) zueinander abgegrenzte Hauptkategorien herausgearbeitet werden. Diese Hauptkategorien bilden die in dieser Untersuchung empirisch ermittelten vier Kinderarmutskonstruktionen der Erziehungs-, Bildungs-, Geld- und Rechtearmut (siehe Kap. 4–7). Dafür wurden die im vorangegangenen Kodierschritt erstellten, aber noch nicht miteinander verbundenen Kategorien wieder aufgebrochen und durch die Einsortierung in das Kodierparadigma zueinander in Beziehung gesetzt. Das verwendete Kodierparadigma besteht aus den Punkten: ursächliche Bedingungen, kontextuelle Bedingungen, Strategien, intervenierende Bedingungen und Konsequenzen, wobei die Konsequenzen als Kritik der jeweils ‚anderen‘ Konstruktionen am Kinderarmutsverständnis der jeweils ‚einen‘ sowie darauf fußende analytische Schlüsse angelegt sind.[5] Als Beispiel: Die Hauptkategorie ‚Kinderarmut als Erziehungsarmut‘ enthält im Bereich der ‚Strategie‘ u. a. die Kategorie ‚Erziehungstotalisierung‘, welche u. a. die Subkategorie ‚Sozialpädagogisierung der klassischen Kinderinstitutionen‘ und darin die Kodes ‚Schule als Werte- statt Wissensvermittlung‘ sowie ‚Kita als Lebensalltagsbewältigung statt Schulvorbereitung‘ umschließt (vgl. für das axiale Kodieren: Strauss/Corbin 1996, S. 75 ff.; Strübing 2008, S. 26 ff.; Mey/Mruck 2009, S. 129 ff.).

Im finalen, *selektiven Kodierschritt* wurde der rote Faden herausgearbeitet, der die vier Hauptkategorien – also die vier Kinderarmutskonstruktionen – verbindet. Hierzu wurde eine Kernkategorie entwickelt, unter welche die vier Hauptkategorien subsumiert und somit in ein gemeinsames Modell gebündelt werden konnten. Als Kernkategorie konnte die ‚*Transformation der wohlfahrtsstaatlichen Regulierung sozial verletzter Kindheiten*‘ ermittelt werden. Diese Kernkategorie weist die beiden folgenden Eigenschaften auf: ‚Verhältnis der propagierten Strategie zur Bekämpfung der Kinderarmut zum Status quo der Wohlfahrtsstaatsarchitektur‘ mit den dimensionalen Ausprägungen ‚nah‘ und ‚fern‘ sowie ‚Fortentwicklungsanliegen bezüglich der gegenwärtigen Wohlfahrtsstaatsarchitektur‘ mit den dimensionalen Ausprägungen ‚gering‘ und ‚hoch‘. Wie von Strauss und Corbin vorgeschlagen (vgl. Strauss/Corbin 1996, S. 108), wurden die Eigenschaften der Kernkategorie in einer Vier-Felder-Tafel zueinander in Beziehung gesetzt, sodass sich die vier theoretisch vorliegenden Optionen auf

---

5   Siehe Kap. 2.2.1 für das Kodierparadigma als Struktur einer ‚sozialen Konstruktion‘ im Sinne dieser Untersuchung.

die zwei empirisch tatsächlich vorhandenen reduzieren ließen: das veränderungsträge und das veränderungsfreudige Ansinnen einer ‚Transformation der wohlfahrtsstaatlichen Regulierung sozial verletzter Kindheiten' (siehe Tab. 2).

Tab. 2: Vier-Felder-Tafel der Eigenschaften der Kernkategorie

| | | Verhältnis der propagierten Strategie zur Kinderarmutsbekämpfung zum wohlfahrtsstaatlichen Status quo | |
		nah	fern
Fortentwicklungsanliegen bezüglich der gegenwärtigen Wohlfahrtsstaatsarchitektur	gering	veränderungsträge Transformation	–
	hoch	–	veränderungsfreudige Transformation

Quelle: Eigene Darstellung.

Um diese Kernkategorie der ‚Transformation' herum wurden mittels des zuvor angeführten Kodierparadigmas die im selektiven Kodierschritt gebildeten Kategorien ‚Sozialversagen' (Ursache), ‚Kindheitsverletzung' (Kontext), ‚Kapitalismusverhältnis' (intervenierende Bedingungen) und ‚Widerstand' (Konsequenzen) gruppiert, wobei die ‚Transformation' die Strategie im Sinne dieses Paradigmas widerspiegelt. In das so entstandene dichotome Modell eines ‚veränderungsträgen' und eines ‚veränderungsfreudigen Transformationsansinnens' wurden die vier mit dem axialen Kodieren erzeugten Hauptkategorien – die vier Kinderarmutskonstruktionen – einsortiert (siehe Kap. 8.2; vgl. für das selektive Kodieren: Strauss/Corbin 1996, S. 94 ff.; Mey/Mruck 2009, S. 134 ff.).

3.2   Theoretischer Zugang

Entsprechend der GTM-Logik dieser Studie stellt der theoretische Zugang die zweite Hälfte der Aufarbeitung der zur Untersuchung als zugehörig erachteten Fachliteratur dar und dient der konzeptionellen Vertiefung der in der Forschungsstandreflexion entfalteten empirischen Befunde (siehe Kap. 2.3). Folglich soll der theoretische Zugang zum einen als zweite Hälfte des sogenannten ‚sensibilisierenden Konzepts' (siehe Kap. 3.3) dazu beitragen, Orientierungspunkte für die Materialarbeit zu schaffen und das in die Untersuchung eingeflossene Vorwissen transparent darzulegen. Zum anderen liegt das funktionale Alleinstellungsmerkmal des theoretischen Zugangs darin, explizit das konzeptionelle Instrumentarium zu stellen, mit dem das Untersuchungsmaterial systematisch bearbeitet werden kann (siehe vor allem Kap. 8). Dementsprechend ist der theoretische Zugang ein besonders wirksames Mittel, um das wissenschaftspolitische Ziel zu erreichen, die Brücke zwischen der Kinderarmutsforschung einerseits und der Wohlfahrtsstaats-, Armuts- und Kindheitsforschung andererseits auszubauen (siehe Kap. 2.4.2).

Vor dem Hintergrund dieser Funktionen zum einen und den Gegebenheiten des empirischen Materials zum anderen besteht der theoretische Zugang dieser Untersuchung aus den folgenden drei Teilen:

- ‚neue Kindheitssoziologie' auf der Ebene der Kindheitsforschung,
- ‚Soziologie der Armut' auf der Ebene der Armutsforschung,
- ‚Gerechtigkeitssoziologie' auf der Ebene der Wohlfahrtsstaatsforschung.[6]

Der so gesetzte Theorierahmen stellt das Ergebnis eines fortlaufend „zwischen Erhebung, Auswertung und Theoriebildung" (Mey/Mruck 2009, S. 147) sowie auch Literaturarbeit und Vorwissensaufarbeitung pendelnden Arbeitsprozesses dar. In der dabei erstellten Theorietrias kommt dem kindheitssoziologischen Zugang eine ‚Primus-inter-Pares-Rolle' zu. Die Kindheitssoziologie fungiert einerseits als regulärer Teil des theoretischen Rahmens, andererseits stellt sie den richtungsweisenden Theoriezugang dar. Diese Vormachtstellung soll sicherstellen, in der Materialarbeit konsequent eine von der Lebensphase Kindheit aus gedachte Betrachtungs- und Analyseweise einzunehmen und nicht im Zuge der Armuts- und Gerechtigkeitsperspektive bspw. in dort gängige familien- oder erwachsenenbezogene Sichtweisen abzuleiten.

3.2.1 Kindheitssoziologie

Die Entwicklung der vergangenen Jahrhunderte brachte für Kinder eine zweischneidige Situation mit sich. Kindheit entwickelte sich zusehends zu einer besonders geschützten Lebensphase, in der sich Kinder gezielt und möglichst störungsfrei auf ihr zukünftiges Leben als Erwachsene vorbereiten sollen und in weiten Teilen durchaus auch können (vgl. Hengst/Zeiher 2005, S. 9). Als die zentralen Aspekte dieser vor allem durch das 19. und 20. Jahrhundert geprägten gesellschaftlichen Entwicklung arbeitet Mierendorff die folgenden vier Punkte heraus:

- die *institutionalisierte Altershierarchie,* im Zuge dessen Kindheit auf Grund der ‚Entwicklungstatsache' (Bernfeld) als hochgradig normierte und Er-

---

6 Während in der Forschungsstandaufarbeitung von der Wohlfahrtsstaatsarchitektur als dem Allgemeinen zu den Regulierungsbereichen Armut und Kindheit als dem Spezifischen sortiert wurde (siehe Kap. 2.3), wird nun der primäre Bezugspunkt des Theorierahmens an die Spitze der Aufzählung gestellt.

wachsenen in ihrer Handlungsmacht untergeordnete Altersphase konstituiert wird;

- die *Scholarisierung* von Kindheit durch die Einführung einer allgemeinen Schulpflicht als Reaktion auf den wachsenden Bedarf der Gesellschaft an qualifizierten Arbeitskräften sowie daran anknüpfend die weiterreichende *Pädagogisierung* auch der vor- und außerschulischen Kindheit;
- die *Familialisierung* von Kindheit durch die Eltern rechtlich sowie auch moralisch zugewiesene Primärverantwortung für das Kindeswohl[7];
- die *De-Kommodifizierung* von Kindern durch ein weitgehendes Kinderarbeitsverbot (vgl. Mierendorff 2010b, S. 22 ff.).

Die sich andeutende historische Genese der Kindheit lässt sich zum einen als ,Erfolgsgeschichte' lesen, in der mit zunehmender gesellschaftlicher Entwicklung Missbrauch und Gewalt gegenüber Kindern abgenommen haben sowie durch das Kindheitsmuster des „Schutz-, Schon- und Lernraum[es]" (Kränzl-Nagl/Mierendorff 2009, S. 87) ersetzt wurden (vgl. besonders prominent: de-Mause 1977/1992). Zum anderen deutet sich darin aber auch an, dass es zum Strukturmuster moderner Kindheit gehört, diese Lebensphase als „Phase der *Minder*jährigkeit" (H. d. V.), der „Unmündigkeit" und der „strukturelle[n] Disziplinierung" (Mierendorff 2010b, S. 25) anzulegen. Der Schon- und Vorbereitungsraum ,Kindheit' lässt sich zugleich auch als Ausgrenzungs- und Marginalisierungsraum lesen. Der Ausschluss von Kindern vom Arbeitsmarkt – und damit von der entscheidenden Institution einer marktwirtschaftlichen Gesellschaft – bei gleichzeitiger Scholarisierung und Familialisierung hat dafür gesorgt, dass Kinder als „abhängige (Familien-)Angehörige" sowie „‚nicht-würdige' Mitglieder des herrschenden Systems" (Qvortrup 2003, S. 101; H. i. O.) gelten, denen zwar ein für die Eltern hoher emotionaler Wert, aber in der gegenwärtigen Ökonomie nur ein geringer monetärer Wert zugesprochen wird – nicht zuletzt auch, da ihr Lernen rein als Entwicklungsschritt und nicht als generational spezifischer, produktiver Arbeitsbeitrag einer ausdifferenzierten Gesellschaft verstanden wird (vgl. Mierendorff/Olk 2010, S. 131 ff.; Qvortrup 2005, S. 43; Zelizer 1985). Diese gesellschaftliche Randstellung wird bzw. wurde dadurch verschärft, dass die wissenschaftliche Auseinandersetzung mit Kindern und Kindheit lange Zeit als direkte Spiegelung dieser Gesellschaftszustände auftrat und primär entwicklungs-, sozialisations-, erziehungs- und bildungsbezogene Fragen zum Hineinwachsen in die Gesellschaft umfasste – ohne die hinter diesen ,Werdens'-Prozessen liegenden sozialen Erzeugungsbedingungen zu hinterfragen (vgl. Hengst/Zeiher 2005, S. 9 f.; Kränzl-Nagl/Mierendorff 2009, S. 87 f.; Mieren-

---

7 In Art. 6 GG sind „Pflege und Erziehung" als das „natürliche Recht der Eltern" und zugleich als „die zuvörderst ihnen obliegende Pflicht" angegeben.

dorff/Olk 2010, S. 128). Leena Alanen zufolge nahmen soziologische Analysen Kinder entweder gar nicht oder lediglich als abhängige Variable in den Blick, um das Leben der Eltern bzw. der Institutionen und Organisationen analysieren zu können, die mit der Entwicklung, Erziehung, Pflege etc. von Kindern beschäftigt sind (vgl. Alanen 1997, S. 162 f.).

Die neue Kindheitssoziologie

Die Hegemonie dieser ,klassischen' Herangehensweise an die sozialwissenschaftliche Auseinandersetzung mit Kindern wurde seit den 1980er bzw. spätestens den 1990er Jahren durch den Ansatz der ,new social childhood studies' bzw. der ,new sociology of childhood' – in Deutschland bekannt als: ,*neue Kindheitssoziologie*' – aufgebrochen. Dieser Ansatz stellt eine Abkehr vom bis dato leitenden, „unhinterfragten Naturgedanken" der Kindheit dar und stellt sich dem in der damaligen Kindheitsforschung alleinig herrschenden „Sozialisations- und Erziehungsparadigma" (Mierendorff/Olk 2010, S. 132) entgegen. Für diesen Wandel entscheidende Impulse kamen vor allem aus dem angelsächsischen und skandinavischen Raum (vgl. auch Honig 2009, S. 26).[8] Folgt man Hengst und Zeiher wurde diese Entwicklung sowohl durch Veränderungen in der (sozial-)wissenschaftlichen Analyse von Kindern und Kindheit selbst als auch durch weitläufigere gesellschaftspolitische Neuerungen angestoßen. Demnach kommt auf der erstgenannten Veränderungsebene – der Kindheitsforschung – vor allem historisch angelegten Kindheitsstudien eine tragende Rolle zu, da diese maßgeblich dazu beigetragen haben, Kindheit fernab der bis dato üblichen Naturalisierungen und Biologisierungen als eine von gesellschaftlichen Rahmenbedingungen abhängige, historisch wandelbare Lebensphase zu begreifen (vgl. Hengst/Zeiher 2005, S. 11). Die größte diesbezügliche Aufmerksamkeit und Durchschlagskraft erzeugte in diesem Zusammenhang die Studie des französischen Historikers Philippe Ariès (1960/1994), in der er die ,Entdeckung der Kindheit' beschreibt. Ariès zufolge entwickelte sich Kindheit als eine von Erwachsenheit unterschiedene Lebensphase mit eigenen Spezifika erst mit dem ausgehenden Mittelalter seit dem 14. Jahrhundert und dies – wie vorangehend angedeutet – als allmählicher, über die Jahrhunderte verlaufender Prozess. Die mittelalterliche Gesellschaft hatte Ariès zufolge keine spezifische Sinnsetzung einer von Erwachsenheit unterschiedenen Kindheit. Damit will er nicht zum Ausdruck bringen, dass Kinder in dieser Zeit besonderen Vernachlässigungen oder Verachtungen ausgesetzt waren. Vielmehr gehörte seiner Analyse nach das Kind nach dem Ende seiner direkten Abhängigkeit von der mütterlichen

---

8 Siehe exemplarisch für Beiträge aus der (auch deutschen) ,Anfangszeit' der neuen Kindheitssoziologie: Alanen (1988, 1997); Honig (1988); Beiträge in James/Prout (1990); Jensen/Saporiti (1992); Beiträge in Qvortrup et al. (1994); Jenks (1996); Honig et al. (1996); Zeiher (1996) sowie James et al. (1998).

Fürsorge der Erwachsenengesellschaft an, ohne dass es zuvor eine spezifisch ausgestaltete Kindheitsphase durchlief (vgl. Ariès 1960/1994, S. 209). Hengst und Zeiher weisen zudem darauf hin, dass neben dem Einfluss derartiger Befunde aus der historischen Kindheitsforschung vor allem auch aus der Frauenforschung signifikante Impulse für das Entstehen der neuen Kindheitssoziologie kamen. So begann die Kindheitsforschung auch in Anlehnung an die De-Konstruktion des Geschlechterverhältnisses in der emanzipationsorientierten Frauenforschung die vermeintliche Natürlichkeit des Generationenverhältnisses näher zu beleuchten und in Frage zu stellen (vgl. Hengst/Zeiher 2005, S. 11 sowie zudem Thorne 1987; Alanen 1997, S. 165 ff.; Cockburn 1998, S. 107; Roche 1999, S. 481).

Auf der zweitgenannten Veränderungsebene – dem gesellschaftspolitischen Wandel – identifizieren Hengst und Zeiher die sukzessive Demokratisierung der Gesellschaft im Kleinen und Großen bzw. im privaten und öffentlichen Raum als bedeutsam für das Entstehen der neuen Kindheitssoziologie. Im Zuge der kulturellen Wandlungen der westlichen Gesellschaften in den 1960er Jahren verloren demnach traditionelle Autoritäts- und Herrschaftsverhältnisse von Erwachsenen über Kinder ebenso an Bedeutung wie das Verständnis von Kindern als rein passiven Objekten elterlicher Abhängigkeit bzw. als unfertigen Defizitwesen. Hengst und Zeiher zufolge spiegelt sich darin der Anspruch der Moderne, als selbstständiges Individuum wahrgenommen zu werden, wider, der damit auch Kinder zu erreichen begann (vgl. Hengst/Zeiher 2005, S. 11).

Exkurs UN-KRK

Den für die Entstehung der neuen Kindheitssoziologie besonders relevanten Kulminationspunkt stellt die am 20. 11. 1989 von der UN-Generalversammlung erlassene und im Laufe der Jahre von nahezu allen Staaten der Welt unterzeichnete und ratifizierte UN-Konvention über die Rechte des Kindes (UN-KRK) dar (vgl. Honig 2009, S. 26).[9] In der Kinderrechtskonvention sind erstmals *völkerrechtlich verbindlich* staatliche Verpflichtungen formuliert, in denen Kinder als Träger eigenständiger Anspruchsrechte konzeptualisiert sind. Dabei geht es nicht nur um die ‚klassischen' Aspekte des Schutzes und der Entwicklung von Kindern. Ihnen sind darin zudem die – je nach Alter und Entwicklungsgrad unterschiedlich ausgeprägte, aber vom Grunde her immer gegebene – Fähigkeit und das Recht zur Teilhabe an der Welt und der Mitbestimmung über diese zugesprochen. Die Basis der UN-KRK bilden die vier Grundprinzipien: Gleich-

---

9 Deutschland unterzeichnete die UN-KRK am 26. 01. 1990. Die Hinterlegung der Ratifikationsurkunde bei der UN erfolgte am 06. 03. 1992, sodass die Konvention einige Wochen später – am 05. 04. 1992 – in der Bundesrepublik in Kraft trat (vgl. UNICEF o. J., S. 5; für die damit verbundene Vorbehaltserklärung vgl. Deutsche Bundesregierung (B) (o. J.) sowie siehe Abschnitt ‚Kinderparadies Deutschland' in Kap. 7.1).

behandlung aller Kinder, Vorrang des Kindeswohls, Recht auf Leben und Entwicklung sowie Achtung des Kindeswillens (vgl. UNICEF 2013b). Diese Prinzipien kommen in insgesamt 54 Einzelartikeln zum Ausdruck, die sich inhaltlich in die ‚three p's' unterteilen lassen: ‚provision' (Versorgung), ‚protection' (Schutz) und ‚participation' (Beteiligung). Darin sind u. a. die Berücksichtigung des Kindeswillens (Art. 12 UN-KRK), das Recht des Kindes auf Meinungs- und Informationsfreiheit (Art. 13 UN-KRK), das Recht auf Schutz vor Gewaltanwendung (Art. 19 UN-KRK) sowie das Recht auf soziale Sicherheit (Art. 26 UN-KRK) und auf einen angemessenen Lebensstandard (Art. 27 UN-KRK) verankert. Durch die Ratifizierung haben sich die Vertragsstaaten verpflichtet, die in der UN-KRK verankerten Rechte zu achten und diese jedem in ihrer Hoheitsgewalt befindlichem Kind zu gewährleisten (Art. 2 UN-KRK). Zudem sind sie in der Pflicht, alle geeigneten Maßnahmen zu treffen, um die Rechte der UN-KRK in ihrem Land zu verwirklichen (Art. 4 UN-KRK) sowie das Kindeswohl bei allen Kinder betreffenden Maßnahmen vorrangig zu berücksichtigen (Art. 3 UN-KRK). Die innerstaatliche Umsetzung der UN-KRK wird durch alle fünf Jahre an den UN-Ausschuss einzureichende Berichte kontrolliert (Art. 44 UN-KRK), wobei der Zivilgesellschaft die Möglichkeit gegeben ist, einen ergänzenden Parallelbericht zu erstellen (vgl. für die UN-KRK im Wortlaut: UNICEF o. J.). Zudem wurde am 19. 12. 2011 von der UN-Generalversammlung ein Fakultativprotokoll eingesetzt, das ein Individualbeschwerderecht in der UN-KRK zulässt. Dieses wurde am 28. 02. 2012 von Deutschland als einem der ersten Staaten unterzeichnet und ist seit dem 14. 04. 2014 – dem Tag der Ratifizierung durch den zehnten Staat – in Kraft (vgl. für die Individualbeschwerde: BMFSFJ 2012 sowie zudem Cremer 2014; Payandeh 2014).[10]

Vor dem Hintergrund dieser Wurzeln stellt sich die Frage, was genau dieses – mittlerweile nicht mehr ganz so – ‚neue' Paradigma der Kindheitsforschung ausmacht. Diesbezüglich lassen sich vier Grundgemeinsamkeiten herausarbeiten:

- *Emanzipationsanspruch:* Viele der Vertreter der neuen Kindheitssoziologie begreifen sich mehr oder weniger explizit als „Advokaten der Kinder" – so die Einschätzung von Hengst und Zeiher (2005, S. 11). So sehr dieser Emanzipationsanspruch zweifelsohne den normativen Grundton des Erkenntnisinteresses auch dieser Untersuchung ausmacht (siehe Kap. 2.4), so wenig hilft es in einer rekonstruktiven Analyse, wie der hier vorliegenden, weiter,

---

10 Zum Thema Kinderrechte und UN-KRK siehe vor allem: Verhellen (1994); Liebel (2007, 2013); Olk/Wintersberger (2007); Kerber-Ganse (2009); Beiträge in Invernizzi/Williams (2011); Maywald (2012); Beiträge in Hartwig et al. (2016); Beiträge in Ruck et al. (2017); Beiträge in Maier-Höfer (2017) sowie Freeman (2017).

dem defizit- und entwicklungsorientierten Kindheitsbild der klassischen Kindheitsforschung einfach ein anderes – in diesem Falle an Kinderrechten orientiertes – spezifisches Kindheitsverständnis gegenüberzustellen (vgl. auch Honig 2009, S. 50).

- *Konstruktivität:* Analytisch gerahmt bzw. mit einem Gegengewicht versehen wird die Normativität des Emanzipationsgedankens der neuen Kindheitssoziologie durch ihr konstruktivistisches Grundverständnis. Wie sich mit der Skizzierung der Genese dieses Ansatzes andeutet, werden hier Kinder und Kindheit als soziale Konstruktionen verstanden. Kindheit gilt also nicht als biologische Naturgegebenheit, sondern als ein „wandelbares Sozialmuster" (Mierendorff 2010b, S. 17), das menschengeschaffenen Werten und Normen entspringt und daher sowohl historisch wandelbar ist als auch in verschiedenen gegenwärtigen Gesellschaften unterschiedlich ausfallen kann. Vor diesem Hintergrund gilt für Michael-Sebastian Honig als eine der Leitfragen der Kindheitsforschung, wie Kinder zu Kindern gemacht werden und „wie Kindheit möglich ist" (Honig 2009, S. 51; vgl. zudem Honig 2009, S. 36, S. 49).

- *Adultismusverweigerung:* Die Abgrenzung vom sogenannten ,Sozialisations- und Erziehungsparadigma' und damit von „„erwachsenenzentrierte[n] und ,zukunftsbezogene[n]'" (Alanen 1997, S. 163; H. i. O.) Annäherungen an Kindheit markiert nicht nur den Ursprung, sondern auch das Grundverständnis der neuen Kindheitssoziologie. Als analytischer Bezugspunkt wird Kindheit anstelle von Erwachsenheit gewählt, als primäre Beobachtungseinheit gelten Kinder und nicht Eltern oder Familie und als Perspektivrahmen fungieren die gegenwärtigen Lebenswelten bzw. -umstände von Kindern anstelle der Zukunftsgesellschaft (vgl. auch Thorne 1987; Alanen 1997, S. 164 ff.). Vor allem dem Sozialisationskonzept wird vorgeworfen, ein defizitäres Bild von Kindern als den gesellschaftlich ,Anderen' und Minderwertigen zu zeichnen, wobei sich die neue Kindheitssoziologie als Gegenentwurf versteht, der Kinder – dort wo dieser Ansatz auf ein spezifisches Bild von Kindern rekurriert – als vom Grunde her kompetente Akteure und Ko-Konstrukteure ihrer Umwelt zu begreifen. Diese differenzfokussierte Gegenüberstellung weicht mittlerweile allerdings zusehends auf, indem der eigenaktive Anteil von Kindern am (Selbst-)Sozialisationsprozess stärker betont wird (vgl. Honig 2009, S. 35 ff.).

- *Generationalität:* Für die neue Kindheitssoziologie ist zudem die Annahme konstitutiv, dass die soziale Welt durch eine generationale Strukturierung geprägt ist. Wie Leena Alanen herausarbeitet, bedeutet dies, dass sowohl auf der Mikroebene (bspw. in der Familie) als auch auf der Makroebene (bspw. wohlfahrtsstaatliche Leistungsprogramme) soziale Praktiken (,generationing') stattfinden, mittels derer Kinder zu Kindern und Erwachsene zu Erwachsenen gemacht werden. Dabei stehen beide generationalen Gruppen zueinander in Beziehung und bedingen bzw. benötigen einander, da es ohne die generationale Kategorie der Kinder keine Kategorie der Erwachsenen gäbe – et vice versa (vgl. Alanen 2005; Olk 2009, S. 130; vgl. zudem Kelle 2005). Die Auseinandersetzung mit der generationalen Ordnung der Gesellschaft und den „Praktiken der Unterscheidung zwischen Kindern und Erwachsenen und ihre Objektivationen" (Honig 2009, S. 51) zählen zu den Hauptanliegen der neuen Kindheitsforschung.

Hinter diesen gemeinsamen Merkmalen verbirgt sich nicht ein alleiniger Ansatz der neuen Kindheitssoziologie, sondern ein Bündel verschiedener Zugänge, welches Leena Alanen in die ‚Soziologie der Kinder', die ‚strukturelle Soziologie der Kindheit' sowie die ‚dekonstruktive Kinder- und Kindheitssoziologie' unterteilt (vgl. Alanen 2005, S. 68 ff.). Im ersten Ansatz geht es mikrosoziologisch um eine oftmals auch ethnographische Untersuchung der Alltagswelten von Kindern, während im zweiten, makrosoziologischen Zugang die Fragen bearbeitet werden, welche Position die Bevölkerungsgruppe der Kinder in der Sozialstruktur der Gesellschaft einnimmt, welche Stellung sie in der generationalen Ordnung des Verteilungskampfes um knappe Güter und Leistungen hat und damit wie Kindheit als permanente „strukturelle Form der Gesellschaft" (Qvortrup 2005, S. 46) durch Ökonomie, Politik, Kultur, Recht etc. geprägt wird. Im dritten Ansatz wird die konstruktivistische, wissenssoziologische und diskursanalytische Prämisse der neuen Kindheitssoziologie explizit aufgegriffen. Es geht dabei nicht um die Lebensbedingungen ‚realer' Kinder, sondern darum, mittels welcher normativen Vorstellungen (und Praktiken) Kinder zu Kindern ‚gemacht' werden bzw. welche Leitbilder ‚guter Kindheit' in spezifischen gesellschaftlichen Teilbereichen vorherrschen. Die Aufgabe der diesbezüglichen Forschung sieht Alanen darin, „die Vorstellungen, Bilder und Modelle über Kinder, Kindheit und Kindheitsrhetorik zu ‚dekonstruieren', indem sie die Interessen und die historischen Umstände ihrer Produktion, Interpretation und praktischen Umsetzung aufdeck[t]" (Alanen 2005, S. 68 f.; H. i. O.; vgl. überblickartig für alle drei Zugänge: Hengst/Zeiher 2005, S. 13 ff.; Betz 2008, S. 60 ff.).[11]

Da mit Blick auf den Forschungsstand (siehe Kap. 2.3) zu erwarten ist, dass Vorstellungen ‚guter' und ‚schlechter' Kindheit bzw. Verweise darauf einen Teil der Kinderarmutssinngebungen ausmachen (vgl. auch Bühler-Niederberger 2005, S. 149 ff. in Kap. 1), stellt vor allem der dekonstruktive Zweig der neuen Kindheitssoziologie das kindheitssoziologische Theoriefundament dieser Studie dar – wenngleich zudem ein Bewusstsein für die Relevanz von Fragen nach ge-

---

11 Für ein Verständnis der neuen Kindheitssoziologie siehe zudem: Olk (2003); James/James (2004); Beiträge in Qvortrup et al. (2009); Bühler-Niederberger (2011); Beiträge in Braches-Chyrek et al. (2012); Honig (2016) sowie die Beiträge in Eßer et al. (2016).

nerationalen Ordnungen bei Verteilungsfragen, wie es im sozialstrukturellen Ansatz verfolgt wird, ebenfalls Relevanz für die Rekonstruktion der Kinderarmutsverständnisse entfaltet.

3.2.2 Armutssoziologie

Folgt man Carsten G. Ullrich, gibt es keine einheitlich geteilte Definition von Armut, wohl aber zentrale Aspekte, welche die soziologische Definition dieses Phänomens maßgeblich prägen. Demnach stellt Armut erstens eine Form der Ungleichheit dar, wobei die Armutsbevölkerung dem untersten Teil der sozialen Schichtung angehört. Da mit diesem Definitionsmerkmal allein auch in reichen, jedoch ungleichen Gesellschaften Armut vorherrschen würde, gilt für Ullrich eine objektive ‚materielle Deprivation' als zweites zentrales Merkmal von Armutsdefinitionen. Was genau als armutsbeschreibender Mangelzustand gilt, wird je nach Gesellschaft sehr unterschiedlich definiert, wobei diese Definitionen sich an Mindeststandards orientieren. Damit deutet sich auch der dritte Aspekt von Ullrichs Merkmalsabsteckung an: Armut stellt eine soziale Konstruktion dar, die mit Prozessen der Definition und Zuweisung verbunden ist. Mit Zuweisung meint Ullrich, dass Armut erst dann vorliegt, wenn Teile der Bevölkerung mit dem sozialen Status des ‚Armen' gelabelt sind, womit für sie ein Status bestimmter Rechte, Pflichten und gegebenenfalls auch Stigmatisierungen verbunden ist (vgl. Ullrich 2005, S. 117 f.). Mit seinem Verweis auf den Status des ‚Armen' nimmt Ullrich Bezug auf *den* Klassiker der Armutssoziologie überhaupt: Georg Simmels (1908/1992) Aufsatz „Der Arme". Für Serge Paugam ist Simmel damit der Begründer der modernen Armutssoziologie, während ihm Alexis de Tocqueville (1834/2007) und Karl Marx (1872/2009) sowie auch Friedrich Engels (1845/1972) als deren Wegbereiter gelten (vgl. Paugam 2008, S. 53). Vor diesem Hintergrund wird nachfolgend zum einen Simmels Armutsverständnis entfaltet, um damit den armutssoziologischen Rahmen dieser Studie abzustecken. Wie es nachfolgend zu zeigen gilt, lag Simmels Fokus auf Armut als sozialer Beziehung, nicht aber auf ‚arm sein' im Sinne der Lebensumstände der Armutsbevölkerung. Um diesen blinden Fleck auszugleichen, wird in die armutssoziologische Unterfütterung dieser Studie ein zweiter, ‚moderner' Klassiker der Armuts- und auch der Gerechtigkeitsforschung aufgenommen: Amartya Sens (2007) Ansatz der Verwirklichungschancen (‚capability approach').

Armut als Unterstützungsstatus –
Georg Simmels Beitrag zur Armutssoziologie
Georg Simmel geht davon aus, dass die Unterstützung armer Bevölkerungsteile im „Korrelationspaar von Recht und Pflicht" (Simmel 1908/1992, S. 514) sowie

im Spannungsfeld von Individuum und Gesellschaft erfolgt. Die von ihm verfolgte analytische Frageperspektive fasst Stephan Lessenich wie folgt zusammen: „Dient die Unterstützung [...] privaten oder öffentlichen Zwecken, der Linderung subjektiver Not oder den übersubjektiven Zielen der Gesamtheit" (Lessenich 2008b, S. 92)? Mit seiner Differenzierungslogik beschreibt Simmel das christliche Almosenwesen des Mittelalters als ein am Gebenden und nicht am Nehmenden orientiertes System (vgl. auch die ‚Ökonomie des Seelenheils' bei Dietz 1997, S. 27 ff.). Im Laufe der Zeit verschob sich ihm zufolge der Fokus auf die Empfängerseite, ohne jedoch den Empfangenden mit seinen Bedürfnissen anzuvisieren. Die öffentliche Armenunterstützung in der von Simmel beobachteten Gesellschaft des 19. und anfänglichen 20. Jahrhunderts liegt demnach auf „der Wohlfahrt des sozialen Ganzen" (Simmel 1908/1992, S. 516) und begreift die Unterstützung der Armutsbevölkerung als Mittel zum Zweck der Vermeidung und Abwendung von Gefahren für das Gemeinwohl. Für Simmel ist diese Armenunterstützung durch die Pflicht des Staates, dem Armen Unterstützung zu gewähren, geprägt – ohne aber, dass dieser das Recht hat, Unterstützung zu erhalten. Hinter der staatlichen Pflicht steht für Simmel vielmehr das Recht der Staatsbürger, deren Steuern bzw. Abgaben die Armenunterstützung finanzieren, dass die vorliegende Ungleichheit und Not soweit, aber auch nur soweit, gemindert werden, dass der gesellschaftliche Status quo mit seiner Differenzierung in reiche und arme Bevölkerungsteile aufrechterhalten wird – ohne diese Differenzierung als solches abzuschaffen (vgl. Simmel 1908/1992, S. 516 ff.). Im Zuge dieser zweckmäßigen, ohne Rechtegewährung erfolgenden und damit auf Gnade basierenden Armutsregulierung erfährt der Arme gemäß Simmel zwar eine spezifische Ausschließung, die ihn durchaus zum Systemgegner avancieren lassen kann; zugleich ist er aber durch eben diese Armutsregulierung Teil der Gesellschaft – genauer gesagt der untersten Schicht dieser Gesellschaft (vgl. Simmel 1908/1992, S. 522 ff., S. 547; Paugam 2008, S. 56). Inklusion durch Exklusion bzw. Exklusion durch Inklusion, um Simmels Diagnose in modernen Worten auszudrücken.

Ein wesentliches Charakteristikum der Armutsregulierung stellt für Simmel auch die Frage der Grenzziehung dar. In der gemeinwohl- bzw. gesellschaftsverankerten Regulierung von Individuen ist Simmel zufolge sowohl die Ziehung einer unteren als auch einer oberen Regulierungsgrenze – bzw. beides zusammen – möglich. In der Schulbildung wird demnach bspw. nur reguliert, dass niemand zu wenig lernt, ohne regulieren zu wollen, ob jemand mehr als das Mindestmaß aufnimmt. Im Bereich der Arbeitsmarktpolitik wird aus Simmels Sicht ebenfalls nur eine Grenze gesellschaftlich reguliert und die andere der individuellen Freiheit überlassen, da die gesetzliche Arbeitszeitregelung zwar die Höchstdauer der Arbeit bestimmt, nicht aber regelt, inwiefern Unternehmer einen geringeren Einsatz von ihren Arbeitnehmern abverlangen. Im Bereich der Armenunterstützung beobachtet Simmel dahingegen die Regulierung beider Eingriffsgrenzen, da es darum geht, dass der Arme weder zu wenig Unterstützung bekommt, um das vorangehend skizzierte Ziel der Armutspolitik zu erreichen – noch zu viel. Mit dem oberen Regulierungsende ziehen für Simmel Fragen nach der Bedürftigkeit bzw. der eigenen Mittel der etwaig zu unterstützenden Bevölkerung ebenso in die Armutsregulierung ein, wie die Frage nach der Attraktivität oder Abschreckung der Unterstützungsform. Zudem trennt es würdige von nicht-würdigen Armen (vgl. Simmel 1908/1992, S. 538 ff.).

Simmel ist sich bewusst, dass seine Überlegungen nur einen Teil der Armutsbevölkerung abdecken – lediglich diejenigen, die Unterstützung erhalten bzw. diese erhalten sollten. Ihm wird es an dieser Stelle möglich, zwischen ‚arm sein' im individuumsbezogenen Sinn und ‚Armut' im sozialen Sinn zu unterscheiden. Auf der erstgenannten Ebene gilt derjenige als arm, „dessen Mittel zu seinen Zwecken nicht ausreichen" (Simmel 1908/1992, S. 548), während auf der zweitgenannten Ebene Armut als soziale Unterstützung gemeint ist. Der mit dieser Armut markierte ‚Arme' ist für Simmel „nicht durch ein bestimmtes Maß von Mangel und Entbehrung [charakterisiert], sondern dadurch daß [sic] er Unterstützung erhält oder sie nach sozialen Normen erhalten sollte" (Simmel 1908/1992, S. 551). Für Simmel ist diese soziale Ebene deshalb die soziologisch entscheidende, da nicht ein individueller Mangel, sondern erst die gesellschaftliche Reaktion darauf den Armen zu „einer Art Stand oder einheitlicher Schicht" (Simmel 1908/1992, S. 552) werden lässt. Die Einheitlichkeit dieser ansonsten hinsichtlich jedweder Merkmale heterogenen Gruppe erwächst in Simmels Soziologie daraus, dass mit dem Unterstützungsstatus eine „kollektive Attitüde" (Simmel 1908/1992 S. 553) gegenüber dem Armen einhergeht. Somit ist Simmel zufolge die Gruppe der Armen durch eine äußere, passiv angelegte Kategorisierung bestimmt – den Umstand, dass sie von der Gesellschaft in einer spezifischen, alles andere überblendenen Art behandelt wird. Der Simmelsche Arme gilt der Gesellschaft einzig als Unterstützungsempfänger und nichts weiter, während jemand der im hier vorliegenden Sinne arm ist, weiterhin über die ganze Breite seiner sozialstrukturellen Merkmale wahrgenommen wird und Armut ‚lediglich' als Attribut erfährt – so bspw. als armer Student oder armer Künstler (vgl. Simmel 1908/1992, S. 548 ff.).[12]

Amartya Sen: Armut als Mangel an Verwirklichungschancen

Wie eingehend angeführt, lässt sich mit dem Verwirklichungschancenansatz (‚capability approach') von Amartya Sen Simmels blinder Fleck hinsichtlich des Lebens unter Armutsbedingungen ausleuchten. Für Sen ist Armut weitaus

---

12 Für Sekundärliteratur zu Simmels Armutsverständnis siehe: Coser (1992); Barlösius (2001, S. 72 ff.); Paugam (2008, S. 52 ff.) sowie Lessenich (2008b, S. 90 ff.) für eine Anwendung von Simmels Korrelationspaar.

mehr als nur ein geringes Einkommen. Armut drückt sich für ihn in einem „Mangel an fundamentalen Verwirklichungschancen" (Sen 2007, S. 110) – den sogenannten ‚capabilities' – aus. Reichtum begreift er folglich als Lebenssituation, die durch ein hohes Maß an Verwirklichungschancen charakterisiert ist. Unter Verwirklichungschancen versteht Sen die Freiheiten und Möglichkeiten „der Menschen, genau das Leben führen zu können, das sie schätzen, und zwar mit guten Gründen" (Sen 2007, S. 29). Je mehr dieser Freiheit eine Gesellschaft ihren Mitgliedern ermöglicht, desto lebenswerter und erfolgreicher erscheint ihm diese (vgl. Sen 2007, S. 30). Ohne sich zu einer abschließenden Liste hinreißen lassen zu wollen, identifiziert Sen die folgenden fünf Aspekte als die zentralen, sogenannten instrumentellen Freiheiten, die über Armut und Reichtum entscheiden:

- politische Freiheiten (bspw. Wahlrecht sowie Meinungs- und Redefreiheit),
- ökonomische Einrichtungen bzw. Chancen (bspw. Arbeitsmarktzugänge sowie funktionierende und preisstabile Märkte),
- soziale Chancen (bspw. Zugänge zu einem Bildungs- und Gesundheitssystem),
- Transparenzgarantien (bspw. die Offenlegung öffentlicher Abläufe – auch als Mittel der Korruptionsprävention) und
- soziale Sicherheit (Sozialleistungssysteme zur Verhinderung von materieller Not und Elend bspw. durch eine Arbeitslosenunterstützung) (vgl. Sen 2007, S. 52 ff.; IAW 2006, S. 9 f.).

Die angeführten instrumentellen Freiheiten – im Sinne gesellschaftlich bedingter Chancen – bestimmen nicht nur im Sinne einer Einzelwirkung die Verwirklichungschancen des Individuums, sondern stehen in einem Wechselwirkungsverhältnis miteinander. Sen argumentiert, dass bspw. Analphabetismus als Ausdruck mangelnder Bildungszugänge zugleich maßgeblich die Teilhabe des Einzelnen am Arbeitsmarkt und am politischen System und somit dessen ökonomische und politische Freiheiten mindert (vgl. Sen 2007, S. 53 f.; IAW 2006, S. 10). Gesellschaftlich bedingte Einschränkungen der Freiheit und damit der Lebensqualität des Einzelnen können für Sen u.a. in Form von Hungersnöten, hygienischen Missständen, politischer Verfolgung, geschlechterspezifischen Ausschlüssen oder wirtschaftlichen Ausbeutungsverhältnissen auftreten, weshalb sich Verwirklichungschancenarmut bspw. in verkürzten Lebenserwartungen sowie Unterernährung, Erkrankungen und Bildungsdefiziten manifestieren kann (vgl. Sen 2007, S. 26 f., S. 32).

Sen argumentiert, dass die Chancen des Einzelnen, sein nach eigenen Maßstäben als ‚gut' definiertes Leben zu führen, nicht nur von den gesellschaftlichen Rahmenbedingungen abhängen, sondern zugleich von dessen „persönlichen Charakteristika", die ihm „eine ‚Umwandlung' von Grundgütern in die Fähig-

keit [...] ermöglichen, seine Zwecke zu verfolgen" (Sen 2007, S. 95; H. i. O.).
Diese Zusammenhangslogik von instrumentellen Freiheiten und individuellen
Potenzialen verdeutlicht Sen am Beispiel von Menschen mit Behinderungen
oder Erkrankungen. Ein derart beeinträchtigter Mensch kann – auch wenn er
über mehr Ressourcen als ein nicht Beeinträchtigter verfügt –, gegebenenfalls
dennoch geringere Möglichkeiten als dieser haben, das von ihm anvisierte gute
Leben zu führen und daher über weniger Verwirklichungschancen verfügen
(vgl. Sen 2007, S. 95). Zu den individuellen Potenzialen eines Individuums gehören monetäre Potenziale, wie bspw. Einkommen und Vermögen, ebenso wie
non-monetäre, wie bspw. Alter, Geschlecht oder etwaige Behinderungen. Das
gemeinsame Charakteristikum der individuellen Potenziale ist, dass das Individuum diese beim Übergang von einer Gesellschaft in die andere mitnehmen
kann (bspw. Vermögen) bzw. auch mitnehmen muss (bspw. Alter). Wie das
von Sen angeführte Beispiel illustriert, besteht ein starker Zusammenhang zwischen den individuellen Potenzialen eines Individuums und den gesellschaftlich
bedingten Chancen, da die Umwandlung der individuellen Potenziale in Verwirklichungschancen maßgeblich von den gesellschaftlichen Gegebenheiten abhängt (vgl. IAW 2006, S. VII). Ob bspw. ein Mensch mit Behinderung sein Einkommen und Vermögen (individuelles Potenzial) dazu nutzen kann, ein aktives
und mobiles Leben zu führen (Verwirklichungschancen), hängt auch maßgeblich davon ab, wie u. a. die Verkehrsinfrastrukturen in seiner Gesellschaft angelegt sind (instrumentelle Freiheiten). Zugleich wird deutlich, dass die Verwirklichungschancen des Einzelnen nicht nur von der gesellschaftlichen Struktur,
sondern auch von der Frage abhängen, ob und wie er diese nutzt, wodurch
auch eine Grenze der gesellschaftlichen Verantwortung markiert ist – so die
Autoren der Machbarkeitsstudie zur Operationalisierung des Verwirklichungschancenansatzes innerhalb der Armuts- und Reichtumsberichterstattung (vgl.
IAW 2006, S. 8 ff.).

Neben den Verwirklichungschancen konzeptualisiert Sen zudem die sogenannten ‚Funktionen' (‚functionings'). Damit meint er diejenigen „Dinge, die
eine Person gern tun oder die sie gern sein mag" (Sen 2007, S. 95) – ‚doings &
beings'. Zu diesen Funktionen zählt Sen sowohl die Befriedigung von Elemen-
tarbedürfnissen wie bspw. satt und gesund zu sein als auch das Erreichen dar-
überhinausgehender Zustände und das Ausführen komplexerer Tätigkeiten,
wie bspw. „am Gemeinschaftsleben teilnehmen zu können und Selbstachtung
zu besitzen" (Sen 2007, S. 95). Der konkrete Unterschied zwischen Verwirklichungschancen und Funktionen liegt für Sen darin, dass Erstgenanntes die
Freiheit beschreibt, ein bestimmtes Leben führen zu können, während Zweitge-
nanntes die tatsächlich realisierte Lebensweise – die „tatsächlichen Leistungen"
(Sen 2007, S. 96) – bzw. die Lebensbedingungen abdeckt. Zur Verdeutlichung
führt er das Beispiel des Fastens an. So kann Sen zufolge ein an Verwirklichungschancen reicher Mensch, der keinesfalls hungern müsste, sich freiheitlich für

das Hungern entscheiden und damit auf der Ebene der Funktionen eine gleichsam eingeschränkte Ernährungsweise verfolgen, wie jemand, der arm an Verwirklichungschancen ist und diese Lebensweise nicht freiheitlich gewählt hat, sondern in sie hineingezwungen ist – sei es aufgrund mangelnder individueller Potenziale oder unzureichender instrumenteller Freiheiten (vgl. Sen 2007, S. 95).

In der Annahme, dass unterschiedliche Vorstellungen über die Mangellage von Kindern und Familien sowie über deren ‚richtige' und ‚falsche' öffentliche Regulierung einen Teil der Kinderarmutssinngebungen ausmachen (siehe Forschungsstandreflexion in Kap. 2.3), bietet sich die Kombination dieser beiden Ansätze an, um den armutsbezogenen Theoriezugang dieser Studie abzudecken.

3.2.3 Gerechtigkeitssoziologie

Folgt man Wohlfahrtsstaatsforschern wie Lutz Leisering, erlebt der Gerechtigkeitsdiskurs spätestens seit den 1990er Jahren einen massiven Aufschwung. Vor allem die Bemühungen eines wohlfahrtsstaatlichen Um- bzw. Abbaus (siehe Kap. 2.3.1) und der damit verbundene Druck, politische Entscheidungen möglichst massentauglich zu legitimieren oder – andersherum – diese zu kritisieren, hat demnach die Gerechtigkeitsfrage auf die politische Bühne (zurück) geholt (vgl. Leisering 2004a, S. 31 f.; Leisering 2007, S. 79 sowie auch Kersting 2003, S. 107; Hauser 2007, S. 136). Während in öffentlichen Debatten der jeweilige politische Gegner – ganz im Gegensatz zur jeweils eigenen Position – als ungerecht gebrandmarkt und dadurch die zentrale Differenz als Dichotomie von gerecht vs. ungerecht angelegt wird, herrscht in der wohlfahrtsstaatsbezogenen Gerechtigkeitsforschung Konsens darüber, dass Gerechtigkeit mit komplexen, mehr oder weniger miteinander konfligierenden Gerechtigkeitsvorstellungen verbunden ist. Eine der für diese Untersuchung anschlussfähigen Sortierlogiken des Gerechtigkeitsdiskurses legt Wolfgang Kersting vor. Er differenziert Ansätze sozialer Gerechtigkeit nach ihrer Reichweite und unterscheidet zwischen „kleinformatigen Gerechtigkeitsdiskurse[n]“, „allgemeineren sozialpolitischen Gerechtigkeitsvorstellungen“ und „gerechtigkeitsethischen Entwürfe[n] der Sozialstaatsphilosophie“ (Kersting 2003, S. 107), respektive großformatigen Gerechtigkeitsdiskursen. Auf der kleinformatigen Ebene geht es um eng abgegrenzte Verteilungsfragen innerhalb einzelner Bereiche der wohlfahrtsstaatlichen Leistungssysteme, wie bspw. die Frage, wie im Rentensystem mit ‚Kinderunwilligkeit' gegenwärtiger Erwachsener und ihren gegebenenfalls späteren Rentenansprüchen umzugehen ist. Die Gerechtigkeitsansätze auf der mittleren Ebene sind darauf ausgerichtet, auf Basis gesellschaftlicher Wertevorstellungen „eine umfassendere sozialstaatspolitische Konzeption“ (Kersting 2003, S. 107) zu entwickeln. Es geht darum, Verteilungsprobleme im doppelten Spannungsverhältnis zwischen einerseits Markt und Staat als wohlfahrtsproduzierenden Instanzen und andererseits zwischen Individuum und Gesellschaft auszuloten. Dabei werden Fragen zur Bekämpfung von Armut und Ungleichheit sowie zur Regulierung der Existenzsicherung aber auch zur diesbezüglichen Eigen- und Fremdverantwortung, gesellschaftlichen Solidarität sowie zur Reziprozität zwischen Leistungsempfängern und -finanzierern aufgerufen. Auf der Ebene der großformatigen Gerechtigkeitsdiskurse werden auf dem höchstmöglichen Abstraktionsniveau die fundamentalen Regeln, Prinzipien und Orientierungspunkte – wie bspw. Freiheit und Gleichheit – einer sich als ‚gerecht' verstehenden Gemeinschaft bestimmt. Kersting führt hier als prominente Beispiele die Theorie von John Rawls (1971/1979) mit Gerechtigkeit als Fairness sowie den Ansatz von Ronald Dworkin (2000/2011) mit Gerechtigkeit als Ressourcengleichheit an (vgl. Kersting 2003, S. 107 ff.).

Soziale Gerechtigkeit als Bedarfs- und Leistungsgerechtigkeit, produktivistische Gerechtigkeit sowie Teilhabegerechtigkeit

Die Fragestellung dieser Untersuchung liegt mit ihrem Bestreben, die unterschiedlichen Kinderarmutskonstruktionen des politischen Feldes herauszuarbeiten, vor allem auf der von Kersting als Mitte identifizierten Ebene. Die Gerechtigkeitsansätze auf dieser Ebene werden von Leisering (2004a+b, 2007) in Gestalt sogenannter Paradigmen sozialer Gerechtigkeit sowie von Becker und Hauser (2009) in Form von unterschiedlichen Facetten, Aspekten bzw. Zielen sozialer Gerechtigkeit sortiert. Leisering unterscheidet zwischen Bedarfsgerechtigkeit, Leistungsgerechtigkeit, produktivistischer Gerechtigkeit und Teilhabegerechtigkeit (vgl. Leisering 2007, S. 86 ff.), während Becker und Hauser von einem ‚magischen Viereck' bestehend aus Chancen-, Leistungs-, Bedarfs- und Generationengerechtigkeit ausgehen (vgl. Becker/Hauser 2009, S. 26 ff.). Bleibt man (vorerst) bei Leiserings Sortierung, meint ihm zufolge soziale Gerechtigkeit in Form von *Bedarfsgerechtigkeit* die an der Würde des Menschen orientierte, vor allem die Armutsbevölkerung bzw. die ‚Ausgeschlossenen' der Gesellschaft in den Blick nehmende Bestimmung spezifischer Bedarfe, die es wohlfahrtsstaatlich zu sichern gilt. Die als wohlfahrtsrelevant erachteten Bedarfe sollen dem Einzelnen mittels individueller Anspruchsrechte erfüllt werden, um Armut und Exklusionsprozesse zu vermeiden. Gerade dieser Exklusionsgedanke – so Leisering – öffnet dieses aus der „alten Armutslobby" (Leisering 2007, S. 87) stammende und am klassischen, umfassend versorgenden Wohlfahrtsstaat orientierte Gerechtigkeitsparadigma gegenüber dem moderneren und breiter aufgestellten Paradigma der Teilhabegerechtigkeit. Als direktes Pendant zur Bedarfsgerechtigkeit fungiert das Paradigma der *Leistungsgerechtigkeit*. Dieses von Leisering im Diskurs des Neoliberalismus verortete Paradigma orientiert sich am Markt und visiert einen eher zurückhaltenden anstelle eines breit ausgebauten Wohlfahrtsstaates an. Hier soll Leistung belohnt werden, während

„marktexterne Existenzweisen" (Leisering 2007, S. 87) wohlfahrtsstaatlich durch strenge Zugangsregelungen zu Sozialleistungen zu marginalisieren sind. Leisering zufolge werden unter Leistung vor allem Markterfolge verstanden, wobei zunehmend auch Beiträge in der Reproduktionssphäre der Familie als Leistungsbeitrag in Frage kommen. In neoliberalismus- und wohlfahrtsstaatsabbaukritischen Kreisen dienen laut Leisering Verweise auf Leistungsgerechtigkeit dazu, die „Leistungsgesellschaft an ihren eigenen Maßstäben" (Leisering 2007, S. 87) zu messen und etwaige Marginalisierungen der mittleren und unteren Schichten der Arbeitnehmerschaft anzuprangern. Die *produktivistische Gerechtigkeit* zielt gemäß Leisering vom Grunde her ebenfalls auf die Belohnung von Leistungen. Allerdings geht es hier nur um Leistungen, die der Gesamtgesellschaft nutzen, weshalb es für Leisering durchaus zu Konflikten mit der auf das Individuum fokussierten Leistungsgerechtigkeit kommen kann. Zudem gelten – im Gegensatz zur Bedarfsgerechtigkeit – sozioökonomische Ungleichheiten als legitim, sofern diese zur Steigerung der kollektiven Wohlfahrt beitragen. Propagiert wird dieses Paradigma aus Leiserings Sicht vor allem von Wirtschaftsvertretern, aber auch von Wohlfahrtsstaatsverteidigern, die mit dieser funktionalistischen Logik zu zeigen versuchen, dass der Wohlfahrtsstaat – zuvörderst in Form eines mit Sanktionen arbeitsmarktaktivierenden Wohlfahrtstaates bzw. eines auf Bildung ausgerichteten Sozialinvestitionsstaates[13] – Beiträge zur „Pazifizierung, zur Reproduktion der Arbeitskraft und zur Qualifizierung der Staatsbürger in der Demokratie" (Leisering 2004a, S. 36) zu erbringen vermag (vgl. für die drei skizzierten Paradigmen: Leisering 2007, S. 86 ff. sowie Leisering 2004a, S. 33, S. 36).

Das Paradigma der *Teilhabegerechtigkeit* stellt das facettenreichste Paradigma in Leiserings Sortierung dar. Im Gegensatz zu den drei vorangegangenen Paradigmen fokussieren die hier gebündelten Gerechtigkeitsansätze nicht auf marktwirtschaftlich generierte Ungleichheiten, sondern auf die quer zur klassischen sozioökonomischen Schichtungslogik liegenden ‚neuen sozialen Ungleichheiten' im Kontext von Alter, Geschlecht, Generation, Nationalität bzw. Ethnizität etc. Im Zuge seines Ursprungs in den ‚neuen sozialen Bewegungen' der 1980er Jahre sieht Leisering dieses Paradigma vor allem als Stütze eines „aktiv-aktivierenden Staat[es]" (Leisering 2007, S. 86), wenngleich er ebenfalls auf eine Nähe zur Sozialinvestitionslogik verweist. Die zivilgesellschaftlich-menschenrechtliche Verwurzelung zeigt sich für ihn auch darin, dass – im Gegensatz zum Bedarfsgerechtigkeitsparadigma – der Wohlfahrtsstaat nicht als isolierte Umverteilungsinstanz gesehen wird, sondern als Teil eines breit aufge-

---

13 Siehe Giddens (1999, 2001) zum ‚Sozialinvestitionsstaat' sowie Esping-Andersen (2002a+b, 2004, 2016) zur ‚Sozialinvestitionsstrategie' bzw. siehe für die beiden Ansätze das Interpretament einer entwicklungsunfunktionalen Kindheitsregulierung in Kap. 2.3.1.

stellten, partizipativen Gesamtgesellschaftsprojektes der Teilhabeschaffung. Zu den konkreten Formen der Teilhabegerechtigkeit zählt Leisering die Familien-, Geschlechter- und Generationengerechtigkeit sowie die universelle Teilhabe durch Grundsicherungsmodelle, wobei er das Teilhabegerechtigkeitsparadigma in der Gesamtbilanz allerdings als äußerst vage und diffus einschätzt. Die Bandbreite dieses Paradigmas kommt vor allem in Leiserings nachfolgender Arrondierung zum Ausdruck: „Das Spektrum der Varianten von Teilhabegerechtigkeit reicht vom alten liberalen Postulat der Chancengleichheit bis zu postmodernen Ideen der Inklusion durch Anerkennung und Identitätspolitik" (Leisering 2004b, S. 38; vgl. zudem für den hier vorgelegten Überblick zum Paradigma der Teilhabegerechtigkeit: Leisering 2007, S. 86, S. 88 ff.).

An dieser Stelle wird es möglich und notwendig, Leiserings Ausführungen zu dem, was er als Formen der Teilhabegerechtigkeit begreift, durch Rückgriff auf weitere Literatur zu ergänzen bzw. zu vertiefen. Dies betrifft die von Leisering angeführte Chancengleichheit – nicht zuletzt, da somit auch die von Becker und Hauser (2009) entfaltete Varianz der wohlfahrtsstaatlichen Gerechtigkeitsansätze komplett widergegeben wäre. Die Auseinandersetzung mit Chancengleichheit erscheint nicht nur notwendig, um die Fachliteratur zur Gerechtigkeitsdebatte möglichst treffend abzubilden, sondern vor allem auch, da Chancengerechtigkeitsverweise in Teilen des empirischen Materials eine zentrale Rolle spielen (siehe vor allem die Bildungsarmutskonstruktion in Kap. 5). Diese empirische Notwendigkeit trifft auch auf die von Leisering ebenfalls als Teil des Teilhabegerechtigkeitsparadigmas angeführte Generationen- und Anerkennungsgerechtigkeit zu.[14] Diese drei Zugänge – Chancen-, Generationen- und Anerkennungsgerechtigkeit – werden daher nachfolgend in einem Überblick skizziert.

Die Vertiefung ausgewählter Aspekte der Teilhabegerechtigkeit: Chancen-, Generationen- und Anerkennungsgerechtigkeit

Der Ansatz der *Generationengerechtigkeit* wird innerhalb der kindheitssoziologischen Wohlfahrtsstaatsforschung u.a. von Thomas Olk (2009) aufgearbeitet. Olk vertritt die Annahme, dass es in sozialpolitischen sowie sozialphilosophischen Kontexten insgesamt vier unterschiedliche Konzepte generationaler Ungleichheit bzw. Gerechtigkeit gibt. Demnach können, erstens, in einer synchronen Vergleichsperspektive die Lebenssituationen und etwaigen Benachteiligungen von unterschiedlich alten Personengruppen, die zum gleichen Zeitpunkt

---

14 Siehe für die Anwendung der Generationengerechtigkeit die Bildungsarmutskonstruktion in Kap. 5, aber vor allem die Rechtearmutskonstruktion in Kap. 7. Für die Anwendung der Anerkennungsgerechtigkeit siehe primär die Rechtearmutskonstruktion in Kap. 7 und sekundär die Geldarmutskonstruktion in Kap. 6. Für eine Übersicht u.a. der gerechtigkeitssoziologischen Bezüge siehe Kap. 8, vor allem Kap. 8.1.

leben, miteinander verglichen werden. So kann bspw. die Lebenslage von Kindern der von Erwachsenen oder ‚Alten‘ gegenübergestellt werden. Zweitens kann in einer diachronen, sogenannten intertemporalen Längsschnittperspektive analysiert werden, wie die Lebenschancen einer Geburtskohorte im Vergleich zu anderen Geburtskohorten ausfallen. Als generational ungerecht in diesem Sinne würde gelten, wenn bspw. die in der Nachkriegszeit Geborenen deutlich bessere Lebensbedingungen vorfinden würden, als die zur Jahrtausendwende Geborenen – wobei Olk darauf verweist, dass die zu vergleichenden Lebensbedingungen selbstverständlich nicht nur durch wohlfahrtsstaatliche Handlungen, sondern auch durch gänzlich andere Faktoren wie bspw. Kriege, Wirtschaftskrisen oder auch Klimaveränderungen bestimmt sind. Eine spezifische Perspektive dieser diachron-intertemporalen Betrachtungsebene liegt für ihn darin, nach der Wohlfahrtsbilanz unterschiedlicher Geburtskohorten zu fragen. In diesem dritten Konzept generationaler Gerechtigkeit steht Olk zufolge die Frage im Vordergrund, inwiefern eine Geburtskohorte – über den Verlauf ihres gesamten Lebens hinweg – mehr oder weniger vom Wohlfahrtsstaat profitiert hat als eine andere bzw. inwiefern sie mehr oder weniger für dessen Institutionen gezahlt hat. Dies kann bspw. in Form der Gegenüberstellung heutiger Rentner mit gegenwärtigen Kindern erfolgen – zumindest in Form einer Prognose. Ebenfalls einer diachronen Perspektive folgt das vierte und letztgenannte Konzept der Generationengerechtigkeit, wie es Olk sortiert. Hierin wird nach den Lebensbedingungen zukünftiger Generationen gefragt, wobei damit die Gesamtheit aller in einer so weit von der Gegenwart entfernten Zukunft Geborenen gemeint ist, dass sich ihre Lebenszeit nicht mit derjenigen der heute Lebenden überlappt. Zu den besonders prominenten Beispielen dieser Logik zählt der Wahlkampfslogan der Grünen aus den 1980er Jahren: „Wir haben die Erde von unseren Kindern nur geborgt“ (vgl. für diesen Überblick zur Generationengerechtigkeit: Olk 2009, S. 131 ff.).

Die Auseinandersetzung mit Chancengleichheit bzw. mit *Chancengerechtigkeit* erfolgt Becker und Hauser zufolge derzeit vor allem mit Blick auf die „Startchancen“ (Becker/Hauser 2009, S. 27) – womit die Lebenschancen zum Geburtszeitpunkt ebenso wie die Chancen hinsichtlich des Einstiegs in das Bildungssystem und die Arbeitswelt angesprochen sind. Mit Blick auf den Gesamtlebensabschnitt vor dem Berufseinstieg identifizieren Becker und Hauser die folgenden Faktoren als startchancenbestimmend: die angeborenen Talente des Kindes, elterlich-familiäre Ressourcen, die vom Kind eingeschlagenen Bildungswege, etwaige Diskriminierungen, gesellschaftliche Geschlechterrollenverteilungen sowie vererbtes oder durch Schenkung erhaltenes Vermögen. Eine absolute Startchancengleichheit kann folglich für die beiden Autoren – wie der erstgenannte Punkt anzeigt – durch wohlfahrtsstaatliches Handeln nie hergestellt werden (vgl. Becker/Hauser 2009, S. 27 f.). Eine konzeptionell tiefergehende Auseinandersetzung mit sozialer Gerechtigkeit als Chancengerechtigkeit findet man, wenn man die Ebene der mittelformatigen Gerechtigkeitsdiskurse verlässt und zur Gerechtigkeitstheorie von John Rawls wechselt, die sich – wie zuvor dargelegt – nach Kersting (2003) auf der großformatigen Ebene befindet. Für die Entwicklung seines Konzepts von Gerechtigkeit als Fairness setzt Rawls einen ‚Schleier des Nichtwissens‘ an den Beginn seiner Überlegungen, um einen gedanklichen ‚Urzustand‘ kreieren zu können, in dem der Einzelne nicht weiß, welche Rolle und Position in der zu erschaffenen ‚gerechten‘ Gesellschaft er einnehmen wird – also ob er hoch- oder minderbegabt, reich oder arm an Ressourcen etc. sein wird (vgl. Rawls 1971/1979, S. 29). So wird es Rawls zufolge möglich, ein ‚faires‘ Verteilungsmodell zu entfalten. In dem gedankenexperimentell angesetzten Urzustand würden die von Rawls als vernünftig und rational handelnd gesetzten Akteure ihm zufolge in ihrem Eigeninteresse die beiden folgenden Grundsätze zur Ausgestaltung ihres Zusammenlebens wählen: „einmal die Gleichheit der Grundrechte und -pflichten; zum anderen den Grundsatz, daß [sic] soziale und wirtschaftliche Ungleichheiten, etwa verschiedener Reichtum oder verschiedene Macht, nur dann gerecht sind, wenn sich aus ihnen Vorteile für jedermann ergeben, insbesondere für die schwächsten Mitglieder der Gesellschaft" (Rawls 1971/1979, S. 31 f.). Die Grundrechte dürfen laut Rawls allerdings nie der Steigerung der ökonomischen Lebensqualität geopfert werden – was bedeutet, dass der erste Grundsatz immer Vorrang vor dem zweiten hat, damit niemand bspw. seine politischen Rechte ‚verkaufen‘ kann (vgl. Rawls 1971/1979, S. 84). Soziale und ökonomische Ungleichheiten sind für Rawls zudem nur dann legitim und fair, wenn diese „mit Positionen und Ämtern verbunden sind, die jedem offen stehen" (Rawls 1971/9179, S. 81). Genau diese Setzung macht seinen Ansatz zu einer auf Chancengleichheit ausgerichteten Konzeptualisierung sozialer Gerechtigkeit. Diese Chancengleichheit hat für Rawls einen so hohen Wert, dass er diese über das vorangehend angeführte Differenzprinzip, wonach sozioökonomische Ungleichheiten den Benachteiligsten am meisten bringen müssen, stellt (vgl. Rawls 1971/1979, S. 337).

Die dritte hier näher zu beleuchtende Gerechtigkeitsform stellt der von Axel Honneth entwickelte Ansatz der *Anerkennungsgerechtigkeit* dar (vgl. Honneth 1994, 2011), welcher sich in der von Kersting (2003) vorgebrachten Sortierlogik am ehesten ebenfalls im Bereich der großformatigen Gerechtigkeitsdiskurse verorten lässt. Honneth geht davon aus, dass sich ausdifferenzierte Gegenwartsgesellschaften in unterschiedliche „„Sphären der wechselseitigen Anerkennung‘" (Honneth 2011, S. 37; H. i. O.) einteilen lassen. Ihm zufolge wäre es verkürzt, soziale Konflikte als rein auf das Ökonomische fokussierte Verteilungskämpfe zu begreifen. Vielmehr sieht er darin den Kampf verschiedener Akteure, die in einer spezifischen Sphäre vorherrschenden Anerkennungsnormen neu zu bestimmen (vgl. Honneth 2011, S. 37). Als die drei Anerkennungssphären, in denen der Einzelne auf eine jeweils spezifische Art Geltung oder Missachtung erfahren kann, identifiziert Honneth Liebe, Recht und Wirtschaft.[15] Mit der erstgenannten Sphäre – Liebe – umschreibt Honneth zwischenmenschliche Beziehungen, allen voran in Familien aber auch in Lebenspartnerschaften und Freundschaften. Sofern diese Beziehungen mit liebe- und sorgevoller Zuneigung verbunden sind und ohne physische bzw. psychische Verletzungen ablaufen, hat hier der Einzelne die Möglichkeit, Selbstvertrauen und Empathiefähigkeit aufzubauen, indem er sich selbst als (emotional) bedürftiges Individuum erfährt, das der Zuwendung anderer Menschen bedarf (vgl. Honneth 2011, S. 38 f.; Honneth 1994, S. 148 ff.). In der Sphäre des Rechts geht es für Honneth um die wechselseitige Anerkennung „als gleichwertige Rechtspersonen" (Honneth 2011, S. 39) mit Ansprüchen vor allem auf bürgerliche, politische und soziale Rechte, wie sie Thomas H. Marshall (1949/1992) als Ergebnis einer historischen Genese mit expandierenden Rechten und zugleich expandierenden Bevölkerungsteilen, die von diesen Rechten profitieren, skizziert hat.[16] Diese Sphäre zeichnet sich – sofern keine Ausgrenzungsprozesse stattfinden – für Honneth dadurch aus, dass der Einzelne die ihn umgebenden Menschen als vom Grunde her „moralisch urteilsfähig[]" (Honneth 2011, S. 39) anerkennt und dadurch selbst diese Anerkennung und damit Selbstachtung erfährt (vgl. Honneth 2011, S. 39; Honneth 1994, S. 173 ff.). Im Gegensatz zur Rechtssphäre werden in der Sphäre der Wirtschaft nicht das „generelle menschliche Vernunftpotenzial" (Honneth 2011, S. 40), sondern die Talente und Fähigkeiten des Menschen anerkannt. Mittels der Würdigung der eigenen Handlungen und Eigenschaften als wertvoll und nützlich – am deutlichsten am Arbeitsmarkt durch die Lohnzahlung – kann nach Honneths Verständnis der Einzelne in dieser Sphäre Selbstschätzung erfahren (vgl. Honneth 2011, S. 40 f.; Honneth 1994, S. 196 ff.).[17]

Da davon auszugehen ist, dass die empirisch zu ermittelnden Kinderarmutskonstruktionen auch in gerechtigkeitsbezogene Begründungen und Vorstellungen zur Ausgestaltung der Wohlfahrtsstaatsarchitektur und grundlegende (Um-)Verteilungsüberlegungen eingebunden sein werden (siehe auch Kap. 2.3), erscheint es sinnvoll, die in diesem Kapitel skizzierte Varianz der Gerechtig-

---

15 In seiner 1994 erschienenen Monographie „Kampf um Anerkennung" setzt Honneth auf die Trias Liebe, Recht und Solidarität, um die Anerkennungs*formen* zu beschreiben (vgl. Honneth 1994, S. 148 ff., S. 211) – im Gegensatz zu dem im Fließtext zitierten Aufsatz, in dem er die damit verbundenen Anerkennungs*sphären* – Liebe, Recht und Wirtschaft – in den Vordergrund stellt (vgl. Honneth 2011, S. 38 ff.).

16 Siehe für die Skizzierung eines weitgehenden Ausschlusses von Kindern aus der Rechtssphäre auf Grund der Annahme bzw. Setzung von Unreife und Inkompetenz: Qvortrup (2003, S. 106 ff.); Olk (2007) sowie Olk/Roth (2007, S. 25 ff.).

17 Siehe für die Skizzierung einer umfassenden Verdrängung von Kindern aus der Produktionssphäre: Qvortrup (2003, S. 99 ff.); Mierendorff (2010b, S. 28 f.) sowie grundlegend auch Zelizer (1994).

keitsansätze als gerechtigkeitssoziologischen und damit auch wohlfahrtsstaatstheoretischen Bezugspunkt des theoretischen Rahmens zu wählen.

3.3 Sensibilisierendes Konzept

Wie im vorangehenden Kapitel (siehe Kap. 3.2) angeführt, bildet der Theorierahmen einen der zwei Teile des sogenannten ‚sensibilisierenden Konzepts'[18] dieser Studie, wobei der andere Teil der Forschungsstandaufarbeitung (siehe Kap. 2.3) entstammt. Sensibilisierende Konzepte dienen in der GTM dazu, die sogenannte ‚theoretische Sensibilität' des Forschenden zu erhöhen (vgl. exemplarisch: Strauss/Corbin 1996, S. 34). Unter theoretischer Sensibilität verstehen Strauss und Corbin die Fähigkeit des Forschers, „den Daten Bedeutung zu verleihen [...] und das Wichtige vom Unwichtigen zu trennen" (Strauss/Corbin 1996, S. 25); Kelle und Kluge sehen darin die Fähigkeit, das untersuchte Datenmaterial in Theorietermen beschreiben und analysieren zu können (vgl. Kelle/Kluge 2010, S. 28). Theoretische Sensibilität gilt in der GTM als relevantes Mittel, um aus empirischem Datenmaterial mittels Kodierverfahren eine gegenstandsverankerte Theorie zu entwickeln. Als Quelle theoretischer Sensibilität dienen vor allem die thematisch einschlägige Fachliteratur, persönliche und berufliche Vorerfahrungen des Forschenden sowie der direkte Materialarbeitsprozess selbst, da jedes neu aus dem Datenmaterial herausgearbeitete Konzept, jeder vergebene Kode und jede an das Material herangetragene Frage die Sensibilität für das zu untersuchende Phänomen erhöhen (vgl. Strauss/Corbin 1996, S. 25). Entscheidend für die Verwendung von Vorwissen in Form von Fachliteratur als Mittel zur Sensibilitätssteigerung ist es, nicht ex ante spezifische Operationalisierungen aus einer bestehenden Theorie abzuleiten oder zu überprüfende Hypothesen zu generieren, sondern dieses Vorwissen als Anregung für die Gegebenheit des Datenmaterials aufzunehmen, wobei diese durch eine gebührende kritische Distanz genügend Offenheit für kreative Annäherungen an den Untersuchungsgegenstand zulassen soll (vgl. Strauss/Corbin 1996, S. 27 ff.; Kelle/Kluge 2010, S. 28 ff.).

---

18 In der Literatur zur Grounded Theory wird der Plural – sensibilisierende Konzepte – verwendet (vgl. Kelle/Kluge 2010, S. 28 ff.). Um zu unterstreichen, dass es sich hierbei um eine „Reihe von sensibilisierenden Konzepten" (Strauss/Corbin 1996, S. 4) handelt, die jedoch nicht beliebig nebeneinanderstehen, sondern unter dem gemeinsamen Dach der Relevanz für die Fragestellung und die Theoriegenerierung versammelt und dadurch inhaltlich gebündelt sind, wird hier der Singular – sensibilisierendes Konzept – bevorzugt. In der hier angesetzten Logik hat dieses eine sensibilisierende Konzept verschiedene spezifische Bestandteile (hier im Konkreten: einen kindheits-, armuts- und gerechtigkeitssoziologischen Teil).

Das aus der Forschungsstandaufarbeitung und dem Theorierahmen zusammengesetzte sensibilisierende Konzept dieser Studie regt im Konkreten zu Aufmerksamkeitssetzungen auf den folgenden drei Ebenen an:

- *Kindheit:* Auf dieser Ebene erscheint es gewinnbringend, nach den Sinnsetzungen von Kindheit und Kindern aber auch von Eltern und Familie zu suchen und danach Ausschau zu halten, in welcher Absicht und als Teil welchen generationalen Gefüges diesbezügliche Vorstellungen vorgebracht werden. Entsprechend der im Forschungsstand und auch im Theorieteil durchkommenden Spannungen und Varianzen im Kinder- und Kindheitsverständnis (siehe Kap. 2.3.1; Kap. 3.2.1) erscheint es sinnvoll, bei dieser Suche dem Verhältnis zwischen einer entwicklungs-, bildungs- und zukunftsfokussierten Bemühung zur Kindheitsregulierung einerseits und einer teilhabe-, rechte- und gegenwartsbezogenen Vorgehensweise andererseits eine besondere Aufmerksamkeit zuteilwerden zu lassen. Gleiches gilt für die Spannung zwischen Utilitarismus und Zweckfreiheit.
- *Armut:* Hier lässt sich aus dem Forschungsstand und dem Theorierahmen (siehe Kap. 2.3.1; Kap. 3.2.2) die Relevanz ableiten, Sensibilität gegenüber den verschiedenen Vorstellungen zu entwickeln, die bezüglich der Ausgestaltung der Grundsicherung und der anderweitigen öffentlichen Regulierung derjenigen Bevölkerungsteile vorliegen, die als sozioökonomisch hilfebedürftig erachtet werden. Als besonders relevante Bezugspunkte lassen sich die Bedürftigkeitskriterien, die Mittel und die Ziele der Armenunterstützung bzw. der Armutsbekämpfung ausmachen. Zudem erscheint es sinnvoll zu beobachten, welche Mängel und Beeinträchtigungen als konstituierend für ein Leben in Armut angenommen werden. Gezielte Aufmerksamkeit gilt es auch gegenüber etwaigen Paternalisierungen, Diskriminierungen und Stigmatisierungen der Armutsbevölkerung sowie gegenüber Vorstellungen über die Bedeutung individueller (bspw. Verhaltensmuster) und struktureller Einflüsse (bspw. Gesellschaftskrisen) auf das Leben in Armut zu entwickeln.
- *Gerechtigkeit/Wohlfahrtsstaat:* Die Forschungsstandaufarbeitung in Kombination mit dem Theorierahmen (siehe Kap. 2.3.1; Kap. 3.2.3) sensibilisiert auf dieser Ebene für mögliche Verweise auf die Wohlfahrtsstaatsarchitektur und eine etwaige Einbindung der Kinderarmutssinngebungen in wohlfahrtsstaatliche Um- sowie Abbaubemühungen bzw. eine diesbezügliche Gegenbewegung. Dabei scheint eine breite Varianz möglicher (Um-)Verteilungslogiken zwischen Staat und Markt sowie Individuum und Gesellschaft als normativer Bezugs- und Rechtfertigungsrahmen in Frage zu kommen.

Teil II: Empirische Befunde

Im zweiten, empirischen Teil der Untersuchung werden die vier aus der untersuchten Plenardebatte herausgearbeiteten Kinderarmutskonstruktionen – Erziehungs-, Bildungs-, Geld- und Rechtearmut – in jeweils eigenständigen Kapiteln dargelegt (Kap. 4–7). Die Darlegung erfolgt ‚rückblickend vergleichend‘. Dies bedeutet, dass im Falle relevanter Ähnlichkeiten oder bedeutsamer Differenzen einer Konstruktion zu einer der vorherig beschriebenen eine entsprechende Vergleichsanmerkung erfolgt.

Im darauffolgenden Kapitel (Kap. 8) werden die vier Konstruktionen vertiefend analysiert und dafür anhand des theoretischen Zugangs dieser Untersuchung jeweils in einem Steckbrief gebündelt sowie hinsichtlich ihrer Gemeinsamkeiten, Spannungen und Hierarchien beleuchtet. Mit Verweis auf das gemeinsame Grundanliegen einer ‚Transformation der wohlfahrtsstaatlichen Regulierung sozial verletzter Kindheiten‘ werden alle vier Kinderarmutskonstruktionen zudem in einem Modell zusammengefasst. In der Schlussbetrachtung (Kap. 9) werden die erzeugten Befunde generalisiert und es wird herausgearbeitet, inwiefern der gegenwärtige Forschungsstand anhand der Untersuchungsergebnisse neu gelesen werden kann sowie welche weiteren Forschungsimpulse sich daraus ergeben.

Kapitel 4
Kinderarmut als Erziehungsarmut

4.1 Die Tugendlosigkeit der ‚Unterschicht' (Ursache)

Die Ursache für Kinderarmut wird in dieser Konstruktion alleinig beim Individuum gesehen – genauer gesagt: bei einer als tugendlos erachteten ‚Unterschicht'.

Das Loblied der Arbeit und Erwachsenenarmut als Unterstützungsstatus

Die Ursachenlogik der Erziehungsarmutskonstruktion hat ihren Anfang in einer uneingeschränkten Verehrung von Erwerbsarbeit. Arbeit gilt als einzig würdevolles und legitimes Mittel für ein selbstbestimmtes Leben, da diese ein Dasein fernab der Abhängigkeit von wohlfahrtsstaatlichen Grundsicherungsleistungen ermöglicht.[1] Während Arbeit als beste Armutsprävention angesehen wird, gelten Arbeitslosigkeit sowie ein nicht-existenzsicherndes Arbeitseinkommen als Hauptursache von Armut (vgl. PP1, S. 21824; PP9, S. 24383; PP18, S. 1848; PP26, S. 4756). Zur Armutspopulation zählt jeder Erwachsene, der seine Wohlfahrt nicht soweit durch den Markt sichert, dass er ohne öffentliche Unterstützung durch existenzsichernde Leistungen auskommt. Dieser Status des ‚Armen' – wie Georg Simmel (1908/1992) diese Lage ausdrücken würde (siehe Kap. 3.2.2) – erstreckt sich auch auf die in diesem Familienhaushalt lebenden Kinder, wobei damit nicht automatisch Kinderarmut im hier vorliegenden Sinne gemeint ist. Die so abgesteckte Armutsbevölkerung wird in würdige und unwürdige Arme[2] eingeteilt. Zur erstgenannten Gruppe werden diejenigen Armen gezählt, die bspw. aufgrund schicksalhafter Lebensereignisse wie Schwersterkrankungen erwerbsunfähig sind und damit ohne Verlust ihrer persönlichen Würde öffentliche Unterstützungsleistungen in der Form von Bedarfsgerechtigkeitsgewährungen erhalten dürfen (vgl. PP9, S. 24385). Ihnen gegenüber steht die Gruppe der aufgrund ihrer Erwerbsfähigkeit als unwürdig wahrgenommenen Armen: allen voran derjenige Teil, der langanhaltend keiner bzw. keiner existenzsichernden Arbeit nachgegangen ist oder dies noch nie unternommen hat.

---

1 Für die gegenteilige Betonung des Zwangs- und Ausbeutungscharakters von Arbeit siehe grundlegend Marx (1872/2009, S. 168ff.) sowie dazu sekundär: Heinrich (2005, S. 87ff.).

2 Für eine Auseinandersetzung mit der Differenz von ‚würdigen' und ‚unwürdigen' Armen siehe Gans (1992, S. 49ff.) sowie Lister (2004a, S. 102ff.).

Für die vorliegende Konstruktion erschöpft sich der Wert von Arbeit nicht darin, in würdevoller Freiheit für sich und die Seinen sorgen zu können, sondern geht weit darüber hinaus. In Arbeit wird auch das Mittel zur Persönlichkeitsbildung, zur Bildung von Gruppen- und Gesellschaftsfähigkeit, zu sozialer Anerkennung und persönlicher Zufriedenheit gesehen. In ideologischer Nähe zur ‚protestantischen Arbeitsethik' (Weber 1904–1920/2016) schreibt die Erziehungsarmutskonstruktion Arbeit einen Eigenwert zu und versteht diese als Ort der Tugendhaftigkeit, der mit dem Nimbus folgender „sittliche[r] Reserven" verknüpft wird: „Selbstdisziplin, Gerechtigkeitssinn, Ehrlichkeit, Fairness, Ritterlichkeit, Maßhalten, Gemeinsinn, Achtung vor der Menschenwürde des anderen" (PP27, S. 4987; vgl. zudem PP20, S. 2458; PP26, S. 4756f.; PP34, S. 7488).[3]

Arbeit adelt[4]

Dem Verständnis von Arbeit entsprechend werden auch die darin eingebundenen Akteure in höchstem Maße verehrt. Arbeitgeber werden vor allem in der Form klein- und mittelständischer Privatunternehmer wahrgenommen. Den KMU – dem „Erfolgsmodell ‚Mittelstand'" (PP27, S. 4984; H. i. O.) – ist es der Einschätzung der Erziehungsarmutskonstruktion zufolge zu verdanken, dass es in Deutschland eine privatwirtschaftliche Produktionssphäre[5] gibt. Privatunternehmer gelten als verantwortungsbewusste und aufopferungsbereite Risikoträger, die in persönlicher Hingabe einen Mehrwert für das Gemeinwohl schaffen. Auch die Gruppe der Arbeitnehmer wird mit Fokus auf die Mitte wahrgenommen: die „vielen fleißigen Handwerker, die Facharbeiter, die Beamten, die Angestellten" (PP1, S. 21811) sowie „die Kindergärtnerinnen, die Krankenpflegerinnen und all die Menschen, die sich täglich abmühen" (PP42, S. 10727). Sie werden für ihren als ‚täglich' stattfindend und ‚hart' ablaufend verstandenen Einsatz gewürdigt. Arbeitnehmern und Arbeitgebern sind zwei Dinge gemeinsam: Beide gelten zum einen auf einer funktionalen Ebene als Leistungsträger der Gesellschaft und als Wohlfahrtsstaatsfinanziers. Zum anderen werden sie auf einer moralischen Ebene als Träger von Tugenden wie Zuverlässigkeit, Standfestigkeit, Verantwortungsbewusstsein, Fleiß, Willensstärke etc. gesehen und zu fast schon übermenschlichen Ikonen glorifiziert, die in der Wahrneh-

---

3 Siehe zur Bedeutung von Arbeit auch Kocka (2016).

4 „Arbeit adelt" ist der Titel eines Theaterstücks von Detlev von Liliencron (1887/o. J.). Der Titel spiegelt die in der Erziehungsarmutskonstruktion vorliegende Wertschätzung der existenzsichernd Erwerbstätigen treffend wider und findet daher Anwendung als Abschnittsüberschrift. Die gleichnamige Kurzformel diente während des Nationalsozialismus in Deutschland als Leitmotiv des sogenannten ‚Reichsarbeitsdienstes'. Daran knüpft diese Kinderarmutskonstruktion explizit nicht an.

5 Siehe für die Trennung in eine Produktions- und Reproduktionssphäre im Kontext von Wohlfahrtsstaatsanalysen: Kaufmann (1997, S. 24 ff.).

mung der Erziehungsarmutskonstruktion kontinuierlich beinahe nur für das Wohl Dritter ihrer Erwerbstätigkeit nachgehen (vgl. PP1, S. 21818 f., S. 21824, S. 21912; PP14, S. 732; PP19, S. 2057; PP27, S. 4984; PP29, S. 6200).

Die ‚mittelschichtszentrierte Arbeitsgesellschaft'

Arbeit stellt für die Erziehungsarmutskonstruktion nicht nur den Ort dar, an dem die Tugendhaften gemacht werden und an dem sie sich sammeln, sondern gilt auch als konstituierendes Merkmal dieser Gesellschaft. Die Bundesrepublik wird von dieser Konstruktion auf zweierlei Art als eine Arbeitsgesellschaft konstituiert: Zum einen im Sinne eines Imperativs an den einzelnen Erwerbsfähigen, stets das *Subsidiaritätsprinzip*[6] *in der Produktionsphäre* zu achten, demzufolge Erwerbseinkommen immer Unterstützungsleistungen vorzuziehen ist (vgl. PP1, S. 21824). Zum anderen manifestiert sich die Arbeitsgesellschaft auch in Form einer Beschreibung. Es gilt als Charakteristikum der deutschen Gesellschaft, „dass Millionen von Menschen tagtäglich früh aufstehen, den ganzen Tag hart arbeiten, Beiträge an die Arbeitslosenversicherung abführen und Steuern zahlen, damit die Sozialleistungen erbracht werden können" (PP27, S. 4965). Die Erwerbsarbeitsbevölkerung mit einem Durchschnittsverdienst wird als die quantitativ größte Bevölkerungsgruppe in Deutschland wahrgenommen (vgl. PP1, S. 21824).[7] Die von der Erziehungsarmutskonstruktion attestierte Arbeitsgesellschaft lässt sich ergo als ‚*mittelschichtszentriert'* attribuieren, wobei im Originalton der Konstruktion selbst der Term ‚soziale Marktwirtschaft'[8] für die damit verbundene Vorstellung einer Wirtschafts- und Sozialordnung mitsamt dem dazugehörigen Werte- und Normensystem zum Einsatz kommt (siehe Kap. 4.2; Kap. 4.4).

Die Unterschichtszugehörigkeitsbeschuldigung der SGB-II-Empfänger

Während in der vorangehend skizzierten ‚*mittelschichtszentrierten Arbeitsgesellschaft'* finanzieller Reichtum und Oberschichtszugehörigkeit kein Problem darstellen (vgl. PP29, S. 6181), da in einem hohen ökonomischen Arbeitsmarktgewinn der verdiente Erfolg besonders Tugendhafter gesehen wird, gilt es als Schande, als Erwerbsfähiger Teil der ‚Armen' zu sein. Mit dieser Schande ist die Beschuldigung verbunden, einer ‚tugendlosen Unterschicht' anzugehören. Diese Beschuldigung richtet sich an diejenige Gruppe der erwerbsfähigen ‚Armen', die – im Gegensatz zu den vorangehend berufstätigen ALG-I-Empfängern –

---

6 Für eine Auseinandersetzung mit dem Subsidiaritätsprinzip siehe Sachße (2003) sowie die Beiträge in Blickle et al. (2002).
7 Für die Annahme einer hohen Mittelschichtsbedeutung siehe Schelsky (1953) (historisch) sowie Niehues (2017) (aktuell).
8 Siehe zum Thema ‚soziale Marktwirtschaft': Schmid/Buhr (2015, S. 191 ff.) sowie die diskursanalytische Arbeit von Nonhoff (2006).

mit einer besonders langanhaltenden Arbeitslosigkeit bzw. niemals ausgeübten Erwerbstätigkeit verknüpft ist: SGB-II-Empfänger. Die Basis dieser Beschuldigung bilden die beiden folgenden Setzungen im Kontext der Frage, warum manche Erwerbstätige keiner oder nur einer nicht-existenzsichernden Arbeit nachgehen. Erste Setzung: Arbeit ist nicht nur eine verehrenswerte Institution, sondern besitzt auch eine unwiderstehliche, natürliche Anziehungskraft (vgl. PP1, S. 21823). Zweite Setzung: Die wohlfahrtsstaatlichen Rahmenbedingungen zur Arbeitsmarktintegration sind optimal. In der Erziehungsarmutskonstruktion wird davon ausgegangen, dass durch die ‚Hartz-Reform‘ und die damit angestoßene aktive Arbeitsmarktpolitik ein Großteil der Arbeitslosen in das Erwerbsleben (zurück-)geholt wurde (vgl. PP15, S. 944). Speziell mit Blick auf Eltern wird angenommen, dass sich die Vereinbarkeit von Familie und Beruf durch einen Ausbau sowohl der frühkindlichen als auch der schulischen Betreuungsangebote maßgeblich verbessert hat, sodass eine mangelhafte Kinderbetreuung nicht mehr generell als Hindernis zur Arbeitsaufnahme gelten kann (vgl. PP1, S. 21809).[9] Da Arbeit als natürlicher Magnet und die wohlfahrtsstaatlichen Arbeitsmarktintegrationsstrukturen als optimal erachtet werden, sind diejenigen Erwerbsfähigen, die teilweise oder sogar vollständig von der SGB-II-Grundsicherung abhängen, der Beschuldigung ausgesetzt, zu dem zu gehören, was hier als ‚tugendlose Unterschicht‘ verstanden wird.[10] Diese Beschuldigung umfasst zwei analytisch voneinander trennbare Vorwürfe.

Dies ist – erstens – der Vorwurf, in einer freiwilligen und bewussten Entscheidung die wohlfahrtsstaatliche Grundsicherung der Erwerbsarbeit vorzuziehen – sich also „vor der Arbeit [zu] drücken" (PP27, S. 4965) *(Missbrauchsvorwurf)*. Mit Blick auf Familien wird argumentiert, dass dieses Ausruhen in der ‚sozialen Hängematte‘ – um den hier treffenden Duktus aufzugreifen – ermöglicht wird, da die stetig ausgebaute monetäre Familienunterstützung durch den deutschen Wohlfahrtsstaat nicht nur zu einer deutlichen Reduzierung der ökonomischen Ungleichheit geführt hat, sondern auch den Arbeitsanreiz für die Eltern gemindert hat. Der Erziehungsarmutskonstruktion nach ist es für viele Familien im unteren Einkommensbereich mittlerweile finanziell lukrativer, SGB-II- und ergänzende Leistungen in Anspruch zu nehmen, als arbeiten zu gehen (vgl. PP14, S. 733; PP30, S. 6368).

Zweitens sind erwerbsfähige SGB-II-Empfänger dem Vorwurf ausgesetzt, kulturell ‚anders‘ zu sein und die für die ‚mittelschichtszentrierte Arbeitsgesellschaft‘ konstituierenden Werte und Nomen maßgeblich nicht inkorporiert zu haben *(Tugendlosigkeitsvorwurf)*. Der Vorwurf lautet, dass sie sich deshalb in

---

9 Siehe für eine gegenteilige Einschätzung: Institut der deutschen Wirtschaft Köln (2016a).
10 Für den Unterschichtsdiskurs und die diesbezügliche Kritik siehe die beiden Interpretamente der Armutsregulierung in Kap. 2.3.1.

der SGB-II-Grundsicherung befinden, da sie im Gegensatz zu den erfolgreich
– also: existenzsichernd – in die Produktionssphäre Eingebundenen nicht durch
die zuvor skizzierte Tugendhaftigkeit der Mittel- und Oberschicht beseelt sind.[11]
Der SGB-II-Empfängerschaft wird von dieser Konstruktion vorgeworfen, dass
sie in antriebs- und verantwortungsloser Selbstverblendung „zu Hause auf dem
Kanapee verweilt und wartet, bis man ein Topangebot bekommt" (PP27,
S. 4965), statt sich durch beharrlichen Fleiß von unten nach oben zu arbeiten.
Sie erscheinen als die ‚Schwachen', die es „zu ertüchtigen und zu befähigen
[gilt], sich [...] aus der Arbeitslosigkeit zu befreien" (PP34, S. 7477; vgl. zudem
PP14, S. 732). Aufgrund dieser Tugendlosigkeit – so der von dieser Konstruk-
tion vorgebrachte Vorwurf – sind SGB-II-Empfänger entweder vollständig ar-
beitslos oder gehen lediglich einer zur Sicherung der eigenen Existenz und der
Existenz ihrer Kinder nicht ausreichenden, wohlfahrtsstaatlich aufgestockten
Beschäftigung nach, statt sich um eine (bessere) Arbeitsgelegenheit zu bemühen. Statt durch Zuverlässigkeit, Standfestigkeit, Verantwortungsbewusstsein,
Fleiß, Willensstärke etc. zu glänzen, symbolisieren SGB-II-Empfänger das exak-
te Gegenteil: Unzuverlässigkeit, Schwäche, Verantwortungslosigkeit, Faulheit
und Unlust. Sie werden als Antagonisten der Helden der ‚mittelschichtszentrierten Arbeitsgesellschaft' verachtet, da sie trotz Erwerbsfähigkeit dem Arbeitsimperativ der Produktionssphäre der ‚mittelschichtszentrierten Arbeitsgesellschaft' nicht (ausreichend) Folge leisten.

Die ambivalente Relativierung der Beschuldigung

Die Unterschichtszugehörigkeitsbeschuldigung der SGB-II-Klientel erfährt auch
klare Relativierungen. Die erste Relativierung bezieht sich auf die Gruppe der
sogenannten Aufstocker. In dieser Konstruktion wird grundsätzlich davon ausgegangen, dass Erwerbstätigkeit normalerweise zu einem Leben ohne Ansprü-
che auf wohlfahrtsstaatliche Grundsicherungsleistungen führt (vgl. PP12, S. 186).
Hinsichtlich der Aufstocker des Niedriglohnsektors herrscht die Sicht, dass diese zum Großteil freiwillig teilzeitbeschäftigt sind und bereitwillig aufstockende
Wohlfahrtsstaatsleistungen in Anspruch nehmen (vgl. PP30, S. 6372). Damit
wird zugleich anerkannt, dass es einen kleinen Teil von Aufstockern gibt, die
zwangsweise nur einer Teilzeitbeschäftigung nachgehen und es wird eingeräumt, dass es auch vollzeitbeschäftigte Aufstocker gibt: zumeist Eltern mit
mehreren Kindern (vgl. PP35, S. 7726). Aus der Perspektive dieser Konstruktion kann diesen spezifischen Aufstockern der an die SGB-II-Empfängerschaft
herangetragene Vorwurf, die Grundsicherung aufgrund von Faulheit und Ar-
beitsunlust zu missbrauchen, so pauschal nicht entgegengebracht werden. Die

---

11 Siehe zur ‚culture of poverty': Lewis (1959) sowie Murray (1984/1994). Eine kritische
Auseinandersetzung mit der Armutskulturthese findet sich bei Harrington (1962/1967).

zweite Relativierung bezieht sich auf die Gruppe der Alleinerziehenden. In dieser Konstruktion wird Einelternschaft – neben Arbeitslosigkeit – als wesentlicher Grund für Armut im hier vorliegenden Sinne der wohlfahrtsstaatlichen Leistungsabhängigkeit verstanden. Diesen Eltern wird aufgrund ihrer alleinig zu tragenden Verantwortung für das Kindeswohl ein Vollarbeitszeithemmnis zugesprochen, das es ihnen schwer(er) möglich macht, existenzsichernd am Arbeitsmarkt teilzuhaben (vgl. PP1, S. 21825; PP18, S. 1852).[12] Die dritte Relativierung bezieht sich auf die wenig Gebildeten innerhalb der SGB-II-Empfängerschaft. Wie vorangehend dargelegt, wird auf der einen Seite von einem grundsätzlich sehr guten Arbeitsmarktklima ausgegangen (vgl. PP34, S. 7484). Auf der anderen Seite wird zugleich ein Krisenszenario beschrieben, das den Beitrag der Privatunternehmer zur Aufrechterhaltung der deutschen Wirtschaft noch gewichtiger und verehrenswerter erscheinen lässt. Sie gelten als diejenigen, die trotz widrigster Krisenbedingungen der Wirtschaft ihr Bestes geben, um ihre Betriebe und damit die Arbeitsmöglichkeiten ihrer Angestellten zu retten, wobei sie zugleich gezwungen sind, sich auf die Absicherung ihrer hoch- und höchstqualifizierten Mitarbeiter zu konzentrieren. Folglich fällt es dieser Konstruktion zufolge Ungelernten und Personen ohne Schulabschluss sowie Migranten, welche hier als vergleichsweise gering qualifiziert gelten (vgl. PP12, S. 251)[13], derzeit strukturell deutlich schwerer als bildungsnäheren Gruppen, sich im Arbeitsmarkt zu halten bzw. dort hinein zu kommen (vgl. PP1, S. 21809, S. 21812; PP14, S. 746; PP19, S. 2048).

Die Möglichkeit einer Relativierung des Vorwurfs, als SGB-II-Empfänger zur ‚tugendlosen Unterschicht‘ zu gehören, fördert zugleich zwei zentrale Charakteristika dieser Anklage zu Tage. Erstens: Das Label der ‚tugendlosen Unterschicht‘ setzt sich durch die Zuweisung schuldhaften Individualversagens einerseits und die strukturelle Relativierung dessen andererseits zusammen. Für die Erziehungsarmutskonstruktion gibt es in der ‚tugendlosen Unterschicht‘ einen Varianzraum unterschiedlich stark ausgeprägter Werte- und Normenabweichungen von der ‚mittelschichtszentrierten Arbeitsgesellschaft‘. Zweitens: Trotz der expliziten Relativierungen der Unterschichtszugehörigkeitsbeschuldigung bleibt im Stile eines weitgehend ‚leeren Signifikanten‘ (vgl. Laclau 2013, S. 65 ff.) offen, welcher Werte- und Normenmangel genau, ab welchem Grad der Ausprägung und Persistenz das schuldhafte Individualversagen so gravierend werden lässt, dass der beschuldigte SGB-II-Empfänger zur ‚tugendlosen Unterschicht‘ gerechnet wird. Ebenso offen bleibt, an welchen Handlungen, Lebensumständen oder sonstigen Merkmalen dies festzumachen ist. Andersherum betrachtet

---

12 Eine empirische Analyse der Arbeitsmarktlage von Alleinerziehenden findet sich bei Kraus (2014).

13 Für eine differenzierte Darstellung der Arbeitsmarktlage von Migranten zwischen Bildungsmangel und Diskriminierung siehe Höhne/Schulze Buschoff (2015).

bleibt vage, ab welchem Moment die Beschuldigung soweit strukturell relativiert ist, dass jemand trotz seines SGB-II-Status nicht als so tugendlos gilt, um zur Unterschicht im hier vorliegenden Sinne gerechnet zu werden.

Die Grenze der Beschuldigungsrelativierung wird dadurch markiert, dass sich trotz der Möglichkeit der Individualschuldrelativierung kein SGB-II-Empfänger vollständig von dem Stigma der im Verhältnis zur erwerbstätigen Bevölkerung oberhalb der Grundsicherungshilfe geringeren Tugendhaftigkeit reinwaschen kann – selbst wenn er der expliziten Unterschichtszuweisung entronnen ist. Die Macht dieses Stigmas erwächst nicht nur aus der schweren Greifbarkeit ,leerer Signifikanten' und der Unentrinnbarkeit der Beschuldigung, sondern auch aus der Ambivalenz der Schuldrelativierung. So ist die Unterschichtsbeschuldigung des kinderreichen vollzeiterwerbstätigen SGB-II-Aufstockers zwar zum einen relativiert. Zum anderen haftet dieser Relativierung immer das Risiko an, zugleich der Verantwortungslosigkeit bezichtigt zu werden, eine dem eigenen Einkommenspotenzial unangemessen hohe Anzahl Kinder gezeugt zu haben. Gleiches gilt für den Ungebildeten mit der Beschuldigung, nicht flexibel und bemüht genug (gewesen) zu sein, Bildungs- und Qualifikationserfolge zu erringen; für die Bevölkerung mit Migrationshintergrund ist dies die Anklage, zu den „integrationsunwilligen Migranten" (PP29, S. 6177) zu gehören, und für den Alleinerziehenden die Beschuldigung, nicht genug um den Erhalt der Beziehung gekämpft und sich vorschnell in die Arme der wohlfahrtsstaatlichen Sicherung geflüchtet zu haben. Die Unterschichtszugehörigkeitsbeschuldigung und die daran gekoppelte Verachtung schweben also trotz Relativierungsoption als Damoklesschwert über allen SGB-II-Empfängern.

4.2 Vernachlässigung, Kindeswohlgefährdung und Verwahrlosung (Kontext)

Die in der Erziehungsarmutskonstruktion vorherrschende Vorstellung einer ,tugendlosen Unterschicht', die sich zum einen aus der SGB-II-Empfängerschaft zusammensetzt, zum anderen aber nicht per se jeden SGB-II-Empfänger gleichermaßen umfasst, fungiert deshalb als Kinderarmutsursache, da sich unter diesen Erwachsenen auch potenzielle sowie reale Eltern befinden. Anders formuliert: Sobald die Angehörigen der ,tugendlosen Unterschicht' Kinder bekommen, tritt das ein, was hier als Kinderarmutsproblem gesehen wird.

Mit dem Ursachenverständnis deutet sich an, dass es – sozialrechtlich differenziert – ein Teilausschnitt der Kinder der SGB-II-Familienhaushalte ist, der als von Kinderarmut betroffen gilt. Zudem verweist das Ursachenverständnis auch auf die sozialstrukturellen Merkmale. Für die Erziehungsarmutskonstruktion bilden die in Kinderarmut lebenden Kinder in erster Linie einen Teilausschnitt der Kinder der Arbeitslosen bzw. aufstockend im Niedriglohnsektor

Beschäftigten, der wenig Gebildeten sowie der „Familien mit Migrationshintergrund, Mehrkinderfamilien und vor allem […] Alleinerziehenden" – so die
Aufzählung eines Parlamentariers, wer ihm zufolge „[v]on Kinderarmut besonders betroffen" (PP9, S. 24382) ist. Die darüberhinausgehenden Eigenschaften,
die von der Erziehungsarmutskonstruktion mit dem Phänomen der Kinderarmut verbunden werden, lassen sich in die drei folgenden Aspekte aufgliedern:
Familialisierung, Entmonetarisierung und Kulturalisierung. Diese Eigenschaften werden nachfolgend jeweils einzeln beschrieben, um darauf aufbauend die
Verwahrlosung der Unterschichtsfamilien als den Problemkern sowie die daran
gekoppelte Gefährdung der ‚mittelschichtszentrierten Arbeitsgesellschaft' respektive der sozialen Marktwirtschaft als die Problemrelevanz zu entfalten.

Eigenschaft I: Familialisierung

Wie die Fokussierung der Ursachensetzung auf die Eltern andeutet (siehe Kap.
4.1), nimmt die Erziehungsarmutskonstruktion Kinderarmut als das Kinderge-
sicht einer dahinterliegenden elterlichen Problematik wahr. Die damit verbundene *Familialisierung* drückt einer der Parlamentarier wie folgt aus: „[N]icht
die Kinder sind arm, sondern die Familien, in die sie hineingeboren wurden"
(PP9, S. 24384). Die inhaltliche Füllung dieser Familialisierung speist sich zum
einen aus dem – zumindest vordergründig – monetären Umstand, dass die Erziehungsarmutskonstruktion Kinderarmut im Zusammenhang mit der elterlichen Grundsicherungsabhängigkeit wahrnimmt und zum anderen aus der non-
monetär ausgerichteten Annahme dieser Konstruktion, dass diese Abhängigkeit
aus einer elterlichen Tugendlosigkeit resultiert. Im Originalidiom heißt es daher: „Kinderarmut hat etwas mit der finanziellen, emotionalen und kulturellen
Situation von Familien zu tun" (PP9, S. 24382).

Eigenschaft II: Entmonetarisierung und der Fürsorgeimperativ

Der Verstoß der Unterschicht gegen den an alle Erwerbsfähigen gerichteten Arbeitsimperativ (siehe Kap. 4.1) bedeutet speziell für die Eltern dieser Schicht,
dass sie zugleich gegen die Basis des allen Eltern entgegengebrachten *Fürsorgeimperativs* der Reproduktionssphäre verstoßen. Die Erziehungsarmutskonstruktion erwartet diesbezüglich von allen Eltern – sofern sie erwerbsfähig sind –,
subsidiär vor dem Wohlfahrtsstaat das Familieneinkommen einzig durch ihre
Markteinbindung zu erwirtschaften (vgl. PP18, S. 1854). Über diese außerfami-
liäre Basispflicht hinaus wird von Eltern erwartet, dass sie die materielle Versorgung ihrer Kinder auch innerfamiliär gewährleisten und zudem das emotio-
nale, körperliche und soziale Wohl ihrer Kinder sichern. Die Erziehungsarmutskonstruktion geht davon aus, dass zwar nicht alle, aber die meisten Eltern dieser
Aufforderung nachkommen (vgl. PP13, S. 499).

Entsprechend der ambivalenten Relativierung der Unterschichtszugehörigkeitsbeschuldigung (siehe Kap. 4.1) wird einem Teil der SGB-II-Eltern sowohl

ein schuldhaftes Versagen bei der außerfamiliären Einkommenserwirtschaftung attestiert, als auch bei der innerfamiliären Geldverteilung. Die Erziehungs-armutskonstruktion nimmt an, dass die für Kinder angedachten Grundsicherungszahlungen teilweise gar nicht bei dieser Gruppe ankommen.[14] Die Unterschichtseltern unter den SGB-II-Eltern verstoßen demnach gegen das Gebot, das ihnen überlassene Geld regelsatzkonform und möglichst demütig einzusetzen. Der Erziehungsarmutskonstruktion zufolge gehen sie einem zügellosen Konsum von ‚Luxusgütern‘ wie allen voran Unterhaltungselektronik nach und verursachen folgende Schieflage in Bezug auf die Warenausstattung der von Kinderarmut betroffenen Kinder: „Aber sie müssen einmal sehen, welche Ausstattung die Kinder haben: ein Handy haben sie. Einen Fernseher haben sie" (PP9, S. 24388; vgl. zudem PP4, S. 22577 f.; PP31, S. 6433 sowie auch Nolte 2003; Nolte 2004, S. 40 ff.).

Die sich abzeichnende Entmonetarisierung, demzufolge das wahre Problem in Unterschichtsfamilien nicht finanzieller, sondern anderweitiger Natur ist, wird vor allem bezüglich des non-materiellen Teils des Fürsorgeimperativs ersichtlich. Die Erziehungsarmutskonstruktion vertritt die Sichtweise, dass die Schaffung einer emotional, körperlich und sozial gut versorgten Kindheit durch die Eltern auch ohne viel Geld möglich ist, wenn sich diese engagiert um ihre Kinder kümmern. Genau dies wird den Eltern der tugendlosen Unterschicht abgesprochen. Entscheidend für die Entmonetarisierungsformel ist die Annahme, dass die von Kinderarmut betroffenen Kinder „nicht unter Geldmangel [leiden], sie leiden unter zu wenig Zuwendung und Aufmerksamkeit, und das ist nicht unbedingt eine Frage des Geldes" (PP9, S. 24388). Mit anderen Worten: Kinderarmut im hier vorliegenden Sinne markiert die *Vernachlässigung* der Kinder durch die Eltern der Unterschicht.

Eigenschaft III: Kulturalisierung und der Erziehungsimperativ

Die Erziehungsarmutskonstruktion hat nicht nur mit dem aus ihrer Sicht verantwortungslosen Konsumverhalten der Unterschicht ein Problem; moniert wird auch das Fehlinterpretationspotenzial von materiellen Mangellagen. Der vorliegenden Kinderarmutskonstruktion nach darf die monetäre Versorgungshöhe von SGB-II-Familien keinesfalls als Problem hinter materiellen Mangellagen von Kindern – wie bspw. einem fehlenden Pausenbrot oder einem kaputten Schulranzen – fehlgedeutet werden. Schließlich wird die Grundsicherung von Familien als äußert üppig eingeschätzt (siehe Kap. 4.1). Materielle Versorgungsdefizite gelten vielmehr als Ausdruck der Werte- und Normenschieflage der ‚tugendlosen Unterschicht‘ (vgl. PP1, S. 21810; PP9, S. 24388). Es liegt also eine *Kulturalisierung* des Kinderarmutsproblems vor.

---

14 Siehe für eine empirisch verankerte Gegenperspektive: Wüstendörfer (2008).

Der Werte- und Normenmangel erklärt für die Erziehungsarmutskonstruktion nicht nur den Verstoß der Unterschichtseltern gegen den Fürsorgeimperativ. Die dahinter vermutete Tugendlosigkeit wird zugleich als Auslöser des Verstoßes gegen den *Erziehungsimperativ* der Reproduktionssphäre interpretiert. Dieser Imperativ beschreibt die Setzung, dass Kindererziehung zuvörderst die Pflicht der Eltern ist und umfasst die Feststellung, dass das Gros der Eltern diesem Appell angemessen nachkommt, wobei elterliche Erziehungsarbeit dann als erfolgreich gilt, wenn sie zum Heranwachsen des Kindes zu einer verantwortungsvollen Persönlichkeit führt (vgl. PP12, S. 240; PP16, S. 1419; PP17, S. 1664; weiterführend siehe Kap. 4.4). Dass es für Eltern aller Schichten schwierig sein kann, diesen Erziehungsauftrag zu erfüllen, wird vom Grunde her anerkannt. Der schichtbezogene Problematisierungsunterschied liegt darin, dass den Helden der Arbeitsgesellschaft – also der Mittel- und auch Oberschicht – per se eine wohlwollende Grundhaltung gegenüber ihren Kindern unterstellt wird, die lediglich durch marginale, menschliche Ausnahmefehler unterbrochen ist. Anders verhält es sich mit denjenigen Eltern, die als Teil der Unterschicht gelten. Die Erziehungsarmutskonstruktion geht davon aus, dass diese Eltern bei der Erziehung ihrer Kinder prinzipiell und in signifikantem Maße versagen sowie überfordert sind (vgl. PP1, S. 21810; PP13, S. 499; PP17, S. 1664, S. 1657; PP29, S. 6183). Sie werden einzig defizitfokussiert und problemindividualisierend als Eltern beschrieben, die eine nicht hinnehmbare „Gleichgültigkeit gegenüber ihren eigenen Kindern" entwickelt haben, denen der „der Antrieb fehlt", die „nicht zu motivieren sind" und die „oftmals die Fähigkeit verloren [haben], ihren Alltag zu bewältigen" (PP9, S. 24388).[15]

An dieser Stelle wird der Zusammenhang zwischen der Ursache und dem Kontext dieser Konstruktion besonders deutlich. Der hier vorliegenden Situationswahrnehmung zufolge verstoßen die Eltern der Unterschicht aus dem vom Grunde her gleichen Tugendhaftigkeitsmangel, der sie zu Abweichlern vom Arbeitsimperativ in der Produktionssphäre bzw. dem dortigen Subsidiaritätsprinzip werden lässt (siehe Kap. 4.1), auch in der Reproduktionssphäre gegen die an sie herangetragenen Imperative der Fürsorge und Erziehung. Im hier vorliegenden Problemverständnis sind es vom Prinzip her die gleiche Unzuverlässigkeit, Schwäche, Verantwortungslosigkeit, Faulheit und Unlust, die sie die Grundsicherung missbrauchen lassen, die auch dazu führen, dass sie gegen das *Subsidiaritätsprinzip in der Reproduktionssphäre* verstoßen. Dieses liegt hinter dem Fürsorge- und Erziehungsimperativ und lässt sich in folgendem, an die im Grundgesetz (Art. 6 GG) verankerte Elternpflicht angelehnten Leitsatz bündeln: „Eltern tragen Verantwortung für ihre Kinder" (PP31, S. 6434).

---

15 Für eine Gegenperspektive zu derartigen Beschuldigungen bezüglich der Gruppe der Arbeitslosen siehe Sondermann (2010).

Aus dem als familialisiert, entmonetarisiert und kulturalisiert wahrgenommenen Phänomen der Kinderarmut erwachsen für die Erziehungsarmutskonstruktion zwei Bereiche des Problemverständnisses: die Verwahrlosung der Unterschichtsfamilie als Problemkern und die daran gekoppelte Gefährdung der ‚mittelschichtszentrierten Arbeitsgesellschaft' respektive der sozialen Marktwirtschaft als Problemrelevanz. Beides wird nachfolgend beschrieben.

Familienbezogener Problemkern:
Die Verwahrlosung der Unterschichtsfamilie

Entsprechend der als Varianzraum wahrgenommenen elterlichen Tugendlosigkeit gilt dieser Konstruktion Kinderarmut als ein Phänomen mit familienspezifischen elterlichen Vernachlässigungskonfigurationen und dementsprechend ebenso familienspezifisch unterschiedlich ausfallenden Bedrohungs- bzw. Beeinträchtigungskonfigurationen des kindlichen Wohls. Dieser Varianzraum reicht von der überdurchschnittlich starken Bedrohung des Kindeswohls in einem einzelnen Lebensbereich bis hin zur faktisch eingetretenen, schweren Kindeswohlgefährdung mit multiplen Beeinträchtigungen in verschiedenen Lebensbereichen, die mit aktiver Misshandlung einhergeht (vgl. auch Brandon 2015). Bezüglich der durch Kinderarmut bedrohten bzw. beeinträchtigten Lebensbereiche sieht die Erziehungsarmutskonstruktion – neben der vorangehend angeführten materiellen Mangellage, wie bspw. dem fehlenden Pausenbrot – Risikopotenziale im emotionalen, körperlichen und sozial-kulturellen Bereich:[16]

- Im *emotionalen Bereich* geht es darum, dass es den von Kinderarmut betroffenen Kindern vergleichsweise stark an Möglichkeiten mangelt, Gelingen und Selbstwirksamkeit zu erfahren. Dadurch haben sie weniger Möglichkeiten als andere Kinder, sich zu psychisch stabilen und selbstbewussten Individuen zu entwickeln.
- Auf der *Ebene körperlicher Beeinträchtigungen* geht es um vergleichsweise hohe Unzulänglichkeiten in der Ernährung, Hygiene, Bewegung etc.
- Als Beeinträchtigung auf der *sozial-kulturellen Ebene* stellt die Erziehungsarmutskonstruktion zum einen den Mangel an Sozialkontakten und daraus resultierender Einsamkeit und Isolation heraus. Zum anderen wird angebracht, dass arme Kinder ihre Kindheit verstärkt in als unpassend eingestuften Sozialräumen und Lebenswelten verbringen. Ein besonders extremes Beispiel dafür wird im nachfolgenden Zitat benannt: „Es gibt Fälle, in denen sich die Freizeit eines Kindes in der Bahnhofsvorhalle abspielt statt im

---

16 Siehe die Analyse der Beeinträchtigungen von Kindern in einkommensarmen Haushalten bei Laubstein et al. (2016) für eine ähnliche Differenzierung der Lebensbereiche.

Schwimmverein oder im Fußballverein" (PP19, S. 2064; vgl. zudem PP9, S. 24384; PP13, S. 518).

Die Beeinträchtigungen, welche die von Kinderarmut betroffenen Kinder erfahren bzw. von denen sie hochgradig bedroht sind, stellen in der Lageinterpretation des vorliegenden Kinderarmutsverständnisses ein Abweichen von den gesellschaftlichen Werten und Normen eines ‚guten‘ Aufwachsens in der ‚mittelschichtszentrierten Arbeitsgesellschaft‘ dar – genauso, wie das dafür verantwortliche elterliche Handeln und die dahinter liegende Tugendlosigkeit eine gesellschaftliche Abweichung nach unten markieren (siehe auch Kap. 4.4). Zur Beschreibung dieses Verständnisses erscheint es sinnvoll, auf die im Untersuchungsfeld in diesem Kontext eigens verwendete Bezeichnung der „Verwahrlosung" (PP9, S. 24383) zurückzugreifen, da diese Vokabel die hier vorherrschende Logik der Diffamierung und Stigmatisierung genuin umschließt.[17] *Kurzum: Kinderarmut = Verwahrlosung der tugendlosen Unterschichtsfamilie.*[18]

Gesellschaftsbezogene Problemrelevanz:
Die Gefährdung der sozialen Marktwirtschaft

Zusätzlich zum moralisch-sittlichen, familienbezogenen Problemkern der Verwahrlosung erfährt das Phänomen der Kinderarmut auch eine funktionale, gesellschaftsbezogene Problematisierung. Diese stellt die oberste und alles umschließende Problematisierungsebene dar und wird daher als Problemrelevanz bezeichnet. Auf dieser Ebene wird befürchtet, dass Kinderarmut die Grundfesten der ‚mittelschichtszentrierten Arbeitsgesellschaft‘ bzw. der sozialen Marktwirtschaft zerstört. Diesbezügliche Bedrohungen werden auf einer gegenwarts- und einer zukunftsbezogenen Ebene gesehen, wobei mit der gegenwärtigen Bedrohung die Eltern und mit der zukünftigen Bedrohung die Kinder der als unterschichtszugehörig wahrgenommenen Familien assoziiert werden.

Die *gegenwärtige Bedrohung* der sozialen Marktwirtschaft respektive der ‚mittelschichtszentrierten Arbeitsgesellschaft‘ durch die Eltern der von Kinderarmut betroffenen Kinder sieht die Erziehungsarmutskonstruktion zum einen auf der ökonomischen Ebene unnötiger Kosten für den Wohlfahrtsstaat bzw. entgangener Einnahmen für die Wirtschaft. Im Zentrum dieses Bedrohungsszenarios steht die Annahme, dass die zur Unterschicht gerechneten Bevölkerungsteile die Grundsicherung als eine permanente Finanzquelle für ihr Leben missbrauchen, anstatt auf dieses System lediglich als kurzfristige Nothilfe zu-

---

17 Siehe für eine genau auf die Stigmatisierung und Diffamierung bezogene Kritik am Verwahrlosungsbegriff: Klein (2011).
18 Durch Eltern verursachte Einschränkungen der Lebenslagen von Kindern außerhalb der ‚Unterschicht‘ im hier vorliegenden Verständnis stellen zwar Kindeswohlgefährdungen, nicht aber Kinderarmut im Sinne der Erziehungsarmutskonstruktion dar.

rückzugreifen (vgl. PP38, S. 8744, S. 8748). Zum anderen sorgt sich die Erziehungsarmutskonstruktion um eine Bedrohung des Werte- und Normensystems der sozialen Marktwirtschaft. Es geht um Befürchtungen, wie die folgende: „Die Werte, die unsere Gesellschaft lange Zeit ausgemacht haben, werden zunehmend ignoriert. […] Es besteht der Eindruck, dass Fleiß, Ehrlichkeit und Anstand sich nicht mehr lohnen" (PP27, S. 4981). Die Erziehungsarmutskonstruktion erachtet es als problematisch, dass es – ihrem Verständnis nach – das Grundsicherungssystem den Unterschichtsangehörigen ermöglicht, sich und ihren Kindern ‚Luxusgüter' zu kaufen, wodurch der Fleiß der existenzsichernd Erwerbstätigen verhöhnt wird und der Eindruck entsteht, dass Erwerbsarbeit irrelevant für ein ‚gutes Leben' ist, da der Wohlfahrtsstaat eine üppige Rundumversorgung für jedermann übernimmt (vgl. PP14, S. 734).[19] Dieser Eindruck unterminiert die soziale Marktwirtschaft, da es der Erziehungsarmutskonstruktion nach aussichtslos ist, jemandem erklären zu wollen, „warum er eigentlich noch arbeiten soll, warum er in das Sozialsystem einzahlen soll und warum er mit seinen Beiträgen unser Land stützen soll, wenn sich jemand, der nicht arbeiten geht, finanziell besserstellt" (PP28, S. 5277; vgl. zudem PP18, S. 1855). Die Erziehungsarmutskonstruktion sorgt sich also, dass eigentlich tugendhafte Erwerbstätige verführt werden, eigener Hände Arbeit gegen die ‚soziale Hängematte' einzutauschen.

Die *zukünftige Bedrohung* erwächst aus der Sorge vor einem quantitativen Anstieg der Armutsbevölkerung durch die Vererbung der Grundsicherungsabhängigkeit. Als Vererbungsmechanismus wird – vor allem im Gesamtkontext der Annahme einer zu geringen Geburtenrate innerhalb der hier verehrten Mittelschicht (siehe auch Kap. 4.4; Kap. 4.5)[20] – die generationale Weitergabe der für die Grundsicherungsabhängigkeit verantwortlich gemachten Tugendlosigkeit gesehen. Im Verständnis der Erziehungsarmutskonstruktion führt der Mangel ‚guter' Vorbilder dazu, dass die Kinder gegenwärtiger SGB-II-Empfänger ein dauerhaftes Existieren in der Grundsicherung vermehrt als attraktiven Lebensentwurf anstreben, anstatt sich als Erwachsene produktiv in die Arbeitswelt einbringen zu wollen (vgl. PP38, S. 8741 ff.).[21] In Ergänzung zu diesem Vererbungsgang wird angenommen, dass Kinder, die unter den hier als Kinderarmut erachteten Lebensbedingungen aufwachsen, aufgrund der erhöhten Beeinträchtigungen u. a. ihrer körperlichen und emotionalen Gesundheit später schlechter als Andere dem Arbeitsappell der Produktionssphäre sowie dem Fürsorge- und

---

19 Siehe für die Exklusion der Armutsbevölkerung aus der Konsumwelt: Baumann (2009, S. 163 ff.).

20 Siehe zur Gegenüberstellung sogenannter ‚reproduktionswilliger Inklusionsunwilliger' und ‚reproduktionsunwilliger Inklusionswilliger' innerhalb der deutschen Politik: Bayer/Hübenthal (2012).

21 Siehe für eine biographisch-rekonstruktive Analyse der Armutsreproduktion: Wagner (2017).

Erziehungsimperativ der Reproduktionssphäre Folge leisten können (vgl. PP17, S. 1660).

Die Lebensbeeinträchtigungen der von Kinderarmut betroffenen Kinder – bzw. anders ausgedrückt: der Kinder der als Unterschicht deklarierten Familien – werden also nicht nur als gegenwärtige moralische Abweichung von einem ‚guten' Aufwachsen (siehe Kap. 4.4) und damit als Verwahrlosung, sondern in erster Linie zukunftsbezogen als Gefährdung der sozialen Marktwirtschaft respektive der ‚mittelschichtszentrierten Arbeitsgesellschaft' verstanden. Letztgenanntes erfolgt, da Kinderarmut vor allem qua vermindertem Arbeitswillen, aber auch verringerter Arbeitsfähigkeit als direkte Gefahr für den künftigen Bestand an Erwerbspersonen interpretiert wird. Zudem gilt Kinderarmut im hier vorliegenden Sinne auch als indirekte Gefahr für die soziale Marktwirtschaft, da von Kinderarmut betroffene Kinder als spätere Erwachsene als weniger fähig erachtet werden, ein Familienleben zu führen, das die Ausbildung arbeitswilliger Gesellschaftsmitglieder erzieherisch-fürsorgerisch befördert. Da die auf die soziale Marktwirtschaft gerichtete Problemebene die oberste und alles umschließende Ebene des hier beobachtbaren Problemverständnisses darstellt – also die Problemrelevanz bildet –, gelten dieser Konstruktion die „Armut und soziale Ausgrenzung von Familien und Kindern [...] [als] bedeutende Probleme, die insbesondere für [...] die Zukunftsfähigkeit der Gesellschaft von großer Relevanz sind" (PP9, S. 24381).

4.3 Konservation der sozialen Marktwirtschaft (Strategie)

Wie geht diese Konstruktion damit um, dass ihrem Verständnis nach die erwerbsfähigen, aber dennoch arbeitslosen oder nur geringfügig beschäftigten und daher SGB-II-Leistungen-empfangenden Eltern einer als tugendlos und verwahrlost wahrgenommenen Unterschicht ihre Kinder mehr oder weniger stark vernachlässigen bzw. im Extremfall das Kindeswohl durch aktive Misshandlung gravierend beschädigen und so die Grundfesten der ‚mittelschichtszentrierten Arbeitsgesellschaft' bzw. der sozialen Marktwirtschaft erschüttern? Die als Problemlösung propagierte Strategie lässt sich auf die Kurzformel bringen: *Arbeit und Erziehung zum Erhalt der sozialen Marktwirtschaft.*

Mittel I – Arbeit: ‚angebotsorientiertere Wirtschaftspolitik' und ‚aktivierendere Arbeitsmarktpolitik'
Der mit ‚Arbeit' betitelte Teil der zur Kinderarmutsbekämpfung vorgeschlagenen Mittel liegt in ideologischer Nähe zum Leitspruch „Sozial ist, was Arbeit schafft" (PP12, S. 179) und umfasst zwei Ebenen, die im nachfolgend zitierten Appell besonders treffend auf den Punkt gebracht sind: „Wir haben konsequent

Märkte und Leistungsanreize zu stärken" (PP3, S. 22276). Derartige Aussagen drücken das Anliegen der Erziehungsarmutskonstruktion aus, zum einen die Wirtschaftspolitik angebotsorientierter – ergo unternehmensfreundlicher – auszugestalten und zum anderen den Aktivierungsgedanken in der Arbeitsmarktpolitik zu stärken.[22] Die Stärkung der Angebotsorientierung knüpft an der als krisenhaft eingestuften Wirtschaftslage an (siehe Kap. 4.1). Obwohl sich demnach die deutsche Ökonomie in einer ihrer historisch schwersten Krisen befindet, geht es dieser *konservativ* ausgerichteten Konstruktion nicht um eine totale Kursänderung der deutschen Wirtschaftspolitik, sondern um eine Stärkung ihrer bereits gegebenen angebotsorientierten Elemente. Durch die Absenkung der Sozialabgaben und der Unternehmensbesteuerung sowie bspw. durch mehr Möglichkeiten zu befristeten Arbeitsverhältnissen sollen derzeit in Deutschland ansässige Firmen stärker entlastet und somit Auslandsabwanderungen verhindert sowie Wachstumshemmnisse überwunden werden (vgl. PP1, S. 21816, S. 21819; PP10, S. 25450; PP12, S. 179f.; PP14, S. 729, S. 744).

Entsprechend der Trennung zwischen würdigen und unwürdigen Armen (siehe Kap. 4.1) vertritt die Erziehungsarmutskonstruktion die Sichtweise, dass die erstgenannte, erwerbsunfähige Gruppe in Passivität zu verwalten ist, während es sich um die Angehörigen der zweitgenannten, erwerbsfähigen Gruppe aktiv mittels des arbeitsmarktpolitischen Instrumentariums zu kümmern gilt. Vergleichbar zur Steigerung der Angebotsorientierung in der Wirtschaftspolitik wird auch hier der Ansatz verfolgt, die bestehende aktivierende Arbeitsmarktpolitik nicht substanziell zu ändern, sondern die existierenden arbeitsmarktpolitischen Mittel effizienter auszugestalten und den bereits vorhandenen Aktivierungscharakter stärker zu betonen (vgl. PP30, S. 6372; PP31, S. 6431).[23]

Der Reformfokus liegt auf der Meso-Ebene der Einrichtungen. Er folgt dem Grundanliegen einer Effektivierung der Arbeitsvermittlung, indem die angebotenen Maßnahmen passgenauer und individualisierter ausfallen sollen (vgl. PP18, S. 1848; PP19, S. 2063; PP34, S. 7475). Entsprechend der pauschal-defizitären und problemindividualisierenden Wahrnehmung von Arbeitslosen und ‚Aufstockern' (siehe Kap. 4.1) wird einerseits lageindividuell aber andererseits grundproblempauschal davon ausgegangen, dass die Überwindung von Grundsicherungsabhängigkeiten „bei den Defiziten jedes Einzelnen anzusetzen" (PP38, S. 8752) hat. Die propagierte Individualisierung der Hilfe bedeutet, dass sich die Arbeitsvermittler bei den als tendenziell arbeitsmarktintegrations*willig* eingestuften SGB-II-Empfängern stärker als bisher bemühen sollen, die spezifischen Arbeitshemmnisse dieser ‚Kunden' zu überwinden. Für diejenigen, die als ten-

---

22 Siehe dafür auch Giddens (1999, 2001) sowie die Skizzierung des ‚Dritten Weges' im Interpretament der entwicklungsunfunktionalen Kindheitsregulierung in Kap. 2.3.1.

23 Für eine Analyse der aktivierenden Arbeitsmarktpolitik in Deutschland siehe Dingeldey (2011).

denziell arbeitsmarktintegrations*unwillig* wahrgenommen werden – also auch die Eltern der von Kinderarmut im hier vorliegenden Sinne betroffenen Kinder –, bedeutet der neue Kurs, dass sie zusätzlich an „Fordern und Fördern" als Grundprinzip des SGB II und den „Grundsatz: keine Leistung ohne Gegenleistung" (PP34, S. 7475) erinnert werden sollen. Ihnen soll deutlicher als zuvor klargemacht werden, dass *einzig und allein* derjenige, der sich aktiv um Arbeit bemüht, ein Anrecht auf Unterstützungsleistungen hat. Im gegensätzlichen Fall sollen resoluter als bisher Leistungskürzungen als erzieherisches Mittel eingesetzt werden (vgl. PP18, S. 1845; PP27, S. 4965; PP34, S. 7475).[24]

Zwischen Arbeit und Erziehung:
Sach- und Dienstleistungen statt Geldleistungen

Obwohl die Grundsicherungsregulierung verstärkt auf ein schnelles Ende des Grundsicherungsbezugs hinwirken soll (vgl. PP19, S. 2047), knüpft die Erziehungsarmutskonstruktion hieran nicht die Forderung nach *expliziten* Leistungskürzungen. Bezüglich der hier im Vordergrund stehenden Familien wird vielmehr auf eine schleichende und subtile Verschlechterung ihrer ökonomischen Lage gesetzt. So wird die Anrechnung der Geldleistungen des Familienleistungsausgleichs (FLA) – also Eltern- und Kindergeld – auf die SGB-II-Zahlungen[25] befürwortet und zugleich für eine Erhöhung eben dieser Geldleistungen plädiert, um die Grundsicherung für Familien weniger attraktiv werden zu lassen (vgl. PP14, S. 740; PP25, S. 4548).

Die weniger subtile Veränderung findet sich hinsichtlich des Verhältnisses von monetären und non-monetären Leistungen. Die Erziehungsarmutskonstruktion begreift das BVG-Urteil zur Verfassungswidrigkeit der SGB-II-Leistungen für Kinder (siehe Kap. 3.1.1) „als Chance für einen echten Paradigmenwechsel" (PP38, S. 8755) – möglichst weg von frei disponiblen Geldleistungen hin zu zweckgebundenen Sach- und Dienstleistungen für Kinder in SGB-II-Familien. Mittels eines gutscheinbasierten Antragssystems – bspw. für Sport- und Kulturaktivitäten in Vereinen und das Mittagessen in Kindergarten und Schule – sollen die Beeinträchtigungen der von Kinderarmut betroffenen Kinder (siehe Kap. 4.2) möglichst geldzahlungslos kompensiert werden, sodass die ‚tugendlosen Unterschichtseltern' die angebotenen Leistungen nicht zweckentfremden können (vgl. PP19, S. 2064; PP34, S. 7483 f.; PP38, S. 8743).[26] *Dienste*

---

24 Für eine Auseinandersetzung mit der Regulierung von SGB-II-Empfängern siehe Behrend et al. (2010); Dörre et al. (2013); Ehrentraut et al. (2014); Grüttner et al. (2016) sowie Freier (2016).

25 Die Anrechnung des Elterngeldes auf die SGB-II-Grundsicherung wurde zum 01.01.2011 eingeführt und damit dem Umgang mit Kindergeld im SGB-II-Bezug angepasst.

26 Ein solches Gutscheinsystem – allerdings ohne den von der Erziehungsarmutskonstruktion verfolgten Paradigmenwechsel von Geldleistungen hin zu Sach- und Dienstleistun-

statt Geld – ließe sich hier als Kurzformel in Anspielung auf den Slogan des ‚Elften Kinder- und Jugendberichts' „Dienste vor Geld" (BMFSFJ 2002, S. 54) festhalten. Folglich sollen paradoxerweise auch die als antriebslos und gleichgültig gegenüber ihren Kindern eingeschätzten Unterschichteltern (siehe Kap. 4.2) eigenaktiv Hilfe und Unterstützung beantragen.

Mittel II – Erziehung als Erziehungstotalisierung

Die vorangehend beschriebene stärkere Betonung u. a. von Dienstleistungen entspringt nicht nur der Sorge um die elterliche Unzulänglichkeit, sondern erwächst auch aus der Prämisse, dass Erziehung ein besonders wirksames Mittel zur Bekämpfung dessen darstellt, was hier als Kinderarmutsproblem wahrgenommen wird (vgl. PP34, S. 7482). Aufbauend auf dieser Grundhaltung votiert die Erziehungsarmutskonstruktion für eine ‚*Erziehungstotalisierung*' bestehend aus der ‚Sozialpädagogisierung der klassischen Kinderinstitutionen', dem Ausbau sozialpädagogischer Dienstleistungsangebote für hilfebedürftige Familien und der Intensivierung der Risikofamilienregulierung.

Im Zuge der ‚*Sozialpädagogisierung der klassischen Kinderinstitutionen*' soll der in Werten und Normen verankerte Erziehungsauftrag von Kindergärten und Schulen gestärkt werden. Der Grundappell an das Bildungssystem lautet, sich nicht zu einseitig in einer reinen Wissensvermittlung zu verlieren, sondern die Vermittlung von leistungs- und verantwortungsbezogenen Tugenden stärker in den Vordergrund zu stellen (vgl. PP1, S. 21810; PP12, S. 241). Für den vorschulischen Bereich bedeutet dies, „aus der Bildungseinrichtung Kindertagesstätte qualitativ richtig gute Eltern-Kind-Zentren" (PP12, S. 248; vgl. zudem PP28, S. 5411) werden zu lassen. Hinter derartigen symbolischen und faktischen Forderungen steht das Bestreben, sozialpädagogisch konnotierte, deutlicher als reguläre Kindertageseinrichtungen auf die Bewältigung des Lebensalltags von Familien ausgerichtete Kindertageseinrichtungen zu fördern (vgl. für Eltern-Kind-Zentren: Diller 2006).

Mit dem *Ausbau sozialpädagogischer Dienstleistungsangebote für hilfebedürftige Familien* geht es darum, die mit den Eltern-Kind-Zentren verknüpfte familienbezogene Unterstützungsabsicht fortzuführen und die Hilfe für Eltern mit Erziehungsproblemen zu erweitern. Dafür soll das Angebot beratender sozialer Dienstleistungen, primär in Gestalt der Familienhebammen, ausgebaut werden (vgl. PP12, S. 240; PP17, S. 1666; PP30, S. 6357).[27]

---

gen – wurde am 25.02.2011 mit dem sogenannten Bildungs- und Teilhabepaket (BuT) als Ergänzung zum SGB-II-Regelsatz für Kinder eingeführt (siehe Kap. 3.1.1).

27 Eine qualitative Analyse des Handelns von Familienhebammen legen Rettig et al. (2017) vor.

Die Eltern-Kind-Zentren, aber vor allem die Familienhebammen, befinden sich in einer Überschneidungsfläche, da sie neben der zuvor skizzierten hilfefokussierten Dienstleistungsexpansion auch in der kontrollfixierten *Intensivierung der Risikofamilienregulierung* eine Schlüsselstellung einnehmen sollen.[28] In diesem Teilaspekt der Erziehungstotalisierung werden die Unterschichtseltern als ein wesentlicher Teil der im Kinderschutzdiskurs anvisierten ‚Risikofamilien' wahrgenommen. Ihre wohlfahrtsstaatliche Behandlung soll stärker als bisher stigmatisierungsfrei, niedrigschwellig, früh, präventiv, aufsuchend, kontrollierend und vernetzt ablaufen. Die drei ersten Eigenschaften untermauern genuin die besondere Relevanz, die dem ausgeweiteten Einsatz von Familienhebammen als Mittel der Risikofamilienregulierung zugedacht ist, weil sie sehr nah an die (werdenden) Eltern herankommen und im Zuge einer ‚normalen' Schwangerschafts- und Neugeborenenunterstützung sowie ohne eine größere Eigeninitiative der Eltern aktiv werden können (vgl. PP17, S. 1660). Die von der Erziehungsarmutskonstruktion hochgehaltene Logik des „Gut hilft, wer früh hilft" (PP34, S. 7490) bezieht sich nicht nur auf die biographisch frühe Lebensphase des Kindes in sogenannten Risikofamilien, sondern enthält zugleich die kindesalterübergreifende präventive Absicht, ein „soziales Frühwarnsystem von Risikofrüherkennung bis hin zu wirksamen Hilfen" (PP17, S. 1666) zu installieren, um effektiver als bisher Kinderarmutsproblemen bzw. damit verbundenen Phänomenen wie Vernachlässigung und Misshandlung vorzubeugen (vgl. auch PP29, S. 6200).[29] In diesem umfassenden Hilfesystem soll die Stärkung der Geh-Struktur nicht nur die Attraktivität des Unterstützungsangebots erhöhen, sondern vor allem eine Effektivierung der Kontrolle der Risikofamilien ermöglichen. Um in Fällen des Verdachts auf Kindeswohlgefährdung zweifelsfrei beurteilen zu können, wie die Lage des Kindes ist, müssen für die Erziehungsarmutskonstruktion Hausbesuche als verpflichtendes Regelvorgehen des Jugendamtes gesetzlich verankert werden (vgl. PP8, S. 23620, S. 23626 f.).[30] Die letztgenannte der sieben Eigenschaften – Vernetzung – bedeutet, dass die intensivierte Regulierung sogenannter Risiko- und damit potenzieller Kinderarmutsfamilien nicht nur auf eine Profession gerichtet ist, sondern auf eine „enge, verlässliche Vernetzung und Zusammenarbeit von Behörden, Diensten und Einrichtungen wie Kinderärzten, Hebammen, Geburtskliniken, Kinder- und Jugendhilfe, aber auch Schwangerschaftsberatung, Frauenhäuser, Polizei und Gerichte" (PP17, S. 1666) setzt. Die Vormachtstellung soll das Jugendamt behalten. Dieser Einrichtung sollen sich die außerhalb der Sozialen Arbeit stehenden Institutionen – bspw. durch

---

28 Siehe für Familienhebammen im Kontext Früher Hilfen: Wulff (2017) sowie für Kinderschutz in Kindergärten: Thurn (2017).
29 Eine Rekonstruktion des Diskurses Früher Hilfen findet sich bei Patschke (2016).
30 Für eine Analyse der Praxis der Hausbesuche siehe Albrecht et al. (2016).

Meldepflichten von Ärzten und Hebammen – stärker als bisher unterordnen (vgl. PP8, S. 23627; PP17, S. 1658).

Zielstellung: Der Erhalt der sozialen Marktwirtschaft

Mit den beiden Mitteln ‚Arbeit' und ‚Erziehung' sowie der Sach- und Dienstleistungsorientierung zielt die Strategie zur Bekämpfung von dem, was hier als Ursache und Problem der Kinderarmut wahrgenommen wird, auf den *Erhalt der sozialen Marktwirtschaft* respektive der ‚mittelschichtszentrierten Arbeitsgesellschaft' mitsamt ihrer Wirtschafts- und Sozialordnung sowie ihrem Werte- und Normensystem (vgl. PP5, S. 994; PP27, S. 4988). Dieses oberste, gesellschaftsbezogene Ziel lässt sich in fünf einzelne Teilziele aufbrechen:

* Erhalt der Institution Arbeit,
* Motivierung und Belohnung der gesellschaftlichen Leistungsträger,
* Beendigung der SGB-II-Grundsicherungsabhängigkeit der Unterschichtsfamilien,
* wohlfahrtsstaatliche Kostenersparnis sowie
* Schutz von Familie und Kindheit.

Der *Erhalt der Institution Arbeit* gilt als die essentielle Grundlage im Kampf gegen Kinderarmut. Erreicht werden soll dieses Teilziel mit dem propagierten Schwenk auf die ‚angebotsorientiertere Wirtschaftspolitik', da dies als *der* Weg zu einer gestärkten Ökonomie gesehen wird, die es dem Einzelnen ermöglicht, seinen Lebensunterhalt und den seiner Familie eigenständig zu erwirtschaften (vgl. PP1, S. 21809; PP20, S. 2457).

Hand in Hand mit dem Erhalt der Institution Arbeit geht das Anliegen der *Motivierung und Belohnung der gesellschaftlichen Leistungsträger*. Die in die ‚angebotsorientiertere Wirtschaftspolitik' eingelassene Senkung der Lohnnebenkosten soll nicht nur dem Arbeitsplatzerhalt dienen, sondern auch die ökonomische Situation der existenzsichernd Erwerbstätigen aufbessern (vgl. PP1, S. 21818). Dies erscheint der Erziehungsarmutskonstruktion dringend notwendig, da ihr zufolge diese Helden der ‚mittelschichtszentrierten Arbeitsgesellschaft' trotz ihrer immensen Leistung derzeit am meisten unter dem Wohlfahrtsstaat leiden (vgl. PP14, S. 732). Als Problem gilt, dass nur „Arme oder ganz Reiche" – die einen aufgrund ihrer verantwortungslosen Verschwendung ihnen vertrauensvoll zugebilligter Grundsicherungszahlungen, die anderen aufgrund ihres vielen Geldes, – sich einen sorgenfreien Konsum leisten (können), während „[d]ie tragende Mittelschicht unseres Landes [...] mehr und mehr in Mitleidenschaft gezogen" (PP1, S. 21810) wird. Das Plus im Portemonnaie fungiert nicht nur als Belohnung für die erbrachte Leistung, sondern auch als Motivation, den eigenen Lebensunterhalt auch zukünftig eigenständig zu erarbeiten, anstatt Zweifel

an diesem System anzumelden oder sich in der Grundsicherung ‚auszuruhen'
(vgl. PP28, S. 5277; PP29, S. 6200).

Die mit diesem Geldanreiz bewusst einhergehende Erhöhung des Abstandes
zwischen existenzsichernd Erwerbstätigen und Grundsicherungsempfängern
soll auch dazu dienen, der zweitgenannten Gruppe einen größeren Anstoß zu
geben, die Grundsicherung gegen eine sozialversicherungspflichtige, existenzsichernde Arbeit ohne SGB-II-Unterstützung einzutauschen. Arbeitsunwilligkeit
soll durch Arbeitswilligkeit ersetzt werden. Die Kombination aus dem allgemeinen Geldanreiz für alle SGB-II-Empfänger mit der spezifisch für Familien
angestrebten Verschlechterung ihrer ökonomischen Lage soll – wiederum im
Zusammenspiel mit der passgenaueren Arbeitsmarktintegration der ‚aktivieren-
deren Arbeitsmarktpolitik' – zur *Beendigung der SGB-II-Grundsicherungsabhängigkeit der Unterschichtsfamilien* führen (vgl. PP14, S. 741; PP15, S. 998; PP31,
S. 6428).

Die möglichst weitreichende Beendigung der Grundsicherungsabhängigkeit
fungiert auch als Beitrag, bei den als unnötig erachteten Ausgaben für eine
wohlfahrtsstaatliche Kostenersparnis zu sorgen und so die Stabilität dieser für
die soziale Marktwirtschaft als relevant erachteten Institution zu gewährleisten
(siehe Kap. 4.4). Die Funktionalität dieses Anliegens wird in der Plenardebatte
mit Verweis auf Beispielrechnungen wie der folgenden untermauert: „100 000
Arbeitslose weniger bedeuten eine Entlastung von rund 2 Milliarden Euro im
Haushalt und in den Sozialkassen" (PP12, S. 179). Direkt auf die von Kinderarmut betroffenen Kinder gerichtet nehmen diese ökonomischen Überlegungen
die Form von effizienz- und einsparungsorientierten Investitionshoffnungen an –
in der Annahme, dass ein früher Kinderschutz weniger Kosten verursacht als
ein späterer Platz im Kinderheim (vgl. PP17, S. 1665).

Die zuvor skizzierte Überwindung der elterlichen Grundsicherungsabhängigkeit dient der Erziehungsarmutskonstruktion nicht nur zur Erfüllung des für
alle Erwerbsfähigen angesetzten Arbeitsimperativs der Produktionssphäre. Vielmehr soll so auch dem *Schutz von Familie und Kindheit* Genüge getan werden.
Dies trifft zu, da die eigenständige, arbeitsmarktverankerte Schaffung der öko-
mischen Familienbasis als Grundlage zur Erfüllung des Fürsorge-, aber auch
des Erziehungsimperativs der Reproduktionssphäre gilt. Durch den hier angenommenen tugendbildenden Effekt von Arbeit (siehe Kap. 4.1) im Zusammenspiel mit der ‚Erziehungstotalisierung' sollen die kinderarmutsverursachenden
Unterschichtseltern zukünftig ohne wohlfahrtsstaatliche Hilfe ihren Eltern-
pflichten nachkommen sowie ihren Kindern als gutes Vorbild entsprechend der
Werte- und Normvorstellungen der ‚mittelschichtszentrierten Arbeitsgesellschaft' dienen (vgl. PP9, S. 24388). Die von der Erziehungsarmutskonstruktion
anvisierte Stärkung der Eltern umfasst Willig- und Fähigkeiten im Bereich der
allgemeinen Lebensführung, wie dem Ernährungs- und Bewegungsverhalten,
umschließt die Ausweitung von Erziehungskompetenzen, sodass sich die Eltern

(wieder) um ihre Kinder kümmern, und reicht bis hin zu einer psychischen Stabilisierung, indem etwaige elterliche Traumata aufgearbeitet werden, damit diese nicht an die Kinder weitergegeben werden. Derartig gestärkte Eltern, die tugendhaft kraft eigener Hände Arbeit und fernab von Grundsicherungsabhängigkeit ihr Auskommen erwirtschaften, frei von Kindesvernachlässigung, Kindeswohlgefährdung sowie Verwahrlosung leben und damit als verantwortungsvoll erachtete Familien bilden, gelten der Erziehungsarmutskonstruktion als schützenswert und herstellungswürdig (vgl. PP9, S. 24388; PP13, S. 499; PP14, S. 740; PP17, S. 1658, S. 1660, S. 1665).

Der auf Kindheit bezogene Teil des Schutzanliegens folgt der Prämisse, dass Kindheit dann als ‚gut' gilt, wenn Kinder möglichst hemmnissfrei in die ‚mittelschichtszentrierte Arbeitsgesellschaft' hineinwachsen können, sodass es ihnen gelingt, „später in ihrem Leben selbstständig klarzukommen und ihr Leben selbst in die Hand zu nehmen" (PP30, S. 6372), also als verantwortungs- und leistungsbewusste Erwachsene den Anforderungen der Produktions- und Reproduktionssphäre zu genügen. Kinder zu schützen, bedeutet für die Erziehungsarmutskonstruktion, den Kreislauf sich generational reproduzierender Grundsicherungsabhängigkeiten zu unterbrechen (vgl. PP15, S. 998; PP20, S. 2453; PP30, S. 6363; PP38, S. 8743). Dafür müssen die von Kinderarmut betroffenen Kinder die Tugenden der ‚mittelschichtszentrierten Arbeitsgesellschaft', wie soziales Miteinander, Verantwortung, Fairness, Beständigkeit, Verlässlichkeit, Fleiß etc., frühzeitig erlernen: sowohl innerfamiliär durch gestärkte und enger kontrollierte Eltern als auch außerfamiliär in ‚sozialpädagogisierteren' Kinderinstitutionen sowie Vereinen, in denen sie an kulturellen, sozialen und sportlichen Aktivitäten teilnehmen können (vgl. PP31, S. 6421; PP34, S. 7478; PP38, S. 8755).

Bündelt man das Anliegen der Erziehungsarmutskonstruktion, geht es ihr mit der Bekämpfung der Kinderarmut um die Transformation der ‚tugendlosen Unterschicht' zur ‚tugendhaften Mittelschicht'. Die gegenwärtig zwar noch bestehende aber sowohl in der Produktions- als auch der Reproduktionssphäre bedrohte soziale Marktwirtschaft respektive die ‚mittelschichtszentrierte Arbeitsgesellschaft' soll mitsamt der Tugendhaftigkeit ihrer Leistungsträger erhalten werden, um *gemeinwohlorientiert* den Wohlstand der Bundesrepublik wahren und mehren zu können.[31] Im Stil der Plenardebatte ausgedrückt will die Erziehungsarmutskonstruktion mit ihrer Strategie gegen Kinderarmut „für eine Gesellschaftsordnung kämpfen, in der Leistung gefördert wird, in der Schwache beschützt werden und in der Verantwortungslosigkeit geahndet wird" (PP20, S. 2457).

---

31 Siehe für die Feststellung einer wohlfahrtsstaatlichen Gemeinwohlorientierung: Lessenich (2008b, S. 76f.) sowie Bayer/Hübenthal (2012).

4.4 Wertekosmos: bürgerlich-konservativ (Rahmenbedingungen)

Die hohe Verehrung von Erwerbsarbeit in Kombination mit der Absicht, unternehmerische Rahmenbedingungen zu verbessern, mehr individuelle Verantwortung und Leistung einzufordern sowie die Entwicklungsbedingungen von Kindern eindringlicher zu fördern, lässt Parallelen dieser Konstruktion zur Logik des ‚Dritten Weges' von Anthony Giddens (1999, 2001) bzw. zur ‚Sozialinvestitionsstrategie' von Gøsta Esping-Andersen (2002a+b, 2004, 2016) erkennbar werden.[32] Diese Parallelität zum Investitionsdiskurs hat zwei Grenzen: Wie es in diesem Kapitel zu zeigen gilt, geht die Erziehungsarmutskonstruktion zum einen mit ihrer *Erziehungs*fokussierung einen anderen Weg der Herstellung erwerbsfähiger Erwachsener aus Kindern als die beiden Ansätze mit ihrer *Bildungs*betonung. Zum anderen reichen die ideologischen Wurzeln dieser Kinderarmutskonstruktion tiefer als in die Entstehungszeit des Dritten Weges und der Sozialinvestitionsstrategie (1990er Jahre). Ausschlaggebend für diese Einschätzung ist nicht nur die Selbstverankerung der Konstruktion in der aus der Nachkriegszeit stammenden sozialen Marktwirtschaft. Es ist auch die Verwurzelung von der Erziehungsarmutskonstruktion verehrten Tugenden zum einen in der Gemeinwohl-, Leistungs- und Selbstständigkeitsorientierung des mit der Aufklärung aufgekommenen Bürgers als ‚citoyen' (vgl. Kocka 2008) und zum anderen in den zeitgleich ebenfalls emporgekommenen wirtschaftlichen, auf den Haushalt und die Lebensführung bezogenen Bürgertugenden wie Fleiß, Ordentlichkeit, Sparsamkeit, Reinlichkeit etc. (vgl. Bollnow 1926, S. 31 ff.).

Neben diesem *bürgerlichen* Element zeichnet sich die Erziehungsarmutskonstruktion auch durch das *konservative* Bestreben aus, mit ihrer Strategie gegen Kinderarmut weite Teile des ‚Bestehenden' und als bedroht Wahrgenommenen erhalten zu wollen: seien es bspw. die soziale Marktwirtschaft, Arbeit und Erwerbstätige, der Wohlfahrtsstaat oder die Familie. Neben der Bewahrungsabsicht bezüglich der Ziele zeigt sich das Konservative auch als Konstanz bei den dafür propagierten Mitteln. Konstanz zeigt sich im arbeitsmarktbezogenen Bemühen, die als erfolgreich eingestuften Grundideen zu steigern, da man diesbezüglich „das Rad nicht neu zu erfinden" (PP12, S. 142) braucht. Auch der anvisierte Paradigmenwechsel in der Grundsicherung mit mehr Sach- und Dienstleistungen für SGB-II-Familien wird als lediglich kleiner und regulärer Entwicklungsschritt eines lernenden Systems verstanden (vgl. PP19, S. 2051), ebenso wie die propagierte ‚Erziehungstotalisierung' trotz der damit verbundenen deutlichen Änderung der Regulierung sogenannter Unterschichtsfamilien

---

32 Siehe für die beiden Ansätze auch das Interpretament einer entwicklungsunfunktionalen Kindheitsregulierung in Kap. 2.3.1.

als Fortführung einer vom Grunde her erfolgreichen Familienpolitik angesehen wird (vgl. PP9, S. 24383). Die Basis dieses Konservatismus liegt in der von Zufriedenheit geprägten Annahme, dass die Bundesrepublik trotz zahlreicher Herausforderungen nicht nur zu den reichsten, sondern auch zu den weltweit sozialsten Ländern gehört (vgl. PP1, S. 21824; PP15, S. 994; PP29, S. 6192).

Dieser als *bürgerlich-konservativ* abgesteckte Wertekosmos drückt sich in den folgenden vier Bereichen besonders prägnant aus:

- Soziale Marktwirtschaft als ungleiche Wechselbeziehung von Wirtschaft und Wohlfahrtsstaat
- Familie: Eltern als kritisch zu beäugende Weichensteller und Kinder als potenziell willige Verantwortungsbürger der Zukunft
- Erziehung als Bildungsergänzung und -voraussetzung
- Soziale Gerechtigkeit als verantwortungsbetonende Leistungsgerechtigkeit.

Soziale Marktwirtschaft als ungleiche Wechselbeziehung von Wirtschaft und Wohlfahrtsstaat

In dem Stolz auf die vom Grunde her als sozioökonomisch erfolgreich taxierte Lage schwingt auch Dankbarkeit gegenüber der sozialen Marktwirtschaft mit, da diese – der Erziehungsarmutskonstruktion nach – zum wirtschaftlichen Erstarken der Bundesrepublik nach dem Zweiten Weltkrieg geführt hat (vgl. PP3, S. 22276). Dementsprechend wird die hier attestierte Krise in der deutschen Wirtschaft entweder als ausländische Finanzkrise externalisiert oder es wird auf das Zyklische einer Volkswirtschaft verwiesen und die Krise als reguläres Tief interpretiert, das man aber keinesfalls mit einer grundlegenden Systemkrise verwechseln darf (vgl. PP1, S. 21824; PP3, S. 22275; PP5, S. 22722 f.). Im festen Glauben an die Kraft der sozialen Marktwirtschaft wird für ein Festhalten an der Verknüpfung marktwirtschaftlicher und wohlfahrtsstaatlicher Prinzipien eingetreten. Für die Erziehungsarmutskonstruktion bedeutet dies, einerseits keinen ungezügelten Markt zuzulassen, andererseits aber eine zu starke Wirtschaftsregulierung zu vermeiden, wozu hier u. a. flächendeckende Mindestlöhne[33] gezählt werden (vgl. PP3, S. 22276; PP12, S. 186, S. 190; PP15, S. 994; PP16, S. 1356). Hinter dieser zurückhaltenden aber keinesfalls vollständig negierten Marktregulierung liegt die Grundvorstellung einer Wechselbeziehung von Markt und Wohlfahrtsstaat. In dieser gegenseitigen Angewiesenheit sorgt der Markt dafür, dass das wohlfahrtsstaatlich zu verteilende Geld zuvor erarbeitet

---

33 Im Gegensatz zu dieser Zurückweisung trat am 16.08.2014 das Mindestlohngesetz in Kraft, das flächendeckend einen gesetzlichen Bruttomindeststundenlohn in Höhe von 8,50 Euro vorschreibt. Dieser Stundensatz wurde zum 01.01.2017 auf 8,84 Euro erhöht (vgl. www.bmas.de/DE/Themen/Arbeitsrecht/Mindestlohn/mindestlohn.html; Abfrage: 27.03.2017).

wurde (vgl. PP14, S. 732). Wie die Zielsetzung der Strategie zur Bekämpfung dessen, was hier als Kinderarmut verstanden wird, zeigt (siehe Kap. 4.3), hat der Wohlfahrtsstaat im Gegenzug dafür Sorge zu tragen, dass der Fachkräftebedarf des Marktes auch dann befriedigt wird, wenn die Familie bei der Herstellung der dafür notwendigen Aufwachsbedingungen versagt. Da der Wohlfahrtsstaat seine Existenzberechtigung primär aus der Schaffung der Rahmenbedingungen volkswirtschaftlicher Prosperität gewinnt, lässt sich die Wechselbeziehung zwischen Wohlfahrtsstaat und Wirtschaft – so wie sie die Erziehungsarmutskonstruktion denkt – als ungleich zu Gunsten der Wirtschaft bezeichnen.

Familie: Eltern als kritisch zu beäugende Weichensteller und Kinder als potenziell willige Verantwortungsbürger der Zukunft

Bei der wohlfahrtsstaatlichen Bringeschuld gegenüber der Wirtschaft schimmern zwei der insgesamt fünf Eigenschaften durch, mit denen die Erziehungsarmutskonstruktion die Lebensphase Kindheit zu einer *schutzbedürftigen Entwicklungsphase* stilisiert: *Zukunftsbezug* und *Entwicklungsfokussierung*. Diese beiden Eigenschaften stecken nicht nur Kindheit als biographische Phase des ‚Werdens‘ ab, sondern trennen diese zugleich von Erwachsenheit. „Zuwendung, frühe Förderung und Perspektiven" werden zur „Grundvoraussetzung in der Kindheit" (PP19, S. 2064) erklärt. Diese muss für die Erziehungsarmutskonstruktion erfüllt sein, damit Kinder ihre Fähigkeiten entfalten können. In diesem Entwicklungsprozess gelten Kinder als wichtig, da es hier aus volkswirtschaftlichen Gründen unverantwortlich erscheint, „auf einen arbeitsfähigen Bürger und eine arbeitsfähige Bürgerin zu verzichten" (PP21, S. 2906).[34] Diese Relevanz erscheint der Erziehungsarmutskonstruktion besonders groß, da sie Kinder zu den derzeit knappen ‚Waren‘ zählt (vgl. PP4, S. 22487). Die Bundesrepublik kann es sich demnach deutlich weniger als in einer demographisch entspannten Lage leisten, Kinder unter Armutsbedingungen aufwachsen zu lassen.[35] Diese volkswirtschaftliche Perspektive bildet die dritte Kindheitseigenschaft ab: *Funktionalisierung*. Da in der hier leitenden Logik der ‚mittelschichtszentrierten Arbeitsgesellschaft‘ die Produktions- und Reproduktionssphäre in einem Zusammenhang gedacht werden, beschränkt sich diese Kindern angedachte Funktionalisierung nicht auf die Arbeitswelt.[36] Vielmehr gelten sie umfassend – auch mit Blick auf die Reproduktionssphäre – als ‚*potenziell willige Verantwortungs-*

---

34 Für eine kritische Auseinandersetzung mit dem Verständnis von Kindern als zukünftigen Arbeitsbürgern siehe Lister (2003, 2004b, 2006, 2013); Olk (2007) sowie die Skizzierung des Verzweckungs-Interpretaments in Kap. 2.3.1.
35 Analysen bezüglich des demographischen Wandels finden sich bei Kaufmann (2009, S. 149 ff.); Schneider/Dorbritz (2011); Bayer/Hübenthal (2012) sowie Bujard/Sulak (2016).
36 Siehe für die Verzweckung von Kindheit: Gaiser/Rother (2009); Olk/Hübenthal (2010) sowie die Skizzierung des Verzweckungs-Interpretaments in Kap. 2.3.1.

bürger der Zukunft'. Die potenzielle Willigkeit bezieht sich auf die Annahme dieser Konstruktion, dass Kinder vom Grunde her so „erzogen werden [können], dass sie tüchtig und lebensfähig sind und voller Begeisterung und Zukunftsmut unsere Gesellschaft mittragen" (PP12, S. 191). Ein aus der Kinderarmut befreites Kind ist demnach „ein Erwachsener mehr, der Verantwortung für das Ganze übernehmen kann" (PP19, S. 2066).

In den Augen dieser Kinderarmutskonstruktion ist die Entwicklung des Kindes zu einem tugendhaften Erwachsenen, der den Appellen der (Re-)Produktionssphäre bereitwillig nachkommt, im Zuge der vierten Kindheitseigenschaft – *Vulnerabilität* – bereits vom Grunde her bedroht. Demnach können sich Kinder als schwächste Gesellschaftsmitglieder vor den Gefahren der Erwachsenenwelt, wie bspw. Vernachlässigung, Missbrauch und Gewalt, nicht selbst schützen – umso weniger, je jünger sie sind (vgl. PP17, S. 1665; PP8, S. 23626). Dieser hohe Verletzlichkeitsgrad in Kombination mit dem Kindern zugeschriebenen Mangel an Handlungsfähigkeit[37] bedeutet für die Erziehungsarmutskonstruktion, dass sie Eltern brauchen, die in der Lage und willens sind, ihren Bedürfnissen nach Schutz und Entwicklung nachzukommen sowie eine verlässliche, vertrauens- und liebevolle Umgebung zu schaffen (vgl. PP26, S. 4753).

Während sich die Vulnerabilität auf Kindheit im Allgemeinen bezieht, führt die Kindern ebenfalls zugeschriebene *Wohlfahrtsdependenz* zu ihren Eltern dazu, dass aus einem latenten Risiko für alle eine handfeste Problemlage für einige entsteht. Das Muster dieser fünften Kindheitseigenschaft kommt in Aussagen wie der folgenden zum Tragen, wobei hier zugleich noch einmal das entmonetarisierte, kulturalisierte, familialisierte sowie problemindividualisierende Kinderarmutsverständnis der Erziehungsarmutskonstruktion (siehe Kap. 4.2) unterstrichen wird: „Geht es den Eltern gut, haben die Eltern Arbeit und Auskommen, geht es in den allermeisten Fällen auch den Kindern gut. Sind die Eltern aber missmutig, gestresst, leiden sie unter den täglichen Belastungen und sehen sie vor allem keine Aussicht auf Besserung, können die Kinder mit noch so viel Geld vom Staat nicht wirklich gesund und glücklich heranwachsen" (PP18, S. 1855). Da es den von Kinderarmut betroffenen Kindern an derartig ,guten' Eltern mangelt, wird in diesen Fällen die subsidiär nachgelagerte Verantwortung des Wohlfahrtsstaates für das Kindeswohl aktiviert. Vor diesem Hintergrund nimmt die Erziehungsarmutskonstruktion Eltern als solches als *kritisch zu beäugende Weichensteller* wahr (vgl. PP1, S. 21809).

Die um Eltern und Kinder herum gelagerte Institution Familie begreift die Erziehungsarmutskonstruktion als vom Grunde her hochgradig leistungsfähige

---

37 Siehe hierzu auch das ,Agency'-Konzept in den Beiträgen in Eßer et al. (2016).

„Keimzelle unserer Gesellschaft" (PP14, S. 740).[38] Diese Huldigung der Familie betrifft allerdings zum einen nur diejenigen Familien, in denen die Eltern sich als tugendhafte, mittel- oder oberschichtsangehörige Gesellschaftsmitglieder erweisen (siehe Kap. 4.2).[39] Zum anderen wird im Geiste des hier herrschenden bürgerlichen Konservativismus die Einschätzung familiärer Leistungsfähigkeit auch mit Blick auf die Mitgliederstruktur dieser Institution vorgenommen. Die Relativierung der Unterschichtsbeschuldigung für Alleinerziehende deutet bereits an, dass Ein- gegenüber Zweielternfamilien – bzw. im Idealfall Mehrgenerationenfamilien – bezüglich ihrer Arbeitsmarkteinbindung als per se funktional unterlegen eingestuft werden (siehe Kap. 4.1). Zudem problematisiert die Erziehungsarmutskonstruktion, dass größere Familienhaushalte geringere Lebenshaltungskosten aufweisen als ihr numerisches Äquivalent von Alleinerzieherhaushalten (vgl. PP1, S. 21825; PP28, S. 5411). Auch der Problembestand von Einelternfamilien erscheint der Erziehungsarmutskonstruktion größer. Ihr zufolge stehen Alleinerziehende als homogene Gruppe folgenden, „grundsätzlich ähnlichen Problemlagen gegenüber: Sie können sich im Alltag nicht auf einen Partner verlassen, befinden sich oftmals in einer ständigen Auseinandersetzung um Unterhalt und Sozialleistungen und müssen sich gegebenenfalls eine neue Wohnung oder einen neuen Arbeitsplatz suchen" (PP28, S. 5410). Die Kinderarmutsbekämpfungsstrategie der Erziehungsarmutskonstruktion ist folglich auch als ein konservativer Versuch zu lesen, auf veränderte Familienstrukturen zu reagieren (vgl. PP17, S. 1664).

Auf Basis der Wertschätzung einer sozioökonomisch soliden, klassischen Großfamilie wird der familiäre Binnenraum als der vom Grunde beste Ort gesehen, damit Kinder auf ihre zukünftige Rolle in der ‚mittelschichtszentrierten Arbeitsgesellschaft' vorbereitet werden können (vgl. auch PP16, S. 1419). Für die Erziehungsarmutskonstruktion ist dementsprechend „gar nicht gesagt, dass das Kind, das daheim erzogen wird, das die Wärme und die Kinderstube der Heimat erfährt, das daheim bleibt und das von der Mutter und dem Vater das Reden beigebracht bekommt, schlechter als in der Kita erzogen wird" (PP27, S. 5043). Wie das Plädoyer für eine stärkere Sozialpädagogisierung von Kindergärten erahnen lässt (siehe Kap. 4.3), gelten diese Einrichtungen – neben ihrer Grundfunktion als betreuerische Vorbedingung für die Erwerbstätigkeit der Eltern aller Schichten – demnach als geeigneter Ort vor allem für diejenigen Kinder, die von Kinderarmut im vorliegenden Sinne betroffen bzw. zumindest stark bedroht sind (vgl. auch Neuberger 2016).

---

38 Der von Familien erbrachte produktive Nutzen wurde erstmalig im ‚Fünften Familienbericht' herausgestellt (vgl. BMFSFJ 1994).

39 Für die gegenteilig zu dieser Huldigung ausfallende Korrelation von Alkoholkonsum in der Schwangerschaft und sozialer Schicht siehe Bergmann et al. (2007, S. 673).

Erziehung als Bildungsergänzung und -voraussetzung

Das Anliegen dieser Konstruktion, Kinder möglichst reibungsfrei zu tugendhaften Bürgern der ‚mittelschichtszentrierten Arbeitsgesellschaft' zu formen, wirft die Frage auf, welche Bedeutung Bildung in diesem Unterfangen zuteilwird. Dabei zeigt sich, dass ein Höchstmaß an Bildung sowohl normativ als dringend notwendig für das Funktionieren der Produktionssphäre erachtet wird als auch empirisch als erfüllt gilt, da der gemessene Bildungsstand als auf historischem Höchstniveau und im internationalen Vergleich in der Spitzengruppe liegend eingestuft wird. Für die Erziehungsarmutskonstruktion ist Deutschland das Land mit den meisten Hochqualifizierten und den besten Bildungschancen. Vor diesem Hintergrund wird als Kernaufgabe der wohlfahrtsstaatlichen Regulierung des Aufwachsens herausgestellt, die Vermittlung von Werten, Normen und Leitbildern voranzubringen (vgl. PP12, S. 250; PP13, S. 441). Dahinter steckt die sich in der Sozialpädagogisierung der klassischen Kinderinstitutionen (siehe Kap. 4.3) manifestierende Grundannahme, dass „Bildung [...] auch den richtigen Geist und die richtigen Werte [braucht]" (PP12, S. 241). Werte- und Normenerziehung wird zum einen als moralische Ergänzung der Vermittlung von Wissen und Fähigkeiten verstanden. Zum anderen kann der hier vorliegenden Konstruktion nach Wissensvermittlung nicht ohne die Erfüllung einer erzieherischen Vorbedingung funktionieren, da Bildungsprozesse immer eigene Anstrengung, Bereitschaft, Leistung und Motivation erfordern. Folglich brauchen – im Verständnis der vorliegenden Kinderarmutskonstruktion – die von Kinderarmut betroffenen Kinder der Unterschicht Zuspruch und Ermutigung für ihr Lernen sowie die aktive Einforderung eigener Bemühungen (vgl. PP12, S. 237, S. 241; PP13, S. 431).

Soziale Gerechtigkeit als verantwortungsbetonende Leistungsgerechtigkeit

In der Verehrung und Belohnung der existenzsichernd Erwerbstätigen aufgrund der Beiträge, die sie für sich selbst, aber vor allem für die Wohlfahrt Dritter und die gesellschaftliche Stabilität erbringen (siehe Kap. 4.1; Kap. 4.3), deutet sich das in dieser Konstruktion tonangebende Verständnis sozialer Gerechtigkeit an. Dieses Verständnis lässt sich mit der Formulierung einer ‚*verantwortungsbetonenden Leistungsgerechtigkeit*' auf den Punkt bringen.[40] Diese Gerechtigkeit umklammert drei Bezugsebenen: Leistungswürdigung, -einforderung und -ermöglichung.

---

[40] Siehe für eine Auseinandersetzung mit Leistungsgerechtigkeit: Leisering (2007, S. 87 f.); Becker/Hauser (2009, S. 31 ff.) sowie Kap. 3.2.3. Überlegungen zu Verantwortung im wohlfahrtsstaatlichen Kontext legt bspw. Kaufmann (2015, S. 373 f.) vor.

Die mit der *Leistungswürdigung* verbundene Idee umschließt nicht nur die Belohnung der gesellschaftlichen Leistungsträger (vgl. PP14, S. 744; PP36, S. 7966 sowie siehe Kap. 4.3), sondern geht darüber hinaus. Die Würdigung von Leistung wird auch als Beitrag zur Akzeptanz der wohlfahrtsstaatlich regulierten Gesellschaftsordnung erachtet. Es wird davon ausgegangen, dass die meisten Bürger wohlfahrtsstaatliche Eingriffe als gerecht empfinden, wenn sie den Eindruck haben, dass sich eigenes Bemühen (dennoch) auszahlt (vgl. PP20, S. 2485).[41] Daran anknüpfend betont die Erziehungsarmutskonstruktion, „für einen Sozialstaat, aber nicht für einen Verschenkerstaat" (PP13, S. 431) einzustehen, wobei monetäre Umverteilung kategorisch als konzeptionelles Fundament einer Wohlfahrtsstaatsarchitektur zurückgewiesen wird (vgl. PP12, S. 142; PP26, S. 4754). Ausschlaggebend dafür ist nicht nur die Sorge, für die Einbindung in den Arbeitsmarkt notwendige Anreize zu untergraben. Es steht auch die Befürchtung im Raum, die Herstellung gesellschaftlicher Teilhabevoraussetzungen zu vernachlässigen, da „[e]ine rein passive Umschichtung von Kapital kein eigenständiges oder eigenverantwortliches Denken und Handeln hervorrufen [kann]" (PP26, S. 4754).

Auf der zweiten Leistungsgerechtigkeitsebene – *Leistungseinforderung* – wird die Abgrenzung zur monetären Umverteilungslogik relativiert. Im Verständnis der Erziehungsarmutskonstruktion soll die Grundsicherung das soziokulturelle Existenz*minimum* gewährleisten. Um Leistungsanreize zur Arbeitsaufnahme zu erhalten, soll diese Existenzsicherung allerdings nur einen Basischarakter aufweisen (vgl. PP25, S. 4548; PP38, S. 8748). Dieses am Minimum orientierte Grundsicherungs- und damit auch Armutsverständnis (siehe Kap. 4.1) lässt sich einerseits als Stärkung der Ablehnung ökonomischer Verteilungsgerechtigkeit lesen. Andererseits stellt es ein ebenso klares Plädoyer für den festen Platz dar, welcher der zumindest basalen wohlfahrtsstaatlichen Sicherung der Armutsbevölkerung – trotz dominierendem Leistungseinforderungsprinzip – als Ausdruck der Selbstverankerung in der sozialen Marktwirtschaft zugedacht wird. Diese Relativierung der Leistungsgerechtigkeit durch das Prinzip der Bedarfsgerechtigkeit drückt einer der Parlamentarier wie folgt aus: „Wir müssen die Balance finden […] zwischen Leistungsgerechtigkeit und Bedarfsgerechtigkeit. Die Menschen müssen ihren Bedarf decken können. Aber es muss sich auch für diejenigen, die nicht von Transfers leben, sondern arbeiten, lohnen, erwerbstätig zu sein" (PP36, S. 7980). In diesem Zusammenhang wird auf ein Equilibrium der Verantwortungsgewährung verwiesen. Dass der Wohlfahrtsstaat der Verantwortung für ein soziokulturelles Existenzminimum für alle Bürger der Bundesrepublik nachkommt, bedeutet für den so Gesicherten die Notwendig-

---

41 Für eine Analyse der Akzeptanz wohlfahrtsstaatlicher Eingriffe in der Bevölkerung siehe Ullrich (2008).

keit, diesen Verantwortungsbeitrag zu erwidern, indem dieser sich mit allen Mitteln bemüht, die Hilfeabhängigkeit schnellstmöglich zu überwinden (vgl. PP19, S. 2043).[42] Verantwortung sowohl im Sinne einer Eigen- als auch einer Gemeinschaftsverantwortung bildet die zentrale Unterfütterung der Gerechtigkeitslogik dieser Konstruktion (vgl. PP12, S. 241; PP20, S. 2453; PP21, S. 2939; PP27, S. 4984). Wie die Reformvorschläge sowohl im arbeits- als auch im erziehungsbezogenen Teil zeigen (siehe Kap. 4.3), gilt es für die Erziehungsarmutskonstruktion konsequent zu kontrollieren, inwiefern die eingeforderte Verantwortungsübernahme vom Einzelnen realisiert wird, wobei vor allem im arbeitsbezogenen Teil Strafe explizit als probates Umerziehungsmittel erachtet wird, falls diese Leistung ausbleibt.[43]

Der Leistungswürdigung und -einforderung stellt die Erziehungsarmutskonstruktion die *Leistungsermöglichung* an die Seite. Als dritte Bezugsgröße zur Herstellung sozialer Gerechtigkeit gilt, dass jeder die Möglichkeit haben muss, entsprechend seiner Fähigkeiten und Talente gefördert zu werden, um sich gesamtgesellschaftlich einbringen sowie seinen eigenen Lebensunterhalt in Eigenverantwortung erwirtschaften zu können (vgl. PP26, S. 4754).

Alle drei Bezugsebenen zusammengenommen begreift die Erziehungsarmutskonstruktion ihren Kampf gegen Kinderarmut als expliziten Beitrag zur Steigerung sozialer Gerechtigkeit: mittels der stärkeren Belohnung der Erwerbstätigen und der oberhalb der Grundsicherung stehenden Eltern (Leistungswürdigung), mittels der konsequenteren Arbeitsvermittlung und der intensiveren Kontrolle von Risikoeltern (Leistungseinforderung) sowie mittels der Attraktivitätssteigerung des Produktionsstandorts Deutschland und der Ausweitung sozialpädagogischer Unterstützung von Kindern und Eltern (Leistungsermöglichung). In Gerechtigkeitstermen formuliert geht es ihr mit dem Kampf gegen Kinderarmut um einen Beitrag zur Etablierung einer „solidarischen Leistungsgesellschaft, in der sich jeder nach seinen Fähigkeiten entfalten können muss" (PP12, S. 180) – und sich auch zwingend zu entfalten hat.

4.5   Die offene ‚linke' Flanke (Konsequenzen)

Die Konsequenzen, die in der untersuchten Plenardebatte als Folge einer Realisierung der von der Erziehungsarmutskonstruktion propagierten Strategie gesehen werden, lassen sich als besorgte Kritik im linkspolitischen Lager lesen.

---

42 Siehe auch den Leitspruch des Dritten Weges: „Keine Rechte ohne Verpflichtungen" (Giddens 1999, S. 81; ohne H. d. O.).

43 Für das Aufkommen von mehr ‚Punitivität' im Kontext der Armutsregulierung siehe die Beiträge in Dollinger/Schmidt-Semisch (2011).

Diese umfasst die drei folgenden Punkte: Kommodifizierungsanstieg, Ungleichheitsexpansion und Diskriminierung der SGB-II-Familien.

Kommodifizierungsanstieg

Die Befürchtung einer Kommodifizierungszunahme erwächst aus dem Ansinnen der Erziehungsarmutskonstruktion, eine resolutere Sanktionierung der als arbeitsmarktintegrationsunwillig Gelabelten sowie eine Ausweitung des Lohnabstandes von existenzsichernd Erwerbstätigen zu Grundsicherungsempfängern einzuführen (siehe Kap. 4.3). Als Konsequenz fürchten die Kritiker der Erziehungsarmutskonstruktion, dass es zu einer Erhöhung des Drucks auf die arbeitssuchende Bevölkerung kommt, der sie stärker als bisher zwingt, *jeden* Job unabhängig von schlechter Bezahlung und ggf. weiterer Beeinträchtigungen aufzunehmen (vgl. PP20, S. 2415). Die an die Verhaltenseinschätzung gekoppelte Gewährung von Grundsicherungsleistungen wird als wohlfahrtsstaatlicher Regress weg von unkonditionierten sozialen Bürgerrechten zurück zu einem Regulierungsmodus gnadenvoll gewährter Almosen kritisiert, in dem „Armenpolizei und Arbeitshaus die Armen zu Objekten eines Obrigkeitsstaates machten und [...] nur der *sittliche* Arme Anspruch auf öffentliche Fürsorge hatte" (PP29, S. 6183; H. d. V.; vgl. zudem PP12, S. 183).[44] Eine solche Pädagogisierung der Armen wird als Machtüberschreitung des Wohlfahrtsstaates abgelehnt, da es nicht als seine Aufgabe gilt, auf eine moralische Besserung der Bürger hinzuwirken (vgl. PP29, S. 6183).

Die im Kontext der Sorge um einen Kommodifizierungsanstieg vorgebrachte Kritik bezieht sich auch auf die Verehrung, welche die Erziehungsarmutskonstruktion der Institution Arbeit uneingeschränkt entgegenbringt (siehe Kap. 4.1). Moniert wird, dass Arbeit zu undifferenziert als für alle Eingebundenen stets gewinnbringende Institution überbewertet und die wohlfahrtsstaatliche Regulierungsnotwendigkeit unterbewertet wird. Der Kritik zufolge ist der Wohlfahrtsstaat auch dafür verantwortlich, arbeitnehmerfreundliche Rahmenbedingungen zu schaffen, um Angestellte und Arbeiter vor marktwirtschaftlicher Ausbeutung zu schützen. Die Zurückweisung eines wohlfahrtsstaatlich bestimmten flächendeckenden Mindestlohnes wird demnach Arbeitsleistungen im Niedriglohnsektor noch weniger als bisher lohnenswert erscheinen lassen. Dies gilt nicht nur als Verstoß der Erziehungsarmutskonstruktion gegen die von ihr selbst vorgenommene Anlehnung an die Prinzipien der Leistungswürdigung und -ermöglichung (siehe Kap. 4.4 sowie zudem Kap. 6.3; Kap. 6.4). Es wird darüber hinaus als Entwürdigung der eigentlich von dieser Konstruktion verehrten Institution Arbeit eingestuft (vgl. PP12, S. 182, S. 186). Obwohl die

---

44 Für die historische Entwicklung der Armenfürsorge siehe Sachße/Tennstedt (1980/1988/
    1992/2012).

Erziehungsarmutskonstruktion sich dem Leitmotiv der sozialen Marktwirtschaft „Wohlstand für alle‘" (PP12, S. 186; H. i. O.) verschrieben hat, zwingt sie einen Teil der Bevölkerung in das genaue Gegenteil – so der Vorwurf der Gegenseite. Während die Erziehungsarmutskonstruktion dafür eintritt, dass jede – auch schlecht bezahlte und befristete – Arbeit zu akzeptieren ist, um sich schrittweise und demütig zu einer unbefristeten und gut bezahlten Arbeitsstelle vorzuarbeiten, wird in der Kritik betont, dass der erhöhte Druck zur Arbeitsmarktintegration immer einen Teil der Erwerbsfähigen in wohlfahrtsstaatlich unzureichend regulierte Niedriglohnmärkte zwingt, deren wohlfahrtsstaatliche Aufstockung zudem zu wünschen übrig lässt (vgl. PP11, S. 25981; PP17, S. 1585; PP27, S. 4965).

Ungleichheitsexpansion

Als weitere Folge der Vergrößerung des Abstandes zwischen Erwerbseinkommen und Grundsicherung fürchten die Kritiker der Erziehungsarmutskonstruktion, dass die ökonomische Kluft in der deutschen Bevölkerung größer wird. Eine solche als aktiv vorangetrieben wahrgenommene Expansion der sozialen Ungleichheit in Deutschland wird als Ausdruck einer Neoliberalisierung der wohlfahrtsstaatlichen Politik in Deutschland gesehen.[45] Folgt man der Kritik, wird im Zuge dieser Neoliberalisierung das Leben derjenigen, die als gesellschaftliche Werte- und Normenabweicher am sozioökonomisch unteren Rand gelten, zunehmend überwacht und um Momente der Freiheit beraubt – sei es durch die verstärkte Sanktionierung in der Grundsicherung oder durch intensivierte Regulierungen von Familien, die als ‚Risikofamilien‘ eingestuft werden (siehe Kap. 4.3). Die Kritiker der Erziehungsarmutskonstruktion befürchten als Folge dieser aus ihrer Sicht wachsenden Repression der sozioökonomisch Benachteiligten eine gesellschaftliche Spaltung, die mit zunehmenden sozialen Kämpfen und Ausschreitungen verbunden sein wird (vgl. PP21, S. 2884).

Diskriminierung der SGB-II-Familien

Die von der Erziehungsarmutskonstruktion angestrebte Reform der Grundsicherung wird nicht nur in Bezug auf die Konsequenzen für SGB-II-Empfänger im Allgemeinen diskutiert, sondern auch spezifisch mit Blick auf die Lage von Familien. Die von der Erziehungsarmutskonstruktion befürwortete Anrechnung von Transferleistungen des Familienleistungsausgleichs (Kinder- und Elterngeld) wird als pauschal stigmatisierende Diskriminierung der Eltern im SGB-II-Bezug zurückgewiesen, da somit ihre erzieherischen Leistungen per se missachtet werden (vgl. PP25, S. 4563). Als ebenso diskriminierend wird auch

---

45 Siehe für eine derartige Einschätzung auch das Neoliberalisierungs-Interpretament in Kap. 2.3.1 sowie Butterwegge (2014) und die Beiträge in Butterwegge et al. (2008, 2017).

das von der Erziehungsarmutskonstruktion propagierte Gutscheinmodell bzw. die Verschiebung der SGB-II-Grundsicherung von Kindern von Geldzahlungen zu Sach- und Dienstleistungen (siehe Kap. 4.3) bewertet, da SGB-II-Eltern auf diesem Wege – ebenfalls pauschal – die Bereitschaft zur innerfamiliären Fürsorge abgesprochen und die Freiheit, eigenständig über ihren Konsum zu entscheiden, durch eine misstrauensgeschwängerte Bevormundung ersetzt wird (vgl. PP29, S. 6183; PP35, S. 7729). Die Kritik weist zudem darauf hin, dass die Erziehungsarmutskonstruktion damit nicht nur die SGB-II-Eltern, sondern auch ihre Kinder vor vergrößerte Probleme stellt. Es sind auch sie, die die Folgen des vergrößerten Lohnabstandes und der resoluteren Gangart gegenüber als integrationsunwillig eingestuften SGB-II-Eltern tragen müssen. Oder in der pointierten Kurzformel der Plenardebatte ausgedrückt: „Damit Papa arbeiten geht, werden die Kinder bestraft" (PP14, S. 734).

In Ergänzung zu diesen gegenwartsbezogenen Problemdimensionen wird auch die zukünftige Wirkung einer verschärften Diskriminierung von SGB-II-Familien verurteilt. Die Gegenstimmen zur Erziehungsarmutskonstruktion sehen darin den Versuch einer schichtbezogenen Geburtenregulierung, indem (potenziellen) SGB-II-Empfängern, die einen Kinderwunsch in sich tragen, die Botschaft vermittelt wird, dass Nachwuchs ihrerseits alles andere als erwünscht ist (vgl. PP29, S. 6183).[46]

---

46 Siehe für die schichtbezogene Sortierung (angehender) Eltern durch den Wohlfahrtsstaat: Bayer/Hübenthal (2012) und darüber hinaus für die Marginalisierung sozioökonomisch Benachteiligter auch im linken Spektrum: Baron (2016).

Kapitel 5
Kinderarmut als Bildungsarmut

5.1   Doppeldefizit: unzeitgemäßer Wohlfahrtsstaat und bildungsferne Marktverlierereltern (Ursache)

Im Verständnis der vorliegenden Konstruktion liegt die Ursache des Kinderarmutsproblems in einem Doppeldefizit. Defizitär agieren sowohl der als unzeitgemäß eingestufte Wohlfahrtsstaat als auch derjenige Teil der Bevölkerung, der als ‚bildungsferne Marktverlierereltern' wahrgenommen wird.

Der unzeitgemäße Wohlfahrtsstaat

Der Bildungsarmutskonstruktion nach mangelt es dem deutschen Wohlfahrtsstaat an der zeit- und sachgemäßen Leitidee, Wirtschafts- und Sozialpolitik als ein gemeinsames Ganzes zu denken (vgl. PP1, S. 21807).[1] Als Folge dieses Mangels kann der Wohlfahrtsstaat nicht angemessen auf die als zentral wahrgenommene Herausforderung der Gegenwart reagieren: die global steigende Bedeutung der Wissensökonomie[2]. Für die Bildungsarmutskonstruktion manifestiert sich diese Reaktionsunangemessenheit im politischen Dilettantismus des Umgangs mit der aktuellen ‚Krise'. Vergleichbar zur Erziehungsarmutskonstruktion (siehe Kap. 4.3; Kap. 4.4) sieht auch sie in der Krise zum einen eine immense wirtschaftliche Problemstellung, die sie zum anderen – und im Gegensatz zur Erziehungsarmutskonstruktion – auch als Ausdruck und Beginn einer weitreichenden Gesellschaftsveränderung begreift (vgl. PP1, S. 21807). Da man in Ermangelung einer zu den Herausforderungen der Wissensökonomie adäquaten wohlfahrtsstaatlichen Strategie politisch nicht „an Strukturen herangeht und so investiert, dass dieses Land nach der Krise fit ist" (PP3, S. 22287), stellen Krise und Wissensökonomie im Verständnis der Bildungsarmutskonstruktion derzeit ein Risiko dar, dessen Chancenpotenzial ungenutzt bleibt. Den konkreten Ausdruck dieser als unzeitgemäß eingestuften Wohlfahrtsstaatspro-

---

1   Eine solche Verknüpfung findet sich sowohl im ‚Dritten Weg' (vgl. Giddens 1999, S. 117 ff.) als auch in der ‚Sozialinvestitionsstrategie' (vgl. Esping-Andersen 2002a, 2004). Siehe für die beiden Ansätze auch das Interpretament der entwicklungsunfunktionalen Kindheitsregulierung in Kap. 2.3.1.

2   Siehe die sogenannte ‚Lissabon-Strategie' (vgl. European Council 2000) sowie das Folgeprogramm ‚Europa 2020' (vgl. European Commission 2010) für die politische Reaktion Europas auf die globale Wissensökonomie. Für eine analytische Auseinandersetzung mit der Wissensgesellschaft siehe bspw. Stehr (2001).

grammatik sieht die Bildungsarmutskonstruktion in Ausgestaltungsdefiziten der beiden folgenden Bereiche: monetäre Umverteilung und Bildungsversorgung.

Das wohlfahrtsstaatliche Defizit I – monetäre Umverteilung

Im Bereich der monetären Umverteilung kritisiert die Bildungsarmutskonstruktion vor allem „irrsinnige Steuergeschenke" (PP13, S. 444) für einkommensreiche *Marktgewinner* mit ihren signifikant überdurchschnittlichen Einkünften ebenso wie milliardenschwere Finanzhilfen für die Rettung von Großbanken (vgl. PP1, S. 21807 f.). Der Bildungsarmutskonstruktion zufolge wird die überbordende Marktgewinnerförderung dadurch verschärft, dass es der Wohlfahrtsstaat zugleich unterlässt, die einkommensarmen *Marktverlierer* mit ihren deutlich unterdurchschnittlichen Einkünften ausreichend monetär zu versorgen bzw. den Markt in dieser Sache gebührend in die Verantwortung zu nehmen (vgl. PP30, S. 6367). Die angesprochene Gruppe der Marktverlierer setzt sich aus zwei Teilen zusammen: *erwerbslose Marktäußere*, die einzig von wohlfahrtsstaatlicher Grundsicherung – allen voran SGB-II-Leistungen – leben und *erwerbstätige Marktuntere*, die mit oder ohne wohlfahrtsstaatliche(r) Aufstockung im Niedriglohnsektor tätig sind. Diesen Niedriglohnsektor interpretiert die Bildungsarmutskonstruktion – ganz im Gegensatz zur Erziehungsarmutskonstruktion – nicht als Sammelbecken primär freiwillig gewählter Teilzeitbeschäftigung (siehe Kap. 4.1), sondern als Ort ungenügender Stundenlöhne. Dementsprechend erscheinen ihr Aufstocker nicht als ‚tugendlose Schmarotzer‘, sondern als unfreiwillige Opfer, die der ungenügend regulierte Arbeitsmarkt – teilweise trotz Vollzeitbeschäftigung – in die wohlfahrtsstaatliche Grundsicherungsabhängigkeit zwingt (vgl. PP13, S. 466).[3] In diese Problematisierung eingebettet ist der Vorwurf an die dafür verantwortlich gemachte Politik, einen „staatlich subventionierte[n] Billigjobsektor" (PP12, S. 182) und damit ein Anwachsen prekärer Beschäftigung mit Leiharbeit, befristeten Arbeitsstellen, Teilzeitbeschäftigung und Mini-Jobs zu fördern, während zugleich sozialversicherungspflichtige Vollzeitbeschäftigung zurückgedrängt wird (vgl. PP29, S. 6181).

Die Aufstocker unter den Marktunteren teilen im Verständnis der Bildungsarmutskonstruktion mit den arbeitslosen Marktäußeren die Problematik einer sowohl für Alleinstehende als auch für Familien als zu gering eingeschätzten Grundsicherung (vgl. PP1, S. 21807). Für die Bildungsarmutskonstruktion werden die im SGB II eingebundenen Marktverliererfamilien zudem hinsichtlich der Geldleistungen des Familienleistungsausgleichs benachteiligt. Ein Parlamentarier prangert die Schieflage mit Fokus auf die Entwicklung der Kinder-

---

3   Für eine quantitative Analyse des Niedriglohnsektors siehe Brenke (2012) sowie Strengmann-Kuhn (2003) für eine Auseinandersetzung mit dem Phänomen der ‚working poor‘.

geldhöhe wie folgt an: „Kinder in Gutverdienerfamilien bekommen wegen der Erhöhung des Freibetrages knapp 40 Euro, 20 Euro Kindergeld gibt es, wenn die Eltern durchschnittlich verdienen, und genau null Euro, nämlich gar nichts, überhaupt nichts, gibt es für die 1,8 Millionen Kinder, die in Hartz-IV-Familien leben. So bekämpft man keine Kinderarmut"[4] (PP16, S. 1407). Das Zitat verdeutlicht Zweierlei: Zum einen schiebt die Bildungsarmutskonstruktion mit Blick auf Familien eine dritte Position zwischen die beiden Pole der Marktgewinner und -verlierer ein: ‚*Marktmittlere*' mit einer durchschnittlichen Einkommenslage. Zum anderen geht sie davon aus, dass dezidiert auch Familien wohlfahrtsstaatlich umso stärker gefördert werden, je höher ihr Markteinkommen ausfällt: marktmittlere Familien erhalten mehr als die Marktverlierer und die Marktgewinner mehr als die Marktmittleren.

Das wohlfahrtsstaatliche Defizit II – Bildungsversorgung

In Ergänzung zur monetären Umverteilung wird auch die wohlfahrtsstaatliche Bildungsversorgung als mangelhaft kritisiert, da der „Aufbruch in die Bildungsrepublik [...] gescheitert ist" (PP27, S. 5001). Bezüglich der Ausgaben wird als Problem herausgestellt, dass der öffentliche Bildungssektor in Deutschland an einer massiven Unterfinanzierung leidet. Folgt man der Bildungsarmutskonstruktion, gibt Deutschland weitaus weniger als andere OECD-Länder für Bildung aus, wodurch in der Bundesrepublik jährlich ein zweistelliger Milliardenbetrag fehlt, um zumindest im Bereich der durchschnittlichen OECD-Bildungsausgaben zu rangieren (vgl. PP14, S. 739; PP35, S. 7725).[5]

Die Beurteilung der Ausgestaltung des deutschen Bildungssystems fällt ebenso vernichtend aus. In den Augen der Bildungsarmutskonstruktion weist das gesamte öffentliche Bildungssystem deutliche Defizite auf, wobei sich ein klarer Problemkern identifizieren lässt: „An der Basis bröckelt das ‚öffentliche Bildungssystem' am meisten, in Quantität und Qualität" (PP12, S. 242; H. i. O.). Mit dieser Basis ist zum einen der frühkindliche Bereich gemeint, der hier ungeachtet seiner juristischen Verankerung in der Kinder- und Jugendhilfe zum Bildungssystem gerechnet wird. Den Kindergärten wird ein doppeltes Problem attestiert: eine ungenügende Angebotsstruktur mit einer zu geringen Betreuungsquote (vor allem für die unter Dreijährigen in den alten Bundesländern) trifft auf eine im Gesamten zu geringe pädagogische Qualität mit zu wenigen und ungenügend qualifizierten Fachkräften.[6] Zum anderen wird zur Basis des

---

4 Im Zitat sind die jeweils monatsbezogenen Erhöhungen angesprochen.

5 Für statistische Daten zu den öffentlichen Bildungsausgaben der Bundesrepublik im Ländervergleich, die zudem die Einschätzung der Bildungsarmutskonstruktion vom Grunde her bestätigen, siehe bspw. OECD (2016a, S. 251).

6 Für den Zusammenhang von Betreuungsschlüssel und Personalbedarf siehe Schilling (2014) sowie für Zeitmangel als Problem bei Kita-Führungskräften: Lange (2017).

Bildungssystems auch die Schule gezählt, um die es der Bildungsarmutskonstruktion zufolge vor allem mit Lehrermangel und ungenügender Angebotsqualität qualitativ ähnlich schlecht bestellt ist (vgl. PP3, S. 22286; PP16, S. 1410; PP27, S. 4998, S. 5153 f.).

Die Bildungsarmutskonstruktion kritisiert zwar Kindergärten und Schulen gleichermaßen für ihre mangelnde Bildungsqualität, speziell gegenüber der Schule erhebt sie jedoch darüber hinaus den Vorwurf, dass dort herkunftsbedingte Bildungshemmnisse noch verschärft werden. Als Problemverschärfung gilt, dass das „Schulsystem diejenigen begünstigt, die aus Elternhäusern mit guter Bildung stammen", während „[e]inkommensschwache, gegebenenfalls bildungsfernere Familien [...] benachteiligt" (PP13, S. 438) werden (vgl. PP27, S. 5001).[7]

Das Individuumsdefizit und Erwachsenenarmut als relationaler Doppelmangel der Arbeitsmarktmarginalisierten

Um das Individuumsdefizit darzulegen, das die Bildungsarmutskonstruktion neben dem wohlfahrtsstaatlichen Defizit ebenfalls attestiert, muss man zu den Marktverlierern zurückkehren. Diese werden nicht nur als Gruppe wahrgenommen, die eine Position am unteren Ende bzw. außerhalb des Arbeitsmarktes innehat und die daher mit unterdurchschnittlichen monatlichen Einkünften leben muss; aufgrund ihrer Marginalität am Arbeitsmarkt gelten sie auch als Gruppe mit einem überproportional hohen Anteil sogenannter ‚Bildungsferner' respektive „Bildungsverlierer" (PP27, S. 5001; vgl. zudem PP1, S. 21823). Dieser Zusammenhangslogik entsprechend begreift die Bildungsarmutskonstruktion die *Armut Erwachsener* nicht als einen wohlfahrtsstaatlichen Grundsicherungsstatus – wie dies in der Erziehungsarmutskonstruktion der Fall ist (siehe Kap. 4.1) –, sondern als einen relationalen Doppelmangel unter den Arbeitsmarktmarginalisierten, welcher die als miteinander genuin verwoben verstandenen Elemente Einkommens- und Bildungsmangel umschließt.[8] Arm ist demnach derjenige Erwachsene, der als Folge seiner Randstellung am Arbeitsmarkt deutlich weniger als das durchschnittliche Einkommen zur Verfügung hat, wobei diese Randstellung als Resultat und Ausdruck einer höchstwahrscheinlich nied-

---

7   Zu den bekanntesten Problematisierungen in diesem Kontext zählt die Studie von Bourdieu und Passeron (1971). Diese argumentiert, dass mit dem Schulwesen eine trügerische ‚Illusion der Chancengleichheit' geschaffen wurde, wobei gleichzeitig die wahre Funktion dieses Systems (Reproduktion der gesellschaftlichen Schichtungsstruktur und Legitimierung dieser Struktur) verschleiert wird.

8   Die positive Korrelation von Einkommen und Bildung zeigen bspw. Becker/Hauser (2009, S. 193 ff.).

rigen Bildung erachtet wird.[9] Dementsprechend gilt: „Armut hat viele Gesichter; eines ist die Bildungsarmut" (PP18, S. 1845).[10]

Das Verständnis darüber, warum Kinderarmut vorliegt, erwächst in dieser Konstruktion aus der Auseinandersetzung mit demjenigen Teil der Marktverlierer, der das volle Armutsdoppeldefizit aufweist: den *bildungsfernen Marktverlierern*. Die sich darunter befindlichen Eltern werden als Gruppe erachtet, die bezüglich der Ausgestaltung des Bildungsweges ihrer Kinder durch ein Fähigkeits-, Möglichkeits- und Willigkeitsdefizit charakterisierbar ist.

Aufgrund ihres eigenen Wissensmangels gelten die bildungsfernen Marktverliererltern qua definitionem als Gruppe, die vergleichsweise geringe Fähigkeiten hat, um die Bildung ihres Kindes innerfamiliär zu gewährleisten. Zu diesem *Fähigkeitsdefizit* gesellt sich der hier zu beschreibenden Konstruktion nach auch ein *Möglichkeitsdefizit* hinzu. Die bildungsfernen Marktverliererltern können sich demnach – im Gegensatz zu einkommensreichen Eltern sowie zugleich in Übereinstimmung mit den wenigen gut gebildeten Marktverlierern – deutlich schlechter durch private Kindertageseinrichtungen und Privatschulen bzw. durch Begleitangebote, wie bspw. private Förder-Nachhilfestunden[11], von den Defiziten des öffentlichen Bildungssystems freikaufen: weder vom allgemeinen Qualitätsdefizit dieser Einrichtungen, noch von der ihre Kinder spezifisch betreffenden schulischen Benachteiligung.[12] Dass der Zugang zu einer als hochwertig verstandenen Bildung maßgeblich von der elterlichen Kaufkraft abhängt, prangert die Bildungsarmutskonstruktion als Teil einer umfassenderen *Ökonomisierung der Bildung* an (vgl. PP3, S. 22348; PP12, S. 242; PP13, S. 443; weiterführend siehe Kap. 5.4).

Während das Fähigkeits- und Möglichkeitsdefizit als konstituierende Merkmale *aller* bildungsfernen Marktverliererltern gelten, gibt es dem Verständnis der Bildungsarmutskonstruktion nach unter diesen Eltern zudem einen Teil, der kein bzw. deutlich weniger Interesse und Bereitschaft als sozioökonomisch besser gestellte Eltern hat, Bildungsprozesse für seine Kinder zu initiieren. In der Gegenüberstellung des Möglichkeits- mit diesem *Willigkeitsdefizit* sieht sich

---

9   Während der Einkommensmangel hier als notwendiges Armutsmerkmal fungiert, das automatisch zur Arbeitsmarktmarginalität dazugehört, gilt der Bildungsmangel als zwar hochwahrscheinliche, aber nicht zwangsläufige Begleiterscheinung, die zudem auch unter Marktmittleren und Marktgewinnern existieren kann – wenn auch weniger ausgeprägt bzw. mit geringerer Wahrscheinlichkeit.

10 Für eine grundlegende Auseinandersetzung mit dem Thema Bildungsarmut siehe Allmendinger (1999).

11 Der Zusammenhang von Familieneinkommen und Nachhilfenutzung wird bspw. bei Klemm/Hollenbach-Biele (2016, S. 26) relativiert.

12 Für den Zusammenhang von sozialer Schicht und Privatschulbesuch siehe Kraul (2017) sowie für eine Skizzierung der Angebotsstruktur gewerblicher Kindergärten: Ernst et al. (2014).

die Bildungsarmutskonstruktion vor folgendem Problem stehen: „Zum einen gibt es Eltern, die es sich tatsächlich nicht leisten können, ihren Kindern eine gute Bildung zu ermöglichen, und zum anderen gibt es Eltern, die das Angebot nicht in Anspruch nehmen wollen!" (PP7, S. 23295 f.).

Beide Defizitebenen – Wohlfahrtsstaat und Eltern – im Zusammenhang betrachtend wird deutlich, dass die drei individuellen Defizite bezüglich der Schuldfrage differenzieren. Während das Möglichkeitsdefizit primär als Verkörperung des dahinterliegenden wohlfahrtsstaatlichen Umverteilungsdefizits auftritt, lassen das Fähigkeits- und ganz besonders das Willigkeitsdefizit Raum für eine elterliche Mitschuld am Kinderarmutsproblem. Das Ursachenverständnis der Bildungsarmutskonstruktion lässt sich daher als Wohlfahrtsstaatskritik mit einer individuumsbezogenen Skepsis begreifen. Die mit dieser Skepsis verbundene Anklage lautet, dass die bildungsfernen Marktverlierereltern nicht nur aufgrund von Strukturdefiziten, sondern auch aus eigener Schuld zu wenig für die Bildung ihrer Kinder unternehmen. Diese Anklage kann sowohl marginal als auch so gravierend ausfallen, dass diese im Extremfall ähnlich diffamierend wirken *kann*, wie die Tugendlosigkeitsbeschuldigung in der Erziehungsarmutskonstruktion (siehe Kap. 4.1). Vergleichbar zur Tugendlosigkeitsbeschuldigung ist auch die hier vorliegende Elternbeschuldigung von den Angeklagten nie vollständig ablegbar, da für die Bildungsarmutskonstruktion nie wirklich sicher ist, wie hoch jeweils der Eigenschuldanteil beim Fähigkeitsproblem ausfällt und wie sehr es jeweiligen bildungsfernen Marktverlierereltern an Willigkeiten zur Förderung der Bildung ihrer Kinder mangelt. Die bildungsfernen Marktverlierereltern und der Wohlfahrtsstaat gelten also zusammen als vom Grunde her jeweils mitschuldig am Kinderarmutsproblem.

5.2 Chancenungerechtigkeiten in Zeiten des Bildungshungers (Kontext)

Die vorliegende Konstruktion ist von der folgenden Grundannahme geleitet: „[D]ie schlimmste Form von Kinderarmut ist doch Bildungsarmut" (PP29, S. 6199). Aber was genau macht das Problem der Kinderarmut als sogenannte Bildungsarmut aus? Um dies zu beantworten, wird das Verständnis über die Folgen vorgestellt, die für die Bildungsarmutskonstruktion aus dem vorangehend skizzierten wohlfahrtsstaatlich-elterlichen Doppeldefizit resultieren. Diese lassen sich in eine Problemvorstufe, das Grundproblem sowie den Problemkern und die Problemrelevanz auftrennen.

Die Vorstufe des Problems: Kein Geld für Bildung
Die Problemvorstufe stellt eine Folge dar, die einzig aus dem wohlfahrtsstaatlichen Defizit im Bereich der Umverteilungspolitik erwächst. In den Augen der

Bildungsarmutskonstruktion erlegt sich der Wohlfahrtsstaat mit seinen diesbezüglichen Verfehlungen selbst sowohl unnötige direkte als auch indirekte Kosten auf. *Direkte Kosten* erwachsen demnach zum einen aus der überzogenen Großzügigkeit gegenüber den Marktgewinnern, zum anderen resultieren diese aus der zu zurückhaltenden Regulierung des Niedriglohnsektors. Wäre der Wirtschaftssektor stärker in die Verantwortung genommen, höhere Stundenlöhne im unteren Lohnbereich zu zahlen, würden dem Wohlfahrtsstaat weniger Kosten für aufstockende Grundsicherungsleistungen entstehen (vgl. PP17, S. 1583; PP20, S. 2415). Zusätzlich zu den direkten Kosten der fehlgeleiteten Umverteilungspolitik kritisiert die Bildungsarmutskonstruktion auch unnötige *indirekte* „Folgekosten von Armut, etwa aufgrund der steigenden Zahl psychischer Erkrankungen armer Menschen" (PP1, S. 21807). Auf dieser Ebene wird auch argumentiert, dass die geringen Löhne im Niedriglohnsektor den Binnenmarkt schädigen. Die monetäre Wohlfahrtsstaatsversorgung der Marktverlierer gilt folglich nicht nur im Zusammenhang ihres somit verursachten bildungsbezogenen Möglichkeitsproblems als unzureichend (siehe Kap. 5.1), sondern auch, da auf diesem Wege das in Deutschland verfügbare Kaufkraftpotenzial nicht erschöpfend genutzt wird (vgl. PP19, S. 2046).[13] Dadurch gerät nicht nur die deutsche Wirtschaft unter Druck; auch dem Wohlfahrtsstaat entgehen Einnahmen, die für öffentliche Investitionen – wie allen voran die Investition in Bildung – dringend benötigt werden. Aufgrund der unnötigen indirekten und direkten Kosten ist es der vorliegenden Kinderarmutskonstruktion nach selbst für diejenigen politischen Akteure, die „gerne mehr in Bildung und Forschung investieren [würden]" – schwer, entsprechende Ausgaben zu tätigen, da dafür schlicht und ergreifend „das Geld [fehlt]" (PP26, S. 4612; vgl. zudem PP17, S. 1583, S. 1600).

Grundproblem: Schulerfolgsbenachteiligung

Anders als die Problemvorstufe resultiert das Grundproblem der Kinderarmut aus dem Zusammenfallen beider Defizitebenen: Wohlfahrtsstaat und Eltern. Dem Ursachenverständnis dieser Konstruktion zufolge werden die zu Hause vergleichsweise gering geförderten Kinder der bildungsfernen Marktverlierer in eher schlechten Kindergärten auf das für alle Kinder unzulängliche öffentliche Schulsystem vorbereitet, welches sie dann marginalisiert anstatt ausgleichend zu fördern und dem sich ihre Eltern schlechter entziehen bzw. kompensierend entgegenstellen können, sowie teils wollen, als sozioökonomisch besser situierte Eltern (siehe Kap. 5.1). Folgt man der Bildungsarmutskonstruktion sind daher die Bildungsbeteiligung und der Bildungserfolg hochgradig durch den sozioökonomischen Familienhintergrund des Kindes bestimmt (vgl. PP9, S. 24384;

---

13 Siehe für volkswirtschaftliche Verluste durch Einkommensungleichheiten: Albig et al. (2017).

PP27, S. 4998). Fächert man diese Bildungsungleichheit analytisch auf, wird deutlich, dass sich die Problematisierung auf den schulischen Erfolg bezieht und auf den beiden klassischen Ebenen sozialer Schichtung konkretisiert: Bildung und Einkommen. Demnach erhalten zum einen „Kinder aus sogenannten bildungsferneren Familien" seltener „gute Abschlüsse" (PP12, S. 243) und zum anderen besteht ein „enge[r] Zusammenhang zwischen Einkommensarmut und Bildungsabschluss" (PP1, S. 21807; vgl. auch Bos et al. 2010 sowie für die PISA-Studie: OECD 2016b, S. 217 ff.).[14] Der in diese wohlfahrtsstaatlich – durch das Umverteilungs- und Bildungssystem – *mit*verursachte Ungleichheitslage des schulischen Bildungserfolgs eingebettete, besonders geringe und mit gravierenden Hürden versehene Schulerfolg der Kinder der bildungsfernen Marktverlierer gilt der vorliegenden Konstruktion als Grundproblem dessen, was ihr zufolge Kinderarmut ausmacht. *Kurzum: Kinderarmut = Schulerfolgsbenachteiligung der Kinder der bildungsfernen Marktverlierer.* Als von diesem Grundproblem betroffen gelten „Kinder, die am Rande des Existenzminimums leben" (PP20, S. 2414). Da ihre arbeitslosen bzw. niedriglohnerwerbstätigen Eltern nicht nur über wenig Geld verfügen, sondern zudem als Gruppe wahrgenommen werden, deren verhältnismäßige Ungebildetheit wohlfahrtsstaatlich ungenügend gepuffert wird (siehe Kap. 5.1), gilt der familiäre Binnenraum dieser Kinder im Verständnis der Bildungsarmutskonstruktion als ein zu Hause mit „zu wenig Ansprache [...] oder zu wenig Förderung" (PP12, S. 252) – umgeben von einer ebenso bildungsunfreundlichen Umwelt (vgl. PP9, S. 24384).

Durch den Bezug zu elterlicher Arbeitslosigkeit bzw. Niedriglohnbeschäftigung, Grundsicherungsabhängigkeit, geringem Bildungsstand und auch Migrationshintergrund weist die Bildungsarmutskonstruktion einerseits eine klare Nähe zur Erziehungsarmutskonstruktion hinsichtlich der Frage auf, welche Kinder von dem, was als Kinderarmut verstanden wird, betroffen sind (siehe Kap. 4.2). Andererseits begreift die Bildungsarmutskonstruktion – im Gegensatz zur Erziehungsarmutskonstruktion – die Grundsicherungsabhängigkeit der Familie nicht als Pflichtmerkmal, während sie den geringen elterlichen Bildungsstand als notwendige Bedingung einbezieht.

---

14 Darüber hinaus wird von der Bildungsarmutskonstruktion vor allem der Migrationsstatus als dritte, den schulischen Bildungserfolg maßgeblich gefährdende Einflussgröße angeführt (vgl. PP12, S. 237 sowie auch Nauck et al. 2008, S. 145 ff.). Dabei verfolgt die Bildungsarmutskonstruktion keinen explizit antirassistischen, migrationssensiblen Zugang zur Bildungsungleichheitsproblematik. Vielmehr werden Eltern mit Migrationshintergrund anscheinend als relativ homogene Gruppe wahrgenommen, die überdurchschnittlich stark die für bildungsferne Marktverlierereltern konstituierenden Merkmale der geringen Bildung sowie der Arbeitsmarktmarginalisierung und damit der geringen Einkünfte symbolisiert.

Problemkern: Individuum und Problemrelevanz: Gesellschaft

Das skizzierte Grundproblem der Kinderarmut mündet in einen individuumsbezogenen Problemkern und eine gesellschaftsbezogene Problemrelevanz.

Auf der *Ebene des individuumsbezogenen Problemkerns* wird die wohlfahrtsstaatlich mitverursachte Schichtabhängigkeit des schulischen Erfolgs deshalb als Problem deklariert, da der Einfluss der elterlichen Möglichkeiten, Fähigkeiten und Willigkeiten auf den schulischen Erfolg des Kindes – und damit der Einfluss der Zufälligkeit der Geburt – als zu groß im Verhältnis zu den kindeseigenen Talenten und Bemühungen eingeschätzt wird. Genau das macht die *Familialisierung* in dieser Kinderarmutskonstruktion aus, während diese in der Erziehungsarmutskonstruktion in der Verwahrlosungsbeschuldigung der von Kinderarmut betroffenen Familie liegt (siehe Kap. 4.2). Die von der Bildungsarmutskonstruktion getroffene Feststellung, dass Kinder aus Akademikerhaushalten einen deutlich leichteren Weg zu einem guten Schulabschluss haben als Kinder aus Arbeiterfamilien, gilt als chancenungerecht.[15] Die Verbindung von Chancenungleichheit und Kinderarmut bringt einer der Parlamentarier so zum Ausdruck: „Es gibt kaum ein Thema, bei dem verpasste Chancen so augenfällig werden, wie das der Kinderarmut" (PP12, S. 251). Als Problem gilt in dieser Konstruktion nicht, dass der elternstatusabhängige Bildungszugang die Lebensqualität von Kindern im ‚Hier und Jetzt' beeinträchtigt, sondern dass sich die Bildungschancenungerechtigkeit im Kindesalter auf das spätere Erwachsenenleben auswirkt, da davon Berufs- und Verdienstchancen abhängen und auf einem als ungerecht erachteten Fundament aufbauen (vgl. PP9, S. 24384; PP12, S. 242, S. 252; PP13, S. 441; siehe auch Kap. 5.4).

Auf der *Ebene der gesellschaftsbezogenen Problemrelevanz* wird die Schulerfolgsbenachteiligung als unvollständig und ungerecht vollzogene Abschöpfung des potenziell in der Bundesrepublik verfügbaren Humankapitals interpretiert – so der ökonomische Grundton dieser Konstruktion (vgl. PP1, S. 21807). Dies wird als Bedrohung der Anpassungsleistung begriffen, die die deutsche Gesellschaft erbringen muss, um in Zeiten einer globalen Wissensökonomie bestehen zu können. Diese Zukunftsbedrohung umfasst einen ökonomischen und einen sozialen Aspekt. Auf der *ökonomischen Ebene* wird die Bildungschancenbenachteiligung der Kinder der bildungsfernen Marktverlierer als Problem eines unausgeschöpften Potenzials zertifizierter Schulerfolge interpretiert. Der Umstand, dass „jemand neun oder zehn Jahre in die Schule geht, aber noch nicht einmal einen Hauptschulabschluss bekommt" (PP9, S. 24384), wird als Problem aufgefasst, das jährlich in die zehntausende Fälle geht (vgl. PP27,

---

15 Siehe zum Thema Chancengerechtigkeit: Rawls (1971/1979); Becker/Hauser (2009, S. 27 ff.) sowie Kap. 3.2.2.

S. 4985).[16] Das unausgeschöpfte Potenzial zertifizierter schulischer Erfolge erscheint der Bildungsarmutskonstruktion nicht zuletzt deshalb als bedrohlich, da ihr zufolge daraus auch auf der Ebene der erworbenen Kompetenzen und des verinnerlichten Wissens – bspw. in Form von Lese- und Rechenfähigkeiten – ein äußerst niedriges Bildungsniveau resultiert. Sein endgültiges Schreckenspotenzial entfaltet dieser Bildungsmangel, da die Bildungsarmutskonstruktion davon ausgeht, dass sich dieser in einer ähnlich hohen Zahl junger Menschen ohne Berufsabschluss niederschlägt. Aus der Perspektive dieser Konstruktion bedeutet dies sowohl billionenschwere volkswirtschaftliche Verluste als auch direkte und indirekte Einschnitte in die wohlfahrtsstaatliche Kasse, da aus potenziell lukrativen Arbeitskräften teure Sozialfälle werden (vgl. PP12, S. 240 f.; PP13, S. 433; PP27, S. 4985).

Die entscheidende Gefahr für die volkswirtschaftliche Prosperität und damit auch für die wohlfahrtsstaatliche Handlungsfähigkeit wird darin gesehen, dass das unausgeschöpfte Humankapital die Fähigkeit der deutschen Industrie und Forschung schmälert, durch innovative und kreative Lösungen führende Positionen im globalen Wettbewerb zu erringen (vgl. PP13, S. 433). Unter der Annahme, dass Deutschland sich mehr als bisher zu einer Wissensökonomie bzw. zu einer Wissensgesellschaft entwickeln muss, um den Trend der globalen Ökonomie nicht zu verpassen, wird folgende volkswirtschaftliche Bedarfseinschätzung vorgenommen: „Das Potenzial unseres Landes ist nicht das Erdöl und sind nicht die Erze, sondern *qualifizierte* und motivierte Menschen" (PP2, S. 22102; H. d. V.). Dass die Bundesrepublik Teile ihres Humankapitals brachliegen lässt, erscheint der Bildungsarmutskonstruktion umso sträflicher, da sie gerade für Deutschland einen hohen Fachkräftemangel attestiert (vgl. PP12, S. 242). Beklagt wird das sukzessive Wegbrechen der in Ausbildungsgängen und Meisterschulen gebildeten „Praxiselite" (PP2, S. 22098), vor allem aber, dass kontinuierlich zehntausende an Ingenieuren und Naturwissenschaftlern im Land fehlen.[17] Ohne genügend dieser akademischen, technisch-naturwissenschaftlichen Kräfte lässt sich der Wohlstand in Deutschland nicht mehr lange sichern – so die Bildungsarmutskonstruktion (vgl. PP12, S. 250).[18]

---

16 Für die Bildungsarmutskonstruktion spiegeln diese Abbrecherfälle zwar primär, aber auch nicht alleinig, das Kinderarmutsproblem wider, da ihrem Verständnis nach die qualitative Unzulänglichkeit des deutschen Bildungssystems – zumindest in deutlich abgeschwächter Form – auch die Kinder sozioökonomisch besser gestellter Eltern trifft (siehe Kap. 5.1).

17 Siehe für die vergleichsweise geringe Bedeutung von Naturwissenschaften für die Berufsorientierung deutscher Jugendlicher: OECD (2016b, S. 124).

18 Eine vom Grunde her ähnliche Problematisierungslogik findet sich bereits bei Picht (1964) (vgl. auch Edding 1963).

Den *sozialen Teil* der Bedrohung der erfolgreichen Meisterung des Weges in die Wissensgesellschaft sieht die Bildungsarmutskonstruktion in der Unterminierung der gesellschaftlichen Kohäsion. Die damit verbundene Prämisse lautet: „Eine Gesellschaft muss [...] so gestaltet sein, dass möglichst alle Menschen in der Lage sind, ihre jeweiligen Begabungen zu erkennen, sie auszubilden und schließlich dauerhaft und möglichst selbstbestimmt für sich selbst und andere einsetzen zu können" (PP13, S. 468). Da dies aufgrund der Bildungschancenungerechtigkeit in Deutschland nicht der Fall ist, fürchtet die Bildungsarmutskonstruktion, dass sich Bildungsmängel vererben und die Kinder der gegenwärtigen bildungsfernen Marktverlierer die Niedriglohnsektorbeschäftigten und Grundsicherungsempfänger von morgen sein werden (vgl. PP9, S. 24388). Diese Einschränkung der sozialen Mobilität erzeugt bei der Bildungsarmutskonstruktion die Befürchtung, dass die in ihren Bildungs- und damit künftigen Lebenschancen marginalisierten Kinder der bildungsfernen Marktverlierer in Zukunft nicht mehr leistungsbereit und erwartungsvoll ihr Bestes in einem für sie kaum zu gewinnenden Kampf um Bildungserfolge und sozioökonomisch gut dotierte gesellschaftliche Positionen geben werden. Dies ist die Angst dieser Konstruktion vor der auf die von Kinderarmut betroffenen Kinder wirkenden Anziehungskraft eines Gefühls der Wertlosigkeit und Ausgeschlossenheit. Die Bildungsarmutskonstruktion fürchtet einen Verfall dieser Gruppe in apathische Hoffnungslosigkeit bzw. im schlimmsten Fall in eine Totalverweigerungshaltung gegenüber dem Bildungsversprechen einer Wissensgesellschaft bei gleichzeitigem devianten Aktionismus, der die Bundesrepublik in ‚französische Verhältnisse' sozialer Unruhen oder politischen Radikalismus stürzt (vgl. PP12, S. 252; PP27, S. 4985).[19]

Auf den ersten Blick scheinen der individuelle Problemkern und die gesellschaftliche Problemrelevanz gleichberechtigt nebeneinander zu stehen. Es gehört zum guten Ton der Bildungsarmutskonstruktion, beides – zumindest rhetorisch – auf dieselbe Stufe zu stellen: „Wenn man sie [Investitionen in Bildung; A. d. V.] nicht tätigt, schadet man erstens den Kindern und Jugendlichen, vor allem mit Blick auf ihre Zukunft [...]. Zweitens wird es teurer. Sie wissen genau, dass dadurch eine Vielzahl sozialer Probleme entsteht, wo wir dann mühsam nachbessern müssen und die wir nie gelöst bekommen" (PP24, S. 4269). Das Problem der Kinderarmut wird als „dramatisch für die Schüler" und „ebenso dramatisch für den Staat" (PP13, S. 433) kommuniziert. Die nachfolgende Analyse der mit der Kinderarmutsbekämpfung verfolgten Ziele zeigt jedoch, dass es eine Rangordnung gibt, wobei die gesellschaftliche Ebene die dominierende ist

---

19 Siehe hierzu auch den Exklusionsdiskurs vertreten u. a. durch die Beiträge in Bude/Willisch (2006, 2008); Bude (2008); die Beiträge in Castel/Dörre (2009) sowie die Arbeit von Kronauer (2010).

und somit als Problem*relevanz* fungiert (siehe Kap. 5.3). So wie in der Erziehungsarmutskonstruktion die Gefährdung der sozialen Marktwirtschaft die oberste Ebene und daher die Problemrelevanz darstellt, die den Problemkern der verwahrlosten Unterschichtsfamilie umschließt (siehe Kap. 4.2), bildet hier die Bedrohung der bundesrepublikanischen Anpassung an die Erfordernisse der Wissensgesellschaft die oberste Problemebene, die das Chancenungerechtigkeitsproblem des Einzelnen umklammert. Anders als in der Erziehungsarmutskonstruktion gilt allerdings nicht die alte Wirtschaftsform als bedroht, sondern der Transformationsweg in die neue.

5.3 Evolution zur prosperierenden Wissensgesellschaft (Strategie)

Welchen Lösungsweg zu welchem Zweck schlägt die Bildungsarmutskonstruktion vor, um das von ihr als wohlfahrtsstaatlich mitverursacht wahrgenommene Problem zu beheben, dass das potenziell in der Gesellschaft verfügbare Humankapital im Zuge schichtabhängiger Ungerechtigkeiten nicht erschöpfend gefördert wird? Wie nachfolgend gezeigt wird, sind die zur Kinderarmutsbekämpfung propagierten Mittel bildungsfokussiert angelegt und lassen sich in die zwei Stränge der Grundhaltung einerseits und der konkreten Änderungsvorschläge andererseits unterteilen. Mit dieser analytisch aufgetrennten ‚Bildungsoffensive‘ versucht die Bildungsarmutskonstruktion, das Ziel einer fairen, aber vor allem prosperierenden Wissensgesellschaft zu erreichen.

Mittel I – Grundhaltung: Bildung total! (und Geld marginal)

Während das Vorgehen gegen Kinderarmut in der Erziehungsarmutskonstruktion dem Leitspruch folgt ‚Sozial ist, was Arbeit schafft‘ (siehe Kap. 4.3), lässt sich die Bildungsarmutskonstruktion dem Slogan „Vorfahrt für Bildung" (PP12, S. 241) zuordnen (vgl. auch PP31, S. 6433). Der als notwendig erachtete Großausbau der öffentlichen Bildungsbemühungen wird trotz der monierten Defizite (siehe Kap. 5.1) als ein Aufsatteln auf Bestehendes verstanden (vgl. PP12, S. 236). Damit ähnelt die Bildungsarmutskonstruktion der Konstanz der propagierten Mittel, wie sie in der Erziehungsarmutskonstruktion beobachtet werden kann (siehe Kap. 4.4). Da die Bildungsarmutskonstruktion auf eine Fortentwicklung und kein reines Erhalten bzw. Retten als bedroht erachteter Gesellschaftsverhältnisse ausgerichtet ist, lässt sich die in der Erziehungsarmutskonstruktion zudem vorliegende Konstanz der Ziele allerdings nur in einem geringeren Maß beobachten.

Programmatisch wird die hier vorgeschlagene Bildungsoffensive als dringend notwendige gemeinsame Kraftanstrengung aller politischen Ebenen kommuniziert (vgl. PP21, S. 2938). Das Scharnier zwischen diesem programmatischen Aufschlag und konkreten Vorschlägen für die Bildungsoffensive stellt die Finanzierungsfrage dar. Bildung wird als hochgradig rentables Investitionsobjekt angepriesen (siehe Kap. 5.4), dessen aktuelle Unterfinanzierung auf Bundes-, Landes- und Kommunalebene überwunden werden muss. Der Appell der Bildungsarmutskonstruktion lautet unmissverständlich: „Wir müssen in Bildung, Bildung und nochmals Bildung investieren" (PP1, S. 21824). Als Voraussetzung für den als massiv angedachten Investitionsschub[20] wird das Ablegen der „Fesseln" gesehen, die sich der Wohlfahrtsstaat im Rahmen seiner als verfehlt wahrgenommenen Umverteilungspolitik „selbst [...] angelegt" (PP24, S. 4227) hat (siehe auch Kap. 5.1; Kap. 5.2). Dies bedeutet für die Bildungsarmutskonstruktion, nicht nur die als überzogen taxierte Unterstützung und steuerliche Entlastung der Marktgewinner (siehe Kap. 5.1) zurückzufahren, sondern auch durch eine Verbesserung der Finanzlage der Marktverlierer qua erhöhter Grundsicherung und flächendeckenden (einstellig angesetzten) Mindeststundenlöhnen[21] den Binnenmarkt zu stärken und somit die Einnahmen des Staates zu erweitern. Dahinter steht die Annahme, dass die Sparquote bei den einkommensarmen Marktverlierern verhältnismäßig gering ausfällt, wodurch jeder zusätzlich erhaltene Euro direkt in den Konsum und somit in den Binnenmarkt fließt. Während also in der Erziehungsarmutskonstruktion der Konsum der SGB-II-Empfänger als potenzielle Bedrohung der Leistungsmotivation der erwerbstätigen Mittelschicht kritisch beäugt und moralisiert wird (siehe Kap. 4.2; Kap. 4.4), gilt hier der Konsum sozioökonomisch schlecht aufgestellter Bevölkerungsmitglieder funktional als ‚stille Reserve'. Die Strategie zur Bekämpfung der Kinderarmut strebt folglich einerseits auch eine Verbesserung der monetären Lage der bildungsfernen Marktverlierereltern an – andererseits geschieht dies nicht, um ihr bildungsbezogenes Möglichkeitsproblem (siehe Kap. 5.1) zu lösen, sondern um die wohlfahrtsstaatliche Handlungsmacht auszubauen (vgl. PP1, S. 21807f.; PP3, S. 22281ff.; PP27, S. 4996 sowie auch Wagner/Brenke 2013).

Mit dem Plus in der Haushaltskasse soll unter staatlicher Gewährleistungshoheit eine umfassende öffentliche Bildungsoffensive gestartet werden. Ein gutscheinbasiertes Vorgehen zur Kompensation punktueller Defizite des öffent-

---

20 Im Dickicht der unterschiedlichen Summen, die diesbezüglich in der Bundestagsdebatte kursieren, ist deutlich ersichtlich, dass die zusätzliche Bereitstellung möglichst *hoher* Beträge für das öffentliche Bildungssystem anvisiert wird, um die deutschen Bildungsausgaben dem durchschnittlichen OECD-Niveau anzupassen bzw. um diese in einen zweistelligen Bereich des Anteils am BIP zu heben (vgl. PP12, S. 241; PP13, S. 432).

21 In Kongruenz zu dieser Forderung trat am 16.08.2014 das Mindestlohngesetz in Kraft, das einen allgemeinen Bruttomindeststundenlohn in Höhe von 8,50 Euro vorschreibt. Dieser Stundensatz stieg zum 01.01.2017 auf 8,84 Euro (vgl. www.bmas.de/DE/Themen/Arbeitsrecht/Mindestlohn/mindestlohn.html; Abfrage: 27.03.2017).

lichen Bildungssystems – wie es von der Erziehungsarmutskonstruktion propagiert wird (siehe Kap. 4.3) – wird dabei explizit zurückgewiesen.[22] Die Gründe für diese Zurückweisung liegen neben der Sorge vor Diskriminierungen der Gutscheinempfänger in Zweifeln an der Leistungsfähigkeit eines solchen bürokratischen Ausgabesystems: erstens, da diese Leistungen aktiv beantragende Eltern voraussetzen; zweitens, da übergebührende Verwaltungskosten befürchtet werden und drittens, da die Sorge vorherrscht, dass diese Form der wohlfahrtsstaatlichen Unterstützung nicht bedarfsdeckend ist. Der Gutscheinlösung wird eine vollständig kostenfreie und im Vergleich zum Status quo qualitativ aufgewertete, expandierte Infrastruktur durch die öffentliche Hand gewährleisteter Bildungsangebote entgegengesetzt. Die Expansion der öffentlichen Bildungsanstrengungen soll „entlang der kompletten Bildungskette, von der frühkindlichen Bildung über den Ausbau der Ganztagsschulen bis zur Ausstattung der Hochschulen" (PP26, S. 4605) inklusive der Aus- und Weiterbildung erfolgen. Die als kinderarmutsmitverursachend eingestuften Institutionen Kindergarten und Schule werden also nicht isoliert aufgegriffen, sondern sind als Teil einer umfassenden Förderung der *lebenslang lernenden Wissensgesellschaft* gedacht – mit so heterogenen Anliegen wie bspw. der Expansion von Studienplätzen, dem Initiieren kommunaler Bildungslandschaften und breit aufgestellten Weiterbildungsallianzen, Erleichterungen bei der Anerkennung ausländischer Bildungsabschlüsse sowie dem Ausbau von Internetverbindungen, öffentlichen Bibliotheken, Sport-, Freizeit- und Kulturangeboten (vgl. PP1, S. 21817; PP12, S. 236 ff.; PP13, S. 435; PP19, S. 2067; PP26, S. 4755; PP34, S. 7476, S. 7485; PP38, S. 8743).

Mittel II – Bildung konkret:
Neue Schulen und vor allem neue Kitas braucht das Land

So sehr die Reformierung von Kindergarten und Schule als Teil einer umfassenden Bildungsoffensive konzeptualisiert ist, so sehr liegt – dem Ursachenverständnis entsprechend – zugleich der Fokus der Kinderarmutsbekämpfung auf eben diesen beiden Einrichtungen. Die Bildungsarmutskonstruktion tritt dafür ein, den „Einsatz der öffentlichen Mittel […] auf den Bereich, wo die meisten Kinder zu erreichen sind, auf den Bereich der frühkindlichen Bildung, auf Kindergarten, auf Schule und Grundschule, zu konzentrieren" (PP13, S. 434). Bei beiden Institutionen soll der Sachleistungscharakter gestärkt werden, um günstigere vorpädagogische Lernbedingungen zu schaffen. Hierzu sollen die Kosten, die im Rahmen des Besuchs der Bildungseinrichtung entstehen – bspw. für

---

22 Entgegen der Zurückweisung dieser Konstruktion trat (rückwirkend) zum 01.01.2011 das sogenannte Bildungs- und Teilhabepaket (BuT) in Kraft (Näheres siehe Kap. 3.1.1). Für dessen Bilanzierung siehe Dehmer et al. (2016).

Ausflüge und Lehrmittel –, vollständig übernommen und zudem Versorgungs-
angebote, wie bspw. eine kostenlose Kindergarten- und Schulspeisung, offeriert
werden (vgl. PP21, S. 2939).

Der Kern der speziell für die *Schule* vorgeschlagenen Reform liegt im Bereich der Stärkung der angebotenen Dienstleistung. Gefordert wird eine Ausweitung der Phase des gemeinsamen Lernens sowie die Einführung eines flächendeckenden Angebots an Ganztagsschulen, sodass mehr zivilgesellschaftliche
Akteure in schulisches Lernen involviert sind und non-formale sowie informel-
le Bildungsprozesse im Schulalltag an Bedeutung gewinnen.[23] Darüber hinaus
sollen Schulsozialarbeit und kostenloser Förderunterricht, der private Nachhilfe[24] überflüssig werden lässt, zum Schulstandard erhoben werden; auch sollen
mehr Lehrer in zudem qualitativ verbesserten Studiengängen ausgebildet werden, damit diese dann an technisch besser ausgestatteten Schulen unterrichten
können (vgl. PP12, S. 240; PP13, S. 434, S. 443; PP21, S. 2938f.; PP27, S. 5154;
PP34, S. 7485; PP37, S. 8308).

So sehr sich das Problemverständnis auf den schulischen Erfolg bezieht, ist
es der *Kindergarten,* dem auf der Ebene der Problemlösung die entscheidende
Rolle zugeschrieben wird. Wie im Ursachenkapitel skizziert, gelten Kindergärten einerseits als chronisch unterfinanzierte, quantitativ unzureichend vorgehaltene und qualitativ ungenügend ausstaffierte öffentliche Bildungseinrichtungen, deren wenige gute, vor allem private und daher eher teure Ausnahmen sich
die bildungsfernen Marktverlierer am wenigsten leisten können (siehe Kap. 5.1).
Andererseits werden Kindergärten als das vom Grunde her entscheidende Fundament gelungener Bildungskarrieren hervorgehoben.[25] Dieser Erwartungshal-
tung liegt die Zuschreibung eines hohen Potenzials zur Bildungsförderung und
Chancenegalisierung durch die biographisch frühe Bildung in Kindergärten zugrunde, wovon die zu Hause vergleichsweise wenig geförderten Kinder der bildungsfernen Marktverlierer am meisten profitieren sollen (vgl. PP17, S. 1664;
PP27, S. 5040 sowie auch OECD 2011, S. 188f.).[26]

---

23 Zum Stand des Ganztagsschulausbaus siehe: StEG-Konsortium (2016).
24 Die Qualität von Nachhilfeangeboten und der Beitrag dieser Angebote zur Steigerung der
   Bildungschancengleichheit werden von Birkelbach et al. (2017) kritisch beurteilt.
25 Für die Ausgestaltung und Entwicklung des politischen Diskurses frühkindlicher Bildung,
   Betreuung und Erziehung siehe u. a. Rauschenbach/Borrmann (2010); Hübenthal/Ifland
   (2011); Klinkhammer (2010, 2014) sowie Ifland (2017).
26 Die hohen Erwartungen an frühe Bildungsförderung werden vor allem im Kontext des
   Diskurses der Humankapitalinvestition vorgebracht (vgl. dafür Carneiro/Heckman 2003;
   Cunha/Heckman 2006; Heckman/Masterov 2007 sowie Esping-Andersen 2002a, 2004;
   siehe auch das Interpretament der entwicklungsunfunktionalen Kindheitsregulierung in
   Kap. 2.3.1). Zu den kritisch-relativierenden Stimmen hinsichtlich der Ungleichheitsbe-
   kämpfung durch Kindertageseinrichtungen zählen u. a. Betz (2010, 2013) sowie Beyer
   (2012).

Der Logik des ‚je früher, desto besser‘ folgend, sollen die öffentlichen Haushalte nicht einfach mehr in Bildung investieren, sondern zuvörderst die Ausgaben für Kindergärten erhöhen, indem sie „die öffentliche Bildungsfinanzierung vom Kopf auf die Füße und die Priorität der Investitionen an den Anfang stellen" (PP13, S. 434). Mit den erhöhten finanziellen Zuwendungen sollen Kindergärten quantitativ weiter ausgebaut und zugleich hinsichtlich ihrer pädagogischen Qualität verbessert werden (vgl. PP16, S. 1411).[27] Vergleichbar zur Schule bildet auch im Kindergartenbereich die Stärkung der angebotenen Dienstleistung den Reformkern. Das Anliegen der Bildungsarmutskonstruktion ist es, den Bildungsauftrag von Kindergärten stärker zu betonen und diese Pädagogisierung durch eine bundesweite Vereinheitlichung der Qualitätsstandards zu festigen (vgl. PP12, S. 236; PP21, S. 2938). Im Gegensatz zum Anliegen der Erziehungsarmutskonstruktion, Kindergärten sozialpädagogisch konnotiert mit Blick auf die Bewältigung alltäglicher Familienprobleme und die kindliche Werteerziehung weiterzuentwickeln (siehe Kap. 4.3), votiert die Bildungsarmutskonstruktion dafür, Kindergärten als ersten Teil lebenslanger beruflicher Bildung zu begreifen. Dem Orientierungspunkt des Eltern-Kind-Zentrums in der Erziehungsarmutskonstruktion stellt diese Konstruktion ihr Anliegen gegenüber, Kitas „zu Häusern der kleinen Forscher weiter[zu]entwickeln" (PP12, S. 236). Damit lehnt sich die Bildungsarmutskonstruktion symbolisch und faktisch an eine Initiative an, die sich der „Bedeutung der naturwissenschaftlichen und technischen (Früh-)Bildung" verschrieben hat und das Wecken des „Forschergeist[es] von Mädchen und Jungen im Kita- und Grundschulalter" anstrebt (Haus der kleinen Forscher 2014, o. S.). Neben der Heranführung an naturwissenschaftliche Kompetenzanforderungen sollen Kitas zudem dafür sorgen, dass jedes Kind soweit die deutsche Sprache beherrscht, dass es dem späteren Schulunterricht folgen kann (vgl. PP12, S. 46; PP24, S. 4228; PP26, S. 4753).

Um die propagierten Qualitätsfortentwicklungen realisieren zu können, soll zum einen das quantitative Kind-Betreuer-Verhältnis durch mehr Fachpersonal aufgebessert werden. Zum anderen votiert die Bildungsarmutskonstruktion für eine Akademisierung der Fachkräfte in den Einrichtungen und zumindest eine Ausweitung der Qualifikation der Tageseltern. Zudem tritt sie für eine Verbesserung der Entlohnung von Erziehern ein. Dies soll verhindern, dass vor allem die fähigen Kräfte die Kleinkinderziehung gegen attraktivere Arbeitsverhältnisse in anderen Bereichen des Bildungs- und Erziehungssektors eintauschen (vgl. PP2, S. 22095; PP4, S. 22423; PP12, S. 251; PP21, S. 2938; PP27, S. 5154).[28]

---

27 Siehe für das politische Streben nach einer Steigerung der Kita-Qualität auch BMFSFJ/ JFMK (2016).

28 Für den Diskurs zur Akademisierung und Professionalisierung der Frühpädagogik siehe Blossfeld/Roßbach (2012); vbw (2012); Beiträge in Betz/Cloos (2014); Beiträge in Friedrich et al. (2016) sowie die Beiträge in von Balluseck (2017).

Zielstellung: Faire, vor allem prosperierende Wissensgesellschaft

Mit den vorangehend skizzierten Mitteln – also primär durch das, was als „starke Schulen [und] starke Kindertagesstätten" (PP19, S. 2067) im Gesamtgefüge einer umfassenden Bildungsoffensive wahrgenommen wird – soll das Grundproblem der Kinderarmut (siehe Kap. 5.2) gelöst und die Bildungsarmut in Deutschland reduziert werden (vgl. PP21, S. 2939). Das Ziel liegt darin, „allen Kindern die *gleichen Chancen* auf die *beste Bildung* zu ermöglichen" (PP20, S. 2415; H. d. V.). In diesem Zitat wird ersichtlich, dass die Bildungsarmutskonstruktion auf der Zielebene auf das Zusammenspiel zweier ‚Megathemen' setzt: „Chancengleichheit und Bildungsqualität" (PP12, S. 238). In Kongruenz zum Problemverständnis lässt sich diese Zielstellung ebenfalls in einen individuums- und einen gesellschaftsbezogenen Teil auftrennen.

Auf der *individuumsbezogenen Zielebene* lässt sich die Differenzierung fortführen und die Auftrennung sowohl in einen kinderarmutsindirekten, absoluten Bereich als auch einen kinderarmutsdirekten, relativen Bereich vornehmen. Im *kinderarmutsindirekten, absoluten Bereich* steht der in den vorangegangenen Ausführungen skizzierte Gedanke der Bildungsqualität im Vordergrund. Die Bildungsarmutskonstruktion strebt mit ihrer Bildungsoffensive an, die Bundesrepublik zum weltweit führenden Bildungsland mit der besten Bildungsinfrastruktur heranwachsen zu lassen. Die Bildungsoffensive soll an dieser Stelle eine Antwort auf die generelle, für die Kinder *aller* Schichten mehr oder weniger gleich zutreffende Frage liefern, wie sie effektiver durch öffentliche Bildungseinrichtungen gefördert werden können. In der Trennung von Kompetenzen und formalen Abschlüssen wird im Bereich des erstgenannten Aspektes angestrebt, „dass *niemand* zurückgelassen wird, dass *jeder* mitgenommen wird, dass *jede* Begabung gefördert wird" (PP3, S. 22284; H. d. V.), während es im Zuge des zweiten Aspekts darum geht, dass „*kein* junger Mensch mehr ohne Schulabschluss und ohne Ausbildung in sein Leben starten muss" (PP12, S. 238; H. d. V.). Jedes Kind soll erfolgreicher als bisher, seine individuellen Fähigkeiten durch das Bildungssystem entfalten können. In Kongruenz zum schulerfolgsbezogenen Problemverständnis (siehe Kap. 5.2) stellen in diesem Unterfangen Bildungserfolge im frühkindlichen Bereich kein eigenständiges Ziel dar, sondern fungieren als Mittel zum Zweck des Schulerfolgs, der wiederum dazu dienen soll, Kindern als künftigen Erwachsenen gute – bzw. im Vergleich zur Bevölkerung anderer Nationen: bessere – Arbeits- und Verdienst- und somit Lebenschancen zu eröffnen (vgl. PP1, S. 21818; PP12, S. 240; PP19, S. 2066; PP21, S. 2939).

Der absolute Bereich lässt sich als Vorstufe zum *kinderarmutsdirekten, relativen Bereich* der individuumsbezogenen Zielebene verstehen. Dieser Bereich knüpft am Aspekt der Chancengleichheit an (vgl. PP21, S. 2939). Dahinter verbirgt sich das Streben nach einer möglichst weitgehenden Entkopplung des schulischen Bildungserfolges von der Zufälligkeit der Geburt und dem elterlichen Einfluss auf die Entfaltung der Talente und Fähigkeiten des Kindes. Angestrebt wird die Durchbrechung der generationalen Reproduktion bildungsferner Marktverlierer (vgl. PP18, S. 1855). Wie im kinderarmutsindirekten, absoluten Bereich lässt sich auch hier anhand der Trennlinie von Kompetenzen und Abschlüssen differenzieren. Die Bildungsoffensive soll sowohl grundlegend dafür sorgen, dass Kindern „Lernen auf allen Ebenen [...] ermöglicht wird, egal aus welcher sozialen Schicht sie kommen" (PP34, S. 7481). Zudem sollen schichtbedingte Hemmnisse speziell auf dem Weg zum formalen Schulabschluss abgebaut werden (vgl. PP19, S. 2064).[29] Auch hier zeigt sich eine Dominanz des Schulbezugs, da frühkindliche Bildung als vorschulischer Beitrag zum Zweck des möglichst herkunftsunabhängigen Schulerfolgs verstanden wird. Wie im vorangegangenen Zielbereich wird zudem auch hier die Bildungsfrage des Kindes als Chancenfrage des zukünftigen Erwachsenen erachtet. Durch die Schaffung von Bildungschancengleichheit sollen den gegenwärtig von Kinderarmut betroffenen Kindern in ihrer Zukunft als Erwachsene möglichst herkunftsunabhängige und damit als fair erachtete Arbeitsmarkt- und damit Teilhabechancen gewährleistet werden (vgl. PP13, S. 433; PP18, S. 1845).

Das Zusammenspiel des kinderarmutsindirekten, absoluten Zielbereichs mit dem kinderarmutsdirekten, relativen Zielbereich erinnert unweigerlich an das von John Rawls postulierte Differenzprinzip als Teil seiner Vorstellung von sozialer Gerechtigkeit. Dieses lautet: „Der intuitive Gedanke ist der, daß [sic] die Gesellschaftsordnung nur dann günstigere Aussichten für Bevorzugte einrichten und sichern darf, wenn das den weniger Begünstigten zum Vorteil gereicht" (Rawls 1971/1979, S. 96).

Über die Brücke der Chancengerechtigkeit lässt sich in die *gesellschaftsbezogene Zielebene* wechseln. Die diesbezügliche Argumentationslogik lautet, dass sich die Bundesrepublik das aktuelle Ausmaß verpasster Chancen des Einzelnen langfristig nicht erlauben kann. Dass mit der Bildungsoffensive nicht nur die Überwindung der Chancenbeeinträchtigungen des einzelnen Kindes bildungsferner Marktverlierereltern, sondern noch weitere Ziele angestrebt werden, verdeutlichen Aussagen wie die folgende: „Wir brauchen eines der besten Bildungssysteme der Welt, wenn wir gesellschaftlichen Zusammenhalt, Wohlstand und soziale Sicherheit in Deutschland bewahren wollen" (PP12, S. 251). Die sich darin andeutende gesellschaftsbezogene Zielorientierung lässt sich in einen sozialstrukturellen, einen volkswirtschaftlichen und einen wohlfahrtsstaatlichen Teil untergliedern.

---

29 Siehe für die Feststellung eines Voranschreitens der Bildungschancengerechtigkeit bei gleichzeitigen regionalen Disparitäten – vor allem auch hinsichtlich des Schulerfolgs von Schülern mit Migrationshintergrund: Berkemeyer et al. (2017).

Im *sozialstrukturellen Teil* wird an die Unterscheidung eines auf die Chancen des Individuums ausgerichteten Problemkerns und einer gesellschaftsbezogenen Problemrelevanz angeknüpft (siehe Kap. 5.2). In der Logik der Bildungsarmutskonstruktion stehen die beiden Teile zueinander in Beziehung, wobei das nachfolgende Zitat andeutet, dass damit eine Gewichtung zugunsten der gesellschaftsbezogenen Problemrelevanz verknüpft ist: „Für die Kinder ist das [gemeint ist eine möglichst herkunftsunabhängige Bildungschancengewährung; A. d. V.] eine Frage der Lebenschancen. Aber für unser Land entscheidet sich hier der gesellschaftliche Zusammenhalt" (PP19, S. 2066). An dieser Stelle der Zielsetzung steht die Absicht im Vordergrund, durch die Bildungs- und damit Lebenschancenegalisierung die soziale Kohäsion in der Gesellschaft aufrechtzuerhalten, indem die *gesamte* Bevölkerung ihren Glauben an eine Politik bewahrt, die ihnen verspricht, durch Bildung Wohlstand bzw. sozialen Aufstieg erreichen zu können – ohne dass sich Teile der Bevölkerung in bildungsresignative Parallelwelten zurückziehen (vgl. PP2, S. 22098).

Im *volkswirtschaftlichen Teil* soll die Bildungsoffensive bzw. die Bekämpfung der Kinderarmut direkt die Anpassung der Bundesrepublik an die Erfordernisse der Wissensökonomie bzw. – weiter gefasst: der Wissensgesellschaft – ermöglichen und so Arbeitsplätze schaffen. Durch die qualitativ gestärkten und egalisierten Bildungszugänge soll das potenziell in der Bevölkerung verfügbare Humankapital effektiver als bisher abgeschöpft und anschließend einer volkswirtschaftlichen Verwertung am Arbeitsmarkt zugeführt werden. Die deutsche Ökonomie soll auf gewinnbringende Talente nicht einzig und allein aufgrund der niedrigen sozioökonomischen Herkunft dieser Humankapitalträger verzichten müssen. Obwohl also sowohl die Erziehungsarmutskonstruktion als auch die Bildungsarmutskonstruktion nach einer effektiveren Schaffung von Erwerbstätigen streben, steht in der Bildungsarmutskonstruktion die Herstellung der Arbeits*fähigkeit* im Vordergrund, während die Erziehungsarmutskonstruktion sich auf die Arbeits*willigkeit* fokussiert (siehe Kap. 4.3). In diesem Kernstück der Zielsetzung geht es der Bildungsarmutskonstruktion darum, durch eine ausreichende Menge hochqualifizierter Fachkräfte in der Industrie und naturwissenschaftlichen Forschung dafür zu sorgen, dass die Bundesrepublik als sogenannter Hochtechnologiestandort bestehen kann. Anders als in der Erziehungsarmutskonstruktion steht nicht das Festhalten an dem als erfolgreich eingeschätzten Modus ‚soziale Marktwirtschaft' im Vordergrund (siehe Kap. 4.3; Kap. 4.4), sondern dessen zeitgemäße Fortentwicklung. Für die Bildungsarmutskonstruktion ist das Entwickeln *neuer* Technologien der Königsweg, um sich in Zeiten der globalisierten Wissensökonomie eine Spitzenposition im internationalen Konkurrenzkampf der nationalen Volkswirtschaften zu sichern und so die Prosperität der Bundesrepublik aufrechtzuerhalten bzw. zu mehren (vgl. PP2, S. 22090; PP3, S. 22285; PP12, S. 249; PP13, S. 433).

Mit der Schaffung von mehr und höher qualifizierten Arbeitnehmern eng verbunden ist der *wohlfahrtsstaatliche Teil* der gesellschaftsbezogenen Zielsetzung. Vergleichbar zur Erziehungsarmutskonstruktion zielt auch die Bildungsarmutskonstruktion auf eine finanzielle Entlastung des Wohlfahrtsstaates durch eine effektivere Arbeitsmarktintegration. Während die Erziehungsarmutskonstruktion dazu bei Kindern vor allem an den Einstellungsmustern und der inneren Haltung zu Leistungs- und Verantwortungsbereitschaft ansetzt (siehe Kap. 4.3), orientiert sich die Bildungsarmutskonstruktion an der fähigkeitsbezogenen Annahme, dass die Wahrscheinlichkeit von Arbeitslosigkeit umso geringer ausfällt, je höher jemand qualifiziert ist – wodurch zugleich weniger der als unnötig verstandenen Kosten für den Wohlfahrtsstaat anfallen (vgl. PP2, S. 22099; PP19, S. 2066 sowie siehe Kap. 5.2).

So wie in der Erziehungsarmutskonstruktion mit dem Erhalt der sozialen Marktwirtschaft das oberste Ziel der Kinderarmutsbekämpfung gesellschafts- und gemeinwohlbezogen angelegt ist (siehe Kap. 4.3), dominiert in der Bildungsarmutskonstruktion die gesellschaftsbezogene die individuumsbezogene Zielsetzungsebene und weist ebenfalls einen *Gemeinwohlbezug* auf (vgl. dafür auch Lessenich 2008b, S. 76f.). Mit der Bekämpfung der Kinderarmut wird in erster Linie die Sicherstellung des zukünftigen Bestehens der Bundesrepublik und nachrangig die Lebenschancenproblematik des einzelnen von Kinderarmut betroffenen Kindes angestrebt. Die gesellschaftsbezogene Vormachtstellung wird in Äußerungen wie der folgenden explizit: „Bildung und Wohlstand durch Qualifikation erreichen. Das gilt für jeden Einzelnen; das gilt aber vor allen Dingen für unseren Wirtschaftsstandort Deutschland" (PP2, S. 22098; vgl. zudem PP24, S. 4270). Die Bekämpfung der Kinderarmut im Sinne der Bildungsarmutskonstruktion zielt also auf die *Evolution* der deutschen Gesellschaft zu einer fairen Wissensgesellschaft mit besten Startchancen für möglichst alle Kinder, wobei diese Wissensgesellschaft primär eins sein soll: ökonomisch prosperierend.

5.4 Dritter Weg und Sozialinvestition!? (Rahmenbedingungen)

Wie die Erziehungsarmutskonstruktion weist auch die Bildungsarmutskonstruktion unverkennbare Parallelen zum ‚Dritten Weg' von Anthony Giddens (1999, 2001) bzw. zur ‚Sozialinvestitionsstrategie' von Gøsta Esping-Andersen (2002a+b, 2004, 2016) auf.[30] Im Gegensatz zur Erziehungsarmutskonstruktion

---

30 Siehe für die beiden Ansätze auch das Interpretament der entwicklungsunfunktionalen Kindheitsregulierung in Kap. 2.3.1.

entsteht die Parallelität zum Investitionsdiskurs nicht via einer Erwerbsarbeits-
verehrung und Verantwortungsbetonung (Dritter Weg) und dem Eintreten für
eine werte- und normenbetonende Entwicklungsförderung von Kindern (Sozialinvestitionsstrategie), wobei diese in der Sozialinvestitionsstrategie allerdings bildungsbezogen ausfällt (siehe Kap. 4.4). Vielmehr zeigt sich die ideologische Verwandtschaft einerseits anhand des Bemühens der Bildungsarmutskonstruktion, Lebenschancen durch Bildungschancen herzustellen, und andererseits
mittels der Propagierung von biografisch möglichst früh ansetzenden öffentlichen Investitionen in die Bildung des Einzelnen zum Zweck der volkswirtschaftlichen Verwertung des somit generierten Humankapitals (siehe Kap. 5.3).
Wo die Grenzen der Verwandtschaft zum ‚Dritten Weg' bzw. zur ‚Sozialinvestitionsstrategie' liegen und von welchen Rahmenbedingungen die Bildungsarmutskonstruktion noch geprägt ist, wird in diesem Kapitel mittels der folgenden vier Punkte dargelegt:

- Wohlfahrtsstaat und Wirtschaft als ungleiche Symbiose und die Grenzen
  des Verhältnisses zum Investitionsdiskurs
- Familie: Eltern als zusehends geforderte Weichensteller und Kinder als po-
  tenziell fähige Arbeitsbürger der Zukunft
- Bildung als Ware
- Soziale Gerechtigkeit als produktivistische Chancengerechtigkeit.

Wohlfahrtsstaat und Wirtschaft als ungleiche Symbiose
und die Grenzen des Verhältnisses zum Investitionsdiskurs

Wie die Kritik an der wohlfahrtsstaatlichen Programmatik (siehe Kap. 5.1) andeutet, wirbt die Bildungsarmutskonstruktion für eine enge Symbiose von Wohlfahrtsstaat und Wirtschaft, um eine win-win-Situation von „ökonomischer
Vernunft und sozialstaatlicher Verantwortung" (PP26, S. 4756) zu erreichen.
Vergleichbar zum Wechselverhältnis von Wohlfahrtsstaat und Wirtschaft, wie
es in der Erziehungsarmutskonstruktion vorgebracht wird (siehe Kap. 4.4), gilt
eine prosperierende Volkswirtschaft als Voraussetzung für einen leistungsstarken Wohlfahrtsstaat. Dieser leistungsstarke Wohlfahrtsstaat wird von der Bildungsarmutskonstruktion als Instanz wahrgenommen, die sowohl im Zuge ihrer
Fähigkeit, Humankapital aufzubauen als auch in ihrer Funktion als Regulativ
der Löhne und der Grundsicherung zur volkswirtschaftlichen Stabilität beitragen kann und soll – ohne auf Kosten sitzenzubleiben, die hiernach eigentlich
vom Arbeitsmarkt zu tragen sind (siehe Kap. 5.3; Kap. 5.1). Die Betonung der
Regulierungsfunktion ist Teil einer im Vergleich zur Erziehungsarmutskonstruktion deutlich marktkritischeren Haltung (vgl. PP1, S. 21807, S. 21812). Aus
diesem Grund wird hier – anders als in der angebotsorientierten Wirtschaftspolitik des ‚Dritten Weges' (vgl. Giddens 2001, S. 62) und im Gegensatz zur Erziehungsarmutskonstruktion (siehe Kap. 4.3) – an eine nachfragebezogene Lo-

gik der Wirtschaftspolitik angeschlossen (vgl. grundlegend Keynes 1936/2017). Da sich die darin eingebettete Verbesserung der Einkommenslage der Marktverlierer rein aus der Idee einer Ankurbelung des Binnenmarktes speist (siehe Kap. 5.3), liegt sie konzeptionell auf einer anderen Ebene als die in Esping-Andersens Sozialinvestitionsstrategie propagierte Umverteilungsausweitung zur Totalabschaffung der relativen Einkommensarmut von Familien und der damit verbundenen Sicherung der finanziellen Handlungsoptionen der Eltern (vgl. Esping-Andersen/Sarasa 2002, S. 12 ff. sowie Esping-Andersen 2004, S. 511).[31]

Dass auch in der Bildungsarmutskonstruktion Wohlfahrtsstaat und Wirtschaft nicht als Partner einer gleichberechtigten Wechselbeziehung gedacht werden (siehe für die Erziehungsarmutskonstruktion: Kap. 4.4), sondern ebenfalls ein Ungleichgewicht zu Gunsten der Wirtschaft vorliegt, legt vor allem die ökonomische Brille nahe, durch die Armut – sowie jeder andere gesellschaftliche Aspekt – betrachtet wird. Der Bildungsarmutskonstruktion zufolge lohnt es, Armut aus einem wirtschaftlichen Blickwinkel zu betrachten sowie gesellschaftliche Spaltungs- und Ausgrenzungsprozesse als Beeinträchtigung des ökonomischen Wachstums zu problematisieren (vgl. PP1, S. 21807). Vergleichbar zur Erziehungsarmutskonstruktion (siehe Kap. 4.4) erlangt auch hier der Wohlfahrtsstaat seine Existenzberechtigung primär aufgrund der Herstellung günstiger volkswirtschaftlicher Bedingungen. Trotz dieser ökonomisch funktionalisierten Armutswahrnehmung sowie der Zuschreibung einer grundsätzlichen Mitschuld der bildungsfernen Marktverlierereltern am Kinderarmutsproblem (siehe Kap. 5.1) wird die Gruppe der Marktverlierer hier – anders als in der Erziehungsarmutskonstruktion und dem Ansatz des Dritten Weges – weder pauschal diskriminiert noch mit Verantwortungsappellen im Stil von ‚keine Rechte ohne Pflichten‘ konfrontiert (vgl. Giddens 1999, S. 81 sowie siehe Kap. 4.3). So wird nicht nur die Einkommenslage der erwerbstätigen Marktunteren durch die Kritik am Niedriglohnsektor strukturproblematisierend betrachtet (siehe Kap. 5.1), auch die arbeitslosen Marktäußeren unter den Marktverlierern werden grundsätzlich als Benachteiligte dieser ungünstigen Strukturlage wahrgenommen, da es – vor allem für schlecht Gebildete – als schwer gilt, eine existenzsichernd entlohnte Arbeitsgelegenheit zu finden (vgl. PP19, S. 2046).

Da somit Grundsicherungsempfänger – anders als in der Erziehungsarmutskonstruktion – nicht als per se vertrauensunwürdige, potenzielle Leistungsmissbraucher gesehen werden (siehe Kap. 4.2), wurzelt die hier vorliegende nonmonetäre, auf Sach- und Dienstleistungen der Bildungsinfrastruktur gerichtete Strategie zur Kinderarmutsbekämpfung in der Forderung, „bei der Betonung von Sachleistungen endlich auf das Argument zu verzichten, dass die Eltern das

---

31 Siehe auch das Interpretament einer entwicklungsunfunktionalen Kindheitsregulierung in Kap. 2.3.1.

Geld ihrer Kinder versaufen würden" (PP19, S. 2042 f.). Trotz dieser Grundhaltung, trotz der Wahrnehmung eines monetären Möglichkeitsproblems der von Kinderarmut betroffenen Eltern (siehe Kap. 5.1) und trotz des Anliegens, aus binnenwirtschaftlichen Gründen auch die Grundsicherung zu erhöhen (siehe Kap. 5.3), ist die Bildungsarmutskonstruktion zugleich nicht abgeneigt, im Notfall Geldleistungen für Grundsicherungsempfänger und ihre Kinder zu kürzen bzw. auf dem selbst als zu gering taxierten Niveau zu belassen – sofern die eingesparten Mittel in die Bildungsinfrastruktur investiert werden. Eine gute, kostenlose Bildungsinfrastruktur lässt die Notwendigkeit erhöhter Regelsätze schwinden und kommt zudem allen Kindern zu Gute – so die Logik dieser Leitidee von ‚notfalls Bildung statt Geld' (vgl. PP19, S. 2067; PP28, S. 5407; PP38, S. 8751).[32]

Familie: Eltern als zusehends geforderte Weichensteller und Kinder als potenziell fähige Arbeitsbürger der Zukunft

Wie auch in der Erziehungsarmutskonstruktion werden Eltern als die maßgeblichen Weichensteller für die Zukunft des Kindes und damit der Gesellschaft erachtet (siehe Kap. 5.1; Kap. 5.2). Das Elternverständnis der vorliegenden Kinderarmutskonstruktion weicht allerdings hinsichtlich der Punkte Entwicklungsfokus, Strukturkritik und Subsidiaritätsbedeutung von der Vorgängerkonstruktion ab und gewinnt dadurch seine eigene Kontur.

- *Entwicklungsfokus:* Während die elterlichen Weichenstellungen für die kindliche Entwicklung in der Erziehungsarmutskonstruktion im Kontext von Werten und Normen wahrgenomen werden (siehe Kap. 4.2–4.4), steht hier die kindliche Wissens- und Fähigkeitsentwicklung in der Familie im Vordergrund (vgl. PP1, S. 21810; PP32, S. 6794).
- *Strukturkritik:* Vergleichbar zur Erziehungsarmutskonstruktion folgt auch die Bildungsarmutskonstruktion der Annahme, dass Elternarbeit schichtunabhängig mit erheblichen Schwierigkeiten verbunden ist. Während in der Erziehungsarmutskonstruktion zudem von einem prinzipiellen Individualversagen sogenannter ‚Unterschichteltern' ausgegangen und daraus eine kritische Perspektive auf Eltern als solches abgeleitet wird (siehe Kap. 4.2; Kap. 4.4), herrscht hier eine stärkere Offenheit für Strukturkritik vor, wenngleich die bildungsfernen Marktverlierereltern als vom Grunde her immer mitschuldig am Kinderarmutsproblem verstanden werden (siehe Kap. 5.1). Die Bildungsarmutskonstruktion erachtet Eltern als solches als *zusehends geforderte Weichensteller,* welche die Bildungsprozesse ihrer Kinder mehr oder eben weniger erfolgreich fördern. Neben den im Zuge der Wissens-

---

32 Siehe auch ‚Dienste vor Geld' als Kurzformel im ‚Elften Kinder- und Jugendbericht' (vgl. BMFSFJ 2002, S. 54).

gesellschaft stetig steigenden Anforderungen an innerfamiliäre Bildungsbemühungen wird ihnen in der Gegenüberstellung mit Kinderlosen ein gravierender struktureller Nachteil bezüglich der Teilnahme am Arbeitsmarkt
zugesprochen, da die Versorgung mit Kinderbetreuungsangeboten zu gering ausfällt und auch darüber hinaus die Arbeitswelt nur wenig familien-
freundlich ausgerichtet ist – was zugleich Einschnitte in den familiären Alltag
nach sich zieht (vgl. PP17, S. 1664; PP19, S. 2053; siehe für die gegenteilige
Einschätzung der Betreuungsstruktur: Erziehungsarmutskonstruktion, Kap.
4.1). Der angestrebte Kindergartenausbau wurzelt also nicht nur in einem
Bildungs-, sondern ergänzend auch in einem Betreuungsmotiv.[33]

• *Subsidiaritätsbedeutung:* Ein drittes wesentliches Unterscheidungsmerkmal
zur Erziehungsarmutskonstruktion und weiteres Kriterium des Elternver-
ständnisses dieser Kinderarmutssinngebung liegt auf der Ebene der Subsidiarität. Die Verantwortung für das kindliche Wohl – zuvörderst im Bereich
früher Bildung – wird im Gegensatz zur Erziehungsarmutskonstruktion sowohl den Eltern als auch dem Wohlfahrtsstaat im Sinne eines regulären, ko-
operativen Miteinanders zugeschrieben und nicht als problembehaftetes,
subsidiaritätsbetonendes Nacheinander eines unterschichtsdefizitkompen-
sierenden Wohlfahrtsstaates gedacht (siehe Kap. 4.2; Kap. 4.4). Diese Orientierung an einer zumindest partiellen Verantwortungteilung anstelle einer
elternfixierten Verantwortungsbetonung umreißt ein Parlamentarier so: „Es
geht aber nicht nur um die persönliche Verantwortung der Eltern, sondern
auch um gemeinschaftliche Verantwortung, um die Verantwortung der Gesellschaft, des Staates, all diesen Kindern eine Perspektive zu eröffnen"
(PP19, S. 2067).[34] Mit diesem Eintreten für eine stärkere De-Familialisie-
rung von früher Kindheit geht die Vorstellung öffentlicher Bildungsinstitutionen als im Vergleich zur Familie vom Grunde her funktional effektive-
rem und gerechterem Ort der Humankapitalbildung für Kinder einher.

In der Wahrnehmung von Familien als wohlfahrtsstaatlich zu unterstützendem,
wenngleich aufgrund der Unterschiedlichkeit der familiären Möglichkeiten, Fähigkeiten und Willigkeiten ambivalentem Bildungsort schwingt mit, dass Kindheit – vom Grunde her vergleichbar zur Erziehungsarmutskonstruktion – als
eine Entwicklungsphase mit Kindern als Werdenden aufgefasst wird. Diese
Entwicklungsvorstellung ist allerdings nicht nur bildungsfokussierter angelegt,
sondern auch mit weniger Schutzgedanken ausgestattet und enger auf den Arbeitsmarkt ausgerichtet als in der Erziehungsarmutskonstruktion (siehe Kap. 4.4).

---

33 Für eine Auseinandersetzung mit dem Verhältnis dieser beiden Motive siehe Joos (2002).
34 Siehe den ‚Elften Kinder- und Jugendbericht' für die richtungsweisende Betonung der
   öffentlichen Verantwortung für das Aufwachsen von Kindern (vgl. BMFSFJ 2002) sowie
   daran anknüpfend den ‚14. Kinder- und Jugendbericht' (vgl. BMFSFJ 2013).

Kindheit wird von der Bildungsarmutskonstruktion zur *förderungsbedürftigen Entwicklungsphase* erhoben, in der Kinder eindimensional als „Arbeitskräfte von morgen" (PP36, S. 7966; vgl. zudem PP3, S. 22284) gelten, deren durch passende Institutionen auszubildende Talente den „zentrale[n] Rohstoff" (PP26, S. 4606) der Bundesrepublik ausmachen. Sie werden als *potenziell fähige Arbeitsbürger der Zukunft*[35] behandelt, die sowohl ein Bedarfssubjekt als auch -objekt von Bildung sind.

Auf der Ebene des ‚Bedarfssubjektes' wird Folgendes betont: „Kinder *brauchen* in allererster Linie gute, frei zugängliche Bildungsinstitutionen und eine gute Bildungsinfrastruktur" (PP12, S. 244; H. d. V.). Mit dieser Bedarfszuschreibung werden Kinder trotz des ebenfalls von der Bildungsarmutskonstruktion vertretenen Imperativs des lebenslangen Lernens von Erwachsenen abgegrenzt. Wie sich in der Problemkernabsteckung (siehe Kap. 4.2) andeutet, wird zwar Kindern der Bildungsbedarf zugesprochen, im Zuge des auch hier vorherrschenden Zukunftsbezugs im Kindheitsverständnis handelt es sich allerdings um das Recht des künftigen Erwachsenen, als gegenwärtiges Kind möglichst gut gebildet worden zu sein. Bei der Ausgestaltung der Bildungsorte, -mittel, -ziele etc. steht nicht die Frage im Raum, wie es Kindern als Kindern damit geht, sondern inwiefern diese Aspekte für sie als spätere Arbeitsbürger der Wissensgesellschaft ökonomisch verwertbar sind (vgl. auch Qvortrup 2012). „Bildung ist Bürgerrecht" (PP12, S. 240) und nicht Kinderrecht bzw. andersherum ausgedrückt, sind Kinder diesem Verständnis nach keine Bürger, sondern sich Entwickelnde, aus denen bei entsprechend ‚guter' Bildungsförderung „ein ganz wichtiger Mitbürger in unserer Gesellschaft *wird*" (PP13, S. 458; H. d. V.; vgl. zudem PP12, S. 243).[36]

Auf der Ebene des ‚Bedarfsobjektes' wird – vor allem unter dem Druck als zu gering erachteter Geburtenzahlen (siehe auch Kap. 4.4) – ein massiver gesellschaftlicher Bedarf von möglichst effektiv und umfassend abzuschöpfendem Humankapital diagnostiziert (vgl. PP12, S. 236; PP34, S. 7475; PP38, S. 8741). An dieser Stelle wird explizit, dass der Wert dieser Bevölkerungsgruppe für die Bildungsarmutskonstruktion in der funktionalen Vorstellung wurzelt, dass „Gold in den Köpfen unserer Kinder" liegt und dass die „Zukunftschancen unseres Landes […] eng verbunden mit den Talenten [sind], die in diesen Köpfen stecken" (PP24, S. 4231).

---

35 Diese Bezeichnung ist dem Begriff der ‚citizen-workers of the future' entlehnt (vgl. Lister 2003, 2004b, 2006, 2013). Diese von Lister im Zuge ihrer Analysen des britischen ‚Social Investment State' entwickelte Beschreibungsfigur holte Olk (2007) unter dem Stichwort ‚Arbeitsbürger der Zukunft' in den deutschen Diskurs kindheitsbezogener Wohlfahrtsstaatsanalysen.

36 Für die explizite Retrospektivität des Bildungsrechtes im Citizenship-Konzept siehe Marshall (1949/1992, S. 51).

Bildung als Ware

Bildung stellt die alles dominierende Interpretationsfolie dieser Kinderarmuts-sinngebung dar. Neben den durchgängigen Bezügen im Ursachen-, Kontext- und Lösungszugang werden konsequent alle Beeinträchtigungen in den Lebenswelten von Kindern als Gefährdung ihrer Bildungs- und Zukunftschancen interpretiert (vgl. auch PP1, S. 21808).[37] So wird bspw. selbst kindliches Spiel einzig unter dem Aspekt der pädagogischen Nützlichkeit ins Auge gefasst (vgl. PP3, S. 22349).[38] Dieser Bildungsfixierung entsprechend wird auch das BVG-Urteil zur Verfassungswidrigkeit der SGB-II-Regelsätze (siehe Kap. 3.1.1) als Appell für eine Bildungsreform verstanden (vgl. PP19, S. 2044; PP20, S. 2452 f.), während die Erziehungsarmutskonstruktion darin den Anstoß zur möglichst weitreichenden Umstellung der Grundsicherung für Familien von Geldtransfers auf Sach- und Dienstleistungen sieht (siehe Kap. 4.3).

Die Bildungsfixierung dieser Konstruktion pendelt zwischen Bedrohung und Hoffnung. Auf der Ebene der *Bedrohung* wird Folgendes postuliert: Wer in der gegenwärtigen Zeit des immer mehr an Bedeutung gewinnenden Bildungsimperativs der Wissensgesellschaft als Individuum ungebildet ist, geht ein hohes Risiko ein, ökonomisch zu verarmen; eine Gesellschaft, die ihr Humankapitalpotenzial nicht umfassend und möglichst herkunftsunabhängig abschöpft, riskiert ihren ökonomischen und sozialen Kollaps. Dieser Logik folgend argumentiert die Bildungsarmutskonstruktion „dass das Thema Bildung die eigentliche soziale Frage des 21. Jahrhunderts ist" (PP26, S. 4619). In der Bedrohungssorge schwingt ein ebenso großes Maß an *Hoffnung* mit, die mit der Wissensgesellschaftsadaption anstehenden Herausforderungen qua Bildung tatsächlich erfolgreich meistern zu können. In der Annahme, dass Bildung individuelle und kollektive Armut verhindert bzw. Wohlstand schafft und zudem dem Einzelnen die Möglichkeit der persönlichen Entfaltung und Teilhabe gewährt, gelten Bildungsmaßnahmen als das effektivste sozialpolitische Mittel[39] und als Investitionen, die sich mehrfach auszahlen (vgl. PP24, S. 4269; PP26, S. 4756).[40] Bildung – verstanden als Erwerbsarbeitsbefähigung – wird als *ökonomisch wertvolle Ware* im Sinne einer langfristigen Kostenersparnis für den Wohlfahrts-

---

37 Für kindliche Überforderung durch ‚Bildungswahn' (am Beispiel Singapurs) siehe: Wise (2016).

38 Die Bedeutung von Spiel in der wohlfahrtsstaatlichen Regulierung von Kindheit zeigt Ifland (2016) auf. Eine Auseinandersetzung mit Spiel als solches liefern Hüther/Quarch (2016).

39 Siehe grundlegend zum Zusammenhang von Bildungs- und Sozialpolitik: Opielka (2005) sowie Allmendinger/Leibfried (2005).

40 Gewinnrechnungen im Bildungskontext finden sich für den deutschsprachigen Raum u. a. bei Fritschi/Oesch (2008) sowie Pfeifer (2010), während eine kritische Analyse des Sozialinvestitionsdiskurses in folgenden Beiträgen nachgelesen werden kann: Evers (2008) sowie Jenson/Saint-Martin (2003); Lister (2003, 2004b, 2006, 2013); Jenson (2014).

staat und als Vorbedingung volkswirtschaftlicher Prosperität gedacht. Dieses Verständnis von wohlfahrstaatlichen Ausgaben, die sich sowohl für den Wohlfahrtsstaat selbst als auch für die Volkswirtschaft lohnen sollen, markiert die Grundeinstellung dieser Kinderarmutskonstruktion gegenüber wohlfahrtsstaatlichen Eingriffen.

Soziale Gerechtigkeit als produktivistische Chancengerechtigkeit

Wie in der Kontext- und Strategieskizzierung dargelegt (siehe Kap. 5.2; Kap. 5.3), ist das Gerechtigkeitsverständnis dieser Kinderarmutskonstruktion in der Logik der Chancengerechtigkeit verwurzelt. Die gesellschaftsbezogene Dominanz der Zielstellung mitsamt ihrem gemeinwohlbezogenen Fokus auf die volkswirtschaftliche Prosperität (siehe Kap. 5.3) lässt es zu, den Chancengerechtigkeitsfokus als produktivistisch zu attribuieren.[41] Diese Attribuierung verweist darauf, dass der Chancenbezug dieser Konstruktion auch einen imperativen Charakter hat. Der Appell, seine Fähigkeiten für das Gemeinwohl zu entfalten, fällt zwar weniger fordernd und weniger explizit aus als im ‚Muss'-Duktus der Erziehungsarmutskonstruktion (siehe Kap. 4.4), allerdings ist auch in der hier vorliegenden, impliziten und leisen ‚Soll'-Form die Aufforderung unverkennbar, sein eigenes Potenzial möglichst gut auszubilden, um es dem Arbeitsmarkt und somit dem Gemeinwohl zur Verfügung zu stellen.

Die Verankerung der Bildungsarmutskonstruktion in der ‚*produktivistischen Chancengerechtigkeit*' erfährt sowohl eine generationsgerechtigkeitsbezogene Verstärkung als auch eine Ergänzung durch die Logik der Leistungsgerechtigkeit. Auf der Ebene der *Stärkung* lässt sich beobachten, dass die als ungenügend erachteten Bildungsausgaben nicht nur als chancen-, sondern auch als generationenungerecht bemängelt werden.[42] Obwohl die Egalisierung der Bildungschancen der gegenwärtigen Kinder eigentlich auf die Verbesserung der Lebenschancen des späteren Erwachsenen zielt und dieses individuumsbezogene Ziel zudem der gesellschaftsbezogenen Zielebene untergeordnet ist (siehe Kap. 5.3), wird die angestrebte Bildungsoffensive als etwas kommuniziert, von dem „Kinder und Jugendliche heute und in Zukunft profitieren" (PP22, S. 2990). Mit dieser Generationsgerechtigkeitsstärkung der hier tonangebenden Logik der produktivistischen Chancengerechtigkeit knüpft die Bildungsarmutskonstruktion an die von Doris Bühler-Niederberger (2005, S. 159) herausgearbeitete Vorgehensweise an, die Legitimität politischer Forderungen mit Verweis auf die (vermeintliche) Bedürftigkeit von Kindern zu erhöhen: auch wenn es – wie hier –

---

41 Siehe für die Logik produktivistischer Gerechtigkeit: Leisering (2004a, S. 36; 2007, S. 88) sowie Kap. 3.2.3.

42 Siehe für den Ansatz der Generationengerechtigkeit: Becker/Hauser (2009, S. 40 ff.); Leisering (2007, S. 90); Olk (2009) sowie Kap. 3.2.3.

nicht um Kinder im ‚Hier und Jetzt', sondern um zukünftige Erwachsene bzw. die Erwachsenengesellschaft geht.

Auf der Ebene der *Ergänzung* erweitert die Bildungsarmutskonstruktion ihren Chancengerechtigkeitsfokus um den Aspekt der Leistungsgerechtigkeit.[43] Die Forderung nach einer Mindestlohneinführung fungiert in der Bildungsarmutskonstruktion nicht nur als Mittel der Binnenmarktstärkung (siehe Kap. 5.3), sondern auch als Puffer zu der ebenfalls für die Binnenmarktstärkung zu erhöhenden Grundsicherung. Während also die Erziehungsarmutskonstruktion auf die Kombination aus Lageverschlechterung für SGB-II-Empfänger und Einkommensverbesserung für Arbeitnehmer setzt, um den Lohnabstand zu erhöhen (siehe Kap. 4.3), geht es hier um eine Aufrechterhaltung des Abstandes zwischen Grundsicherung und Arbeitseinkommen – allerdings auf insgesamt höherem Niveau. Im Verständnis der Bildungsarmutskonstruktion soll das, worauf faire Chancen vergeben werden sollen – nämlich: Arbeitsmarktpositionen –, aus der Perspektive der Arbeitslosen weiterhin lohnenswert erscheinen, allerdings ohne die Gewährleistung des soziokulturellen Existenzminimums in Frage zu stellen (vgl. PP19, S. 2062; PP38, S. 8742). Auch hier unterscheidet sich die Bildungs- von der Erziehungsarmutskonstruktion, da ihr Verständnis eines soziokulturellen *Existenz*minimums stärker in Richtung der gesellschaftlichen Mitte und Normalität strebt als das *minimum*orientierte Verständnis der Erziehungsarmutskonstruktion (siehe Kap. 4.4) – auch wenn dahinter keine bedarfsbezogene, sondern die vorangehend skizzierte, produktivistische Logik der Binnenmarktstärkung steht.

5.5 Kritik des Unkritisierbaren (Konsequenzen)

Die Konsequenzen, die im politischen Feld als Folge einer vollständigen Realisierung der Bildungsarmutskonstruktion gesehen werden, sind in eine zumindest vom Grunde her diffus-wohlwollende Haltung gegenüber dem Anliegen eines Bildungsausbaus eingebettet. Hier scheint sich der hegemoniale Charakter des Wissensgesellschaftsdiskurses widerzuspiegeln. Dennoch finden sich in der untersuchten Plenardebatte vier kritikbehaftete Aspekte, denen zufolge eine Verwirklichung der Bildungsarmutskonstruktion zu einer Abwertung, Überbewertung, Übernutzung sowie Unternutzung von Bildung führen wird. Diese vier Kritikpunkte werden nachfolgend erläutert.

---

43 Siehe für Leistungsgerechtigkeit: Leisering (2007, S. 87 f.); Becker/Hauser (2009, S. 31 ff.) sowie Kap. 3.2.3.

Abwertung von Bildung

Aus dem bürgerlich-konservativen Lager ertönt die Kritik, dass eine Verschärfung der für die Marktgewinner geltenden Steuerpflicht zu einer finanziellen Mehrbelastung der aus Sicht dieses Lagers eigentlich stärker zu entlastenden gesellschaftlichen Leistungselite führen wird (vgl. PP20, S. 2414). Im Zuge dieser Kritik wird der Widerspruch deutlich, dass die Bildungsarmutskonstruktion eigentlich dafür eintritt, das Leistungsprinzip aufrecht zu erhalten bzw. sogar auszubauen. Dies erfolgt explizit im Arbeitsmarktbereich mit der Idee, dass sich Leistung weiterhin lohnen soll (siehe Kap. 5.4) und implizit im Bildungsbereich mit dem Anliegen, Bildungserfolge stärker von den elterlichen Fähigkeiten, Möglichkeiten und Willigkeiten zu entkoppeln und der Leistung des Kindes durch gleich ausstaffierte Chancen mehr Gewicht für den Bildungserfolg zu geben (siehe Kap. 5.3). Zugleich wird das Leistungsprinzip jedoch durch den geplanten Rückbau der Entlastung sozioökonomisch besser Gestellter zurückgefahren.

Ergänzt man die Kritik an der von der Bildungsarmutskonstruktion geplanten Steuerreform um die von ihr ebenfalls angedachte Anhebung der SGB-II-Regelsätze sowie die Einführung des Mindestlohnes und kombiniert dies mit der von ihr vertretenen Annahme, dass Einkommen und Bildung positiv miteinander korrelieren, erscheint die Unterminierung des hier eigens propagierten Leistungsgerechtigkeitsprinzips noch gravierender und noch paradoxer: Da durch die Einführung des Mindestlohnes und die Erhöhung der Grundsicherung die Finanzlage der primär weniger gut Gebildeten verbessert wird, schwindet die Distinktionskraft des mittleren und oberen Einkommens der zuvörderst besser Gebildeten, wodurch Bildung als der hier propagierte Königsweg zu lukrativen Arbeitsmarktpositionen an Bedeutung verliert. Bildungsbemühungen und -leistungen lohnen sich für den Einzelnen hinsichtlich seiner Stellung im Arbeitsmarkt und seines Verdienstes folglich weniger, obwohl genau dies im Verständnis der Bildungsarmutskonstruktion nicht der Fall sein soll.

Überbewertung von Bildung

Aus der linkspolitischen Perspektive, wie sie auch in der Geldarmutskonstruktion vorherrscht (siehe Kap. 6), wird kritisiert, dass die Verbesserung der ökonomischen Lage der Marktverlierer lediglich implizit als ein zufälliges Nebenprodukt, ohne direkt darauf gerichtete Intention erfolgt und dass die Bildungsarmutskonstruktion zugleich einer Kürzung der Familien in der SGB-II-Grundsicherung zur Verfügung stehenden Geldmittel nicht vollends abgeneigt ist – solange die Bildungsversorgung anderweitig, infrastrukturell, sichergestellt ist bzw. durch eben diese Kürzungen finanziell ermöglicht werden soll (siehe Kap. 5.4 sowie vgl. PP36, S. 7965). Ökonomische wie auch anderweitige Ungleichheiten und Benachteiligungen, denen es nicht gelingt, als Funktionsstörung des Marktes oder zumindest der als marktförderlich eingestuften Bildungsprozesse in Erscheinung zu treten, geraten zusehends in die Marginalität, Zufälligkeit und Fragilität wohlfahrtsstaatlichen Denkens und Handelns. Die systematische Auseinandersetzung mit Fragen der Bedarfs-, Anerkennungs- und Generationengerechtigkeit etc. tritt im Verständnis dieser Kritik in den Schatten der produktivistisch ausstaffierten Chancengerechtigkeit und einer damit verbundenen übergebührenden Pädagogisierung ökonomischer Verteilungsprobleme (vgl. auch Butterwegge 2009, S. 258).

Die Überbewertung von Bildung als wohlfahrtsstaatlicher Modus wird auch innerhalb der Bildungsarmutskonstruktion selbst ersichtlich. So wird zwar „Bildung" als „der beste Weg, um Arbeitslosigkeit und niedrige Einkommen zu verhindern" (PP1, S. 21824) propagiert, aber gerade die ergänzend zu pädagogischer Intervention aufgestellte Forderung nach einer Mindestlohneinführung zeigt, dass dies so ungebremst auch für diese Konstruktion selbst nicht zutrifft. Bildung als Mittel gegen Einkommensarmut und Arbeitslosigkeit funktioniert in der Logik dieser Konstruktion als relationales Versprechen an den Einzelnen, somit eine bessere Chance auf ein hohes Einkommen zu haben, als jemand, der weniger Bildung aufweisen kann. Als Mittel zur strukturellen Verhinderung von Niedrigeinkommen und dem damit verbundenen Abgleiten in eine als zu niedrig taxierte Grundsicherung trotz Erwerbstätigkeit reicht der Bildungsfokus dieser Konstruktion allein nicht aus – auch wenn durch eine verbesserte Bildungslage der Bevölkerung das volkswirtschaftliche Wohl im Gesamten nach oben gehoben wird und sich die Ungleichheit der Einkommen auf einem höheren Niveau abspielt (vgl. auch Braches-Chyrek 2015, S. 172 f.).

Übernutzung von Bildung

Die Kritiker der Bildungsarmutskonstruktion, die die Interessen des Bildungsbürgertums vertreten, verweisen darauf, dass das Anliegen, die Bildungschancen eltern- und damit herkunftsunabhängiger sowie die Arbeitsmarktchancen fairer als bisher zu verteilen, auch eine Verliererseite produziert. So protestierten „[ü]ber 182 000 Hamburgerinnen und Hamburger" gegen ein „[l]ängeres gemeinsames Lernen mit der Brechstange" (PP13, S. 433). Was seitens der Bildungsarmutskonstruktion mit Blick auf die Volkswirtschaft, den Wohlfahrtsstaat, die Kinder der bildungsfernen Marktverlierer sowie Kinder im Gesamten als Errungenschaft kommuniziert wird, tritt dem Bildungsbürgertum als Verlust entgegen. Es sind die Kinder der gut gebildeten Marktgewinner, die durch eine Schwächung des elterlichen Einflusses auf den kindlichen Bildungserfolg mit einer größeren Gruppe ernst zu nehmender Kontrahenten um attraktive Arbeitsmarktpositionen konkurrieren müssen. Folglich erscheint dem Bildungsbürgertum – bzw. dessen politischer Vertretung – das egalisierende Potenzial, das Bildung in sich trägt, als im Rahmen der Bildungsoffensive dieser Kinderarmutskonstruktion übergebührend genutzt, da eine Destabilisierung der Sozialstruktur droht, in der ihre Vorteilsposition gefährdet wird (vgl. auch Bude 2013).

Diese Sorge entspringt einer Gruppe, der auch bei einer vollständigen Realisierung der Bildungsarmutskonstruktion dennoch wirksame Möglichkeiten
bleiben, sich aktiv gegen das wohlfahrtsstaatliche Bemühen der (vor-)schuli-
schen Bildungschancenegalisierung zu stemmen, indem sie mehr als zuvor ihre
vergleichsweise hohen ökonomischen, sozialen und kulturellen Kapitalien zu
Gunsten der Bildungsentwicklung ihrer Kinder einsetzt. Zudem bleibt ihnen
– selbst bei einer noch so gelungenen Bildungschancenegalisierung – die Distinktion bspw. qua habitueller Passungen sowie verlässlicher Kontakte zu sozioökonomisch mächtigen Akteuren als Vorsprung erhalten (vgl. auch Braches-Chyrek
2015, S. 166 ff.). Diese Spannung zwischen einer gesteigerten sozialen Mobilität
von unten nach oben einerseits und einer andererseits dennoch verbleibenden
Stabilität der Grundordnung der Sozialstruktur scheint ein wesentlicher Grund
für die – trotz bildungsbürgerlicher Proteste – vom Grunde her weitgehend
wohlwollende Grundhaltung gegenüber einem bildungsausbaubasierten Kampf
gegen Kinderarmut zu sein. Schließlich profitiert auch das Bildungsbürgertum
von der hier angestrebten allgemein höheren (vor-)schulischen Bildungsqualität, der höheren volkswirtschaftlichen Prosperität und wohlfahrtsstaatlichen
Leistungsfähigkeit sowie der Aufrechterhaltung des Glaubens der breiten Masse, durch Bildung aufsteigen zu können – und der daran gekoppelten Akzeptanz der Sozialstruktur, da die jeweils eingenommenen Positionen als fair vergeben und soziale Ungleichheiten somit als legitim dargestellt werden können.
Von diesem Glauben profitiert sie umso stärker, je mehr Distinktionsmöglich-
keiten ihr dennoch verbleiben.

Unternutzung von Bildung

Der vierte kritische Einwand bezüglich der Konsequenzen einer Realisierung
der Bildungsarmutskonstruktion speist sich aus einem Bezug zum Varianzraum
kritisch-emanzipatorischer Bildungsverständnisse (vgl. exemplarisch Adorno
1959/2006; Heydorn 1970; Klafki 1976, 1990) und dem bildungsbezogenen Teil
des Partizipations- bzw. Demokratiediskurses (vgl. Schnurr 2015, S. 1174 f.). Aus
der Perspektive dieser Kritik verpasst es die Bildungsarmutskonstruktion sowohl konzeptionell als auch mit Blick auf die anvisierten Akteure, das Potenzial
von Bildung auszuschöpfen. Dem liegt folgendes Bildungsverständnis zu Grunde, wie es auch für die Rechtearmutskonstruktion konstituierend ist: „Bildung
ist die Voraussetzung für innere und äußere Freiheit. Bildung schafft geistige
Selbstständigkeit und Urteilsvermögen. Deshalb ist Bildung auch eine Voraussetzung für die Wahrnehmung demokratischer Rechte und Pflichten" (PP12,
S. 250). Im Abgleich mit dieser Bildungsvorstellung lässt es die Bildungsarmutskonstruktion mit ihrem Fokus auf Erwerbsarbeitsbefähigung und Humankapitalbildung *konzeptionell* aus, Bildungsbemühungen zu expandieren, die über
ökonomisch verwertbare Kompetenzen hinausgehen und auf ein solidarisches
Miteinander sowie die Fähigkeit zu Selbstbestimmung und demokratischer

Mitbestimmung abzielen (vgl. auch Klundt 2017, S. 114). Aus der Perspektive der Rechtearmutskonstruktion drückt sich diese konzeptionelle Engführung auch in einer *akteursbezogenen* Marginalisierung aus. Demnach kommen als Folge des ökonomiefixierten Bildungsverständnisses die spezifischen Bildungsbenachteiligungen derjenigen Gruppe von Kindern umso weniger in den Blick, je weiter diese von einer Einbindung in den deutschen Arbeitsmarkt als künftige Erwachsene entfernt scheinen – so allen voran geflüchtete Kinder und Kinder mit Behinderungen (siehe Kap. 7.2; Kap. 7.3).

Kapitel 6
Kinderarmut als Geldarmut

6.1 Der hässliche Kapitalismus und sein böser Freund (Ursache)

Die Geldarmutskonstruktion geht davon aus, dass Deutschland durch eine kapitalistische Wirtschafts- und Gesellschaftsordnung geprägt ist.[1] Dem Verständnis dieser Konstruktion nach liegt darin die Ursache des Armutsproblems jedweder Bevölkerungsgruppe – und damit auch des Kinderarmutsproblems. Ermöglicht und verschärft wird das als Wüten wahrgenommene Auftreten des Kapitalismus durch die Unterwerfung des Wohlfahrtsstaates unter die Vorherrschaft des ‚Kapitals'.

Der hässliche Kapitalismus

Als Ausgangspunkt der Ursache für Kinderarmut erscheint der Geldarmutskonstruktion, dass Deutschland als kapitalistische Marktwirtschaft einer auf ökonomische Ungleichheit geeichten Wirtschafts- und Gesellschaftsordnung folgt, in der es umso leichter fällt, ökonomisches Kapital anzuhäufen, je mehr Geld man bereits besitzt (vgl. PP12, S. 137).[2] Die einfachere Kapitalanhäufung wird nicht als einziges Privileg verstanden, das umso stärker ausgebildet ist, je höher die ökonomischen Ressourcen ausfallen. Auch bezüglich der politischen Einflussmacht wird angenommen, dass diese umso größer ist, über je mehr Geld jemand verfügt. In Konkordanz zur Postdemokratie-These von Colin Crouch (2008) wird vor allem der deutschen Wirtschaftselite ein so immenses Maß an Macht zugeschrieben, dass sich Staatsvertreter „von Bankvorständen oder vom Management gewisser Automobilkonzerne wie dumme Tanzbären am Nasenring durch die Manege ziehen lassen" (PP12, S. 137). Politische Akteure werden dem Doppelvorwurf ausgesetzt, entweder von der Wirtschaftselite gekauft zu sein oder sich von ihnen erpressen zu lassen (vgl. PP19, S. 2046; PP22, S. 2986).[3] Die in diesen Doppelvorwurf eingebettete Sorge vor einer ge-

---

1 Siehe für die Feststellung einer Unaussprechlichkeit der Diagnose eines gegenwärtigen deutschen Kapitalismus: Heinrich (2005, S. 9) sowie Dörre et al. (2009, S. 11).

2 Siehe grundlegend zur Kapitalakkumulation als Kapitalismusmerkmal: Marx (1872/2009, S. 520 ff.) sowie sekundär dazu: Heinrich (2005, S. 122 ff.).

3 Siehe hierzu auch die Streichung von Passagen zum politischen Einfluss reicher Bevölkerungsteile aus dem ‚Fünften Armuts- und Reichtumsbericht' (vgl. Spiegel online 2016a+b; Süddeutsche Zeitung 2016).

sellschaftlichen Entdemokratisierung durch den Kapitalismus erhält ihr Gewicht auch dadurch, dass die Geldarmutskonstruktion nicht nur von einer antidemokratischen Zersetzung des Politischen durch die Wirtschaftselite ausgeht, sondern es zudem als problematisch erachtet, dass die Steuerung wirtschaftlicher Großprozesse durch diese Elite per se ohne demokratische Kontroll- und Mitbestimmungsmechanismen abläuft (vgl. PP5, S. 22721; siehe auch Kap. 6.3; Kap. 6.4).

Das Stigma, „Bettvorleger für das Klientel der Vermögenden und Reichen" (PP12, S. 196) zu sein, mit dem politische Akteure belegt werden, fällt einerseits ebenso pauschal diffamierend aus, wie die Unterschichtszugehörigkeitsbeschuldigung, welche die Erziehungsarmutskonstruktion an die SGB-II-Empfänger heranträgt (siehe Kap. 4.1). Andererseits wird dieser Vorwurf weitaus expliziter geäußert und betrifft keine Gruppe am unteren Gesellschaftsrand, sondern mächtige Kreise gesellschaftlich Etablierter. Während es SGB-II-Empfängern zudem nicht möglich ist, vollständig von ihrer Beschuldigung loszukommen, ist dies für die angeklagten politischen Akteure unter der Bedingung gegeben, dass sie politisch für das eintreten, was im Verständnis dieser Konstruktion als Kampf gegen die Vormachtstellung des Kapitals gilt und somit auch mit der hier vertretenen Strategie zur Bekämpfung der Kinderarmut harmoniert (siehe Kap. 6.3).

… und der Wohlfahrtsstaat als sein böser Freund

Während die Generierung privilegierter Wohlhabender als das zwar „hässliche Gesicht der ‚gegenwärtigen kapitalistischen Wirtschaftsordnung'" (PP5, S. 22721; H. i. O.), aber letztlich auch als natürliche Gegebenheit des Kapitalismus erachtet wird, verpasst es der Geldarmutskonstruktion nach der Wohlfahrtsstaat, seiner eigenen ‚natürlichen' Funktion nachzukommen und dem Kapitalismus entgegenzutreten (siehe Kap. 6.3; Kap. 6.4).[4] Stattdessen agiert der Wohlfahrtsstaat als der ‚böse Freund' des Hässlichen – so die wohl treffende Formulierung, will man der Parlamentsrhetorik des ‚hässlichen Kapitalismus' die passende Analogie an die Seite stellen. Als Folge dieser unheiligen Koalition herrscht demnach in Deutschland ein ungezügelter Kapitalismus, der sich von der Grundidee einer sozialen Marktwirtschaft vollständig verabschiedet hat (vgl. PP12, S. 137). Während also in der Erziehungsarmutskonstruktion die soziale Marktwirtschaft als ökonomisch hoch effektive und zugleich soziale Wirtschafts- und Gesellschaftsform verstanden wird, die es um jeden Preis zu erhalten gilt, und in der Bildungsarmutskonstruktion der Fokus auf ihrer Anpassung

---

4   Siehe demgegenüber den ‚neomarxistischen Zugang' für die Betonung struktureller wohlfahrtsstaatlicher Ambivalenz (vgl. überblickartig: Ullrich 2005, S. 29; Lessenich 2000, S. 45; vgl. originär: Offe 1972 sowie darauf aufbauend Borchert/Lessenich 2004).

an die Erfordernisse der Wissensökonomie liegt, ohne dass sie vom Grunde her in Frage gestellt wird (siehe Kap. 4.4; Kap. 5.4), gilt die soziale Marktwirtschaft hier als gebrochener Schild, dem es nicht einmal mehr gelingt, eine Illusion von Schutz vor der Zerstörungskraft des Kapitalismus zu erzeugen.

Den Grund für die wohlfahrtsstaatliche Subordination unter den Kapitalismus verortet die Geldarmutskonstruktion nicht nur akteursbezogen in der vorangehend skizzierten Unterordnung politischer unter wirtschaftliche Eliten, sondern auch ideologisch-konzeptionell in der Neoliberalisierung der deutschen Politik innerhalb der letzten Jahre bzw. Jahrzehnte (vgl. PP21, S. 2884).[5] Der Geldarmutskonstruktion zufolge behandelt dieser neoliberalisierte, den Interessen der Wirtschaftseliten lobbyistisch dienende Wohlfahrtsstaat seine Bürger umso besser, je mehr Kapital sie aufweisen – wodurch dieser die kapitalistische Ungleichheitsförderung fortführt. Mit Blick auf die Gewinnerseite der Wohlhabenden sieht die vorliegende Kinderarmutskonstruktion das Problem vor allem darin, dass Deutschland „ein Steuer-Eldorado für große Konzerne und Multimillionäre" (PP12, S. 136) ist, das zudem durch Privatisierungen öffentlicher Aufgaben fragwürdige Großkonzerne und Märkte schafft und fördert sowie mit Maßnahmen wie dem ‚Bankenrettungspaket' dazu beiträgt, bspw. „den Zockern von der Hypo Real Estate und anderen Banken das Leben [zu] versüßen" (PP2, S. 22138; vgl. zudem PP24, S. 4280). In ihrer Kritik am wohlfahrtsstaatlichen Umgang mit den Gewinnern des Kapitalismus ähnelt die Geldarmutskonstruktion der Bildungsarmutskonstruktion und ihrer Problematisierung der gegenwärtigen Geldumverteilungspolitik (siehe Kap. 5.1). Allerdings sieht die Geldarmutskonstruktion zum einen die Wurzel des Problems nicht in einer unzeitgemäßen Wohlfahrtsstaatsprogrammatik, sondern in besagtem Neoliberalismus bzw. dem dahinterliegenden Kapitalismus. Zum anderen leitet sie aus der Kritik eine gänzlich andere Problemstellung und Lösungsskizze ab (siehe Kap. 6.2; Kap. 6.3). Der an dieser Stelle gravierendste Unterschied zwischen der Bildungs- und Geldarmutskonstruktion liegt darin, dass letztgenannte die Geld(um)verteilungspolitik auch dezidiert mit Verweis auf Vermögensbestände kritisiert. Beanstandet wird, dass (vor allem große) Erbschaften zu gering besteuert werden, wodurch ökonomischer Reichtum mit nur kleinen Verlusten generational weitergegeben und Macht dynastiehaft konserviert wird (vgl. PP14, S. 736; siehe auch Kap. 6.4).[6] Die Art der Vererbungsproblematisierung dieser Konstruktion unterscheidet sich folglich maßgeblich von der der Erziehungs- und Bildungsarmutskonstruktion, da diese um die generationale

---

5   Siehe für die Einschätzung einer zunehmenden Neoliberalisierung der deutschen Politik auch Butterwegge (2014), die Beiträge in Butterwegge et al. (2008, 2017) sowie das Neoliberalisierungs-Interpretament in Kap. 2.3.1.

6   Siehe für den Zusammenhang von hoher Vermögensungleichheit und Vermögensvererbung: Bach/Thiemann (2016).

Weitergabe sozioökonomischer Randpositionen am unteren und nicht am oberen Ende der Sozialstruktur kreisen (siehe Kap. 4.2; Kap. 5.2).

Besonders problematisch erscheint der Geldarmutskonstruktion, dass die wohlfahrtsstaatliche Unterstützung der Kapitalismusgewinner direkt auf dem Rücken der Kapitalismusverlierer erfolgt. So wird der Einschätzung dieser Kinderarmutskonstruktion nach im Falle öffentlicher Finanzengpässe „der Rotstift einseitig zulasten derjenigen angesetzt, die eh schon wenig haben. Die Verursacher von Krisen und Armut dürfen ungehindert weitermachen. Während die Beteiligung von Unternehmen an der Haushaltssanierung bis zum Ende der Wahlperiode mit insgesamt rund 14 Milliarden Euro beziffert wird, sollen im selben Zeitraum bei Arbeitslosen und ihren Familien 40,7 Milliarden Euro gekürzt werden: durch Streichung der Rentenbeiträge und des Elterngeldes für Hartz-IV-EmpfängerInnen, Kürzungen bei den Fördermitteln für Erwerbslose, Arbeitsplatzabbau im öffentlichen Dienst" (PP26, S. 4757).[7] Das Zitat illustriert nicht nur die Ablehnung des wohlfahrtsstaatlichen Umgangs mit der privatkapitalistischen Wirtschaftselite, die als Verkörperung der grundlegend armutsverursachenden kapitalistischen Wirtschafts- und Gesellschaftsweise gesehen wird (sowie des Umgangs mit den somit erzeugten Opfern). Es deutet zugleich die *dichotome und relationale Ordnungslogik* von schicksalhaft miteinander verbundenen Kapitalismusgewinnern und -verlierern an, welche als Grundnarrativ die vorliegende Konstruktion prägt. Ganz besonders unmittelbar kommt für die Geldarmutskonstruktion die wohlfahrtsstaatliche Besserbehandlung der Kapitalismusgewinner bei gleichzeitiger Marginalisierung der Kapitalismusverlierer in der unterschiedlichen Durchsetzung des Subsidiaritätsprinzips zum Ausdruck. Während – aus Sicht der vorliegenden Konstruktion – millionen- und milliardenschwere Unternehmer, die sich um staatliche Hilfe bemühen, um ihre Firmen aus durchaus auch selbstverschuldeten Problemlagen zu retten, nicht systematisch in die Verantwortung genommen werden, zuerst ihr Privatvermögen einzusetzen und „erst einmal ihren Pelzmantel aus[zu]ziehen, weil sie sonst nichts bekomme[n]" (PP1, S. 21816), wird bei den Kapitalismusverlierern konsequent darauf gesetzt, dass diese sich erst beinahe vollständig ökonomisch arm machen müssen, um unter die Vermögensfreigrenze zu fallen und dadurch Anspruch auf SGB-II-Grundsicherung zu erhalten (vgl. PP1, S. 21815 ff.).

6.2 Problemfokus: Geld (Kontext)

Die Folge der wohlfahrtsstaatlich-kapitalistischen Allianz zur durchgängigen Besserstellung der Kapitalismusgewinner auf Kosten der -verlierer und damit

---

7 Für die vom Grunde her gleiche Problematisierung siehe Süddeutsche Zeitung (2017).

auch das, was hier als Kinderarmutsproblem gilt, sieht die Geldarmutskonstruktion in einer voranschreitenden Lohnspaltung bei gleichzeitigem Grundsicherungsrückbau, was in der Summe zu einer wachsenden Ungleichheit der Einkommen und Vermögen führt. Die so wahrgenommene Problematik wird nachfolgend mit Blick auf die Kritik der Löhne und der Grundsicherung, die Ungleichheit der Einkommen und Vermögen sowie Kinderarmut als Familiengesicht dieser Ungleichheit skizziert.

Lohn- und Grundsicherungsproblematisierung

Die Geldarmutskonstruktion problematisiert die Einnahmen des Einzelnen sowohl mit Blick auf das Arbeitseinkommen als auch hinsichtlich der Grundsicherung. Im *Bereich der Arbeitseinkommen* wird – wie auch in der Bildungsarmutskonstruktion – die sukzessive Ausweitung des Niedriglohnsektors mit schlecht entlohnter und prekärer Beschäftigung, Leiharbeit und Teilzeitbeschäftigung an den Pranger gestellt (vgl. PP8, S. 23645; PP27, S. 4977). Im Verständnis dieser Kinderarmutssinngebung ist vor allem die fortschreitende Marginalisierung des unteren Arbeitsmarktbereichs in Kombination mit den zugleich im oberen Segment zunehmend steigenden Löhnen dafür verantwortlich, dass es zu einem rapiden Auseinandergehen der Lohnschere kommt. Demnach haben sich die Managergehälter in den deutschen Spitzenunternehmen in den letzten Jahren mehr als verdreifacht, während ein Geringverdiener mittlerweile nur noch circa die Hälfte eines durchschnittlichen Gehaltes erhält (vgl. PP6, S. 23020; PP12, S. 187). Aufgrund ihrer Verwurzelung in einer fundamentalen Kapitalismuskritik (siehe Kap. 6.1) kommt der Problematisierung der Niedriglohnsektorausweitung hier eine weitaus größere Bedeutung zu als in der kapitalismusimmanenten Niedriglohnsektorkritik der Bildungsarmutskonstruktion (siehe Kap. 5.1–5.3). Um die von ihr wahrgenommene Unzulänglichkeit des unteren Arbeitsmarktes in eine darüber hinausreichende, allgemeinere Arbeitsmarktkritik einzubinden, bedient sich die Geldarmutskonstruktion prägnanter Sozialfiguren. Ihr zufolge sind es vor allem Menschen wie die „Friseuse [sic] in Sachsen" (PP14, S. 735) und die „Floristin in Sachsen-Anhalt" (PP19, S. 2055), die mit ihren Stundenlöhnen zwischen drei und fünf Euro die Niedriglohnsektorproblematik verkörpern und durchleiden (vgl. PP14, S. 735; PP19, S. 2055, S. 2059). Damit verweist die Geldarmutskonstruktion mit Geschlecht und Region auf zwei der gegenwärtig zentralen Differenzkategorien der Entlohnungsungleichheit.[8] Dementsprechend wir hier beanstandet, dass die ostdeutschen Löhne noch immer deutlich unter den westdeutschen liegen und dass die Ar-

---

8 Über den hier angeführten Bezug zur gender- und regionsbezogenen Entlohnungsdifferenz hinaus ist die Geldarmutskonstruktion vom Grunde her gegenüber *jedem* Faktor problemsensibel und offen aufgestellt, der die Generierung von Kapitalismusverlierern durch den Arbeitsmarkt bzw. ihre dortige Benachteiligung anzeigt.

beitslosigkeit in den ‚neuen' Bundesländern weiterhin signifikant höher ausfällt als in den ‚alten'. Im Genderbereich beklagt die Geldarmutskonstruktion eine große geschlechtsspezifische Arbeitsmarktbenachteiligung, da ihrer Lageeinschätzung nach circa zwei Drittel der Niedriglohnbeschäftigung auf Frauen entfallen – woraus auch die schlechte Einkommenslage von Alleinerziehenden[9] (primär Frauen) resultiert (vgl. PP12, S. 187; PP26, S. 4757; PP28, S. 5413; PP29, S. 6204; PP40, S. 10072).

Aus der Perspektive der Bedarfsgerechtigkeit, die in dieser Konstruktion als Leitlogik der Gerechtigkeit fungiert (siehe auch Kap. 6.4), fällt die Entlohnung der vorangehend angeführten Sozialfiguren und ähnlich marginalisierter Erwerbstätiger so verheerend aus, dass die ihnen gezahlten „Hungerlöhne[]" selbst bei Vollzeitbeschäftigung nicht ausreichen, „um über die Runden zu kommen" (PP20, S. 2419) – also um das soziokulturelle Existenzminimum zu gewährleisten. Mit ihrem Verständnis vom Niedriglohnsektor als im relativen Sinne Teil der Problematik der zunehmenden Lohnspaltung eines im Gesamten ungleichheitsgenerierenden, kapitalistischen Arbeitsmarktes und im absoluten Sinne Ort der ökonomischen Existenzbedrohung der Kapitalismusverlierer unterscheidet sich diese Kinderarmutssinngebung von der Erziehungs- und Bildungsarmutskonstruktion. Erstgenannte sieht im Niedriglohnsektor ein Sammelbecken verantwortungsloser Tugendloser, die statt Vollzeit zu arbeiten, sich ihren Lohn lieber durch die Grundsicherung aufstocken lassen (siehe Kap. 4.1), während zweitgenannte den Niedriglohnsektor als Ort begreift, an dem Kaufkraftpotenzial verschenkt wird und das ‚Möglichkeitsproblem' der bildungsfernen Marktverlierer entsteht, das es ihnen erschwert, angemessen in die Bildung ihrer Kinder zu investieren (siehe Kap. 5.1–5.3).[10]

Als Folge des wohlfahrtsstaatlich ungenügend gezügelten Arbeitsmarktes, allen voran aufgrund des stetig wachsenden Niedriglohnsektors, sieht die Geldarmutskonstruktion den grundsicherungsabhängigen Bevölkerungsanteil anwachsen (vgl. auch PP5, S. 22721). Dieser Anstieg erscheint der Geldarmutskonstruktion inakzeptabel, da sie davon ausgeht, dass die im Zuge der deutschen Neoliberalisierung initiierte ‚Agenda 2010' und das darin eingelassene Kernstück der ‚Hartz-IV-Reform' (2005) mit einer programmatischen Abkehr von gerechtigkeitskonstituierenden Werten einhergehen, in der Freiheit als volkswirtschaftliches Laissez-faire fehlinterpretiert und Gleichheit als wohlfahrtsstaatlicher Bezugswert ignoriert wird (vgl. PP21, S. 2884).[11] Auf der Ebene

---

9   Siehe zur Lage Alleinerziehender: Jurczyk/Klinkhardt (2014, S. 87 f.).

10   Für das Verständnis der Geldarmutskonstruktion von Mindestlöhnen als Mittel zur Steigerung der Binnennachfrage siehe Kap. 6.3.

11   Zum Freiheitsbegriff im wohlfahrtsstaatlichen Kontext siehe Vobruba (2003) und für Gleichheit: Ullrich (2005, S. 157). Explizite Bemühungen zur Neu-Justierung des Gleich-

wohlfahrtsstaatlicher Handlungen resultiert hiernach daraus die größte Sozialleistungskürzung seit Entstehen der Bundesrepublik, da im hier vorliegenden Verständnis spätestens jetzt „Armut per Gesetz" (PP18, S. 1853) verordnet wird (vgl. PP1, S. 21815; PP15, S. 935; PP24, S. 4280).[12] Wie in der Niedriglohnsektorproblematisierung finden sich auch in der Kritik der Grundsicherung ein relativer und ein absoluter Bezugspunkt. Im zeitlich-relativen Sinne wird moniert, dass die Zusammenlegung der Arbeitslosen- mit der Sozialhilfe zu Arbeitslosengeld II, welche durch die ‚Hartz-IV-Reform' vorgenommen wurde, für ein Gros der betroffenen Haushalte mit einer finanziellen Verschlechterung verbunden war. Im gegenwartsbezogenen Vergleich sieht die Geldarmutskonstruktion die Geldleistungen der reformierten Grundsicherung unter der gängigen Armutsgrenze – also unterhalb circa der Hälfte des durchschnittlichen Einkommens – liegen.[13] Auf der absoluten Kritikebene skandalisiert die Geldarmutskonstruktion, dass als Folge der Hartz-IV-Reform die Grundsicherung durch das Arbeitslosengeld II vollständig gestrichen werden kann, wodurch sich SGB-II-Empfänger nicht mehr vorbehaltlos auf dieses soziale Netz als Mittel zur Absicherung ihrer Existenz verlassen können (vgl. PP15, S. 935 f.).

Wachsende Einkommens- und Vermögensungleichheit sowie Erwachsenenarmut als Geldmangel

Als Folge der wohlfahrtsstaatlichen Entfesselung des Kapitalismus und der daraus resultierenden Lohnspaltung und Grundsicherungsabwertung kommt es im hier vorliegenden Verständnis zu einer ökonomisch ungleichen Sozialstruktur. Entsprechend ihrer Beobachtung eines *„zunehmend* rabiater[en] Kapitalismus" (PP29, S. 6161; H. d. V.) im Zuge einer *fortschreitenden* Neoliberalisierung und mit der Folge einer *wachsenden* Lohnspaltung und einem *sukzessiven* Grundsicherungsrückbau kommt die Geldarmutskonstruktion zu der ebenfalls stark dynamikbetonenden Diagnose einer Vergrößerung der Kluft zwischen Armut und Reichtum. Einer der Parlamentarier fasst diese Lage so zusammen: „Hier und heute findet eine politisch gewollte, gigantische Umverteilung gesellschaftlichen Reichtums statt. Sie macht wenige Reiche immer reicher und vergrößert die Armut in unserem Land rasant" (PP26, S. 4757).[14] Anders als die Bildungs-

---

heitsverständnisses finden sich im Kontext des ‚Dritten Weges' (vgl. Giddens 1999, S. 119 ff. sowie 2001, S. 96 ff.).

12 Siehe für die politisch-gesetzgeberische Entwicklung der Arbeitsmarktpolitik: Blank (2011, S. 135 ff.) sowie für eine kritische Analyse der Folgen von ‚Hartz IV': Butterwegge (2015).

13 Für die vom Grunde her gleiche Feststellung bezüglich der SGB-II-Leistungen im Abgleich mit der relativen Einkommensarmut siehe DIW et al. (2007, S. 47 ff.).

14 Eine anderweitige Lageinterpretation, in der eine Stabilisierung der Ungleichheitsentwicklung seit 2005 betont wird, legt das Institut der deutschen Wirtschaft Köln (2016b, S. 4 ff.) vor.

armutskonstruktion fokussiert die Geldarmutskonstruktion ihre Problematisierung der wohlfahrtsstaatlichen Geldumverteilung nicht alleinig auf die wachsende Ungleichheit der Einkommen (siehe Kap. 5.1), sondern schließt – wie im vorherigen Kapitel mit Verweis auf die Vererbungsregulierung angedeutet – explizit das Vermögen mit ein, dessen Verteilung ihr zufolge ebenfalls immer ungleicher wird (vgl. PP1, S. 21815 sowie auch Grabka/Westermeier 2014). Wie nicht zuletzt auch das vorangehende wörtliche Zitat hervorhebt, sortiert die Geldarmutskonstruktion entsprechend der sie prägenden dichotomen und relationalen Ordnungslogik von Kapitalismusgewinnern und -verlierern (siehe Kap. 6.1) auch die Sozialstruktur dichotom in Geldreiche und Geldarme, wobei ihr die beiden Gruppen im Sinne eines Brechtschen „wär ich nicht arm, wärst du nicht reich" (Brecht 1934/1967, S. 513) als ebenfalls relational miteinander verbunden erscheinen. Für die Geldarmutskonstruktion gilt derjenige Erwachsene als arm, dem verhältnismäßig wenige ökonomische Ressourcen zur Verfügung stehen, während derjenige Erwachsene, der als reich gilt, über viel verfügt. Der schmale Grat des durchschnittlichen Einkommens und des durchschnittlichen Vermögens stellt die Grenze dar, die Geldarmut von Geldreichtum trennt. Eine mittlere Gruppe, wie die erwerbstätige Mittelschicht in der Erziehungsarmutskonstruktion (siehe Kap. 4.1) oder die ‚Marktmittleren' in der Bildungsarmutskonstruktion (siehe Kap. 5.1) entfaltet in der Geldarmutskonstruktion keine Relevanz. Eine weitergehende Differenzierung lässt sich jedoch in der Form von Verweisen auf jeweils extreme Ausprägungen in den beiden Gruppen finden – sei es im Sinne einer „kleinen, steinreichen Oberschicht" (PP29, S. 6161) bei den Geldreichen oder gesellschaftlich besonders stark exkludierten Randfiguren wie bspw. Obdachlosen bei den Geldarmen (vgl. PP19, S. 2059; siehe auch Kap. 6.4).

Kinderarmut – das Familiengesicht der Geldarmut
Die für den Wohlfahrtsstaat als grundlegend konstituierend wahrgenommene Besserbehandlung der Kapitalismusgewinner bei gleichzeitiger Marginalisierung der Kapitalismusverlierer kommt für die Geldarmutskonstruktion auch spezifisch bezüglich Familien mit minderjährigen Kindern durch. So wird bspw. mit Blick auf das 2010 beschlossene Sparpaket zur Konsolidierung des öffentlichen Haushalts angemerkt, dass dieses sich – vor allem auf Grund der Streichung der Anrechnungsfreiheit des Mindestelterngeldes für SGB-II-Empfänger sowie des Heizkostenzuschusses für Wohngeldempfänger – gegen mittellose Familien anstatt gegen die Finanzwelt richtet, welche als Verursacher der Wirtschaftskrise, die öffentliche Hand überhaupt erst unter stärkeren Sparzwang gesetzt hat (vgl. PP25, S. 4563). Diese dichotom direkt gegenüberstellende und relational angelegte Kritik findet sich auch in der folgenden Problematisierung: „Es ist ein sehr merkwürdiges und eigentümliches Verständnis von sozialer Ausgewogenheit [...], wenn einerseits ein Luxushotel wie das ‚Adlon' durch die

Mehrwertsteuerermäßigung jetzt 1,9 Millionen Euro pro Jahr Zusatzgewinn macht und andererseits die Reinigungskraft desselben Hotels, die wegen ihres niedrigen Lohns ergänzendes ALG II bezieht, für sich und ihre Kinder nicht einen Euro von der Kindergelderhöhung sieht" (PP15, S. 996; H. i. O.). In dem Zitat deutet sich an, dass sich die Geldarmutskonstruktion auf ähnliche, aber im Detail von der Bildungsarmutskonstruktion abweichende Art ebenfalls an der Unterschiedlichkeit der wohlfahrtsstaatlichen Finanzunterstützung für Familien stört. Während allerdings die Bildungsarmutskonstruktion in ihrer diesbezüglichen Problematisierung drei Positionen – Kinderfreibetrag, Kindergeld und Anrechnung des Kindergeldes auf den SGB-II-Regelsatz – unterscheidet (siehe Kap. 5.1), bündelt die Geldarmutskonstruktion ihren Fokus auf die Gegenüberstellung der beiden Extrempole (vgl. PP15, S. 996).[15]

Im Verständnis der Geldarmutskonstruktion stellt Kinderarmut das Familiengesicht der Lohnspaltung und Grundsicherungsabwertung im wohlfahrtsstaatlich ermöglichten und geförderten Kapitalismus dar. Folglich wird auch diesbezüglich ein Problemanwachsen angenommen, demzufolge Kinderarmut ein zunehmend größer werdendes Problem[16] darstellt (vgl. PP3, S. 22348).[17] Kinderarmut liegt für die Geldarmutskonstruktion dann vor, wenn die Kapitalismusverlierer Kinder haben, da einer solchen Familie weniger als die durchschnittlichen ökonomischen Ressourcen zur Verfügung stehen. Kurzum: *Kinderarmut = Einkommens- und Vermögensarmut der Kapitalismusverliererfamilie.* Entsprechend dem zuvor skizzierten Verständnis der Lohn- und Grundsicherungsproblematik sind vor allem – aber keinesfalls ausschließlich – die Kinder der SGB-II-Grundsicherungsempfänger, der Niedriglohnjobber, der Alleinerziehenden und der ‚Ostdeutschen‘ von Kinderarmut betroffen.

Im Zuge der Problematisierung der Lage von Kapitalismusverlierern und Geldarmen im Generellen gilt Kinderarmut für die Geldarmutskonstruktion als *ein* Teil der wachsenden ökonomischen Ungleichheit und Armut in der Bundesrepublik – ohne als spezifischer oder besonders dramatischer Teil erachtet zu werden.[18] Kinderarmut wird – wie die Armut jeder anderen Bevölkerungs-

---

15 Siehe für die gleiche, ebenfalls auf die beiden vertikalen Extrempole fokussierende Problematisierung des Elterngeldbezugs bzw. dessen Anrechnung auf die SGB-II-Leistungen: PP26, S. 4595.

16 Für empirische Daten, die einen Anstieg der Kinderarmutsrate anzeigen, siehe die SOEP-Daten des ‚Fünften Armuts- und Reichtumsberichts‘ (vgl. BMAS 2017, S. 549). Für eine demgegenüber eher zeitstabil erscheinende Kinderarmutsrate siehe die dort ebenfalls abgebildeten EU-SILC- und Mikrozensus-Daten (vgl. BMAS 2017, S. 550 f.). Siehe für eine ebenfalls relativ stabil wirkende SGB-II-Betroffenheit von Kindern: Funcke et al. (2016, S. 4).

17 Siehe für die hohe Kinderarmutsrate in neoliberalen Regimen: Pemberton (2015, S. 111 ff.).

18 Siehe für die Feststellung einer moralischen Skandalisierung von Kinderarmut im politischen Feld: Bühler-Niederberger (2005, S. 149) und Blow (2015) als Beispiel für die Moralisierung von Kinderarmut im journalistischen Feld.

gruppe auch – als der sich im Individuum manifestierende Systemfehler der wohlfahrtsstaatlichen Begleitung des Kapitalismus anstelle seiner Bekämpfung erachtet (vgl. PP24, S. 4280). Die Manifestierung des familiären Geldmangels im Kind sieht die Geldarmutskonstruktion in „Geschichten, die davon erzählen, wie Kinder hungrig und ohne Frühstück in die Schule kommen, von Jugendlichen, die sich ein bisschen Geld durch Leergut im Müll sammeln verdienen müssen. Es sind Geschichten von Kindern und Jugendlichen, die kraft Geburt schon weniger Chancen auf Bildung und Arbeit – auf eine Zukunft – haben als die Kinder wohlhabender Eltern" (PP26, S. 4757). Im Zitat zeigt sich, dass Kinderarmut – wie auch die Lohn- und Grundsicherungsproblematisierung – sowohl mit einer absoluten als auch mit einer relativen Perspektive versehen ist. Der relative Bezug wird deutlich, da im Zitat „von weniger Chancen" der von Kinderarmut Betroffenen im Vergleich zu reichen Kindern gesprochen wird. Auf der absoluten Bezugsebene gilt Kinderarmut als Existenzbedrohung der Kinder und ihrer Familien, da zu ihrem „Alltag Suppenküchen, Tafeln und Kleiderkammern gehören, weil der ALG-II-Regelsatz für eine gesunde Ernährung und für Kinderkleidung nicht reicht" (PP9, S. 24381; vgl. zudem PP24, S. 4321).[19] Dass die Aufzählung der Geschichten im Zitat generational in Richtung Jugend ausfranst und mit Hunger und Erniedrigung sowie Bildungs- und Arbeitschancen eine breite – allerdings an keiner Stelle der Konstruktion systematisch hergeleitete – Beeinträchtigungspalette vorhält, ist kein Zufall des Zitats, sondern verweist auf die *Familialisierung* des Kinderarmutsproblems. Auf dem konzeptionellen Boden der Familie stehend fungieren die mannigfaltigen Lebensbeeinträchtigungen der Kinder – neben elterlichen Beeinträchtigungen – als eine der beiden Ausdrucksformen der familiären Geldarmut. Die Setzung, *dass* es bestimmte kindliche Beeinträchtigungen als Folge der familiären Geldarmut gibt, überblendet in dieser Kinderarmutskonstruktion die Frage, *ob und inwiefern welche* Bedürfnisse der Kinder in geldarmen Familien verletzt sind. Folglich findet keine systematische Auseinandersetzung mit der Art und dem Umfang der als beeinträchtigt angenommenen Bedürfnisse der von Kinderarmut betroffenen Kinder statt.[20] Diese Form der Familialisierung lässt sich als die auf ökonomische Ressourcen fokussierte Variante der in der Erziehungs-

---

19 Siehe für den Zusammenhang zwischen sozioökonomischem Status und Mortalität: Stringhini et al. (2017).

20 Siehe für eine kinderbedürfnisbezogene Absteckung des Kinderarmutsproblems: Schweiger/Graf (2015). Eine grundlegende Auseinandersetzung mit kindlichen Bedürfnissen aus einer kindheitssoziologischen Perspektive legt Ben-Arieh (2001) vor. Gegenwärtig starke Beachtung findet vor allem die Arrondierung kindlicher Bedürfnisse durch Brazelton/Greenspan (2002).

armutskonstruktion gesetzten Abhängigkeit der kindlichen von der elterlichen Wohlfahrt verstehen (siehe Kap. 4.2; Kap. 4.4).[21]

6.3 Revolution zur erwachsenenzentrierten Gleichheitsgesellschaft (Strategie)

Die Strategie zur Bekämpfung der Kinderarmut basiert auf der vorangehend skizzierten Gleichsetzung der ökonomischen Wohlfahrt von Kindern mit der ihrer Eltern unter dem gemeinsamen Schirm der Familie. Das daran geknüpfte Plädoyer, an der Einkommens- und Vermögensarmut der Eltern als *dem* Mittel zur Kinderarmutsbekämpfung anzusetzen, drückt sich in Äußerungen wie der folgenden aus: „Für die finanzielle Absicherung von Kindern ist unserer Meinung nach die finanzielle Absicherung der Familien wichtig. Nur wenn es den Familien gut geht, […] dann haben auch die Kinder diese Absicherung und sind nicht von Kinderarmut bedroht. Deshalb geht Kinderarmut hauptsächlich auf die Armut der Eltern zurück. Deren Armut müssen wir bekämpfen" (PP9, S. 24382). Aufgrund dieser Zusammenhangsannahme und um das Armutsproblem sowohl im Gesamten als auch an der Wurzel anzupacken, legt die Geldarmutskonstruktion ihre Bekämpfung der Kinderarmut als Teil einer generellen Strategie gegen die – ihrem Verständnis nach – in wohlfahrtsstaatlich-kapitalistischer Allianz erzeugte Einkommens- und Vermögensungleichheit an. Das hier propagierte Vorgehen zur Bekämpfung der Kinderarmut ist folglich eine Strategie, in der nicht systematisch auf die Wohlfahrtslage und die Lebensbedingungen der Kinder direkt geschaut wird. Es ist eine Strategie zur Bekämpfung der ökonomischen Armut der Erwachsenenbevölkerung, da diese als die realen respektive potenziellen Vorsteher der von Kinderarmut betroffenen Familie gelten.

Das zentrale Charakteristikum der (Kinder-)Armutsbekämpfungsstrategie dieser Konstruktion ist vom Grundanliegen geprägt, durch einen rigorosen Kurswechsel in allen ausschlaggebenden Politikbereichen eine möglichst tiefgreifende und nachhaltig wirkende Umwälzung der bestehenden deutschen Wohlfahrtsstaatsarchitektur zu initiieren. Auf den Punkt gebracht geht es um eine wohlfahrtsstaatliche *Revolution*. Als Vorstufe dieser Revolution setzt die Geldarmutskonstruktion auf eine schrittweise, evolutionäre Veränderung und auf eine Fokussierung der Strategie auf die beiden als besonders relevant identifizierten Politikbereiche der Arbeitsmarkt- und Sozialpolitik. Mittels dieser evolutionär gestützten Wohlfahrtsstaatsrevolution soll es gelingen, „kurzfristig ei-

---

21 Für den Verweis auf eine wohlfahrtsstaatlich oktroyierte ökonomische Abhängigkeit der Kinder von ihren Eltern siehe Kränzl-Nagl et al. (2003, S. 13).

nen Rettungsschirm für die Menschen und langfristig einen grundlegenden Wechsel in der Politik" (PP5, S. 22722) zu initiieren, der im Idealfall über die Landesgrenzen hinaus Wirkung entfaltet (vgl. PP12, S. 187; PP26, S. 4758). Das konkrete Vorgehen und die genaue Zielsetzung werden nachfolgend in der Trennung in Mittel, Nebenziele und Hauptziel entfaltet.

Mittel – evolutionsgestützte Revolution der Arbeitsmarkt- und Sozialpolitik

Trennt man die angestrebte evolutionsgestützte Revolution der Arbeitsmarkt- und Sozialpolitik in die beiden Wohlfahrtsstaatsbereiche auf und beginnt die Skizzierung bei der *Arbeitsmarktpolitik,* lassen sich dort zwei Ebenen ausdifferenzieren: die Ebene der Arbeitsmöglichkeiten und die Ebene der Arbeitssituation der lohnabhängig Beschäftigten. Hinsichtlich der Arbeitsmöglichkeiten steht ein zentrales Anliegen im Vordergrund: die Schaffung ein bis zwei Millionen neuer Arbeitsplätze im öffentlich finanzierten Sektor sozialer Dienstleistungen (vgl. PP17, S. 1597; PP19, S. 2061). Auf der Ebene der Arbeitssituation ist ebenfalls ein Aspekt von besonders prominenter Bedeutung: die Einführung eines Mindestlohns. Im Vergleich zur Mindestlohnforderung der Bildungsarmutskonstruktion geht es allerdings um *weitaus höhere* Stundensätze im zwei- und nicht im einstelligen Bereich (vgl. PP20, S. 2421; PP38, S. 8755 sowie siehe Kap. 5.3).[22] Die Mindestlohnforderung gehört zu einer breiten Palette von angestrebten Arbeitserleichterungen. Dazu zählen Forderungen nach Arbeitszeitverkürzungen, Kündigungsschutzausweitungen, verbesserten Möglichkeiten der Vereinbarkeit von Familie und Beruf sowie nach einem größeren Mitspracherecht der Beschäftigten (vgl. PP4, S. 22486; PP27, S. 4961). Den Revolutionscharakter am deutlichsten trägt die Forderung in sich, ökonomisch in Not geratene Großunternehmen, die um öffentliche Hilfe ersuchen, nicht einfach finanziell zu unterstützen, sondern als Gegenleistung teilweise bzw. vollständig in der öffentlichen Hand des Staates oder/und in den als demokratisch erachteten Händen der Angestellten zu vergemeinschaften (vgl. PP1, S. 21816; PP12, S. 141; PP17, S. 1597).

Die für den Bereich der *Sozialpolitik* angedachten Änderungen lassen sich am Treffendsten in der von der Geldarmutskonstruktion angesetzten Trennung von Geldreichen und Geldarmen darlegen. Bezüglich der Geldreichen wird ein Maßnahmenbündel gefordert, das konsequent auf die höhere monetäre Belastung bzw. geringere Entlastung dieser Gruppe von Bürgern und der ggf. in

---

22 Im Gegensatz zu dieser Forderung trat am 16.08.2014 das Mindestlohngesetz in Kraft, das einen im Vergleich dazu deutlich niedrigeren Bruttomindeststundenlohn in Höhe von 8,50 Euro vorschreibt. Dieser Stundensatz wurde zum 01.01.2017 auf 8,84 Euro erhöht (vgl. www.bmas.de/DE/Themen/Arbeitsrecht/Mindestlohn/mindestlohn.html; Abfrage: 27.03.2017).

ihrem Besitz stehenden Unternehmen sowie auf die Durchbrechung von Dynastiebildungen gerichtet ist. Die Geldarmutskonstruktion tritt vor allem dafür ein, „eine Millionärsteuer, einen höheren Spitzensteuersatz, eine Finanztransaktionsteuer, eine höhere Erbschaftsteuer etc. einzuführen" (PP26, S. 4596; vgl. zudem PP17, S. 1587; PP22, S. 2986, S. 2997).[23]

Für die Geldarmen ist sozialpolitisch anvisiert, die SGB-II-Grundsicherung zum einen mit kleinen Veränderungen zu verbessern und diese zum anderen zugleich langfristig abzuschaffen (vgl. PP1, S. 21814, S. 21816). Kleine Verbesserungen sollen erreicht werden, indem u. a. die Anrechnung von Kinder- und Elterngeld auf den SGB-II-Regelsatz abgeschafft und der Regelsatz für alle Mitglieder der Bedarfsgemeinschaft deutlich angehoben wird (deutlich mehr als in der Bildungsarmutskonstruktion; siehe Kap. 5.3) sowie indem die Vermögensfreigrenzen spürbar erweitert werden, um die Subsidiaritätseinforderung zu minimieren (vgl. PP1, S. 21815; PP15, S. 997; PP19, S. 2050). Darüber hinaus sollen die dem SGB II vorgeschalteten Geldleistungen ebenfalls ausgebaut werden. Damit gemeint sind vor allem eine Verlängerung der ALG-I-Bezugsphase sowie die Erhöhung des Kinderzuschlags und des Wohngelds. Die beiden letztgenannten Instrumente sollen an den Stellen, an denen der geforderte Mindestlohn nicht ausreicht, als – im Verhältnis zum Status quo weicheres – Auffangbecken vor der Grundsicherung fungieren. Zusätzlich zu dieser Reformierung soll die SGB-II-Grundsicherung langfristig vollends revolutioniert werden, indem diese durch ein bedingungsloses Grundeinkommen (BGE) ersetzt wird (vgl. PP9, S. 24381; PP18, S. 1849; PP19, S. 2050).[24] Mit dem BGE soll nicht einfach nur die Sanktionierungsoption der Grundsicherung aufgehoben werden. Zugleich soll dies den Arbeitsämtern den Freiraum geben, eine soziale Dienstleistung zu offerieren, die fernab von Existenzbedrohungen auf eine *nachhaltige* Arbeitsmarktintegration und Förderung des Einzelnen setzt sowie im Bedarfsfall auch Unterstützung durch offene Sozialberatungsangebote offeriert, um etwaige Krisen im Zuge von Arbeitslosigkeit überwinden zu können (vgl. PP18, S. 1844; PP19, S. 2046, S. 2050, S. 2059).

---

23 Siehe zum Stand der politischen Bemühungen zur Einführung einer europäischen Finanztraktionssteuer: www.finanztransaktionssteuer.de/nachrichten/finanztransaktionssteuer-in-eu-laendern-ab-2018.html (Abfrage: 30. 05. 2017), für die Bereitschaft der deutschen Bevölkerung zur Einführung einer Einkommensobergrenze: Allmendinger/Wintermantel (2016) und für die Bereitschaft zu höherer Unternehmens-, Vermögens- und Erbschaftssteuer: Heinrich et al. (2016, S. 27).

24 Für den Grundeinkommensdiskurs siehe Opielka et al. (2010); Straubhaar (2016, 2017) sowie auch überblickartig Ullrich (2005, S. 149 ff.).

Nebenziele – Arbeitsgelegenheitsförderung
sowie Binnenmarkt- und Wohlfahrtsstaatsstärkung

Zusätzlich zu ihrem Hauptziel verfolgt die Geldarmutskonstruktion mit der von ihr propagierten evolutionsgestützten Revolution der Arbeitsmarkt- und Sozialpolitik die drei vorgeschalteten Nebenziele der Arbeitsgelegenheitsförderung sowie der Binnenmarkt- und Wohlfahrtsstaatsstärkung.

Ihr Nebenziel der *Arbeitsgelegenheitsförderung* strebt die Geldarmutskonstruktion nicht nur mittels des vorangehend angeführten Ausbaus sozialer Dienstleistungsangebote und der breiteren Verteilung der vorhandenen Erwerbsarbeit an.[25] In den (teil-)vergemeinschafteten Großunternehmen soll das erhöhte Mitspracherecht des Staates bzw. der Belegschaft dazu dienen, die zuvor skizzierten Verbesserungen der Arbeitsbedingungen leichter durchzusetzen sowie Stellenabbau und Auslandsabwanderungen zu unterbinden (vgl. PP12, S. 141; PP20, S. 2420; PP27, S. 4961). Während also der Arbeitsplatzerhalt und -ausbau in der Erziehungsarmutskonstruktion qua einer stärker angebotsorientierten Wirtschaftspolitik und einer Steigerung des Arbeitswillens (siehe Kap. 4.3) und in der Bildungsarmutskonstruktion durch eine Stärkung des Hochtechnologiestandorts Deutschland sowie eine Ankurbelung des Binnenmarktes (siehe Kap. 5.3) erreicht werden soll, wird hier ein wohlfahrtsstaatszentrierter Weg propagiert. Darin ist der Wohlfahrtsstaat selbst sowohl als hochrelevanter Arbeitgeber bzw. Finanzier der entsprechenden Stellen als auch als direkter Unternehmens(mit)gestalter eingeplant, wobei letztgenannte Rolle auch der Belegschaft selbst zugedacht wird.

Darüber hinaus fungiert auch in der Geldarmutskonstruktion die *Stärkung des Binnenmarktes* als weiteres Mittel der Arbeitsplatzgenerierung und daran gekoppelt der *Stärkung des Wohlfahrtsstaates,* wobei dieser zudem – vergleichbar zur Bildungsarmutskonstruktion – durch eine höhere Besteuerung Geldreicher sowie eine stärkere Einbindung der Wirtschaft in die Sicherung der ökonomischen Wohlfahrt des Einzelnen mehr finanziellen Handlungsspielraum erhalten soll (siehe auch nachfolgender Abschnitt). So wie die Bildungsarmutskonstruktion die Marktverlierer als legitime und volkswirtschaftlich relevante Konsumenten erachtet (siehe Kap. 5.3), begreift auch die Geldarmutskonstruktion die Geldarmen als ökonomisch nützliche Konsumbürger. Die Geld- und Bildungsarmutskonstruktion gleichen sich auch hinsichtlich der von ihnen angesetzten Prämisse, dass eine verbesserte Finanzausstattung der ökonomisch schlecht aufgestellten Haushalte zu einem gesteigerten Binnenkonsum und somit einer Vitalisierung der deutschen Wirtschaft und einer Stärkung der wohlfahrtsstaatlichen Einnahmenseite qua höherer Steuereinkünfte führen wird (vgl.

---

25 Zum weitergehenden Zweck der Expansion sozialer Dienstleistungsangebote siehe Kap. 6.4.

dafür auch Wagner/Brenke 2013). Wie die Bildungsarmutskonstruktion setzt auch die Geldarmutskonstruktion genau deshalb darauf, mittels Mindestlöhnen und einer erhöhten Grundsicherung – sowie hier noch qua weiterer ausgebauter Sicherungsleistungen – die potenzielle Kaufkraft am unteren ökonomischen Rand systematisch volkswirtschaftlich zu verwerten, anstatt – wie in der Erziehungsarmutskonstruktion (siehe Kap. 4.2; Kap. 4.4) – dieses Potenzial ungenutzt zu lassen (vgl. PP12, S. 136f.; PP17, S. 1587ff.). Auch die Geldarmutskonstruktion strebt also wohlfahrtsstaatliche Beiträge zur volkswirtschaftlichen Prosperität an, die wiederum auch dem Wohlfahrtsstaat selbst zu Gute kommen sollen. Im Gegensatz zur Erziehungs- und Bildungsarmutskonstruktion sieht sie in der wohlfahrtsstaatlichen Volkswirtschaftsunterstützung allerdings weder ein primäres Wohlfahrtsstaatsziel, noch leitet sie daraus die Existenzberechtigung wohlfahrtsstaatlichen Handelns ab (siehe diesbezüglich für die Erziehungs- und Bildungsarmutskonstruktion: Kap. 4.4; Kap. 5.4). Zudem wird wohlfahrtsstaatliches Handeln hier nicht zuvörderst anhand der Frage gemessen, inwiefern dadurch Kostenersparnisse entstehen.

Hauptziel – die erwachsenenzentrierte Gesellschaft ökonomisch Gleicherer

So sehr die drei Nebenziele Parallelen und Überlappungen mit den beiden vorangehend skizzierten Konstruktionen der Erziehungs- und Bildungsarmut aufweisen, so sehr hebt sich die Geldarmutskonstruktion mit ihrem Hauptziel dezidiert ab. Vom Grunde her zielt die vorliegende Kinderarmutskonstruktion auf die Schaffung dessen, was sie selbst als eine „humane Gesellschaft" (PP21, S. 884) bzw. eine „Gesellschaft, in der niemand unter die Räder kommt" (PP12, S. 196) begreift. Die unter diesen erklärungsbedürftigen Labels vorgenommene Kurssetzung manifestiert sich auf einer institutionellen und einer individuumsbezogenen Ebene.

Auf der *institutionellen Ebene* geht es der Geldarmutskonstruktion darum, die von ihr attestierte und als Joch empfundene Neoliberalisierung des deutschen Wohlfahrtsstaates abzulegen und darüber hinaus das Verhältnis von Wohlfahrtsstaat und Kapitalismus grundlegend neu zu justieren. Durch die vorangehend skizzierten Mittel – wie den Rückbau der als übergebührend verstandenen monetären Alimentierung der Geldreichen, die stärkere staatliche Regulierung des Marktes und in radikalster Form die (Teil-)Vergemeinschaftung ökonomisch angeschlagener Großunternehmen – soll die Autonomie des wohlfahrtsstaatlichen Handelns sowohl von den geldreichen Privatpersonen als auch den ggf. von ihnen besessenen Privatunternehmen zurückgewonnen werden (vgl. PP22, S. 2986). Im hier vorliegenden Verständnis kann der deutsche Wohlfahrtsstaat nur durch eine solche Loslösung vom Kapital „einen politischen Neuanfang und perspektivisch eine andere Wirtschaftsordnung" (PP12, S. 137) ins Leben rufen. Nur ein derart emanzipierter Wohlfahrtsstaat kann (und soll) seiner ‚natürlichen‘ – als genuin kapitalismusantagonistisch deklarierten – Funktion folgen und somit der Ungleichheitsgenerierung des Kapitalismus mit Bestrebungen zur ökonomischen Gleichheit entgegentreten und dazu beitragen, „die Rahmenbedingungen so zu setzen, dass auch die Industrie dem Gemeinwohl dient und nicht nur den Profiten einiger weniger" (PP17, S. 1597).[26] Mit Letztgenanntem sind hier möglichst arbeitnehmerfreundliche Arbeits- und Verdienstbedingungen gemeint, wie die zuvor im Bereich der Mittel skizzierten Aspekte zeigen (weiterführend siehe Kap. 6.4). Das Verhältnis von Wirtschaft und Wohlfahrtsstaat ist folglich so gedacht, dass der Wohlfahrtsstaat der kapitalistisch geprägten Marktwirtschaft einerseits die Stirn bieten soll, andererseits aber auch auf die volkswirtschaftlichen Einnahmen angewiesen ist und ihre Generierung daher aktiv mitgestalten und unterstützen soll. Das Zusammenspiel der beiden Instanzen ist hier weitaus stärker als Equilibrium angelegt, als dies in der Erziehungs- und der Bildungsarmutskonstruktion der Fall ist. Dies trifft zu, da in der Erziehungs- und Bildungsarmutskonstruktion die Existenzberechtigung wohlfahrtsstaatlichen Handelns primär aus der Schaffung der Rahmenbedingungen volkswirtschaftlicher Prosperität abgeleitet wird (siehe Kap. 4.4; Kap. 5.4), während hier die Berechtigung wohlfahrtsstaatlichen Handelns in einer Begrenzung kapitalistisch-marktwirtschaftlicher Profit- und Ausbeutungslogiken gesehen wird.

Warum der Wohlfahrtsstaat sich in der Vorstellung der Geldarmutskonstruktion vom Kapital emanzipieren, seiner als genuin kapitalismusantagonistisch eingestuften Bestimmung nachkommen und dem Kapitalismus Fesseln anlegen soll, kommt auf der *individuumsbezogenen Ebene* zum Ausdruck. Die vorangehend skizzierte evolutionsgestützte Revolution der Arbeitsmarkt- und Sozialpolitik soll dazu führen, dass eine deutliche vertikale „Umverteilung des gesellschaftlichen Reichtums von oben nach unten" (PP26, S. 4758) stattfindet und der ansonsten weiterwachsenden Einkommens- und Vermögensarmut – und damit auch der Kinderarmut im hier vorliegenden Sinne – ein Ende bereitet wird (vgl. PP12, S. 137; PP19, S. 2060; PP22, S. 2986). Auch hier kommt die dichotom-relationale Ordnungslogik schicksalhaft miteinander verbundener Kapitalismusgewinner und -verlierer explizit durch, da die Geldarmutskonstruktion davon ausgeht, dass man „Armut […] nur bekämpfen [kann], wenn man Reichtum begrenzt" (PP22, S. 2986; weiterführend siehe Kap. 6.4). Trotz des revolutionsorientierten Charakters dieser Strategie ist mit der angestrebten Geldumverteilung keine totale Einkommens- und Vermögensgleichheit angedacht. Vielmehr geht es darum, dass durch die zuvor skizzierten Maßnahmen einer höheren monetären Be- und geringeren Entlastung der Geldreichen bei gleich-

---

26 Siehe auch grundlegend das antagonistisch gedachte Verhältnis von Bürgerrechten und
    Kapitalismus im Citizenship-Konzept: Marshall (1949/1992, S. 53 ff.).

zeitiger Verbesserung der monetären Lage der Geldarmen die Spitzenausschläge des individuellen Einkommens und Vermögens sowohl im oberen als auch im unteren Bereich abgebaut werden. Die Varianz des Einkommens und Vermögens soll soweit verringert werden, dass keine extremen Abstände zum Durchschnitt mehr auftreten, ohne allerdings die Varianz als solches vollständig abzuschaffen. Dadurch soll jedem Bürger die monetäre Basis zur Verfügung stehen, eine „Teilhabe am sozialen, gesellschaftlichen, politischen und kulturellen Leben" (PP18, S. 1854) vornehmen zu können – ohne *signifikante* Einschränkungen gegenüber dem Bevölkerungsdurchschnitt und zugleich ohne die Möglichkeit, *extreme* Vorteilsstellungen gegenüber der breiten Masse entwickeln zu können. Im Gegensatz zur Bildungsarmutskonstruktion gelten eingeschränkte Konsummöglichkeiten ökonomisch schlecht ausgestatteter Haushalte also nicht nur als etwas, das es aus volkswirtschaftlichen Gründen zu verbessern gilt (siehe Kap. 5.3), sondern auch als ein Verstoß gegen den ihnen eingeräumten Anspruch auf gesellschaftliche Teilhabe. Mit ihrer Betonung eines freiheitlichen Rechtes auf Konsum – auch dann, wenn es sich um nicht selbstständig erwirtschaftete Unterstützungsleistungen des Wohlfahrtsstaates handelt – und dem Ansinnen einer würdevollen Marktposition auch von Grundsicherungsempfängern (vgl. PP12, S. 196; PP15, S. 997 f.) steht die Geldarmutskonstruktion in direkter Opposition zur Moralisierung des Konsums der ‚Unterschicht', wie dies in der Erziehungsarmutskonstruktion beobachtet werden kann (siehe Kap. 4.2; Kap. 4.4).[27]

Trotz der normalitätsorientierten Grundsicherungsumbauintention zeigt sich auch in der Geldarmutskonstruktion die Sinnsetzung, mit der Grundsicherung ein *letztes* Netz vorzufinden. So soll weder die evolutionierte SGB-II-Grundsicherung noch die revolutionierte Variante dessen – das bedingungslose Grundeinkommen – regulär die monetäre Basis für die Teilhabe des Gros der Bevölkerung gewährleisten. Diese Funktion ist einem ausreichend hohen Lohn am Arbeitsmarkt zugedacht. Wie in der Erziehungs- und Bildungsarmutskonstruktion gilt auch hier Arbeit als die primäre Instanz der Wohlfahrtsproduktion der Erwerbsfähigen. Spezifisch mit Blick auf Erwerbsfähige mit Kindern wird das Anliegen formuliert, durch den Mindestlohn ein Arbeitsmarkteinkommen zu schaffen, das „die Arbeitnehmerinnen und Arbeitnehmer in die Lage versetzt, das auszugeben, was sie notwendigerweise für ihre Familien ausgeben müssen" (PP3, S. 22280).[28] Es geht also darum, die Wirtschaft so in die Pflicht zu nehmen, dass es den Eltern *im Normalfall* möglich wird, qua ihres Arbeitslohns die monetäre Basis für die Teilhabe der Familie an gesellschaftlicher Normalität zu erarbeiten. Dahinter steht noch vehementer als in der Bildungs-

---

27 Zu Armut und Konsum siehe auch Schroer (2014) sowie grundlegend Baumann (2005).
28 Zur Problematisierung des Individuallohns siehe Kaufmann (1995, S. 176).

armutskonstruktion die Grundhaltung, dass der Wohlfahrtsstaat nicht zum Ausfallbürgen der Wirtschaft werden darf (vgl. PP20, S. 2420; siehe für die Bildungsarmutskonstruktion: Kap. 5.2; Kap. 5.4).

Zusammenfassend formuliert zielt die Geldarmutskonstruktion mit ihrem Vorschlag zur Bekämpfung der Kinderarmut im Speziellen und damit auch der Geldarmut im Allgemeinen auf eine *erwachsenenzentrierte Gesellschaft ökonomisch Gleicher,* in der nicht mehr wenige viele ausbeuten, sondern möglichst alle die ökonomischen Mittel haben, um an der Gesellschaftsnormalität teilnehmen zu können. Im Zuge der Familialisierung des Kinderarmutsproblems bleiben mögliche kindheitsspezifische Benachteiligungen jenseits der ökonomischen Benachteiligung geldarmer Familien allerdings außen vor.

6.4 Von reichen Schurken, guten Armen und einem maximierten Wohlfahrtsstaat (Rahmenbedingungen)

Wie die Skizzierung des Ursachen- und Kontextverständnisses unmissverständlich zeigt, wurzelt die Geldarmutskonstruktion im Wertekosmos der klassischen politischen Linken (vgl. ‚Socialism‘ bei Heywood 2012, S. 97 ff.). Im Kontext der damit verbundenen Staatszentrierung wird die vorangehend skizzierte Strategie als Teil einer umfassend voranzubringenden ‚*Wohlfahrtsstaatsmaximierung*‘ verstanden. Die mit der Bekämpfung der (Kinder-)Armut angestrebte Ermöglichung der Teilhabe Erwachsener und ihrer Familien an gesellschaftlicher Normalität wird nicht nur als durch mangelnde monetäre Ressourcen des Einzelnen gefährdet gesehen. Die Teilhabeermöglichung gilt zugleich als durch eine wohlfahrtsstaatlich ungenügend vorgehaltene Infrastruktur kostenloser und qualitativ hochwertiger sozialer Dienstleistungen wie Kita-Plätze, Sozialberatungen, Gesundheitsinitiativen, Kultur- und Sozialprojekte etc. gefährdet (vgl. PP26, S. 4757). Der in der Strategie angeführte Ausbau der öffentlichen sozialen Dienstleistungen (siehe Kap. 6.3) soll folglich nicht nur als Mittel der Arbeitsmöglichkeitsschaffung fungieren, sondern auch als Instrument zur Herstellung gesellschaftlicher Teilhabemöglichkeiten. Als Leitmotiv dieser Konstruktion gilt: *Je mehr Wohlfahrtsstaat, desto besser!* Dieser Maximalzugriff wird für die Geldarmutskonstruktion möglich, da sie trotz ihrer Kritik am wohlfahrtsstaatlichen Handeln (siehe Kap. 6.1; Kap. 6.2 sowie nachfolgend) den Wohlfahrtsstaat nicht kategorisch ablehnt, sondern ‚lediglich‘ als gegenwärtig falsch geführt und daher konzeptionell unpassend ausgestaltet sieht – ganz im Gegensatz zum Kapitalismus, der ihr als systematischer Fehler gilt.

Im Zuge ihres Maximierungsbestrebens tritt die Geldarmutskonstruktion auch vehement gegen ein Ausspielen von Geldtransfers einerseits sowie Sach- und Dienstleistungen andererseits ein. Im Gegensatz zur möglichst weitreichenden Ersetzung von Geldleistungen durch eine non-monetäre Unterstützung für Familien in der Grundsicherung, wie es die Erziehungsarmutskonstruktion vorsieht (siehe Kap. 4.3), und dem Ansatz der Bildungsarmutskonstruktion, im fiskalischen Notfall Geldleistungen einzudampfen, um Bildungsleistungen finanzieren zu können (siehe Kap. 5.4), bricht die Geldarmutskonstruktion eine Lanze für die Idee der wohlfahrtsstaatlichen Ganzheitlichkeit: „hier die materiellen Leistungen oder dort mehr Geld in Infrastruktur. Das sollten wir auf jeden Fall vermeiden" (PP9, S. 24386).

Neben der vorangehend entfalteten Kapitalismuskritik sowie dem Anliegen einer ökonomisch gleicheren Gesellschaft mit einem maximal ausgebauten, kapitalismusantagonistischen Wohlfahrtsstaat zeigt sich das linkspolitische Colorit dieser Kinderarmutskonstruktion auch

- im Verständnis über Geldreiche vs. Geldarme und deren Familien,
- in der Erdung der revolutionsbetonten Strategie im Sozialstaatsprinzip und im Demokratiediskurs sowie
- im Zugang zu sozialer Gerechtigkeit als monetäre Bedarfsgerechtigkeit.

Diese drei Aspekte werden nachfolgend erörtert.

Reiche Schurken vs. gute Arme und deren Familien

Wie sich in der Kritik am übergebührend großen und vor allem undemokratischen Einfluss der geldreichen Wirtschaftselite auf politische Prozesse zeigt, hat die Geldarmutskonstruktion ein pauschal diffamierendes Verständnis von *herrschenden* politischen Akteuren: im hier vorliegenden Verständnis eine Gruppe Geldreicher, die ihre Privilegien nicht für den Kampf für mehr ökonomische Gleichheit nutzt, sondern sich von der Macht des Kapitals hat korrumpieren oder erpressen lassen (siehe Kap. 6.1). Die in diese Korrumpierung bzw. Erpressung ebenfalls involvierten geldreichen Angehörigen der Wirtschaftselite werden mit einer im Mindesten ebenso großen und pauschalen Abscheu als tugendlos gebrandmarkt. Sie gelten als verantwortungslose und gierige Egoisten, dekadente Leistungsverweigerer sowie letztlich auch direkt als Kriminelle, die bspw. durch Steuerhinterziehung, Korruption und Bestechung gegen Gesetze verstoßen (vgl. PP1, S. 21816; PP12, S. 136; PP19, S. 2049; PP22, S. 2986; PP25, S. 4563 f.). Während in der Erziehungsarmutskonstruktion ökonomischer Erfolg als Ausdruck von Tugendhaftigkeit verehrt wird (siehe Kap. 4.1), stellt es hier den Anfangsverdacht für Amoralität dar. Die Option der Reinwaschung, die politischen Akteuren in Form eines Kampfes gegen die Vormachtstellung des Kapitals zur Verfügung steht (siehe Kap. 6.1), ist für wirtschaftliche Akteure, ihr Unternehmen möglichst kleinzuhalten und damit eine möglichst große Distanz zu dem aufzubauen, was hier als Wirtschaftselite wahrgenommen wird. In der hier leitenden dichotomen Ordnungslogik gelten Großunternehmen als die amoralischen Kapitalismusgewinner und als das unternehmerische Pendant zu geldreichen Privatpersonen, während KMU die Gegenseite symbolisieren, die vergleichbar zu den geldarmen Privatpersonen vergleichsweise wenig Kapital akkumulieren konnten, in Existenznot am Markt straucheln und zudem staatlicherseits marginalisiert werden (vgl. PP14, S. 736; PP5, S. 22721).

Die pauschale Verachtung dieser Kinderarmutskonstruktion sowohl des herrschenden ‚Polit-Mainstreams' als auch der Wirtschaftselite drückt in dieser Bündelung eine Ablehnung gegenüber dem aus, was als systemstabilisierendes Establishment wahrgenommen wird. Der Verachtung des Establishments steht das ebenso pauschale, aber hehre Bild gegenüber, das die Geldarmutskonstruktion von der geldarmen Bevölkerung hat. Vom Grunde her vergleichbar zum Vorgehen der Bildungsarmutskonstruktion (siehe Kap. 5.4) – allerdings dezidierter –, werden auch hier Arbeitslose, Grundsicherungsaufstocker und Niedriglohnjobber als Opfer eines ausbeuterischen Arbeitsmarktes wahrgenommen, die nichts dafürkönnen, keine bzw. keine ‚gute' Arbeit zu finden (vgl. PP17, S. 1659, S. 1587; PP19, S. 2050; PP26, S. 4596). Anders als in der Bildungsarmutskonstruktion und vor allem in diametraler Verkehrung der an SGB-II-Empfänger durch die Erziehungsarmutskonstruktion herangetragenen Beschuldigung, einer tugendlosen Unterschicht anzugehören (siehe Kap. 4.1), gilt hier darüber hinaus – zugespitzt formuliert – als besonders integer, wer eine möglichst große Distanz zum Geldreichtum aufweist. Dementsprechend werden die Eltern unter den Grundsicherungsempfängern als ganz besonders engagiert wahrgenommen: „Hartz-IV-Eltern denken mehr an die Bildung ihrer Kinder als die Eltern in anderen Bevölkerungsschichten" (PP38, S. 8746; vgl. zudem PP25, S. 4548). Während also die Erziehungsarmutskonstruktion in SGB-II-Eltern potenzielle Risikofaktoren für ihre Kinder sieht (siehe Kap. 4.2) und die Bildungsarmutskonstruktion Skepsis gegenüber den Bildungsbemühungen der bildungsfernen Marktverlierereltern walten lässt (siehe Kap. 5.1), spielt hier im Zuge einer Pauschalverehrung der Geldarmen, respektive eines Lobes der Armut, die Frage nach einer möglichen elterlichen Beeinträchtigung des Kindeswohls keine relevante Rolle. Vielmehr wird angenommen, dass etwaige Erhöhungen der monetären Mittel geldarmer Eltern ohne Reibungsverluste bei den Kindern ankommen (vgl. PP17, S. 1659). Fernab der Pauschalverehrung geldarmer Eltern kommt die Geldarmutskonstruktion ohne dezidierte Vorstellungen über Familie bzw. Kindheit im Allgemeinen aus. Damit liegt hier eine Kinderarmutskonstruktion vor, die ohne systematische Bezüge zu Kindheit bzw. kindlichen Bedarfen agiert.

Die doppelte Erdung des Revolutionären: Sozialstaatsprinzip und Demokratiediskurs

So revolutionsbetont die Geldarmutskonstruktion die Neuordnung der deutschen Einkommens- und Vermögensverhältnisse anstrebt, so sehr erdet sie zugleich ihr Vorgehen durch die Anlehnung an zwei (mittlerweile) ‚klassische', in der breiten Bevölkerung etablierte Diskurse: das Sozialstaatsprinzip und den Demokratiediskurs.[29] Auf der Ebene der Anbindung an das *Sozialstaatsprinzip* wird das eigens gesteckte Ziel einer erwachsenenzentrierten Gesellschaft ökonomisch Gleicherer (siehe Kap. 6.3) als in der deutschen Gesellschaft genuin enthaltene „unverwirklichte Utopie" gerahmt, die nicht von außen herangetragen werden muss, sondern mit der Sozialstaatsklausel im „über 60 Jahre alten Verfassungstext schlummert" (PP21, S. 2884) – wenngleich dieses Schlummern aufgrund der Neoliberalisierung der letzten zwei Jahrzehnte als Tiefschlaf eingestuft wird.[30] Dass das wohlfahrtsstaatliche Handeln gegenwärtig fernab des Sozialstaatsprinzips liegt, zeigt sich für die Geldarmutskonstruktion nicht nur darin, dass der Wohlfahrtsstaat dabei versagt, selbst die basalste Bedarfsversorgung seiner Bürger sicherzustellen (siehe Kap. 6.2), sondern auch in der wohlfahrtsstaatlich vorangetriebenen Entsolidarisierung der Gesellschaft. Die Geldarmutskonstruktion attestiert, dass als Folge des entfesselten Kapitalismus das Zusammenleben in Deutschland durch fortwährendes Streben nach Profit und ein Klima der Entmenschlichung geprägt ist (vgl. PP5, S. 22721). Menschen werden hiernach in wirtschaftlich nützliche und nutzlose Bevölkerungsteile kategorisiert, wobei Letztgenannte – zu denen in der neoliberalen Ideologie bspw. Langzeitarbeitslose und Obdachlose gerechnet werden – eine deutliche gesellschaftliche Verachtung erfahren. Besonders aktiv trägt dem hier vorliegenden Kinderarmutsverständnis zufolge der Wohlfahrtsstaat zur Entsolidarisierung bei, indem dieser bewusst auf ein Ausspielen von Erwerbslosen und Niedriglohnjobbern setzt (vgl. PP19, S. 2049, S. 2059 sowie auch Heitmeyer 2012). Der Geldarmutskonstruktion nach hofft der Wohlfahrtsstaat darauf, dass Erwerbstätige umso mehr bereit sind, alles dafür zu tun, ihre Arbeit zu behalten, je stärker die Stigmatisierung von Arbeitslosen ausfällt. Durch die Stigmatisierung und wohlfahrtsstaatliche Marginalisierung der Erwerbslosen soll demnach zugleich auch dort der Kommodifizierungsdruck gesteigert werden – mit der Absicht, dass sich auch diese Bevölkerungsgruppe leichter auf schlecht bezahlte, unsichere, gesundheitsschädliche oder anderweitig ausbeuterische Arbeitsverhältnisse einlässt, um der eigenen Stigmatisierung zu entkommen. Dass der Wohlfahrtsstaat arme gegen noch ärmere Bevölkerungsgruppen ausspielt, interpretiert die Geldarmutskonstruktion nicht nur als wohlfahrtsstaatliche Unterstützung des Kapitalismus, seinen Bedarf an Arbeitskräften zu stillen, die um

---

29 Siehe für das Sozialstaatsprinzip: Kaufmann (1997, S. 21 ff.) und für die Zustimmung der breiten Bevölkerung zum Wohlfahrtsstaatsausbau: Heinrich et al. (2016). Für den empirischen Befund einer generell hohen Demokratiebejahung in Deutschland trotz Kritik an ihrer Funktionsweise siehe Schmidt (2012).

30 Für den Verweis auf ‚strukturelle Rückschaufehler' und die Verklärung der deutschen Wohlfahrtsstaatsvergangenheit siehe Sandermann (2010, S. 451 f.).

jeden Preis arbeiten müssen, um ihre Existenz zu sichern.[31] Die Entzweiung der Geldarmen durch das Anfachen von Sozialneiddebatten innerhalb dieser Bevölkerungsgruppe gilt ihr auch als Ablenkungsmanöver um die „tatsächliche Dekadenz, [...] die Dekadenz der Herrschenden" (PP19, S. 2059f.) zu verschleiern. Um dem entgegenzutreten, wird dafür votiert, den wohlfahrtsstaatlichen Kampf für die Rechte der Erwerbstätigen konsequent mit dem Kampf für die Rechte der Erwerbslosen zu verbinden (vgl. PP1, S. 21814; PP15, S. 935).

Die Anlehnung an den *Demokratiediskurs* erfolgt auf zweierlei Art. Erstens führt in den Augen der Geldarmutskonstruktion die Unterordnung des politischen Mainstreams unter die Macht des Kapitals der Wirtschaftselite (siehe Kap. 6.1) zu einer Entwürdigung der Demokratie, weshalb es in zunehmenden Teilen der Bevölkerung zu politischem Verdruss kommt (vgl. PP12, S. 137; PP17, S. 1587). Die durch Erpressung respektive Bestechung ausgelöste Subordination der Politik unter die Ökonomie entzieht hiernach dem politischen Feld das für eine Demokratie notwendige Vertrauen in der Bevölkerung (vgl. auch Taylor-Gooby 2009, S. 6ff.). Zweitens wird eine Gefahr für die Demokratie auch in der zunehmenden ökonomischen Spaltung des Landes gesehen (vgl. auch Straubhaar 2016, 2017). Die mangelnden monetären Ressourcen der Geldarmen erschweren es demnach dieser Bevölkerungsgruppe, die ihnen auf dem Papier zuerkannten politischen Rechte auch faktisch wahrnehmen zu können, da es bspw. die SGB-II-Grundsicherung schwer macht, diejenigen Ressourcen – wie bspw. Informationsmittel und Fortbewegungsmöglichkeiten – zu erwerben, die für ein bürgerschaftliches oder politisches Engagement von höchster Bedeutung sind. Dahinter steht auch die Annahme der Geldarmutskonstruktion, dass es Menschen, die vom täglichen Überlebenskampf und der damit einhergehenden Ressourcenknappheit und Verzweiflung vereinnahmt sind, weitaus schwerer als ökonomisch abgesicherten Bevölkerungsgruppen fällt, sich zu organisieren, um aktiv ihre Umwelt mitzugestalten (vgl. PP41, S. 10344).[32]

Das Vorgehen gegen (Kinder-)Armut wird hier folglich auch als Mittel zur Sicherung des sozialen Friedens einer demokratische(re)n Gesellschaft verstanden. Durch mehr ökonomische Gleichheit will die Geldarmutskonstruktion einen durch Populismus angeheizten Aufruhr ökonomisch Abgehängter verhindern, der nur noch aus blinder Zerstörungswut sowohl gegenüber anderen Abgehängten als auch einem als vertrauensunwürdig erachteten Establishment be-

---

31 Siehe auch die ‚industrielle Reservearmee' bei Marx (1872/2009, S. 579ff.) sowie sekundär dazu Heinrich (2005, S. 125ff.).

32 Siehe hierzu auch grundlegend-konzeptionell das Citizenship-Konzept bei Marshall (1949/1992) sowie sekundär zu sozialen Rechten als Grundvoraussetzung zur Wahrnehmung bürgerlicher und politischer Rechte: Mackert (2006, S. 34f.) Empirische Daten über die Ungleichheit politisch-zivilgesellschaftlicher Teilhabe in Deutschland legt u. a. Böhnke (2011) vor.

steht (vgl. PP6, S. 23020). Demgegenüber strebt die Geldarmutskonstruktion an, die ökonomischen Grundlagen für einen informierten, sachlichen politischen Dialog mit möglichst fairen Zugangsmöglichkeiten für alle – bzw. generational präziser formuliert: alle Erwachsenen – zu legen.

Soziale Gerechtigkeit als monetäre Bedarfsgerechtigkeit

Wie die Skizzierung des Kontextverständnisses und der Strategie zur Bekämpfung der (Kinder-)Armut zum Ausdruck bringt, steht für die Geldarmutskonstruktion die wohlfahrtsstaatliche Gesamtverantwortung für die Erfüllung der Bedarfe der Bürger im Vordergrund. Während sich die Gewährleistung von Bedarfsgerechtigkeit in der Erziehungsarmutskonstruktion auf die Absicherung des soziokulturellen Existenzminimums bezieht (siehe Kap. 4.4) und in der Bildungsarmutskonstruktion Bedarfe vor allem im Kontext kindlicher Bildung wahrgenommen werden (siehe Kap. 5.4), soll hier Bedarfsgerechtigkeit im umfassenderen Sinne einer Teilhabe an gesellschaftlicher Normalität ermöglicht werden (siehe Kap. 6.3). Da diese Ermöglichung auf die monetäre Basis der gesellschaftlichen Teilhabe fokussiert ist, lässt sich das hier beobachtbare Verständnis sozialer Gerechtigkeit als ‚monetäre Bedarfsgerechtigkeit‘ beschreiben.[33] Vergleichbar zur Stärkung und Ergänzung des auf Chancen ausgerichteten Gerechtigkeitsverständnisses der Bildungsarmutskonstruktion (siehe Kap. 5.4), findet hier sowohl eine Unterfütterung der konstruktionseigenen Gerechtigkeitsvorstellung durch das Paradigma der Anerkennungsgerechtigkeit als auch eine Verstärkung durch das Prinzip der Leistungsgerechtigkeit statt.

Die *anerkennungsgerechtigkeitsbezogene Unterfütterung* zeigt sich darin, dass die Geldarmutskonstruktion dafür plädiert, in allererster Linie *jeden* Menschen in der Bundesrepublik fernab von *jedweder* Form von Funktionalisierung als wertvoll und unverzichtbar in seinem Sein zu verstehen – wobei hier das klassische Muster der Erwachsenenzentrierung derartiger Plädoyers nicht durchbrochen wird (vgl. PP27, S. 4976). Die Honnethsche Differenzierung der Anerkennungsgerechtigkeit in die drei Sphären Liebe, Recht und Wirtschaft (vgl. Honneth 2011, S. 38 ff. sowie grundlegend Honneth 1994; siehe auch Kap. 3.2.3) aufgreifend, gilt der Geldarmutskonstruktion im Bereich der Liebe als ungerecht, dass mit fallendem Einkommen und Vermögen die pauschale Annahme an Bedeutung gewinnt, die Eltern seien nicht willig oder fähig, liebevolle Verantwortung für ihre Kinder zu übernehmen. Kritisiert wird die Praxis, Eltern im SGB-II-Bezug die anderen Familien ungemindert zukommenden Geldleistungen – Kinder- und Elterngeld – auf ihre Grundsicherung anzurechnen und

---

33 Siehe für Bedarfsgerechtigkeit: Becker/Hauser (2009, S. 35 ff.); Leisering (2004a, S. 33, 2007, S. 87) sowie Kap. 3.2.3.

so zu vermitteln, dass sie im Umgang mit ihren Kindern versagen (vgl. PP27, S. 4975; siehe auch Kap. 6.2; Kap. 4.5).

Hinsichtlich der Anerkennungssphäre des Rechts sieht die Geldarmutskonstruktion neben den politischen Rechten der Geldarmen vor allem ihre sozialen Rechte diskreditiert. Die Grundsicherung erscheint nicht nur als bedarfsungerecht aufgrund ihrer Höhe und Konditionierung, sondern tiefergehend auch als entwürdigend und willkürlich. Als entwürdigend gilt vor allem die teilweise bis in die häusliche Intimsphäre der Grundsicherungsbezieher reichende Überwachung durch sogenannte Sozialdetektive, während die Wurzel der Willkür in der Konditionierung der Grundsicherung gesehen wird. Dem Lageverständnis der Geldarmutskonstruktion nach sind SGB-II-Empfänger sowohl undurchschaubaren Verwaltungsschikanen als auch persönlichen Drangsalierungen der Arbeitsamtsmitarbeiter, die darauf basieren, ihre Arbeitsmarktintegrationswilligkeit in Frage zu stellen, schutzlos ausgeliefert (vgl. PP1, S. 21814; PP15, S. 936; PP17, S. 1659; PP19, S. 2046, S. 2059; PP29, S. 6184). Die Bestätigung dieser Diagnose sieht die Geldarmutskonstruktion sowohl in der hohen Anzahl erfolgreicher Klagen gegen falsche Leistungsbeschneidungen als auch im BVG-Urteil zur Verfassungswidrigkeit der SGB-II-Regelsätze (siehe Kap. 3.1.1). Diese höchstrichterliche Urteilssprechung wird als Verweis auf die bereits grundlegend im Verfahren zur Bestimmung der Regelsätze gegebene Willkürlichkeit der SGB-II-Grundsicherung gelesen, weshalb das Urteil auch als Abstrafung der dafür politisch Verantwortlichen erachtet wird (vgl. PP1, S. 21815; PP18, S. 1843).[34]

Bezüglich der Anerkennungssphäre der Wirtschaft begreift die Geldarmutskonstruktion es als ungerecht, dass durch den hohen Kommodifizierungsdruck Erwerbsfähige gezwungen werden, jedwede Arbeit anzunehmen – sei sie auch noch so ausbeuterisch (siehe vorangehender Abschnitt). Im Gegensatz zur Erziehungsarmutskonstruktion, die davon ausgeht, dass Arbeit *per se* ,gut' ist und dem Credo ,Sozial ist, was Arbeit schafft' folgt, (siehe Kap. 4.1; Kap. 4.3), gilt es für die Geldarmutskonstruktion den Ausbeutungscharakter von Arbeit stärker im wohlfahrtsstaatlichen Handeln zu berücksichtigen. Sie verschreibt sich folgender, modifizierter Form des vorherigen Credos: „Sozial ist nur, was *gute* Arbeit schafft" (PP27, S. 4976; H. d. V.). Diese ,gute', da ausbeutungsfreie Arbeit definiert sich der Geldarmutskonstruktion nach durch ein wertschätzendes Angestelltenverhältnis. Im Originalidiom heißt es: „Gute Arbeit bedeutet Mitbestimmung, Teilhabe, faire Löhne, Arbeits- und Gesundheitsschutz, Entgeltgleichheit, familienfreundliche Bedingungen und vor allem soziale Sicherheit" (PP27, S. 4976; vgl. zudem PP27, S. 4985). Vollständige soziale Gerechtigkeit in

---

34 Für die Zugänge der Erziehungs- und Bildungsarmutskonstruktion zum BVG-Urteil siehe Kap. 4.3 sowie Kap. 5.4.

der Sphäre der Wirtschaft liegt für die Geldarmutskonstruktion allerdings nur dann vor, wenn der Mensch, dort, wo er in funktionalen Termen gedacht wird, nicht alleinig bezüglich etwaiger Beiträge in der Lohnarbeit gewürdigt wird, sondern wohlfahrtsstaatliche Anerkennung auch für etwaige Beiträge in der Familienarbeit sowie im bürgerschaftlichen Engagement mit kulturellen, sozialen oder politischen Aktivitäten erfährt (vgl. PP27, S. 4976).

Die *Verstärkung* der hier vorliegenden Vorstellung von sozialer Gerechtigkeit als monetäre Bedarfsgerechtigkeit erfolgt durch Bezüge zum Ansatz der *Leistungsgerechtigkeit*.[35] Dadurch versucht die Geldarmutskonstruktion, die aktuelle Wohlfahrtsstaatsarchitektur auch in ihren als ‚eigen‘ wahrgenommenen Termen zu kritisieren. Moniert wird, dass der gegenwärtige Wohlfahrtsstaat aufgrund seiner Unterordnung unter den Kapitalismus einerseits soziale Anspruchsrechte durch Leistungseinforderungsterme – bspw. durch die Konditionierung der Grundsicherung – ersetzt hat. Andererseits verstößt dieser aus Sicht der Geldarmutskonstruktion aber an mindestens vier Stellen gegen die damit selbst auferlegten Prinzipien der Leistungsgerechtigkeit, was letztlich in die Unterminierung der hier im Vordergrund stehenden Bedarfsgerechtigkeitsgewährung mündet.

- Erstens gilt der Grundsatz der Leistungsbelohnung, für gleiche Arbeit auch gleichen Lohn zu erhalten, als nicht eingehalten, da u.a. Frauen und Leiharbeiter bei gleicher Arbeit weniger Geld bekommen und eine Ost-West-Differenz der Einkommen vorliegt (vgl. PP27, S. 4977 sowie siehe Kap. 6.2).
- Zweitens stuft die Geldarmutskonstruktion den SGB-II-Regelsatz mit Blick auf etwaig zuvor jahre- bzw. jahrzehntelang erbrachte Arbeitsleistungen als zu gering ein, um diese nach einer zumeist einjährigen Arbeitslosengeld-I-Phase angemessen zu würdigen (vgl. PP1, S. 21814).
- Drittens wird ein unverhältnismäßig großer Lohnabstand angeprangert. Es erscheint der Geldarmutskonstruktion als nicht leistungsgerecht, dass sich das Gros der Erwerbstätigen mit einem Arbeitsentgelt zufriedengeben muss, für das andere „nicht einmal den Laptop aufklappen würden" (PP20, S. 2453). Dass am oberen Ende des Arbeitsmarktes bspw. tausende Euro für Kurzvorträge bezahlt werden, während am unteren Ende Arbeitnehmer auf halben Stellen mit einem Bruchteil dieser Summe für einen Monat Erwerbsarbeit entlohnt werden, spiegelt für die Geldarmutskonstruktion keine angemessene Beziehung dieser beiden Beiträge in der gesellschaftlichen Arbeitsteilung wider (vgl. PP19, S. 2059). Für die vorliegende Kinderarmutskonstruktion kommt darin der für den wohlfahrtsstaatlich gestützten Kapitalismus

---

35 Für Leistungsgerechtigkeit siehe Leisering (2007, S. 87 f.); Becker/Hauser (2009, S. 31 ff.) sowie Kap. 3.2.3.

als charakteristisch eingestufte Matthäuseffekt durch, der es Geldreichen einfacher macht, Kapital zu akkumulieren als Geldarmen (vgl. PP19, S. 2059; siehe auch Kap. 6.1; Kap. 6.2). Da der Wohlfahrtsstaat diese leistungsungerechte Lohnspaltung zulässt, entwürdigt er nicht nur einen Teil der Arbeitnehmer, sondern entwertet zugleich Erwerbsarbeit als Institution (vgl. PP19, S. 2050). Die Geldarmutskonstruktion teilt also die Sorge um eine Bedrohung von Erwerbsarbeit mit der Erziehungs- und Bildungsarmutskonstruktion, wenngleich diese beiden Konstruktionen die Gefahr in einem zu geringen Lohnabstand zwischen existenzsichernd Erwerbstätigen und Grundsicherungsempfängern und damit an einer anderen Stelle vermuten (siehe Kap. 5.3; Kap. 6.4).

- Viertens moniert die Geldarmutskonstruktion, dass der von der gegenwärtigen Wohlfahrtsstaatsarchitektur hochgehaltene Ansatz, qua eigener Leistung eine Wohlfahrtsposition aufzubauen, durch eine zu geringe Erbschaftssteuer untergraben wird. Diese verfestigt nicht nur den Status quo der hohen Vermögensungleichheit, sondern unterbindet auch Leistungsanreize – vor allem am gesellschaftlich oberen Ende (vgl. PP14, S. 736 f. sowie auch Westermeier et al. 2016).

6.5   Ein Gespenst geht um ... (Konsequenzen)

So wie die Erziehungsarmutskonstruktion im linkspolitischen Lager auf Widerstand stößt (siehe Kap. 5.5), erzeugt die Geldarmutskonstruktion Kritik in bürgerlich-konservativen Kreisen. Diese Kritik erweckt den Eindruck der Furcht, die im 19. Jahrhundert unter dem, was im Marxschen Sinne als Bourgeoisie galt, vor dem „Gespenst des Kommunismus" (Marx/Engels 1848/1975, S. 25) geherrscht haben muss.[36] Bündelt man diese Kritik, lassen sich die Gefährdung des Wirtschafts- und Wohlfahrtsstaatssystems, die Störung des sozialen Friedens sowie die Instrumentalisierung der Armutsbevölkerung und ihrer Familien als Konsequenzen herausstellen, die im Verständnis der untersuchten Plenardebatte aus der Realisierung der Vorschläge zur Kinderarmutsbekämpfung dieser Konstruktion erwachsen.

Gefährdung des Wirtschafts- und Wohlfahrtsstaatssystems
Die Gefährdungen des Wirtschafts- und Wohlfahrtsstaatssystems werden im Gegendiskurs zur Geldarmutskonstruktion als miteinander verbundene Aspekte wahrgenommen. Trennt man die beiden Gefährdungsbereiche analytisch auf,

---

36 Ein solcher Bezug findet sich explizit bspw. bei Alts (2017) Kritik an der Grundeinkommensforderung.

lassen sich bezüglich der *Gefährdung des Wirtschaftssystems* Befürchtungen hinsichtlich einer Anspruchsüberforderung der Wirtschaft, eines Bedeutungsrückgangs der Erwerbsarbeit und einer Auflösung der Privatwirtschaft identifizieren.

Die Sorge vor einer Anspruchsüberforderung der Wirtschaft erwächst aus dem Anliegen der Geldarmutskonstruktion, flächendeckend deutlich über zehn Euro liegende Mindeststundenlöhne einzuführen und Arbeitsentgelte auch mit Blick auf die Erfüllung familiärer Finanzbedarfe auszugestalten (siehe Kap. 6.3). Demgegenüber werden im bürgerlich-konservativen Lager sowohl familienstandbezogene Mindstlöhne im Spezifischen als auch Mindstlöhne im Allgemeinen als ein illegitimer Eingriff in die marktwirtschaftliche Freiheit und als Überlastung der Privatwirtschaft zurückgewiesen (vgl. PP1, S. 21812; PP16, S. 1356; PP20, S. 2421). So sehr die Kritiker der Geldarmutskonstruktion einer staatlich verordneten, massiven Erhöhung der Arbeitsentgelte im unteren Lohnbereich entgegenstehen, so sehr sehen sie sich genau dazu gezwungen, sollte es zu der von der Geldarmutskonstruktion geforderten Erhöhung der Grundsicherung bzw. zur gänzlichen Transformation in ein bedingungsloses Grundeinkommen kommen. Gefangen zwischen Skylla und Charybdis wird davon ausgegangen, dass es zu einer Überforderung der Wirtschaft kommt, sobald die Stundenlöhne im unteren Lohnbereich durch Staatseingriffe signifikant erhöht werden; bleibt diese Erhöhung aus, verliert demnach allerdings Erwerbsarbeit als Modus der Wohlfahrtsproduktion des Einzelnen an Bedeutung, da sich die Erwerbsfähigen dauerhaft in der Grundsicherung einrichten. Dies trifft im Verständnis der skizzierten Kritik umso mehr zu, je stärker diese Leistung erhöht und von Sanktionierungsoptionen befreit wird. Je höher der Grad der De-Kommodifizierung ausfällt, desto mehr wird das für die wirtschaftliche Stabilität zwingend notwendige Grundprinzip, dass sich Arbeitsleistungen für den Einzelnen rentieren müssen, verletzt – so die Logik der Kritik (vgl. PP1, S. 21823; PP18, S. 1850 sowie auch Simmel 1908/1992, S. 541; siehe zudem Kap. 4.4). Parallel zu diesen beiden punktuellen Gefährdungen des Wirtschaftssystems steht die Geldarmutskonstruktion auch in der Kritik, die deutsche Wirtschaft ganzheitlich zu unterminieren, indem sie auf eine streckenweise Ersetzung der freiheitlichen Privatwirtschaft durch eine staatlich direkt (mit-)gelenkte Unternehmerschaft zusteuert, wodurch sie sich zusehends von einem Grundmerkmal westlicher Wohlfahrtsstaaten verabschiedet.[37] Dahinter steht die Sorge, in ein Gesellschaftsmodell abzudriften, das aufgrund zahlreicher gescheiterter Beispiele des sogenannten Realsozialismus als dysfunktional eingestuft wird (vgl. PP3, S. 22288; PP27, S. 4984).

---

37 Für die unternehmerische Dispositionsfreiheit als wohlfahrtsstaatliches Merkmal siehe Kaufmann (1997, S. 24, S. 27) sowie Kap. 2.2.3.

Wie eingangs angedeutet, wird die Gefährdung des Wirtschaftssystems grundsätzlich auch als wohlfahrtsstaatliche Bedrohung interpretiert, da von einer Wechselbeziehung beider Systeme ausgegangen wird. Neben dieser indirekten Bedrohung sieht das bürgerlich-konservative Lager die *Gefährdung des Wohlfahrtsstaatssystems* auch direkt gegeben. Während die Geldarmutskonstruktion selbst davon überzeugt ist, mit den von ihr propagierten Veränderungen wie bspw. der Wiedereinführung der Vermögenssteuer sowie durch die erhöhten Steuereinnahmen als Folge eines gestärkten Binnenmarktes (siehe Kap. 6.3), die von ihr anvisierte Wohlfahrtsstaatsmaximierung reibungslos stemmen zu können, stellt der Gegendiskurs dies explizit in Abrede. Moniert wird, dass die von der Geldarmutskonstruktion geforderte Wohlfahrtsstaatsmaximierung eine unseriöse Politik darstellt, die finanzpolitisch in keiner Weise realisierbar ist und unweigerlich in eine Staatspleite führt.[38] Die von der Geldarmutskonstruktion erbrachten Vorschläge werden als substanzlose Systemkritik einer gescheiterten politischen Ideologie erachtet, die keine realistischen Alternativen zum Status quo zu liefen vermag (vgl. PP9, S. 24382; PP12, S. 196; PP15, S. 997; PP19, S. 2061 f.; PP22, S. 2997).

Störung des sozialen Friedens

Als zweite Konsequenz, die in den Augen der bürgerlich-konservativen Kritiker aus einer Umsetzung der von der Geldarmutskonstruktion vorgebrachten Forderungen resultieren würde, lässt sich die *Störung des sozialen Friedens* herausstellen. Die Geldarmutskonstruktion ist dem Vorwurf ausgesetzt, dass nicht die ökonomische Lage geldarmer Bevölkerungsteile eine Lebensqualitätseinschränkung und Exklusion für diese Menschen bedeutet, sondern die mit Verweis auf die vermeintliche Unzulänglichkeit ihrer Geldressourcen geführten öffentlichen Debatten. Im Verständnis dieser Kritik liegt das Problem der Grundsicherungsempfänger nicht in einem zu niedrigen Regelsatz, sondern in ihrer demütigenden Herabsetzung zu vermeintlich finanzschwachen Ausgegrenzten. Nicht also die Versorgungslage, sondern die Kommunikation darüber gilt als problematisch (vgl. PP26, S. 4753). In der Wahrnehmungslogik dieser Kritik stigmatisieren fehlgeleitete Stilisierungen als legitim erachteter ökonomischer Ungleichheit zu vermeintlicher Not nicht nur unnötigerweise die Grundsicherungsempfänger – und damit einen nicht unerheblichen Teil der Geldarmen –, sie stacheln auch „Neiddebatten" (PP1, S. 21823) an.[39] Derartige Debatten entwürdigen aus der bürgerlich-konservativen Perspektive zum einen die als enorm eingestuften Wirtschaftsleistungen der existenzsichernd erwerbstätigen Mittel- und Ober-

---

38 Bleses/Rose (1998a, 1998b, S. 236 ff.) weisen in ihren Parlamentsanalysen auf die Fragwürdigkeit bzw. Beliebigkeit als unumgänglich dargestellter Sparzwangargumentationen hin.

39 Siehe für eine ähnlich gelagerte Kritik am relativen Armutsbegriff: Krämer (2000, S. 7, S. 51 ff., S. 115 f.).

schicht, die weite Teile des Steuereinkommens aufbringen (vgl. PP12, S. 142; siehe auch Kap. 4.1). Zum anderen spalten sie die Gesellschaft durch ihren Aufruf zum „Klassenkampf" (PP1, S. 21816). Dies erscheint dem bürgerlich-konservativen Lager umso gefährlicher, da diesem zufolge die von der Geldarmutskonstruktion angestrebten Grundsicherungsänderungen den sozialen Frieden auch an anderen Stellen bedrohen. Demnach würde bspw. die von der hier vorliegenden Kinderarmutskonstruktion favorisierte massive Anhebung der Vermögensfreigrenzen im SGB-II-Bezug dazu führen, dass eine vierköpfige Familie Spareinlagen im oberen fünfstelligen Bereich besitzen und daraus resultierende monatliche Zinsen im dreistelligen Bereich erhalten dürfte, ohne dass sich ihr Grundsicherungsanspruch verringert. Ein Umstand, der als unsolidarisch und fernab von gesellschaftlicher Akzeptanz eingestuft wird (vgl. PP1, S. 21822).

Instrumentalisierung der Armutsbevölkerung und ihrer Familien

Neben der Gefährdung von Wirtschaft, Wohlfahrtsstaat und sozialem Frieden verweist das bürgerlich-konservative Lager auf die *Instrumentalisierung der Armutsbevölkerung und ihrer Familien* als weitere Konsequenz, die aus der Umsetzung der Forderungen der Geldarmutskonstruktion erwachsen würde. Wie sich im vorangehenden Abschnitt andeutet, wird moniert, dass die Geldarmutskonstruktion die Versorgungslage der Familien in der SGB-II-Grundsicherung empirisch vollkommen unzutreffend dramatisiert, wenn sie ihre Situation so skizziert, als hätten sie „nicht mehr genug zu essen, müssten im Winter frieren und würden jetzt von Staats wegen von allen Bildungschancen abgekoppelt" (PP25, S. 4559). Derartige Dramatisierungen werden nicht nur als empirisch unzutreffende Übertreibung zurückgewiesen, sondern als von der Geldarmutskonstruktion – in Kombination mit ihrer Forderung eines Maximalwohlfahrtsstaats – bewusst eingesetzter Populismus, um Wählerstimmen am unteren sozioökonomischen Gesellschaftsrand abzuschöpfen (vgl. PP1, S. 21823; PP25, S. 4559). Dieses Vorgehen erscheint den Kritikern auch deshalb als verfehltes Mittel im Kampf um politische Vorherrschaft, da es ihrer Sicht nach für die Geldarmen ein konzeptionell falsch angelegtes und zugleich leeres Heilsversprechen beinhaltet. Als konzeptionell falsch gilt, dass im Zuge der Dramatisierung der Lebens- und Versorgungslage der Geldarmen ebendieser Bevölkerungsgruppe suggeriert wird, man könne „durch Gleichmacherei die sozialen Probleme in unserem Lande lösen" – während eigentlich genau das Gegenteil der Fall ist und ökonomische Gleichheit „jegliche Leistungsbereitschaft des Einzelnen, jegliche Motivation, jegliche Eigenverantwortung und damit jeglichen Wohlstand [vernichtet]" (PP41, S. 10341; vgl. zudem PP13, S. 431).[40] Als leer wird das Heilsversprechen erachtet, da es als unzutreffend für die Geldarmen

---

40 Eine gegenteilige Einschätzung liefern Wilkinson/Pickett (2009).

und ihre Familien eingestuft wird: nicht nur, da die Forderungen nach einem „Arbeiterparadies" (PP4, S. 22486) mit maximiertem Wohlfahrtsstaat als Überforderung von Staat und Wirtschaft gelten, sondern auch, da in den Augen der Kritiker der Geldarmutskonstruktion beides zur Armutsfalle wird: das BGE im Wohlfahrtsstaatsbereich, da es in staatliche Abhängigkeit statt in eigens am Markt erarbeitete Freiheit führt und die Arbeitsplatzverbesserungen im Wirtschaftsbereich, da diese umso mehr zum Einstellungshemmnis von (potenziellen) Vätern und Müttern werden, je stärker auf Familienvereinbarkeit ausgerichtete Arbeitsbedingungen zwangsweise von der Wirtschaft verlangt werden (vgl. PP4, S. 22486).

Kapitel 7
Kinderarmut als Rechtearmut

7.1 Selbstbetrug Kinderfreundlichkeit – zur Marginalisierung der Kinderrechte (Ursache)

Das Verständnis der Rechtearmutskonstruktion über die Ursache von Kinderarmut in Deutschland wurzelt in der Annahme eines politischen Selbstbetrugs. Als Selbstbetrug gilt die Einschätzung, dass Deutschland und seine Politik kinderfreundlich seien und die Rechte dieser Bevölkerungsgruppe achten würden.[1] Die Rechtearmutskonstruktion selbst nimmt den deutschen Wohlfahrtsstaat als das direkte Gegenteil wahr. Zur Skizzierung dieses Ursachenverständnisses wird nachfolgend im ersten Schritt die von der Rechtearmutskonstruktion angestellte Beobachtung dargelegt, dass es eine politische Sichtweise gibt, der zufolge Deutschland ein Idyll der Kinderfreundlichkeit ist. Im zweiten Schritt wird die von der Rechtearmutskonstruktion vorgenommene Dekonstruktion dieser Sichtweise entfaltet.

Kinderparadies Deutschland
Folgt man der Rechtearmutskonstruktion hat der deutsche Polit-Mainstream seit Jahren das „Gefühl, dass gerade Familien und Kinder sowie Kinderrechte im Mittelpunkt der Bundespolitik stehen" (PP6, S. 23036). Dieses von der Rechtearmutskonstruktion sowohl diagnostizierte als auch kritisch beäugte Lageverständnis wird in dieser Untersuchung als ‚*Kinderfreundlichkeitsinterpretament*' bezeichnet. Ein zentraler Glaubenssatz dieses Interpretaments liegt in der Annahme, „dass die im Grundgesetz bereits verankerten Kinderrechte ausreichend sind" (PP17, S. 1665).[2] In diesem Zitat zeichnen sich die beiden Bestandteile dieses Glaubenssatzes deutlich ab: Erstens gelten die Rechte von Kindern als konstitutionell in Deutschland festgeschrieben (vgl. auch PP6, S. 23038). Zweitens wird die aktuelle Form und Wirkkraft dieser Kinderrechteverankerung als angemessen eingestuft. Den Vertretern des ‚Kinderfreundlichkeitsinterpretaments' gelten die Rechte von Kindern deshalb als durch das Grundgesetz der Bundesrepublik abgedeckt, da sie mit diesem Dokument die Grundrechte *aller*

---

1 Siehe zum Kinderrechtediskurs und für die UN-KRK: Liebel (2007, S. 39 ff.); Kerber-Ganse (2009); Maywald (2012); die Beiträge in Ruck et al. (2017) sowie den Exkurs zur UN-KRK in Kap. 3.2.1.

2 Eine gegenteilige Einschätzung legt Maywald (2012, S. 31, S. 77) vor.

Menschen in Deutschland und damit auch von Kindern festgeschrieben sehen. Eine konstitutionelle Festschreibung spezifisch auf Kinder ausgerichteter Rechte wird mit Verweis auf die universelle Geltung des Grundgesetzes als unnötige und funktional bedeutungslose Redundanz, die höchstens Symbolkraft entfalten könnte, zurückgewiesen, wobei aufgrund der als bereits gegeben erachteten Kinderfreundlichkeit kein Bedarf für einen solchen symbolischen Akt gesehen wird (vgl. PP17, S. 1658, S. 1663 ff.).

Für die Vertreter des hier beschriebenen ‚Kinderfreundlichkeitsinterpretaments‘ stehen nicht nur die Ausrichtung der bundesdeutschen Wohlfahrtsstaatspolitik an den Bedarfen von Kindern sowie die Verankerung von Kinderrechten in der deutschen Verfassung außer Frage. Folgt man der Rechtearmutskonstruktion, ist der politische Mainstream zudem fest davon überzeugt, „das deutsche Recht stehe schon jetzt in Einklang mit den völkerrechtlichen Verpflichtungen, die sich aus der Kinderrechtskonvention ergäben, und eine Änderung des deutschen Rechts sei deshalb nicht erforderlich" (PP13, S. 500; vgl. zudem PP6, S. 23036). Mit Verweis auf die Bestandteile der UN-KRK bedeutet dies, dass sowohl die vier Grundprinzipien dieser Konvention[3] als auch die aus diesen Prinzipien abgeleiteten konkreten Versorgungs-, Schutz- und Beteiligungsrechte ohne Abstriche in Deutschland umgesetzt sind. Diese uneingeschränkte Verwirklichung der UN-KRK in Deutschland wird vom ‚Kinderfreundlichkeitsinterpretament‘ auch *vor* der Rücknahme der sogenannten ‚Vorbehaltserklärung‘ am 03.05.2010 attestiert. Die Bundesregierung hatte mit der Ratifizierung der UN-KRK im Jahr 1992 eine fünf Punkte umfassende Vorbehaltserklärung abgegeben, in der u.a. darauf verwiesen wurde, dass das Übereinkommen in Deutschland nicht anzuwenden ist, da die Rechtsverpflichtungen dieser Konvention in der Bundesrepublik bereits erfüllt sind. Zudem heißt es in der Erklärung, dass die UN-KRK auch nicht zu Beschränkungen bundesdeutscher Gesetzesregelungen hinsichtlich der Einreise- und Aufenthaltsbestimmungen von Ausländern sowie der Ausgestaltung von Unterschieden zwischen in- und ausländischen Bürgern führen darf (vgl. Deutsche Bundesregierung (B) o.J.). Nichtsdestotrotz gilt für das ‚Kinderfreundlichkeitsinterpretament‘ auch *vor* der Rücknahme dieser Erklärung, dass bspw. das Asyl- und Ausländerrecht ohne Abstriche den aus der UN-KRK erwachsenden Verpflichtungen entspricht, wodurch die Vorbehaltsrücknahme weder erforderlich war noch zu einer signifikant anderen Rechtslage führen konnte und brauchte. Ausschlaggebend für diese Einschätzung ist der Glaube, dass selbst in denjenigen Bundesländern, die gegen eine Rücknahme der Vorbehaltserklärung waren, die UN-KRK

3　Die vier Grundprinzipien der UN-KRK lauten: a) Gleichbehandlung aller Kinder, b) Vorrang des Kindeswohls, c) Recht auf Leben und Entwicklung sowie d) Achtung des Kindeswillens (vgl. UNICEF 2013b; siehe auch den Exkurs zur UN-KRK in Kap. 3.2.1).

im Umgang mit geflüchteten Kindern/Flüchtlingskindern[4] von Beginn an, fort-während und ohne Abstriche umgesetzt wurde, wobei die am stärksten Schutz-bedürftigen unter den Flüchtlingskindern – die unbegleiteten minderjährigen Flüchtlinge (UMF) – sogar besonders protegiert wurden und werden, da ihre Asylverfahren mit größerer Vorsicht und Einfühlsamkeit sowie mit weniger bürokratischer Formalität als bei Volljährigen ablaufen (vgl. PP6, S. 23036; PP13, S. 504 ff.). Geflüchtete Kinder haben demnach durch den deutschen Wohl-fahrtsstaat „die Möglichkeit, an allen sozialen Maßnahmen teilzunehmen", wo-mit hier zuvörderst „die Teilhabe am Gesundheitssystem, de[r] kostenlose[...] Schulbesuch und Maßnahmen der Jugendhilfe" (PP6, S. 23036) gemeint sind. Die Vertreter des ‚Kinderfreundlichkeitsinterpretaments' stufen die Versor-gungs- und Integrationsleistung des deutschen Wohlfahrtsstaates als so weitrei-chend ein, dass ihnen zufolge auch den Kindern aus lediglich geduldeten Fami-lien sehr gute Bildungs- und Ausbildungsmöglichkeiten in der Bundesrepublik zur Verfügung stehen (vgl. PP13, S. 457).

Entsprechend der Bilanzierung der deutschen Wohlfahrtsstaatspolitik als kin-derfreundlich sowie kinderrechtlich gänzlich in Linie mit der UN-KRK – selbst an den besonders herausforderungsvollen Außenrändern der Lebenslagen von Geflüchteten – wird im ‚Kinderfreundlichkeitsinterpretament' das positive Ge-samtfazit gezogen, dass „bei uns [...] kein Kind auf der Strecke [bleibt]" (PP6, S. 23035) und Deutschland weltweit zu den kinderfreundlichsten Ländern so-wie aktivsten Vorreitern in Sachen Kinderrechte gehört (vgl. PP13, S. 498).[5]

Die Dekonstruktion des Paradieses

Der beim ‚Kinderfreundlichkeitsinterpretament' beobachteten Positivbilanz stellt die Rechtearmutskonstruktion eine eigene, diametral entgegengesetzte In-terpretation der Lage gegenüber. Die deutsche Gesellschaft und die hier herr-schende Politik sind demnach nicht kinder*freundlich,* sondern ganz im Gegen-teil „kinder*feindlich*" (PP29, S. 6187; H. d. V.).[6] Für die Rechtearmutskonstruk-tion kommt diese Marginalisierung besonders deutlich und folgenreich in der politischen Budgetierung zum Ausdruck. Während für wirtschaftliche Zwecke hohe Summen fließen, werden für Kinder und Familien vergleichsweise geringe Finanzmittel bereitgestellt. Demnach strebt die Bundesregierung bspw. im Zuge des Konjunkturpakets II an, mehr als das 45-fache der zusätzlichen Finanzmit-

---

4   Die Formulierungen ‚Flüchtlingskinder' und ‚geflüchtete Kinder' werden in dieser Unter-suchung synonym verwendet (vgl. für eine Auseinandersetzung mit der Semantik von Flüchtlingen/Geflüchteten: Kothen 2016).

5   Für eine kritische(re) Bilanzierung der Umsetzung der UN-KRK in Deutschland siehe Liebel (2007, S. 137 ff.; 2013, S. 30 ff.).

6   Siehe auch Kaufmanns (1980, 1995) Einschätzung einer ‚strukturellen Rücksichtslosigkeit' gegenüber Kindern und Familien.

tel, die dem Familienministerium zukommen sollen, für militärische Zwecke auszugeben[7] bzw. erhält aus dem Konjunkturpaket „eine ganze Schulklasse Neunjähriger zusammen so viel Förderung wie ein neun Jahre altes Auto" – Budgetsetzungen, die als kinderpolitisches „Armutszeugnis" (PP9, S. 24381) skandalisiert werden (vgl. PP3, S. 22348).[8]

Die Dysbalance in der politischen Prioritätensetzung erwächst der Rechtearmutskonstruktion nach nicht alleinig aus einer überragenden Relevanz, die der politischen Förderung wirtschaftlicher Prozesse und militärischer Zwecke zugeschrieben wird, sondern wurzelt auch in einer konsequenten Missachtung der eigenständigen Rechte und spezifischen Bedarfe von Kindern.[9] Im wohlfahrtsstaatlichen Handeln spielen seit jeher und noch immer „Kinderrechte […] keine Rolle" (PP6, S. 23035), wodurch weder die aktuelle Rechtslage noch die Situation in Deutschland im weiteren Sinne in Einklang mit der UN-KRK stehen. Je mehr es um den Erlass von konkreten Maßnahmen und Gesetzen und nicht um bloße Rhetorik geht, desto weniger Bedeutung entfalten hiernach Kinderrechte und Kindesbedarfe. Für die Rechtearmutskonstruktion fällt zum einen das politische Eintreten für Kinderrechte und -bedarfe allgemein marginal aus. Zum anderen hat sich spezifisch bezüglich der Umsetzung der UN-KRK, wozu sich die Bundesrepublik mit der Ratifizierung dieser Konvention im Jahr 1992 verpflichtet hat, bislang keine der Bundesregierungen ernsthaft verdient gemacht. Statt für die Verwirklichung der Kindern in dieser Konvention *völkerrechtlich verbindlich* festgeschriebenen Anspruchsrechte und damit zuerkannten Bedarfe nach Schutz, Versorgung und Beteiligung einzutreten – im internationalen Diskurs als ‚three p's' bezeichnet: protection, provision, participation –, beobachtet die Rechtearmutskonstruktion in der deutschen Politik eine bis heute anhaltende Zurückweisung dieser Verpflichtung (vgl. PP13, S. 501, S. 503). Diese Zurückweisung spiegelt sich für diese Kinderarmutskonstruktion – drückt man dies in Analogie zu den ‚three p's' aus – besonders deutlich in den folgenden *,fünf V'* wider: Vorbehalt, Verweigerung, Verschiebung, Verdrängung und Verschleppung.

• *Vorbehalt:* Während im ‚Kinderfreundlichkeitsinterpretament' die Rücknahme der Vorbehaltserklärung als unnötiger Schritt erachtet wird, da das

---

7   Siehe für ein gegenteilig eingeschätztes Verhältnis der grundlegenden Kinder- und Verteidigungsausgaben (bei gleichzeitiger Markierung einer deutlichen generationalen Differenz innerhalb der Ausgaben für Kinder und Senioren zu Ungunsten von Kindern): Bujard (2014).

8   Für die Feststellung von im internationalen Vergleich hohen Ausgaben Deutschlands für Kinder und Familien siehe WSI (2015).

9   Auch Kränzl-Nagl et al. (2003, S. 9 ff.) gehen von einer wohlfahrtsstaatlichen Marginalisierung von Kindern aus.

bestehende deutsche Recht auch in Bezug auf Ausländer und Flüchtlinge als bereits zuvor vollständig im Einklang mit der UN-KRK gesehen wird, betont die Rechtearmutskonstruktion, dass es – ganz im Gegenteil – vor allem auch der Vorbehalt bezüglich des Umgangs mit ausländischen Kindern war, der einer Realisierung der UN-KRK im Weg stand und dringend zurückgenommen werden musste. *Gerade* der Umgang des deutschen Wohlfahrtsstaates mit geflüchteten Kindern entsprach und entspricht der vorliegenden Kinderarmutskonstruktion zufolge in keiner Weise den Anforderungen der UN-KRK, weshalb die Rücknahme der Vorbehaltserklärung als dringend notwendiger Reformimpuls erachtet wird, der allerdings ohne daran aufbauende konkrete Gesetzesänderungen nicht hinreichend ist (vgl. PP13, S. 497, S. 504; weiterführend siehe Kap. 7.3; Kap. 7.4).

- *Verweigerung:* Mit dem Vorgehen, Kindern eigenständig im Grundgesetz verankerte Rechte zu verwehren, enthält der Gesetzgeber dieser Bevölkerungsgruppe eine eigene Rechtsstellung vor, die mit Art. 20a GG sogar Tieren bzw. dem Tierschutz zuerkannt ist – so die Einschätzung des hier zu beschreibenden Kinderarmutsverständnisses (vgl. PP13, S. 503).

- *Verschiebung:* In den Augen der Rechtearmutskonstruktion wird der Verweis auf Kinderrechte gern als Mittel zur Problematisierung der Lebenslagen von Kindern in den armen Ländern des globalen Südens herangezogen. Demnach wird in diesem Kontext zugleich die Notwendigkeit, die UN-KRK auf einen reichen Wohlfahrtsstaat wie die Bundesrepublik auch nur vom Grunde her zu beziehen, mit der Begründung zurückgewiesen, dass hier so drastische Probleme wie hohe Kindersterblichkeit, frühe Zwangsehen, ausbeuterische Kinderarbeit, Genitalverstümmelung, Kindersoldatentum etc. weitaus weniger bzw. keine signifikante Bedeutung entfalten und daher viel bzw. genug für Kinder und ihre Rechte erreicht sei (vgl. PP6, S. 23037; PP13, S. 498).[10]

- *Verdrängung:* Während der vorangehende Punkt eine transnationale Verschiebung markiert, beobachtet die Rechtearmutskonstruktion zudem eine Verdrängung innerhalb der Bundesrepublik durch den – aus ihrer Sicht – diese Gesellschaft prägenden Familialismus. Moniert wird, dass im grundgesetzlich verankerten Schutz der Familie (Art. 6 GG) Kinder lediglich als „Objekte der elterlichen Erziehung [...] [und] nicht dezidiert als Subjekte" (PP8, S. 23627) ihres eigenen Seins konzeptualisiert sind (vgl. auch Liebel 2013, S. 34). Darüber hinaus befördert der Rechtearmutskonstruktion nach auch das traditionelle Ehe- und Familienverständnis in der Familienpolitik eine Verdrängung kindlicher Rechte und Bedarfe in die wohlfahrtsstaatliche

---

10 Für empirische Daten zur Lage von Kindern in Entwicklungsländern siehe UNICEF (2016a).

Marginalität. Demnach werden durch das Ehegattensplitting vor allem kinderlose Paare – sofern sie verheiratet sind – und das Lebensmodell der ‚männlichen Alleinernährerfamilie', aber nicht per se die Wohlfahrt von Kindern gefördert (vgl. PP16, S. 1406).[11]

- *Verschleppung*: Die geringe politische Bereitschaft, sich für die *Realisierung* der UN-KRK in Deutschland sowie die Verwirklichung der Rechte und die Beachtung der Bedarfe von Kindern einzusetzen, drückt sich für die Rechtearmutskonstruktion auch in einem passiven Widerstand mittels fortwährender Verschleppung aus. Derartige Verzögerungen äußern sich dem Verständnis dieser Kinderarmutskonstruktion nach in vielerlei Form: seien es Fristüberschreitungen bei der Abgabe des verpflichtenden Staatenberichts an die Vereinten Nationen, in dem der Stand der UN-KRK-Umsetzung zu dokumentieren ist, oder ambitionslose Realisierungen gewährter Leistungen, wie bspw. die schleppende Umsetzung des 2013 eingeführten elternstatusunabhängigen Rechtsanspruchs auf Kinderbetreuung ab dem ersten Lebensjahr (vgl. PP13, S. 501; PP9, S. 24387). Als Verschleppung bemängelt wird auch die als übergebührend häufig eingestufte Aufschiebung notwendiger Abstimmungen und die Verlagerung der politischen Verhandlung von Kinderrechten in die parlamentarischen Randzonen, sodass lediglich „zu später Stunde" über dieses Thema diskutiert wird, obwohl aus Sicht dieser Konstruktion „[u]nsere Kinder und ihre Rechte […] es uns eigentlich wert sein [sollten], eine Kernzeitdebatte zu führen" (PP6, S. 23058; vgl. zudem PP6, S. 23036).

Für die Rechtearmutskonstruktion ist es dieser skizzierte politische Selbstbetrug und der daraus resultierende Umstand, dass die deutsche Wohlfahrtsstaatsarchitektur „[a]ls Sachwalterin für die Interessen von Kindern, Jugendlichen und Familien […] völlig versagt" (PP29, S. 6207), der Kinderarmut im hier vorliegenden Verständnis auslöst.

7.2   Mangel an Teilhabemöglichkeiten (Kontext)

Um darlegen zu können, was das Problem der Kinderarmut für die Rechtearmutskonstruktion ausmacht, erscheint es essentiell, die beiden nachfolgenden Fragen zu beantworten: Zu welchem Problem führt die von der Rechtearmutskonstruktion wahrgenommene Situation, dass „Deutschland […] meilenweit davon entfernt [ist], ein kinderfreundliches Land zu sein" (PP13, S. 501) und

---

11 Für den empirischen Befund eines Bedeutungsrückgangs des ‚male breadwinner model' in Deutschland siehe Jurczyk/Klinkhardt (2014, S. 33 ff.).

hier ein „kinderrechtliches Trauerspiel" (PP6, S. 23035) stattfindet? Und was genau macht für die Rechtearmutskonstruktion innerhalb dieses Problems die Eigenschaften dessen aus, was als Kinderarmut wahrgenommen wird? Diese beiden Fragen werden nachfolgend in zwei getrennten Abschnitten dieses Kapitels bearbeitet.

Problemlage: Kind ≠ Kind und Problemrahmen: Kind ≠ Erwachsener

Als zentrale Folge der politischen Kinderunfreundlichkeit und Kinderrechtemarginalisierung wird von dieser Konstruktion die *Problemlage* wahrgenommen, dass in Deutschland Kinder ungleich behandelt werden und verschiedene Kinder unterschiedliche politische Relevanzen erfahren (vgl. PP25, S. 4552). Der Umstand, dass politisch „nicht jedes Kind gleich wichtig" (PP26, S 4755; vgl. zudem PP14, S. 733) ist, drückt sich für die Rechtearmutskonstruktion im Outcome einer sozioökonomischen Ungleichheit innerhalb der Bevölkerungsgruppe der Kinder in Deutschland aus.[12] Diese intragenerationale Problem*lage* wird als eingefasst vom Problem*rahmen* der intergenerationalen Ungleichheit zwischen Erwachsenen einerseits und Kindern andererseits wahrgenommen. Auf der *Ebene der Problemlage* sozioökonomischer Ungleichheiten von Kindern in Deutschland spiegelt die Rechtearmutskonstruktion auf der einen Seite thematisch eine klare Überschneidung mit den drei vorangehend skizzierten Kinderarmutskonstruktionen wider, die sie andererseits allerdings mit einer jeweils eigenständigen Zugangsweise ausfüllt. So problematisiert auch die Rechtearmutskonstruktion 1) Angelegenheiten der Kindeswohlgefährdung und des Kinderschutzes (Nähe zur Erziehungsarmutskonstruktion), 2) kritisiert Bildungschancenungleichheiten (Nähe zur Bildungsarmutskonstruktion) und 3) moniert ökonomische Ungleichheiten (Nähe zur Bildungs- und vor allem zur Geldarmutskonstruktion).

1) Im Gegensatz zur Erziehungsarmutskonstruktion erfolgt die Problematisierung der *Kindeswohlgefährdung und des Kinderschutzes* in der Rechtearmutskonstruktion nicht mit Blick auf die als verwahrlost wahrgenommenen Kinder einer als tugendlos erachteten Unterschicht (siehe Kap. 4.1; Kap. 4.2), sondern in erster Linie bezüglich der Gefährdung der Lebenslagen geflüchteter Kinder durch den deutschen Wohlfahrtsstaat. Wie sich in der Ursachenskizzierung andeutet, attestiert die vorliegende Konstruktion dem wohlfahrtsstaatlichen Handeln in Deutschland den Versuch, sich spezifisch der Verpflichtung gegenüber geflüchteten Kindern so umfassend wie möglich zu entziehen. Als Folge liegen demnach die ihnen wohlfahrtsstaatlich bereitgestellten Teilhabemöglichkeiten weit unter denen, die inländischen Kindern mit deutscher Staatsbürgerschaft

---

12 Siehe zu ‚ungleichen Kindheiten' in Deutschland: Betz (2008) sowie Bühler-Niederberger (2009).

ermöglicht werden, was Art. 2, Abs. 1 der UN-KRK widerspricht (vgl. UNICEF o. J., S. 9 f.). Für die Rechtearmutskonstruktion liegt der Kern der Lebenslagen-beeinträchtigungen geflüchteter Kinder in dem relationalen Moment, „dass wir also den Flüchtlingskindern all das, was den anderen Kindern zusteht, nicht gewähren" (PP13, S. 498). Der Einschätzung dieser Konstruktion nach beginnen wohlfahrtsstaatliche Gefährdungen des Kindeswohls bei der Ausblendung kindheitsspezifischer Asylgründe und setzen sich über die Regulierung der Einreise geflüchteter Kinder fort. Geflüchtete Kinder werden demnach teilweise in nicht-kindgerechten und den Übergriffen Erwachsenen ausgesetzten Sammelunter-künften untergebracht bzw. sogar in Abschiebehaft festgehalten.[13] Dies verstößt für die Rechtearmutskonstruktion nicht nur gegen die UN-KRK und widerstrebt der Konstituierung Deutschlands als Rechts- und Sicherheitsstaat, es kann ihr zufolge dadurch auch zu einer Verschärfung der teilweise schweren, durch Krieg und Flucht verursachten Traumata kommen (vgl. PP5, S. 22860; PP13, S. 497 f., S. 502 f.). Die von der Rechtearmutskonstruktion vom Grunde für alle geflüchteten Kinder festgestellte wohlfahrtsstaatliche Benachteiligung gegenüber inländischen Kindern vor allem in Bezug auf Zugänge zu Schule und Ausbildung, Gesundheit sowie Dienstleistungen der Kinder- und Jugendhilfe manifestiert sich für diese Konstruktion zum einen besonders prägnant im Umgang mit geflüchteten Kindern, die älter als 16 Jahre sind und daher entgegen der UN-KRK asylrechtlich wie Erwachsene behandelt werden sowie – je nach Bundesland – teilweise keiner Schulpflicht mehr unterworfen sind (vgl. PP6, S. 23038; PP13, S. 497 ff. sowie auch Schmahl 2014, S. 135 ff.).[14] Zum anderen kommt diese Benachteiligung besonders mit Blick auf die Lage geflüchteter Kinder mit einem im asylrechtlichen Sinne illegalen Aufenthaltsstatus zum Vorschein – so die Rechte-armutskonstruktion. Mehr als alle anderen geflüchteten Kinder sind sie und ihre Familien hiernach ausbeuterischen Marktkräften ungeschützt ausgesetzt und müssen ohne wohlfahrtsstaatliche Leistungen wie Schulen und Kindergärten, medizinische Einrichtungen, Kinder- und Jugendhilfeangebote etc. leben, deren Inanspruchnahme für inländische Kinder selbstverständlich ist. Beziehungsweise sind sie im Falle einer Nutzung dieser Einrichtungen dem Risiko einer Meldung an die Ausländerbehörde ausgesetzt (vgl. PP13, S. 513).[15]

---

13 Für eine aktuell laufende Untersuchung des Kinderalltags in Notunterkünften siehe: www.inib-berlin.de/pf_lp_gefluechtete_kinder.html (Abfrage: 08. 12. 2016).

14 Durch das am 01. 11. 2015 in Kraft getretene ‚Gesetz zur Verbesserung der Unterbringung, Versorgung und Betreuung ausländischer Kinder und Jugendlicher' wurde die Altersgrenze für die Handlungsfähigkeit im Asylverfahren von 16 auf 18 Jahre angehoben, wodurch eine der Forderungen von Organisationen, die sich für geflüchtete Kinder einsetzen wie bspw. UNICEF und Pro Asyl, umgesetzt wurde (vgl. UNICEF 2015; Pro Asyl 2015, S. 2).

15 Einen Überblick zur Lage von Flüchtlingskindern in Deutschland legt UNICEF (2014b, 2016b) vor.

2) Die von der Rechtearmutskonstruktion vorgenommene Problematisierung der *Bildungschancenungleichheit* verweist – wie auch in der Bildungsarmutskonstruktion (siehe Kap. 5.2) – auf einen für sie in Deutschland übergebührenden Herkunftseinfluss auf den kindlichen Bildungserfolg (vgl. PP7, S. 23295). Während diese Problematisierung in der Bildungsarmutskonstruktion in Anlehnung an den Sozialinvestitionsdiskurs[16] und die darin eingelassene Absicht eines möglichst effektiven Aufbaus von Humankapital zur Herstellung von Erwerbsarbeitsfähigkeit erfolgt (siehe Kap. 5.3; Kap. 5.4), findet der Problemzugang hier in der Verwebung des Kinderrechtediskurses[17] mit dem Diskurs zu inklusiver Bildung mitsamt der daran gekoppelten ‚UN-Konvention über die Rechte von Menschen mit Behinderungen‘ (UN-BRK)[18] statt.[19] Durch die Verschmelzung der beiden Diskurse wird die Bildungschancenungleichheit von Kindern hier nicht als in der Kindheit verletztes Recht des künftigen Erwachsenen gesehen (siehe Kap. 5.3; Kap. 5.4), sondern als Verstoß gegen das allen ‚Kindern als Kindern‘ zugestandene gegenwärtige Recht, diskriminierungsfrei sowie entsprechend ihrer individuellen Fähigkeiten und Bedürfnisse gebildet zu werden bzw. sich selbst bilden zu können. Im Zuge dieser Prämisse nimmt die Rechtearmutskonstruktion – im Gegensatz zur Bildungsarmutskonstruktion – explizit auch die Bildungsbenachteiligungen derjenigen Kinder in den Blick, die sich schwerer als andere Kinder unter die Logik einer profitorientierten Humankapitalgenerierung subsumieren lassen. Dies sind neben den bereits angeführten geflüchteten und teilweise als illegal oder geduldet gelabelten Kindern, die nicht immer eine Schule besuchen können bzw. bei ihrem Schulbesuch massive Benachteiligungen erleben, zudem Kinder mit Behinderungen. Bezüglich ihrer ebenfalls als strukturell benachteiligt erachteten Bildungslage wird im frühkindlichen Bereich ein Mangel an integrativen Kindertageseinrichtungen und im schulischen Bereich die starre Trennung von Regelschulen für Kinder ohne Behinderungen und Förderschulen für Kinder mit Behinderungen bzw. das ‚Abschieben‘ in Förderschulen moniert (vgl. PP13, S. 503; PP24, S. 4333, S. 4337).[20]

3) Auch die Rechtearmutskonstruktion prangert *ökonomische Ungleichheiten* an und spricht sich gegen eine von ihr diesbezüglich attestierte „Dreiklassengesellschaft in der Kinderpolitik" (PP12, S. 188) aus, in der die Kinder ein-

---

16 Siehe dafür das Interpretament der entwicklungsunfunktionalen Kindheitsregulierung in Kap. 2.3.1.
17 Siehe den Exkurs zur UN-KRK in Kap. 3.2.1.
18 Die UN-BRK trat am 03.05.2008 in Kraft (nachdem die 20. Ratifikations- bzw. Beitrittsurkunde vorlag). Deutschland zählt zu den ersten Unterzeichnerstaaten (30.03.2007; vgl. Behindertenbeauftragte 2014, S. 4, S. 60).
19 Zu Kinderarmut im Kontext von Inklusion siehe Goeke (2012) sowie Weiß (2010b).
20 Eine empirisch-kritische Analyse der Entwicklung des deutschen Bildungssystems auf dem Weg zu mehr Inklusion findet sich bei Klemm (2015).

kommensreicher Eltern am meisten finanziell unterstützt werden, die Kinder in Familien mit mittlerem Einkommen weniger erhalten und die Kinder in den einkommensärmsten Haushalten gar nichts vom Kindergeld bzw. Kinderfreibetrag abbekommen. Damit gleicht sie der Kritik der Bildungsarmutskonstruktion an der ökonomischen Unterstützung von Familien (siehe Kap. 5.1) und ähnelt der diesbezüglichen Kritik der Geldarmutskonstruktion – wenngleich diese dichotom auf die beiden Extrempole fokussiert ist (siehe Kap. 6.2). Im Gegensatz zu den beiden anderen Kinderarmutskonstruktionen geht es hier allerdings weder um daraus resultierende elterliche Probleme spezifisch bei der Finanzierung kindlicher Bildungsprozesse oder um unausgeschöpftes Kaufkraftpotenzial (siehe Kap. 5.2), noch wird die Familie als Bezugseinheit der ökonomischen Unterversorgung herangezogen (siehe Kap. 6.2). Für die Rechtearmutskonstruktion liegt der Problemkern darin, dass die Sicherung der ökonomischen Lage von Kindern nicht „anhand ihrer eigenen Bedürfnisse" (PP18, S. 1853) erfolgt – wie dies im Sinne der UN-KRK der Fall sein müsste (vgl. auch Olk/Wintersberger 2007). Statt sich am spezifischen Bedarf des Kindes zu orientieren, richtet demnach der deutsche Wohlfahrtsstaat die ökonomische Unterstützung von Kindern am sozioökonomischen Status der Eltern aus, wodurch eine adultistische Regulierungslogik angesetzt wird (vgl. PP19, S. 2057). Dies tritt im Verständnis der Rechtearmutskonstruktion nicht nur beim vorangehend angeführten Kindergeld auf, sondern vor allem auch bei der SGB-II-Grundsicherung, da diese Leistung nicht mit einem eigenständigen Regelsatz für Kinder, sondern lediglich als prozentualer Abschlag der Leistungen Erwachsener berechnet wird (vgl. PP9, S. 24381).[21] Aus der Situation, dass Kinder, die im SGB-II-Bezug leben, weder von etwaigen Kindergelderhöhungen profitieren, noch Leistungen entsprechend ihrer Bedarfe erhalten, zieht die Rechtearmutskonstruktion das Fazit, dass dem deutschen Wohlfahrtsstaat – im Mindesten, aber keinesfalls ausschließlich – diese circa „1,8 Millionen Kinder in Deutschland [...] egal" (PP14, S. 738) sind.

Diese drei intragenerationalen Ungleichheiten innerhalb der Bevölkerungsgruppe der Kinder sind im Verständnis dieser Konstruktion durch eine *intergenerationale Ungleichheit zwischen Kindern und Erwachsenen* gerahmt.[22] In der von Erwachsenen als den ‚Richtigen' der Gesellschaft dominierten Bundesrepublik sind die in ihren Rechten marginalisierten Kinder in ihrem Zugang zur

---

21 Mit dem Regelbedarfsermittlungsgesetz (RBEG) – in Kraft seit dem 01.01.2011 – werden die Regelsätze für Kinder nicht mehr als prozentualer Abschlag der Regelbedarfe Erwachsener ausgegeben, sondern eigenständig anhand der Verbrauchsausgaben von Familienhaushalten erstellt. Parallel zum RBEG wurde das Bildungs- und Teilhabepaket (BuT) eingeführt. Die darin versammelten Leistungen sollen die Lebenssituation von Kindern in Geringverdienerfamilien verbessern (Näheres siehe Kap. 3.1.1).

22 Siehe zu generationaler Ungleichheit: Olk (2009); Sgritta (1994) sowie auch Kap. 3.2.3.

Teilhabe an knappen Gütern und Leistungen bzw. zur Mitbestimmung über deren Aufteilung und Verwendung Erwachsenen gegenüber strukturell benachteiligt – so die Rechtearmutskonstruktion.[23] Diese mannigfaltige Benachteiligung drückt sich für die Rechtearmutskonstruktion u. a. am Beispiel des prinzipiellen Erwachsenenvorrechts bei der Nutzung öffentlicher Räume aus: „Ich hätte nicht gedacht [...], dass Einrichtungen geschlossen werden, weil Nachbarn plötzlich der Ansicht sind, es werde zu viel Kinderlärm gemacht" (PP13, S. 504). Grundsätzlich geht es auf dieser Ungleichheitsebene um „fehlende Beteiligungsrechte für Kinder" (PP13, S. 501) und damit ihre gegenüber Erwachsenen als strukturell unterlegen verstandene Position im Aushandlungskampf um die Verteilung gesellschaftlicher Ressourcen: sei es im ‚Kleinen' wie bspw. bei Fragen der Unterrichtsausgestaltung oder im ‚Großen' wie bspw. bei politischen Wahlen.[24]

Kinderarmut als multidimensionales Teilhabeproblem

Das Zusammenspiel der drei intragenerationalen Ungleichheitsebenen der Problemlage mit der intergenerationalen Ungleichheit des Problemrahmens unterstreicht die starke ideologische Verwurzelung dieser Kinderarmutskonstruktion in der UN-KRK, da sie damit die ‚three p's' – protection, provision, participation – explizit berührt. Innerhalb dieses normativen Themenrahmens des Schutzes, der Versorgung und der Beteiligung von Kindern wird auch abgesteckt, was unter Kinderarmut verstanden wird und was nicht. Der Rechtearmutskonstruktion gilt Kinderarmut als ein Teilhabeproblem, das – im Gegensatz zu den drei anderen Kinderarmutskonstruktionen – multidimensional und ohne Fokus auf einen spezifischen Teilausschnitt wie Kindeswohlgefährdung, Bildung oder ökonomische Lage ausfällt. Diese multidimensionale und auf Teilhabe an der gesellschaftlichen Normalität ausgerichtete Vorstellung von Kinderarmut bringt einer der Parlamentarier so zum Ausdruck: „Armut [gemeint ist die Armut von Kindern; A. d. V.] hat in Deutschland viele Gesichter. Armut liegt nicht nur dann vor, wenn man wenig Geld hat. Es geht auch um die Teilhabe, den Bildungshunger und darum, ob ein Kind mit knurrendem Magen im Unterricht sitzen muss und ob es ein paar neue Sandalen bekommen kann" (PP9, S. 24387). An anderer Stelle heißt es: „Häufig haben Kinder in Armut einen schlechten Gesundheitszustand, sind sozial und kulturell ausgegrenzt. Ihre Chancen auf einen guten Bildungsabschluss und somit ihre Lebenschancen sind gering" (PP30, S. 6355f.; vgl. zudem PP13, S. 501). Ein Kind gilt für die Rechtearmutskonstruktion dann als von Kinderarmut im hier vorliegenden Sinne betroffen – und nicht als ‚nur' in einer Welt ungleicher Kindheiten bzw. generationaler Ungleichheiten lebend –, wenn es hinsichtlich der ihm zur Ver-

---

23   Siehe dazu auch ‚Adultismus' bei Ritz (2013).
24   Zur Partizipation von Kindern siehe Olk/Roth (2007) sowie Klundt (2017, S. 186 ff.).

fügung stehenden Möglichkeiten so maßgeblich eingeschränkt ist, dass es nicht an dem teilnehmen kann, was gegenwärtig – allen voran in den Bereichen Schutz, Versorgung und Beteiligung – zur *Normalität eines Kinderlebens* in Deutschland zählt.[25] *Kurzum: Kinderarmut = Ausschluss des Kindes von der Möglichkeit zur Teilhabe an normaler Kindheit.* Während in der Erziehungsarmutskonstruktion Kinderarmut im Kontext eines Verwahrlosungsvorwurfs an Unterschichtseltern, in der Bildungsarmutskonstruktion als Teil eines übergebührenden Elterneinflusses auf den Schulerfolg und in der Geldarmutskonstruktion als Ausdruck elterlicher Geldnot in jeweils unterschiedlicher Form familialisiert wird (siehe Kap. 4.2; Kap. 5.2; Kap. 6.2), wird es hier *kindzentriert*, da die kindliche Mangellage – gänzlich ohne Verweise auf Familie oder Eltern als definitorisch notwendige Instanzen – problematisiert wird. Zudem wird Kinderarmut in der Rechtearmutskonstruktion ohne funktionalisierenden Verweis auf eine Gefährdung der zukünftigen Gesellschaft gedacht (siehe Kap. 4.2; Kap. 5.2). In der kindzentrierten Zugangsweise dieser Konstruktion wird Kinderarmut als ein Phänomen wahrgenommen, das nicht nur Entwicklungsprobleme für die Zukunft des Kindes als späteren Erwachsenen produziert, sondern mit ebenso bedeutsamen Beeinträchtigungen in der gegenwärtigen Lebenswelt des Kindes als Kind verbunden ist. Dies gilt sowohl, wenn es im objektiven Sinne absolute Beeinträchtigungen erfährt, wie bspw. ein in seiner physischen Gesundheit existenziell bedrohtes Flüchtlingskind, als auch wenn es im subjektiven Sinne relativen Beeinträchtigungen, bspw. durch die Stigmatisierung seiner Altersgenossen, ausgesetzt ist. Eine solche „Stigmatisierung" findet im Verständnis der Rechtearmutskonstruktion bspw. dann statt, „wenn Kinder von Langzeitarbeitslosen nicht beim eintägigen Schulausflug mitmachen können, wenn bedürftige Kinder nicht am gemeinsamen, warmen Mittagessen in der Schule teilnehmen können, wenn bedürftige Kinder nicht mit ihren Klassenkameraden im Fußballklub sind, beim Turnen oder bei der ‚Kindermucke'" (PP29, S. 6176; H. i. O).[26]

Mit dieser vom Kind und von der gesellschaftlichen Kindheitsnormalität in Deutschland her gedachten Kinderarmutsvorstellung wird auch abgesteckt, welches Kind nicht bzw. nicht per se von Kinderarmut im vorliegenden Sinne betroffen ist. Kinder, die nur unter mangelnden Mitbestimmungsmöglichkeiten leiden, gelten für diese Kinderarmutskonstruktion nicht als von Kinderarmut im vorliegenden Sinne betroffen. Der Grund dafür ist, dass derartige Beeinträchtigungen zwar als Abweichung von der UN-KRK und damit als Kinderrechteverstoß, aber zugleich als in Deutschland ‚normale' Form der intergenerationalen Ungleichheit zwischen Erwachsenen und Kindern gelten.[27] Allerdings

---

25 Ein ähnlich multidimensional-normalitätsteilhabeverankertes Verständnis von Kinderarmut findet sich bei UNICEF (2012, S. 15 f.).
26 Für ein gegenteiliges (Kinder-)Armutsverständnis siehe Krämer (2000, S. 115 f.).
27 Eine ähnliche Problematisierungslogik findet sich bei Schweiger/Graf (2015, S. 66).

ist damit auch markiert, dass für die Rechtearmutskonstruktion vom Grunde her alle Kinder – fernab des Kinderarmutsproblems – gegenüber Erwachsenen als arm gelten, da ihnen als generationale Einheit signifikant weniger Beteiligungs- und Mitbestimmungsmöglichkeiten gesellschaftlich eingeräumt sind. Bei von Kinderarmut betroffenen Kindern steigert sich die vom Grunde her für alle Kinder vorherrschende Partizipationsmarginalisierung, da sie noch weniger gehört werden bzw. weniger auf sie gehört wird als auf nicht-arme Kinder (vgl. PP3, S. 22348; PP35, S. 7725).

Im Gegensatz zu den drei anderen Kinderarmutskonstruktionen, die ihr Kinderarmutsverständnis alle auf einer spezifischen Art monetären Mangels der Eltern aufbauen – als Grundsicherungsabhängigkeit, Markt- bzw. Kapitalismusverliererposition (siehe Kap. 4.2; Kap. 5.1; Kap. 6.2) –, ist Kinderarmut hier – ganz im Sinne der vorangehend angeführten familialismusfreien Kindzentrierung – nicht an die Vorbedingung einer spezifischen sozioökonomischen Elternposition geknüpft. Wenngleich auch hier ein sozioökonomisch geringer Status der Eltern als maßgeblicher Risikofaktor für Kinderarmut gilt, können im Verständnis dieser Konstruktion Kinder in diesen Familien frei von Kinderarmut leben, wenn es den Eltern oder dem anderweitigen Umfeld der Kinder gelingt, die strukturellen Marginalisierungen, die die deutsche Gesellschaft ihren Kindern entgegenbringt, bspw. durch hohes Engagement oder persönlichen Verzicht nicht zu maßgeblichen Einschränkungen ihrer Teilhabemöglichkeiten werden zu lassen (vgl. für ein solches Bemühen bspw. Wüstendörfer 2008). Zugleich gilt, dass für die Rechtearmutskonstruktion Kinderarmut durchaus auch in sozioökonomisch gut situierten Familien auftreten kann – nämlich dann, wenn die Kinder dieser Eltern in ihrer Normalitätsteilhabe maßgeblich beeinträchtigt sind (öffentlich oftmals unter dem Stichwort ‚Wohlstandsverwahrlosung‘ diskutiert).

7.3 Progression zur kindergerechten Generationengesellschaft (Strategie)

Wie geht diese Konstruktion damit um, dass ihrem Verständnis nach in Deutschland die beiden folgenden Probleme vorliegen:

- eine extrem ungleiche Verteilung der Möglichkeiten, an der Normalität von Kindheit in Deutschland teilzunehmen, die für manche der in Deutschland lebenden Kinder mit einem maßgeblichen Ausschluss und damit dem, was hier als Kinderarmut verstanden wird, einhergeht;
- ein streckenweise vollständiges Abweichen der in Deutschland vorherrschenden Kindheitsnormalität von den Verpflichtungen der UN-KRK auch fernab des Kinderarmutsproblems und der intragenerationalen Ungleich-

heiten innerhalb der Bevölkerungsgruppe der Kinder – allen voran beim Thema Mitbestimmung von Kindern.

Wie nachfolgend gezeigt wird, reagiert die Rechtearmutskonstruktion darauf mit einem ähnlich verflechtenden Vorgehen, wie die Geldarmutskonstruktion. So, wie die Geldarmutskonstruktion ihren Kampf gegen Kinderarmut als Teil eines generellen Kampfes gegen die Einkommens- und Vermögensarmut aller Bevölkerungsteile begreift (siehe Kap. 6.3), sieht die Rechtearmutskonstruktion ihr Vorgehen zur Bekämpfung der Kinderarmut als Teil einer umfassenden Strategie zur *progressiven* Weiterentwicklung der wohlfahrtsstaatlichen Regulierung von Kindheit in Deutschland im Gesamten. Die angestrebte Progression der Kindheitsregulierung wird nachfolgend in der Trennung in den propagierten Weg mit den jeweils spezifischen Teilzielen einerseits und das übergreifende Gesamtziel andererseits dargelegt.

Weg: Reformierung der Politik für Kinder als Querschnittsaufgabe

Die Vorgehensweise, die von der Rechtearmutskonstruktion als der adäquate Weg zur Bekämpfung der Kinderarmut erachtet wird, lässt sich am Treffendsten als umfassende *Querschnittsreform* allen voran der Politikbereiche bezeichnen, die ,Kinder als Kinder' betreffen. Untergliedern lässt sich das Änderungsvorhaben in eine Wegweisungs- und eine Ausführungsebene.

Auf der *Wegweisungsebene* geht es darum, einen grundlegenden Haltungswechsel vorzunehmen und anzuerkennen, dass es auch in Deutschland die Notwendigkeit gibt, die gegenwärtige Politik für Kinder selbstkritisch und unvoreingenommen dahingehend zu hinterfragen, inwiefern die gegenwärtige Gesetzeslage den UN-KRK-Verpflichtungen entspricht bzw. wo dies noch nicht der Fall ist (vgl. PP6, S. 23037). An den fortentwicklungsbedürftigen Stellen gilt es an die Absichtserklärung anzuknüpfen, die von der Bundesregierung bei der Ratifikation der UN-KRK gegeben wurde, und „Reformen des innerstaatlichen Rechts in die Wege zu leiten, die dem *Geist des Übereinkommens* entsprechen" (PP6, S. 23058; H. d. V.). Eingefordert wird also ein *proaktives* Ausrichten am Grundgedanken der Konvention. Die Reformierung der Kindheitspolitik soll sich durchweg vor allem an den beiden folgenden Prinzipien orientieren, die in der UN-KRK explizit als Artikel enthalten sind: dem Vorrang des Kindeswohls bei allen wohlfahrtsstaatlichen Zugriffen auf die Lebensphase Kindheit und die alters- und fähigkeitsangemessene Beachtung des Kindeswillen bei der Ausgestaltung dieser Eingriffe (vgl. PP8, S. 23627 sowie auch Krappmann 2013a).[28] Die „Politik für Kinder und Jugendliche" soll als eine Politik „*mit* Kindern und

---

28 Für die Differenz von Kindeswohl und Kindeswille siehe Maywald (2012, S. 105).

Jugendlichen" (PP39, S. 9104; H. d. V.) agieren.[29] Um die selbstkritische Analyse der Kindheitspolitik und die daraus abgeleitete Identifizierung von Reformbedarfen dauerhaft in der deutschen Wohlfahrtsstaatsarchitektur zu verankern, weist die Rechtearmutskonstruktion auf die Notwendigkeit hin, eine gezielte Strategie zur Verwirklichung der Kinderrechte in der Bundesrepublik zu entwickeln. Hierzu soll möglichst an existierende Initiativen wie bspw. den 2010 abgeschlossenen 'Nationalen Aktionsplan für ein kindergerechtes Deutschland (2005–2010) (NAP)'[30] angeknüpft werden – nicht zuletzt aufgrund der Einschätzung, dass dieser Aktionsplan explizite Beteiligungsmöglichkeiten für Kinder und Jugendliche bereithielt (vgl. PP13, S. 503; PP39, S. 9104).

Die *Ausführungsebene* zeichnet sich durch das Grundanliegen aus, die als bislang konstitutionell ausgeklammert wahrgenommenen Kinderrechte im Grundgesetz zu verankern und Kindern auf diesem Wege eine eigenständige Rechtsposition in der Verfassung zu gewährleisten (vgl. PP17, S. 1662).[31] Über die Veränderung der Stellung von Kindern in der politisch-rechtlichen Grundordnung der Bundesrepublik hinausgehend sollen vor allem diejenigen Politikbereiche reformiert werden, die das Leben von 'Kindern als Kindern' betreffen. Zu den zentralsten Änderungsvorschlägen zählen die folgenden:

- *Arbeitsmarktpolitik:* Das Überarbeitungspotenzial in diesem Politikbereich wird vor allem hinsichtlich der Vereinbarkeit von Familie und Beruf gesehen (vgl. auch Jurczyk/Klinkhardt 2014, S. 75 ff.). Da Familienzeit als einer der entscheidenden Faktoren für eine 'gute Kindheit' erachtet wird, soll der Wohlfahrtsstaat – gemeinsam mit Unternehmen – effektiver als bisher für familienfreundliche Arbeitsbedingungen eintreten: so bspw. durch die Förderung flexibler Teilzeitarbeitsmodelle sowie die Überwindung strikter Anwesenheits- und Abendarbeitskulturen (vgl. PP33, S. 7060 f.; weiterführend siehe Kap. 7.4).
- *Behindertenpolitik:* Als fortentwicklungsbedürftig an der Politik für Kinder mit Behinderungen wird in erster Linie die Ausgestaltung ihrer Förderungs- und Bildungsmöglichkeiten identifiziert. Die Rechtearmutskonstruktion plädiert dafür, das Bildungssystem möglichst inklusiv umzubauen und mit einer Expansion des gemeinsamen Unterrichts von Kindern mit und ohne Behinderungen dafür zu sorgen, dass – unter Beachtung ihrer spezifischen Fähigkeiten und Bedarfe – möglichst viele Kinder mit Behinderungen in Regelschulen unterrichtet werden. Auf diesem Weg soll sichergestellt werden, die strukturelle Bildungsbenachteiligung von Kindern mit Behinderun-

---

29 Für diese Differenz siehe auch Braches-Chyrek/Sünker (2012, S. 157) sowie siehe Liebel (2015) für eine Auseinandersetzung mit der Vertretung von Kinderinteressen.
30 Siehe für den Abschlussbericht des NAP: BMFSFJ (2010).
31 Für Kinder als Träger eigenständiger Rechte siehe Olk (2009).

gen zu überwinden (vgl. PP24, S. 4333, S. 4337 f. sowie auch Vereinte Nationen 2007, Abschnitt IV.c).

- *Bildungspolitik:* Die unter dem Vorzeichen der Inklusion angestrebte Reformierung des Bildungssystems wird auch fernab der spezifischen Lage von Kindern mit Behinderungen anvisiert. Dabei gleicht die Rechtearmutskonstruktion hinsichtlich der konkreten Mittel der Bildungsarmutskonstruktion, da beide für den Ausbau des Sach- und Dienstleistungscharakters der Schule zur Steigerung der individuellen Entwicklungsmöglichkeiten und der Bildungschancengleichheit plädieren (durch mehr längeres gemeinsames Lernen, mehr Lehrkräfte, Ganztagsschulen, Lehrmittelfreiheit, Förderunterricht etc.; siehe Kap. 5.3).[32] Allerdings erfährt in der Rechtearmutskonstruktion der Ansatz der individuellen Förderung eine größere Bedeutungstiefe, da dieser auch dezidiert auf Kinder gerichtet ist, die bezüglich einer späteren Einbindung in die Arbeitswelt als vergleichsweise arbeitsmarktfern gelten (allen voran Kinder mit Behinderungen und geflüchtete Kinder). Dies hängt damit zusammen, dass die Bildungsexpansion hier nicht aus Gründen der Effektivierung des Humankapitalaufbaus zur Steigerung der nationalen Wettbewerbsfähigkeit angestrebt wird, wie es das Agendasetting der Bildungsarmutskonstruktion vorsieht. Eingebettet nicht nur in den Inklusionsgedanken, sondern auch in ein kritisch-emanzipatorisches sowie partizipativ-demokratisches Bildungsverständnis soll Bildung zukünftig mehr als Mittel und zugleich als Ort der gesellschaftlichen Integration und Partizipation fungieren. Dieser Ort soll nicht nur aus der Wissensvermittlung in einer Lehrer-Schüler-Beziehung bestehen, sondern auch aus peer-to-peer-Lernen sowie Mitgestaltungs- und Selbstlernprozessen der Kinder (vgl. PP7, S. 23296; PP12, S. 239; PP27, S. 5154; PP32, S. 6799 sowie auch Klundt 2017, S. 114 f.; siehe auch Kap. 5.5).
- *Familienpolitik:* Der für die Familienpolitik eingeforderte Kurswechsel zielt darauf ab, „bei der steuerlichen Förderung von Familien nicht mehr die Ehe, sondern die Kinder in den Vordergrund zu stellen" (PP16, S. 1407). Das steuerbasierte Ehegattensplitting soll durch ein transferleistungsverankertes, kinderbezogenes Geldumverteilungssystem abgelöst werden (vgl. PP9, S. 24387 sowie auch Wersig 2013).[33]
- *Flüchtlingspolitik:* Entscheidend für die Rechtearmutskonstruktion ist in diesem Bereich, nicht bei der formalen Rücknahme der Vorbehalte gegen die Wirksamkeit der UN-KRK im Ausländer- und Asylrecht (siehe Kap. 7.1) stehen zu bleiben. Es gilt, sämtliche Regelungen auf etwaige Diskrimine-

---

32 Für den Kindergarten siehe den Bereich der Kinder- und Jugendhilfepolitik in diesem Abschnitt.
33 Weiterführend siehe den Bereich Sozialpolitik in diesem Abschnitt.

rungen von Kindern zu überprüfen und an den notwendigen Stellen Reformen einzuleiten, die darauf zielen, das Kindeswohl zum zentralen Bezugspunkt in Asylverfahren von Kindern zu erheben und geflüchteten Kindern eine als menschenwürdig und rechtsstaatlich erachtete Behandlung zukommen zu lassen. Neben der Anhebung der Altersgrenze für die Handlungsfähigkeit im Asylverfahren von 16 auf 18 Jahre[34] sollen sowohl die direkten Kindeswohlgefährdungen, wie bspw. die Inhaftierung Minderjähriger in Abschiebehaft, entwürdigende Altersfeststellungen und Unterbringungen in nicht-kindgerechten Sammelunterkünften, als auch weniger drastisch kindeswohlgefährdende Teilhabeprobleme, wie bspw. die Ausgrenzung aus Bildungsprozessen, überwunden werden (vgl. PP13, S. 498ff.; PP23, S. 3748 sowie auch UNHCR/UNICEF 2016). Mit dem letztgenannten Punkt ist vor allem gemeint, dass allen Flüchtlingskindern – auch denen, mit einem als ,illegal' gelabelten Aufenthaltsstatus – eine *reelle* Möglichkeit auf einen Schulbesuch eingeräumt werden soll. Dies gilt für die Rechtearmutskonstruktion nur dann als gegeben, wenn die Kinder keine Angst vor einer Entdeckung durch die Ausländerbehörde haben müssen, wozu u. a. die Mitteilungspflichten der Schulen[35] zu reformieren sind (vgl. PP7, S. 23343 sowie auch Funck et al. 2015).[36]

- *Kinder- und Jugendhilfepolitik:* Vergleichbar zur Erziehungsarmutskonstruktion (siehe Kap. 4.3) wird auch hier für eine Ausweitung der Kinderschutzbemühungen und einen Ausbau der sozialpädagogischen Unterstützung für Familien votiert (vgl. PP8, S. 23623; PP13, S. 499). Allerdings gibt es diesbezüglich zwei gravierende Unterschiede zwischen den beiden Konstruktionen. Erstens soll zwar auch hier der Kinderschutz effektiviert sowie finanziell und personell ausgeweitet werden, allerdings – und im Gegensatz zur Erziehungsarmutskonstruktion (siehe Kap. 4.3) – ohne in alte Muster einer problemindividualisierenden, repressiven und paternalistischen Fürsorgeerziehung mit dem Jugendamt als zuvörderst kontrollierender Eingreifbehörde zurückzufallen.[37] Es geht dieser Kinderarmutskonstruktion um

---

34 Dies wurde durch das zum 01.11.2015 in Kraft getretene ,Gesetz zur Verbesserung der Unterbringung, Versorgung und Betreuung ausländischer Kinder und Jugendlicher' realisiert.

35 Eine solche Reform wurde mit der Änderung des § 87 des Aufenthaltsgesetzes (26.11. 2011) eingeführt. Schulen sowie Bildungs- und Erziehungseinrichtungen sind seitdem von einer Mitteilungspflicht gegenüber den Ausländerbehörden ausgenommen (vgl. für eine Gegenüberstellung der beiden Gesetzesfassungen: https://www.buzer.de/gesetz/4752/al 30224-0.htm (Abfrage: 27.12.2016); vgl. kritisch: Pro Asyl 2014, S. 18).

36 Zum Thema ,Geflüchtete und Kinder- und Jugendhilfe' siehe Struck (2016); Berthold (2016); Schütte (2016) sowie Gravelmann (2016).

37 Für die historische Genese der Kinder- und Jugendhilfe siehe Jordan et al. (2015) sowie Wiesner (2013, S. 41 ff.).

einen strukturkritischen Kinderschutz, der stärker als bisher die Eltern unterstützen soll, ihren (Erziehungs-)Aufgaben nachkommen zu können (vgl. PP8, S. 23622 ff.; PP17, S. 1659, S. 1662).[38] Zweitens wird die Absicht, die sozialpädagogische Unterstützung von Familien auszubauen, an das Anliegen einer Stärkung der Adressatenseite geknüpft. Anders als in der Erziehungsarmutskonstruktion geht es hier nicht um eine bloße Expansion der angebotenen Dienstleistungen, sondern um eine Änderung der Rechtslogik. So soll bspw. die Familienbildung nicht mehr im Zuge einer objektiven Rechtsverpflichtung angeboten, sondern mit einem subjektiven Rechtsanspruch versehen werden (vgl. PP17, S. 1662).

Neben Parallelen zur Erziehungsarmutskonstruktion findet sich hinsichtlich der Kinder- und Jugendhilfeausgestaltung auch eine Überschneidung zur Bildungsarmutskonstruktion. Die dort angestrebte quantitative Expansion und qualitative Aufwertung von Kindergärten (siehe Kap. 5.3) ist auch für die Rechtearmutskonstruktion ein wichtiger Punkt – allerdings nicht in einer engen Fokussierung auf Bildungschancen und ohne die Fixierung auf eine letztlich arbeitsmarktvorbereitende Humankapitalbildung.[39] Die qualitative Fortentwicklung soll hier umfassender und ausbalancierter auf das Gesamtwohl der Kinder gerichtet werden, indem Kindergärten sich sowohl um die Frühförderung als auch den Schutz von Kindern, aber auch um ihre weiterreichende Stärkung und damit auch um die Ermöglichung ihrer Teilhabe und Mitbestimmung kümmern.[40] Diese Breite und die Ausbalancierung bilden das Fundament der durch die Rechtearmutskonstruktion anvisierten Reformierung der Kinder- und Jugendhilfepolitik im Gesamten. Kontrollorientierte Maßnahmen sollen nicht hilfeorientierte Zugänge verdrängen, der Ausbau von Schutz soll nicht auf Kosten von Bildung, Beteiligung, Geselligkeit oder Spiel erfolgen (vgl. PP8, S. 23623; PP17, S. 1662).

- *Menschenrechtspolitik:* Zusätzlich zur Anwendung der UN-KRK setzt sich die Rechtearmutskonstruktion dafür ein, diese Konvention auch weiterzuentwickeln. Besonderer Wert wird dabei auf die Etablierung einer Möglichkeit zur Individualbeschwerde[41] gelegt, um die ansonsten verhältnismäßig

---

38 Weiterführend zur Teilhabe von Kindern am Kinderschutz siehe Kap. 7.4.

39 Siehe auch die Gegenüberstellung von frühkindlicher Bildung als Humankapitalinvestition vs. Selbst-Bildung bei Joos (2002).

40 Für frühkindliche Bildung als Kinderrecht siehe Krappmann (2013b) sowie siehe Richter et al. (2017) zur Mitbestimmung in Kindergärten am Beispiel des Konzepts ‚Die Kinderstube der Demokratie‘.

41 Die Möglichkeit zur Individualbeschwerde im Kontext der UN-KRK ist in Deutschland seit dem 14.04.2014 als Ergänzung zur bisherigen Staatenbeschwerde gegeben. An diesem Tag trat das entsprechende Fakultativprotokoll in Kraft, nachdem der zehnte Staat die Ratifizierung vorgenommen hatte (Deutschland unterzeichnete als dritter Staat am

schwache Sanktionierungsform der Staatenbeschwerde zu ergänzen und die UN-KRK mit anderen Menschenrechtsabkommen wie bspw. dem Internationalen Pakt über bürgerliche und politische Rechte (Zivilpakt) gleichzustellen (vgl. PP34, S. 7512).

• *Sozialpolitik:* Wie sich im Bereich der Familienpolitik andeutet, setzt die Rechtearmutskonstruktion auf eine tiefgehende Novellierung der monetären Versorgung von Kindern und Familien. Vergleichbar zur Geldarmutskonstruktion (siehe Kap. 6.3) wird ebenfalls ein zweitstufiger Übergang propagiert, indem zuerst die SGB-II-Grundsicherung durch einen eigenständig berechneten Kinderregelsatz reformiert[42] und im zweiten Schritt eine für alle Kinder greifende Kindergrundsicherung eingeführt wird. Beiden Veränderungsvorschlägen liegt die Idee zugrunde, eine unmittelbar am ökonomischen Bedarf der Kinder orientierte finanzielle Absicherung dieser Bevölkerungsgruppe zu installieren, die auch Raum für atypische Bedarfe spezifischer Kinder und dementsprechende individuelle Sonderzahlungen zusätzlich zum Pauschalbetrag lässt. Zudem soll der endgültige Reformschritt – die Kindergrundsicherung – eine vom Grunde her gegebene monetäre Gleichbehandlung aller Kinder durch den Wohlfahrtsstaat gewährleisten, wobei die Unterstützung aus Gründen der vertikalen Gerechtigkeit umso stärker versteuert werden soll, je größer das familiäre Einkommen ausfällt (vgl. PP15, S. 997; PP18, S. 1856; PP19, S. 2042 sowie auch Bündnis Kindergrundsicherung 2013). Während der Ausbau monetärer Leistungen als Mittel der Kinderarmutsbekämpfung in der Erziehungsarmutskonstruktion strikt zurückgewiesen wird (siehe Kap. 4.3) und in der Bildungsarmutskonstruktion dem Ausbau der Bildungsinfrastruktur untergeordnet ist (siehe Kap. 5.3), ähnelt die Rechtearmutskonstruktion der Idee wohlfahrtsstaatlicher Ganzheitlichkeit monetärer und non-monetärer Leistungen, wie sie in der Geldarmutskonstruktion vertreten wird (siehe Kap. 6.3; Kap. 6.4). Im Gegensatz zur Geldarmutskonstruktion wurzelt das Ganzheitlichkeitsplädoyer allerdings nicht in einem erwachsenenbezogenen Ansinnen der Wohlfahrtsstaatsmaximierung, sondern in der als mehrdimensional und eigenständig wahrgenommenen Bedarfs- und Rechtelage von Kindern. Für die Rechtearmutskonstruktion gilt: „Um die Kinderarmut zu bekämpfen, brauchen wir eine Existenzsicherung für Kinder. Außerdem benötigen wir die erforderliche Infrastruktur. Das muss Hand in Hand gehen" (PP9, S. 24387).

28.02.2012; vgl. Payandeh 2014, S. 13 f.). Für eine Auseinandersetzung mit diesem dritten Fakultativprotokoll siehe auch Cremer (2014).

42 Durch das zum 01.01.2011 in Kraft getretene Regelbedarfsermittlungsgesetz (RBEG) werden die Regelsätze für Kinder nicht mehr als prozentualer Abschlag der Regelbedarfe Erwachsener ausgegeben, sondern eigenständig anhand der Verbrauchsausgaben von Familienhaushalten erstellt (Näheres siehe Kap. 3.1.1).

Die Haltung, dass „man [...] Sachleistungen nicht gegen Geldleistungen ausspielen" darf, speist sich aus der nachfolgend besonders plastisch ausgedrückten Annahme über die autonome Relevanz der Teilbereiche kindlicher Wohlfahrt: „Musische Bildung ersetzt keinen Wintermantel" (PP19, S. 2042).

Ziel: Die kindergerechte Generationengesellschaft

Wie sich in der Skizzierung des propagierten Reformweges andeutet, geht es dieser Konstruktion darum, den deutschen Wohlfahrtsstaat so umzugestalten, dass dieser seinen aus der UN-KRK erwachsenden völkerrechtlichen Verpflichtungen ohne Abstriche nachkommt (vgl. PP13, S. 497, S. 501). Auf diesem Wege soll nicht einfach formal eine völkerrechtliche Verbindlichkeit erfüllt, sondern eine gesamtgesellschaftliche Veränderung in Deutschland angestoßen werden. Diese gesellschaftliche Progression zur ‚kindergerechten Generationengesellschaft' besteht aus einer intra- und einer intergenerationalen Bezugsebene.

Auf der *intragenerationalen Ebene* sollen die vorgeschlagenen Reformen dazu führen, dass der deutsche Wohlfahrtsstaat Kinder durchweg gleichbehandelt, indem die in der UN-KRK verankerten Rechte „für *alle* in Deutschland lebenden Kinder gelten, und zwar unabhängig von ihrer Nationalität, von ihrem Sozialstatus oder ihrem Aufenthaltsstatus" (PP6, S. 23039; H. d. V.). Mit dieser Gleichheit des wohlfahrtsstaatlichen Outputs soll eine Outcome-Gleichheit der strukturellen Lebensbedingungen der generationalen Gruppe der Kinder in Deutschland erzeugt werden. In der hier passenden Logik des Verwirklichungschancenansatzes von Amartya Sen (2007; siehe Kap. 3.2.2) ausgedrückt, geht es um gleiche ‚instrumentelle Freiheiten' – also gleiche gesellschaftlich bedingte Chancen –, um allen Kindern gleiche Möglichkeiten zu geben, an einer ‚normalen' Kindheit in der Bundesrepublik teilhaben zu können. Wie die Beachtung atypischer Bedarfe in der Kindergrundsicherung und die Ausrichtung der Bildungseinrichtungen an den individuellen Lernfähigkeiten zeigen, wird darauf geachtet, dass im Zuge der Gleichheit der instrumentellen Freiheiten nicht Ungleiches gleichbehandelt wird, sondern jedem Kind sein bedarfsspezifischer Weg in die Normalität von Kindheit in Deutschland offeriert wird – also seine individuellen Potenziale im Sinne des Verwirklichungschancenansatzes be- und geachtet werden. Zugleich sollen die propagierten Reformen dazu führen, dass die Normalität der Kindheit in Deutschland dem normativen Idealbild der UN-KRK angepasst wird und Kindheit eine Lebensphase darstellt, die den völkerrechtlich verbrieften „Mindestanforderungen an die Versorgung, den Schutz und die Beteiligung von Kindern am gesellschaftlichen Leben" (PP6, S. 23058) entspricht und somit allen voran vor den Ausbeutungsmechanismen des Marktes und der Zufälligkeit der Geburt geschützt ist: ohne dass zum einen bestimmte Bereiche – wie bspw. die Mitbestimmung von Kindern – weitgehend ausgeklammert sind bzw. zum anderen bestimmte Gruppen von Kindern – wie bspw. geflüchtete Kinder – besonders vernachlässigt werden (siehe Kap. 7.2). In einem derart intragenerational gerechter ausgestatteten Wohlfahrtsstaat soll und kann es der Rechtearmutskonstruktion zufolge Kinderarmut im hier vorliegenden Sinne eines Ausschlusses von der Möglichkeit an einer normalen Kindheit teilzunehmen, nicht mehr geben. Inwiefern daraus welche (neuen) Verteilungskonflikte zwischen den spezifischen Kindergruppen erwachsen, bleibt in diesem Kinderarmutsverständnis allerdings ungeklärt.

Auf der *intergenerationalen Ebene* wird angestrebt, Kinder mit Erwachsenen hinsichtlich der Mitbestimmung über Ressourcen sowie der Teilhabe daran gleichzustellen: sei es gesamtgesellschaftlich wie bspw. bei politischen Wahlen oder im Kontext spezifischer Einrichtungen wie bspw. in der Schule oder dem Kindergarten. Die Gleichstellung zielt nicht auf eine Negierung der Kompetenzunterschiede von Kindern und Erwachsenen. Es geht der Rechtearmutskonstruktion mit ihrer Wohlfahrtsstaatsreform zum einen darum, die Bedürfnisse von Kindern als vom Grunde her ebenso relevant zu setzen, wie die von Erwachsenen. Zum anderen wird angestrebt, den Raum für Fragen zu öffnen, wo und wie Kinder – entsprechend ihrer entwicklungsstandpezifischen Fähigkeiten und damit ohne Überforderung – ihre Sicht einbringen können, anstatt Kinder – ohne derartige Fragen – mit Verweis auf eine generelle Inkompetenz ihrerseits sowie Irrelevanz ihrer Bedürfnisse per se in Entscheidungsprozessen zu marginalisieren.[43] Es gilt also sinnbildlich und faktisch, „die rechtlichen Grundlagen dafür [zu] schaffen, dass man Kinder nicht einfach wegklagen kann" (PP20, S. 2494; vgl. auch Ritz 2013). So sehr es der Rechtearmutskonstruktion um einen Ausgleich der Machtverhältnisse zwischen den beiden Generationen geht, so wenig zielt dieses Anliegen im Eigenverständnis auf einen generationalen Verteilungs*kampf*. Es soll ein „Miteinander der Generationen" (PP16, S. 1414) anstelle eines Gegeneinanders befördert werden, wobei in der somit angestrebten ‚*Generationengesellschaft*' allerdings potenzielle Konflikte zwischen Erwachsenen und Kindern ebenso wenig einen systematischen Einzug in die Überlegungen finden, wie die Auseinandersetzung mit konkreten altersgerechten Beteiligungsmöglichkeiten und deren kompetenz- und schutzbedingter Grenze.[44]

Das Gesamtziel dieser Konstruktion liegt in einer Paradigmenverschiebung – weg von dem als adultistisch eingestuften Wohlfahrtsstaat hin zu einem Wohlfahrtsstaat, der die Bedürfnisse und Rechte von Kindern umfassend achtet (vgl. PP17, S. 1662 sowie auch Sgritta 1994, S. 355). Paradigmatisch ändern soll sich allerdings keinesfalls nur der Wohlfahrtsstaat oder die dahinterliegende Politik. Der Rechtearmutskonstruktion geht es darum, eine gesamtgesellschaftliche

---

43 Für die Spannung von Entwicklung und Beteiligung bei Kindern siehe Lansdown (2005).
44 Siehe für generationale Konflikte: Lüscher (2005); Olk (2009); Blome et al. (2008, S. 315 ff.) sowie für Kinderarmut im Kontext eines ‚Generationenkampfes': Klundt (2008, S. 192 ff.).

Progression hin zu einer „kindergerechteren Gesellschaft" (PP39, S. 9104) bzw. – analytisch treffender als im Originalzitat und zugleich unter Einbindung des vorangehenden Generationenbezugs formuliert – zu einer *kindergerechten Generationengesellschaft* zu erreichen. Ihren Kampf gegen Kinderarmut und das, was sie für eine ‚bessere' Kindheit hält, begreift diese Kinderarmutskonstruktion daher auch als „Appell an die Gesellschaft" (PP8, S. 23627) und als Beitrag zu einer „Änderung in den Köpfen" (PP13, S. 504). Während es der Erziehungsarmutskonstruktion um die Vermittlung von Werten und Normen für die von Kinderarmut betroffenen Kinder und ihre Eltern der als tugendlos erachteten Unterschicht geht (siehe Kap. 4.3), bezieht sich der erzieherische Gedanke hier also auf die Gesamtheit der Erwachsenengesellschaft.

7.4   Im Namen des Kindes (Rahmenbedingungen)

Wie die vorangehenden Kapitel gezeigt haben, richtet sich die Rechtearmutskonstruktion an den Normen der UN-KRK aus. Darüber hinaus lassen sich noch folgende weitere Orientierungspunkte dieser Kinderarmutskonstruktion identifizieren:

- Wohlfahrtsstaatswandel als Progression zwischen Kostenfrage, Symbolpolitik und Lebenswirklichkeitsänderung
- Kinder als lebensglückberechtigte Subjekte der Gegenwart und Eltern als potenziell überlastete Wohlfahrtsstaatskompensatoren
- Soziale Gerechtigkeit als generationale Anerkennungsgerechtigkeit.

Wohlfahrtsstaatswandel als Progression zwischen Kostenfrage, Symbolpolitik und Lebenswirklichkeitsänderung

Wie die propagierte Querschnittsreform und das Ziel der kindergerechten Generationengesellschaft zeigen, strebt die Rechtearmutskonstruktion sowohl einen deutlichen Umbau der Wohlfahrtsstaatarchitektur als auch einen Mentalitätswandel in der deutschen Gesellschaft an (siehe Kap. 7.4; vgl. auch PP9, S. 24387). Damit einher gehen die beiden folgenden Aspekte: ein distanziertes Verhältnis zur Ökonomie und eine hohe, allerdings ambivalente Relevanz von Symbolpolitik.

Das *distanzierte Verhältnis zur Ökonomie* wird vor allem im Vergleich mit den drei vorangehend skizzierten Kinderarmutskonstruktionen deutlich: Die Erziehungs-, Bildungs- und Geldarmutskonstruktion verweisen alle auf einen volkswirtschaftlichen Gewinn, der ihrem jeweiligen Eigenverständnis nach aus ihrer Strategie zur Bekämpfung der Kinderarmut erwachsen sollte: sei es durch die Bewahrung der sozialen Marktwirtschaft (siehe Kap. 4.3), ihre Fortentwicklung zur Wissensökonomie (siehe Kap. 5.3) oder die Stärkung des Binnenmarktes (siehe Kap. 6.3 sowie auch 5.3). Die Rechtearmutskonstruktion trägt als einzige Kinderarmutskonstruktion kein solches Versprechen bzw. Anliegen vor. Der einzige Bezug dieser Konstruktion zur Ökonomie liegt in der Kostenfrage. Dabei wird die Einsicht gefordert, dass die wohlfahrtsstaatliche Verantwortung für das Wohl der Kinder in Deutschland und für die Verwirklichung ihrer Rechte Geld kostet und auch kosten darf bzw. dass die Ausweitung dieser Bemühungen mehr Geld als bisher kosten wird und auch dies ebenfalls darf (vgl. PP13, S. 499). Der Rechtearmutskonstruktion nach bedarf es der politischen Einsicht, dass Leistungen, wie bspw. gut qualifiziertes Personal in Einrichtungen wie dem Kindergarten oder dem Jugendamt oder auch die Ausweitung von individuellen Rechtsansprüchen – wie etwa auf Familienbildung – wohlfahrtstaatlich finanziert werden *müssen*: und zwar nicht im Sinne einer gewinnbringenden Investition, sondern zur Erfüllung der Kindern zugeschriebenen Bedarfe und zugestandenen Anspruchsrechte. Lösungsansätze zur Kostenfrage liefert die Rechtearmutskonstruktion (lediglich) auf der Verteilungsebene, indem bspw. die finanzielle Unterstützung bzw. Entlastung der Kommunen durch den Bund gefordert wird, damit diese den notwendigen monetären Gestaltungsraum erhalten, um die Infrastruktur sozialer Dienstleistungen ausbauen zu können (vgl. PP8, S. 23625; PP9, S. 24387; PP17, S. 1662 sowie auch Vesper 2013).

Da die vorliegende Kinderarmutskonstruktion auf eine tiefgreifende Gesellschaftsänderung zielt, hat sie einen *hohen – allerdings ambivalenten – Bedarf an symbolischer Politik.* Dementsprechend soll die Verankerung der Kinderrechte im Grundgesetz nicht nur formal-juristisch die eigenständige Rechtsposition von Kindern markieren (siehe Kap 7.3), sondern ein an die Gesamtöffentlichkeit gerichtetes Zeichen der Bedeutungsaufwertung von Kindern und Kindheit setzen (vgl. PP17, S. 1665; PP39, S. 9104). Auch die Rücknahme der Vorbehalte zur UN-KRK wird nicht als bloße Vorbedingung für juristische Reformen des Ausländerrechts verstanden (siehe Kap. 7.1; Kap. 7.3), sondern zudem als ein „überfälliges Signal für ein kinderfreundliches Deutschland" (PP13, S. 502). So sehr die Rechtearmutskonstruktion auf symbolische Wirkungen setzt, so sehr fürchtet sie zugleich bei einer reinen Symbolpolitik und Lippenbekenntnissen stehen zu bleiben, anstatt die faktische Verwirklichung der Kinderrechte voranzubringen. Um dies zu vermeiden, gilt es ihr zufolge die drei folgenden Aspekte zu berücksichtigen. Erstens muss die Lebenssituation von Kindern in Deutschland kontinuierlich empirisch erfasst werden, um ermitteln zu können, welche Auswirkungen etwaig erlassene Maßnahmen – sofern diese überhaupt aus der politischen Rhetorik folgen – tatsächlich auf die Lebenswirklichkeit von Kindern haben (vgl. PP13, S. 497, S. 500, S. 504).[45]

---

45 Zur Differenz von Rhetorik und Handeln im Kontext kinderbezogener Politik siehe Bühler-Niederberger (2005, S. 149 f.).

Zweitens versucht die Rechtearmutskonstruktion, ihre auf Progression gerichteten Reformvorschläge durch affirmative Rückbindungen an das Bestehende zu relativieren, wodurch sie der Geldarmutskonstruktion ähnelt, die ebenfalls bemüht ist, ihr Bestreben einer deutlichen Wohlfahrtsstaats- und Gesellschaftsveränderung zu erden (siehe Kap. 6.4). So lobt die Rechtearmutskonstruktion trotz aller Kritik (siehe Kap. 7.1) die bisherige Umsetzung der Kinderrechte in Deutschland zugleich als einen Weg, auf dem es zwar „noch viel zu tun gibt", aber auf dem auch „schon viel erreicht" (PP39, S. 9104) wurde.

Die dritte und umfangreichste Reaktion auf die Fallstricke symbolischer Politik stellen Schulterschlüsse außerhalb des deutschen Parlaments dar. Diese werden sowohl national als auch international angestrebt. Auf der nationalen Ebene knüpft die Rechtearmutskonstruktion im staatlichen Bereich an das BVG-Urteil zur Verfassungswidrigkeit der SGB-II-Regelsätze für Kinder an (siehe Kap. 3.1.1). Während dieses Urteil in den vorangehend skizzierten Kinderarmutskonstruktionen als Appell zur Grundsicherungsumstellung von monetären auf non-monetäre Leistungen (siehe Kap. 4.3), zur Aufwertung des kindlichen Bildungsbedarfs (siehe Kap. 5.4) und zur Überwindung der Willkür des Grundsicherungssystems (siehe Kap. 6.4) interpretiert wird, erscheint es der Rechtearmutskonstruktion als Verweis auf den eigenständigen Geldanspruch von Kindern, den es wohlfahrtsstaatlich zu sichern gilt. An das so interpretierte Urteil knüpft die Rechtearmutskonstruktion ihre Forderung nach einer breiten wohlfahrtsstaatlichen Verantwortung für das Wohl der Kinder wie folgt an: „Sichern Sie den bedürftigen Kindern nicht nur, wie es das Bundesverfassungsgericht auch gefordert hat, umgehend die physische Existenz, sondern sichern Sie ihnen auch die Teilhabe am sozialen, gesellschaftlichen, politischen und kulturellen Leben!" (PP18, S. 1854). Im nicht-staatlichen Bereich sucht die Rechtearmutskonstruktion aktiv die Anbindung an zivilgesellschaftliche Akteure. Diese werden als mächtige Verbündete in Szene gesetzt, die sowohl als Motor und Inputgeber kinderrechtlicher Bemühungen als auch als ‚watchdog' fungieren, mit denen es – durch eine aktive Beförderung der Kinderrechte – ein möglichst spannungsfreies Verhältnis anzustreben gilt (vgl. PP6, S. 23038; PP13, S. 502; PP18, S. 1856).

Die internationalen Schulterschlüsse erfolgen durch drei verschiedene Verweise auf die globale Relevanz der UN-KRK. Erstens wird die UN-KRK als Anreizsystem bestehend aus Erfolg und Niederlage kommuniziert. Im Verständnis der Rechtearmutskonstruktion ist ein Missachten der UN-KRK mit einer international beschämenden Blamage der Bundesrepublik verbunden (‚blame and shame'), während eine aktive Umsetzung Deutschland die Möglichkeit bietet, auch im Bereich der Kindheitsregulierung – und damit „wie in allen anderen Bereichen – in der ersten Liga [zu] spielen" (PP13, S. 498). Zweitens wird die Vorbildfunktion betont, die der deutsche Umgang mit den Kinderrechten in sich trägt. Nur wenn die Bundesrepublik selbst – als reicher Wohlfahrtsstaat –

die völkerrechtlich verbrieften Rechte der Kinder umsetzt, kann sie andere Staaten motivieren, die UN-KRK zu verwirklichen bzw. kann sie nur dann glaubhaft ein Unterlassen kritisieren (vgl. PP13, S. 502, S. 505).[46] Als entscheidend bei der kinderrechtegestützten Kritik anderer Staaten gilt, dass vergleichsweise schwerwiegende, existenzbedrohende Kinderrechtseinschnitte in Ländern mit grundlegenden Menschenrechtsverletzungen nicht zur Relativierung von Kinderrechtsbeschneidungen und Kinderarmutsproblemen in einem vergleichsweise gut ausgebauten Wohlfahrtsstaat wie Deutschland herangezogen werden sollen (vgl. PP7, S. 23295 sowie gegenteilig: Krämer 2000, S. 115 f.). Drittens verweist die Rechtearmutskonstruktion auf den völkerrechtlich verbindlichen Charakter der UN-KRK. Der Verweis auf die rechtliche Verbindlichkeit der Kinderrechte als Teil der grundlegenden Menschenrechte dient nicht nur als Anstoß für Gesetzgebungsreformen, sondern zugleich als Mittel zur ‚Legalisierung' von gegenwärtig durch deutsches Recht als illegal definierten Zuständen. So argumentiert die Rechtearmutskonstruktion, dass es ‚illegale Ausländer' nicht geben kann, sondern lediglich durch staatliches Handeln ‚illegalisierte Ausländer', denen zu Unrecht fundamentale Rechte wie bspw. auf Bildung und Gesundheit vorenthalten werden. Aus der Bindungskraft der UN-KRK wird die in der Zielstellung spezifisch für Deutschland festgeschriebene Forderung (siehe Kap. 5.3) abgeleitet, dass grundsätzlich „Kinder im Alter von null bis 18 Jahren, egal wo sie auf dieser Welt geboren wurden, in jedem Land so behandelt werden wie inländische Kinder" (PP13, S. 497; vgl. zudem PP13, S. 498, S. 502, S. 506, S. 511), wobei diese Behandlung grundsätzlich der UN-KRK-Logik zu folgen hat. Indem in- und ausländische Kinder gleichgesetzt werden, distanziert sich die Rechtearmutskonstruktion zum einen von der nationalstaatlichen Rahmung von Bürgerrechten.[47] Zum anderen entfernt sie sich damit von dem von Franz-Xaver Kaufmann propagierten Wohlfahrtsstaatskonzept, welches die international-völkerrechtliche Ebene zwar als normativen Bezugspunkt ausweist, aufgrund ihrer geringen Sanktionsfähigkeit aber den Nationalstaat als relevante Bezugsgröße begreift (vgl. Kaufmann 2003, S. 40 f.).

Kinder als lebensglückberechtigte Subjekte der Gegenwart und Eltern als potenziell überlastete Wohlfahrtsstaatskompensatoren

Die Orientierung der vorliegenden Kinderarmutskonstruktion an der Kinderrechtskonvention erfolgt nicht als fatalistische Ergebenheit in die völkerrechtliche Verbindlichkeit, sondern als (zudem) selbst gewählte Orientierung an einer als positiv bewerteten Konzeption zur Absteckung einer ‚guten' Kindheit. Die

---

46 Für Kinderrechte als Mittel der Kinderarmutsbekämpfung im globalen Süden siehe Pemberton et al. (2007) sowie siehe Schweiger/Graf (2015, S. 162 ff.) für Kinderarmut im Kontext globaler Gerechtigkeit für Kinder.
47 Siehe zum nationalstaatlichen Bezugsrahmen von Bürgerrechten Lister (2010, S. 198 ff.).

völkerrechtlich verbrieften Kinderrechte und nichts anderes sollen der Rechtearmutskonstruktion nach als normative Basis für die wohlfahrtsstaatliche Regulierung der Kindheit und des Kindeswohls dienen (vgl. PP8, S. 23623). Als Folge wird davon ausgegangen, dass Kinder zwar „unsere Zukunft sind […], erst einmal sind Kinder aber unsere Gegenwart" (PP29, S. 6220). Während die Erziehungs- und Bildungsarmutskonstruktion Kinder mit der Zukunft verknüpfen und utilitaristisch als tugendhaft zu erziehende Träger gesellschaftlicher Verantwortung (siehe Kap. 4.4) bzw. als effektiv abzuschöpfenden Rohstoff der Volkswirtschaft (siehe Kap. 5.4) begreifen, wählt die Rechtearmutskonstruktion nicht nur einen anderen Zeitrahmen, sie ersetzt auch den Utilitarismus dieser beiden Konstruktionen dadurch, Kindern einen von Eigenständigkeit geprägten Subjektstatus zuzuweisen (vgl. PP8, S. 23627).[48] Dafür ausschlaggebend ist die Setzung, Kindern das Recht auf ein ‚gutes Leben' als Gesellschaftsmitglieder im ‚Hier und Jetzt' zuzusprechen.[49] Im Stil der politischen Rhetorik ausgedrückt, sollen die „glücklichen Gesichter der Kinder" (PP9, S. 24381) den Bezugspunkt der wohlfahrtsstaatlichen Regulierung von Kindheit bilden, anstatt diesbezüglich einzig die Bedürfnisse späterer Erwachsener oder der heutigen bzw. künftigen Erwachsenengesellschaft anzupeilen (vgl. auch Olk 2007). Kinder gelten dieser Konstruktion als *‚lebensglückberechtigte Subjekte der Gegenwart'*.[50] Mit dieser Setzung soll Kindern zum einen nicht das Recht auf ihre Zukunft als Erwachsene oder der Bedarf nach Entwicklung abgesprochen werden. Vielmehr werden Zukunft und Entwicklung als ein Teil der umfassenden Bedürfnisse von Kindern verstanden – allerdings nicht als der einzige oder alles dominierende.[51] Zum anderen sollen die Bedürfnisse der Erwachsenengesellschaft in der Regulierung von Kindheit nicht vollständig negiert, sondern im Verhältnis zum gegenwärtigen ‚guten Leben' von Kindern ausbalanciert werden, ohne dieses zu dominieren. Auf diese Art steckt die Rechtearmutskonstruktion ein breites, vom Grunde her sowohl an Gegenwart als auch Zukunft, Mitbestimmung und Entwicklung sowie Utilitarismus und Zweckfreiheit gleichsam anschlussfähiges, aber aus dem eigenständigen Wert von Kindheit abgeleitetes Verständnis der Bedürfnisse von „Kinder[n] nach körperlichem und seelischem Wohlergehen,

---

48 Siehe auch ‚zweckfreie Kindheit' bei Gaiser/Rother (2009); Olk/Hübenthal (2010) sowie das ‚Kindheitsverzweckungs-Interpretament' in Kap. 2.3.1.
49 Siehe auch im Grundansatz, aber mit einem zugleich entwicklungs- und investitionsbezogenen Zugang zur Gerechtigkeitstheorie von John Rawls: Bojer (2003, S. 61 f.; 2000, 2005). Für Kindheit im Kontext des ‚guten Lebens' des Verwirklichungschancenansatzes nach Amartya Sen siehe: Schweiger/Graf (2015) sowie die Beiträge in Andresen et al. (2010) und in Stoecklin/Bonvin (2014).
50 Weiterführend zum Kindheitsverständnis siehe den Abschnitt zu Sozialer Gerechtigkeit in diesem Kapitel.
51 Siehe auch das ‚Recht auf den heutigen Tag' bei Korczak (1919/1971, S. 40; 1928 + 1939/ 2011, S. 27 ff.) (vgl. diesbezüglich überblickartig Radtke 2000, S. 46 f., S. 77 f.).

Anregung und Spiel, Schutz und Geborgenheit" (PP17, S. 1659) ab.[52] Potenzielle Konflikte zwischen den einzelnen, teilweise hochgradig in Spannung zueinander stehenden Bezugspunkten werden von der Rechtearmutskonstruktion allerdings nicht explizit thematisiert.

Im Verständnis der Rechtearmutskonstruktion ist es nicht die Pflicht der Eltern, ihren Kindern die vorangehend angeführten Bedürfnisse zu erfüllen, sondern die Pflicht des Wohlfahrtsstaates, den Eltern die Rahmenbedingungen zu schaffen, damit sie die Bedürfnisse ihrer Kinder erfüllen können – sofern diese (überhaupt) in ihren elterlichen Zuständigkeits- und Möglichkeitsbereich fallen und nicht einen direkten Zugriff des Wohlfahrtsstaates auf Kindheit erfordern (vgl. PP17, S. 1659). Hinsichtlich der Frage, inwiefern die Eltern den ihnen zu schaffenden Möglichkeitsrahmen auch tatsächlich nutzen, wird auf Vertrauen gesetzt (vgl. PP29, S. 6178). Mit ihrem vollständig unvoreingenommenen Grundvertrauen in alle Eltern unterscheidet sich die vorliegende Konstruktion von der Erziehungs- und Bildungsarmutskonstruktion, da diese das Vertrauen in die Eltern anhand des sozioökonomischen Status differenzieren: die Erziehungsarmutskonstruktion, indem sie grundsicherungsabhängige Eltern per se als Risikofaktoren für das Kindeswohl begreift (siehe Kap. 4.2; Kap. 4.4) und die Bildungsarmutskonstruktion, indem sie skeptisch gegenüber den Bildungsbemühungen sozioökonomisch schlechter gestellter Eltern ist (siehe Kap. 5.1; Kap. 5.4). Mit der vertrauensgeprägten Grundhaltung gegenüber allen Eltern ähnelt die Rechtearmutskonstruktion am meisten der Geldarmutskonstruktion. Die Ähnlichkeit resultiert aus der beiden Konstruktionen gemeinsamen, besonders strukturkritischen Haltung bezüglich der Lage von Eltern – auch wenn diese in der Geldarmutskonstruktion in einem Lob der Armut wurzelt und sich nur auf die Eltern der von Kinderarmut betroffenen Kinder, nicht aber auf Eltern im Allgemeinen bezieht (siehe Kap. 6.4). Dahingegen kritisiert die Rechtearmutskonstruktion die generelle Privatisierung elterlich-familiärer Herausforderungen – allerdings ohne Sinngebungen von Erwachsenenarmut zu entwickeln. Dem gegenwärtigen Wohlfahrtsstaat attestiert sie, dass „Kindeswohlgefährdung […] viel zu häufig als individuelles Versagen der Eltern dargestellt" (PP17, S. 1659) wird, während zugleich die öffentliche Hand der ihr zugeschriebenen Verantwortung, förderliche Rahmenbedingungen für Eltern zu schaffen, nicht genügend nachkommt. Folgt man der Rechtearmutskonstruktion kann das Zusammenspiel wohlfahrtsstaatlich ungelöster Probleme, wie prekäre Arbeitsbedingungen, Entwürdigungen in den Sozial- und Arbeitsämtern, Niedriglöhne etc., Eltern so sehr belasten, dass dies zu ihrer Überforderung führt, was sich dann auch negativ auf die Lebenssituation von Kindern und ihr Recht auf ein ‚gutes' Leben auswirkt (vgl. PP15, S. 995; PP29, S. 6220). Eltern im Allge-

---

52 Zu Spiel zwischen Verzweckung und Eigensinn siehe Winkler (2014) sowie Ifland (2016).

meinen werden hier also als *potenziell überlastete Wohlfahrtsstaatskompensatoren* erachtet, die übergebührend mit den Herausforderungen, die Kinder mit sich bringen, alleingelassen werden. Die Eltern der von Kinderarmut im hier vorliegenden Sinne betroffenen Kinder im Speziellen gelten als diejenigen Eltern, die sich mit den vom Grunde her gleichen Fragen, Ängsten und Sorgen wie alle anderen Eltern auch beschäftigen – ohne hier eine pauschale Auf- oder Abwertung zu erfahren. Ihre Bewältigung der familiären Herausforderungen erfolgt allerdings unter faktisch und maßgeblich eingetretenen Mangel- und Überforderungslagen und nicht nur in einer potenziellen Überbelastung (vgl. PP17, S. 1659 sowie auch Ghate/Hazel 2002).[53]

Soziale Gerechtigkeit als generationale Anerkennungsgerechtigkeit

In der Zielsetzung der Strategie zur Bekämpfung der Kinderarmut zeichnet sich – durch die darin eingelassene intra- und intergenerationale Bezugsebene der anvisierten Wohlfahrtsstaats- und Gesellschaftsprogression – das Attribut des hier leitenden Verständnisses sozialer Gerechtigkeit als ,*generationale Anerkennungsgerechtigkeit*' ab.[54] Der Bezug zur Anerkennungsgerechtigkeit deutet sich im subjektbezogenen Verständnis von Kindern mit der darin eingelassenen Eigenständigkeit und gegenwartsbezogenen Lebensglückberechtigung an (siehe vorheriger Abschnitt). Noch deutlicher lässt sich dieser Bezug anhand der drei einzelnen Sphären des Anerkennungsgerechtigkeitsansatzes von Axel Honneth aufzeigen (vgl. Honneth 2011, S. 38 ff. sowie grundlegend: Honneth 1994). In der Gerechtigkeitssphäre der *Liebe* werden Kinder als Subjekte adressiert, indem die Kinderschutzbemühungen nicht um das elterliche Versagen und die Gefährdung der sozialen Marktwirtschaft kreisen (siehe Kap. 4.2), sondern von der Integrität des kindlichen Wohls und den Rechten der Kinder her gedacht sind. Dadurch werden zum einen auch kindliche Bedürfnisse mit gewisser Distanz zu Entwicklungsprozessen – wie bspw. Spiel – stärker in den Fokus von Kinderschutzüberlegungen gerückt. Zum anderen entspringt hieraus das Anliegen, bei der propagierten Expansion des Kinderschutzes (siehe Kap. 7.3) die Balance zwischen Hilfe und Kontrolle zu beachten. So werden die von der Erziehungsarmutskonstruktion angestrebten regulären bzw. verpflichtenden und damit situationsunabhängigen Hausbesuche bei Verdacht auf Kindeswohlgefährdung (siehe Kap. 4.3) von der Rechtearmutskonstruktion explizit zurückgewiesen. Dem Bedürfnis der Erziehungsarmutskonstruktion nach möglichst engmaschiger Kontrolle der Eltern stellt die Rechtearmutskonstruktion die kindheitsbezogene Sorge gegenüber, dass verpflichtende Hausbesuche dem zu

---

53 Siehe auch ,erschöpfte Familien' in den Beiträgen in Lutz (2012) sowie bei Lutz (2014, S. 118 ff.).

54 Siehe Olk (2009) für Generationengerechtigkeit und Honneth (1994, 2011) für Anerkennungsgerechtigkeit (siehe für beide Ansätze auch Kap. 3.2.3).

schützenden Kind unter Umständen mehr schaden als nützen – bspw. durch zerstörtes elterliches Vertrauen und daraus resultierende Hilfeabbrüche (vgl. PP8, S. 23623 f.; PP17, S. 1659).[55] Auch in der Gerechtigkeitssphäre des *Rechts* wird Kindern durch die Gewährung direkter Anspruchsrechte, die zur Befriedigung ihrer eigenständigen Bedarfe angelegt sind, ein Subjektstatus eingeräumt. Das Kindern wohlfahrtsstaatlich zu ermöglichende ‚gute Leben' wird nicht nur im Zusammenhang der Eltern wahrgenommen, denen es dafür möglichst förderliche Rahmenbedingungen zu setzen gilt, sondern auch unmittelbar. Dies deutet sich nicht nur im vorangehend skizzierten Bereich des Kinderschutzes an und zeigt sich in der anvisierten Stärkung der politischen Mitbestimmung von Kindern (siehe Kap. 7.3); dies tritt auch in den Bereichen der Bildung und der Existenzsicherung zu Tage. Anders als in der Bildungsarmutskonstruktion wird Bildung nicht als Recht des künftigen Erwachsenen gedacht, als gegenwärtiges Kind möglichst gut auf den Arbeitsmarkt vorbereitet worden zu sein (siehe Kap. 5.4), sondern als Recht des gegenwärtigen Kindes, seinen individuellen Fähigkeiten entsprechende, partizipative Lernmöglichkeiten angeboten zu bekommen (siehe Kap. 7.3; vgl. auch Qvortrup 2012). Bei der Existenzsicherung wird – im Gegensatz zur Geldarmutskonstruktion – kein erwachsenenbezogenes Grundeinkommen angestrebt (siehe Kap. 6.3), sondern eine eigenständig am Bedarf der Kinder orientierte Kindergrundsicherung (siehe Kap. 7.3). Die Rechtearmutskonstruktion konstituiert Kindheit also als eine ‚*Lebensphase eigenständiger Gesellschaftsansprüche',* deren Erfüllung der Wohlfahrtsstaat zu garantieren hat (vgl. PP18, S. 1856 sowie auch Olk/Wintersberger 2007; Olk 2007). Kindheit wird somit Erwachsenheit ebenbürtiger, da die ihr zugewiesene „moralische[] Zurechnungsfähigkeit" (Honneth 1994, S. 185), die im Sinne der Anerkennungsgerechtigkeit entscheidend für die Vergabe individueller Rechte ist, angehoben wird.[56]

In der Anerkennungssphäre der *Wirtschaft* drückt sich der Subjektstatus, den die Rechtearmutskonstruktion Kindern zuweist, in der Auseinandersetzung mit ihrem Stand in der Arbeitswelt und diesbezüglichen intragenerationalen Ungleichheiten aus. Kritisiert wird bspw., dass Kindern in SGB-II-Bedarfsgemeinschaften durch Ferienjobs erwirtschaftetes Einkommen auf die Grundsicherungsleistung angerechnet wird. Dies wird als Demütigung der Kinder bzw. Jugendlichen eingestuft und als Benachteiligung gegenüber Gleichaltrigen außerhalb der Grundsicherung (vgl. PP13, S. 514). Aus Sicht der Rechtearmutskonstruktion wird diesen Kindern die Möglichkeit genommen, ‚Selbstschät-

---

55 Für eine Analyse der Hausbesuche siehe Albrecht et al. (2016). Kindheitsblindheit als Merkmal des Kinderschutzes wird von Alberth et al. (2014) herausgearbeitet. Ausführungen zu einem demokratisch-kinderrechtlichen Kinderschutz legen Liebel (2013, S. 72 ff.); Wolff et al. (2013); Wolff (2016) sowie Lasner-Tietze (2016) vor.

56 Siehe auch ‚agency' von Kindern in den Beiträgen in Eßer et al. (2016).

zung' aufzubauen, indem sie sich als ökonomisch relevantes und nützliches Subjekt erfahren, das durch (altersangemessene) Arbeit in der Lage ist, „etwas aus eigener Kraft zu schaffen, sich Ziele zu setzen und sie auch zu erreichen" (PP17, S. 1712). Kinder werden also als vom Grunde her zu produktiven Beiträgen fähige und bereits in der Gegenwart potenziell nützliche Gesellschaftsmitglieder begriffen, die das Recht haben, als Kinder ‚soziale Wertschätzung'[57] zu erfahren und für sich selbst zu erzeugen.[58]

7.5 Die Sorge um Familie und Vaterland (Konsequenzen)

Im Verhältnis zu den drei anderen Kinderarmutskonstruktionen lassen sich für die Rechtearmutskonstruktion vergleichsweise wenige Konsequenzen im Sinne einer Kritik der ‚anderen' Kinderarmutskonstruktionen finden. Dies weist nicht auf eine breite Akzeptanz der Rechtearmutskonstruktion hin, sondern verdeutlicht – ganz im Gegenteil – die mit wenig Beachtung und geringer Auseinandersetzung verbundene Außenseiterstellung, die dieses Kinderarmutsverständnis im politischen Feld hat. Es scheint fast, als sei die Rechtearmutskonstruktion politisch (noch) so schwach, dass es für die Kritiker nur in Ausnahmefällen lohnt, das Risiko einzugehen, mit ihrer Kritik möglicherweise als kinderunfreundlich zu erscheinen.[59] Diejenigen Konsequenzen einer Realisierung der Rechtearmutskonstruktion, die sich dennoch empirisch rekonstruieren lassen, entstammen – vergleichbar zu den Konsequenzen der Geldarmutskonstruktion (siehe Kap. 6.5) – dem bürgerlich-konservativen Lager. Die darin eingelassene Kritik kreist um die Sorge eines Zerbrechens der bestehenden generationalen sowie nationalen Ordnung.

Das Zerbrechen der generationalen Ordnung: die Sorge um die Familie
Die Furcht, dass als Folge der Verwirklichung der Forderungen der Rechtearmutskonstruktion die bestehende generationale Ordnung der Bundesrepublik zerbricht, manifestiert sich vor allem in Form einer Sorge um die Familie – wenngleich diese Sorge im bürgerlich-konservativen Lager vom Grunde her bezüglich aller gesellschaftlichen Institutionen und Bereiche vorherrscht. So wirft bspw. die „Forderung nach Aufnahme von Kinderrechten ins Grundgesetz" bei

---

57 ‚Soziale Wertschätzung' und ‚Selbstschätzung' sind die von Honneth verwendeten Terme, um die Anerkennungssphäre der Wirtschaft zu charakterisieren (vgl. überblickartig Honneth 1994, S. 211; Honneth 2011, S. 40 f.).

58 Eine Auseinandersetzung mit dem Thema Kinder und Arbeit findet sich bei Wihstutz (2009) sowie in den Beiträgen in Hungerland et al. (2007).

59 Für die Feststellung einer Differenzierung guter vs. schlechter Politik anhand der Chiffre des unschuldigen Kindes siehe Bühler-Niederberger (2005, S. 149 ff.).

den Kritikern der Rechtearmutskonstruktion die Frage auf, „wo die Familie bleibt" (PP8, S. 23627). In dieser Frage lassen sich zwei Ebenen der Sorge identifizieren. Erstens wird befürchtet, dass eine Stärkung der Kinderrechte dem Wohlfahrtsstaat ein größeres und letztlich zu großes Maß an Eingriffsmöglichkeiten in den als vom Grunde her heilig erachteten Binnenraum der Familie gewährt. Mit eigenständigen Kinderschutzrechten käme dem Staat – zusätzlich zum elterlichen Versagen bei der Pflege und Erziehung der Kinder und der ‚Verwahrlosung' der Kinder aus anderen Gründen (Art. 6 GG) – eine weitere und als übergebührend erachtete Möglichkeit zu, Kinder gegen den elterlichen Willen aus der Familie heraus zu nehmen – so die Kritik (vgl. PP17, S. 1666). Das bürgerlich-konservative Lager, das für eine Ausweitung der Kinderschutzbemühungen primär für sogenannte Risikofamilien plädiert (siehe Kap. 4.3), stört sich weniger an der Expansion der Interventionsmöglichkeiten als solches, sondern an dem dafür angesetzten Bezugsgrund. Schließlich kommen beim Bezug auf Kinderrechte Familien schichtunabhängiger in den Blick als beim Bezug auf die mit dem Unterschichtsdiskurs eng verknüpften ‚Risikofamilien'.

Zweitens fürchten die Kritiker, dass die Stärkung der Kinderrechte – hier in der Form gestärkter Schutzrechte – das elterliche Recht auf Pflege und Erziehung ihrer Kinder (Art. 6 GG) schwächt und das generationale Gefüge im familiären Binnenraum zu Ungunsten der Eltern verschiebt: „Es geht um den Schutz auch des Elternrechts in dieser Frage" (PP17, S. 1658; vgl. zudem PP17, S. 1666) – so ein Parlamentarier in der diesbezüglichen Debatte zum Kinderschutz.[60]

Das Zerbrechen der nationalen Ordnung: die Sorge um die Stabilität des ‚Vaterlandes'

Zusätzlich zur Furcht vor einem Zerfall generationaler Strukturen befürchten die Kritiker der Rechtearmutskonstruktion ein Zerbrechen der nationalen Ordnung der Bundesrepublik. Die Sorge bezieht sich auf die Stabilität des ‚Vaterlandes', um den hier passenden nationalistischen Duktus möglichst authentisch aufzugreifen. Moniert wird das Bestreben, die wohlfahrtsstaatliche Behandlung von geflüchteten Kindern so zu verbessern, dass inländische und ausländische Kinder gleichgestellt sind und zudem auch derzeit als ‚illegal' gelabelte Kinder und ihre Familien in den vollen Genuss wohlfahrtsstaatlicher Leistungen kommen (siehe Kap. 7.3), anstatt schnellstmöglich abgeschoben zu werden. Im Verständnis der Kritiker der Rechtearmutskonstruktion zeichnet sich dieses Bemühen auf den ersten Blick durch den Anstrich der Humanität aus. Auf den

---

60 Siehe auch die Parallelsetzung von Kinder- und Elternrechten im aktuellen Reformbestreben des SGB VIII: www.afet-ev.de/aktuell/SGB-VIII-Reform/SGB-VIII-Reform.php (Abfrage: 22.05.2017).

zweiten Blick bröckelt ihnen zufolge allerdings dieser Lack, da eine Parallel-
gesellschaft gefördert wird, „in der sie zum Arzt gehen können, ohne gemeldet
zu sein, in der sie zur Arbeit gehen können, ohne gemeldet zu sein, in der sie
zur Schule gehen können, ohne gemeldet zu sein" (PP27, S. 4981). Dies gilt
nicht nur als misslungene Integration und als Verstoß gegen rechtsstaatliche
Prinzipien der Bundesrepublik, sondern auch als Fehl- und Überbelastung des
deutschen Wohlfahrtsstaates (vgl. PP13, S. 510). Um dies abzustellen und auch
um die Integrationsbereitschaft der deutschen Bevölkerung[61] nicht zu überfor-
dern, gilt es für die Kritiker, die „Anreizsysteme [...], die eine weitere unkon-
trollierte Zuwanderung ermöglichen" (PP7, S. 23343), schnellstmöglich zu unterbinden (vgl. PP13, S. 509f.; PP27, S. 4981).[62]

---

61 Siehe für die empirische Diagnose eines Rückgangs der Bereitschaft zur Unterstützung
    geflüchteter Kinder innerhalb der deutschen Bevölkerung: DKHW (2017).
62 Kritik an der Diagnose eines vermeintlich überbordenden Familiennachzugs findet sich
    bspw. bei der Diakonie (vgl. Diakonie Deutschland 2016, Abschnitt „2016").

Kapitel 8
Kinderarmut als Transformation der wohlfahrtsstaatlichen Regulierung sozial verletzter Kindheiten

Das vorliegende Kapitel markiert den Übergang des empirischen Teils dieser Untersuchung vom primär darlegenden zum vertiefend analytischen Modus der gegenstandsverankerten Rekonstruktion. Die Analyse erfolgt in drei verschiedenen Teilen. Zuerst werden die vier Kinderarmutskonstruktionen in theoriegeladenen Steckbriefen gebündelt (Kap. 8.1). Anschließend werden ihre Gemeinsamkeiten herausgestellt und sie werden in einem übergreifenden Modell zusammengeführt (Kap. 8.2). Den Abschluss bilden die Skizzierung der mit den Kinderarmutskonstruktionen zum Ausdruck kommenden Spannungslinien des Kinderarmutsdiskurses im gegenwärtigen politischen Feld Deutschlands sowie die Hierarchisierung der Konstruktionen (Kap. 8.3).

8.1 Theoriegeladene Steckbriefe

Während der Schwerpunkt in den vorangegangenen vier Kapiteln (Kap. 4–7) darauf lag, die vier Kinderarmutskonstruktionen im Detail vorzustellen, sollen sie hier analytisch auf ihren Kerngehalt eingedampft werden. Dieser Kerngehalt wird in den Termen der theoretischen Zugänge dieser Untersuchung – Kindheits-, Armuts- und Gerechtigkeitssoziologie (siehe Kap. 3.2) – abgesteckt und zum Ausdruck gebracht (siehe Tab. 3).

Mittels der theoriegeladenen Eindampfung lässt sich die *Erziehungsarmutskonstruktion* auf der kindheitssoziologischen Ebene als eine Sinngebung von Kinderarmut beschreiben, die Kindheit als eine fragile Phase des Hineinwachsens in die Gesellschaft begreift, die es vor äußeren Gefährdungen zu schützen gilt. Nur bei ausreichendem Schutz vor Vernachlässigung, Gewalt und Missbrauch können Kinder das in ihnen steckende Potenzial entfalten, sich zu Erwachsenen zu entwickeln, die willens und bereit sind, Verantwortung für sich selbst und andere zu übernehmen. Als die zentrale Einflussgröße auf diese kindliche Entwicklung werden die Eltern wahrgenommen. Sie können sowohl als tugendhafte Vorbilder und Förderer agieren als auch das Wohl ihrer Kinder maßgeblich gefährden. Aufgrund dieser Varianz sind sie seitens des Wohlfahrtsstaates kritisch in den Blick zu nehmen. Da elterliche Gefährdungen des kindlichen Wohls und damit der Entwicklung von Kindern als Randphänomen

Tab. 3: Die vier Kinderarmutskonstruktionen in der Ordnung durch den theoretischen Rahmen

Konstruktion	Erziehungsarmut	Bildungsarmut	Geldarmut	Rechtearmut
Vergleichsaspekt				
Kinderarmut	Verwahrlosung der tugendlosen Unterschichtsfamilie	Schulerfolgsbenachteiligung der Kinder der bildungsfernen Marktverlierer	Einkommens- und Vermögensarmut der Kapitalismusverliererfamilie	Ausschluss des Kindes von der Möglichkeit zur Teilhabe an normaler Kindheit
Kindheitssoziologische Ebene				
Kindheit	schutzbedürftige Entwicklungsphase	förderungsbedürftige Entwicklungsphase	–	Lebensphase eigenständiger Gesellschaftsansprüche
Kinder	potenziell willige Verantwortungsbürger der Zukunft	potenziell fähige Arbeitsbürger der Zukunft	–	lebensglückberechtigte Subjekte der Gegenwart
Eltern	kritisch zu beäugende Weichensteller	zusehends geforderte Weichensteller	–	potenziell überlastete Wohlfahrtsstaatskompensatoren
Veränderungsrichtung des Kindheits-Wohlfahrtsstaats-Verhältnisses	Subsidiarität	partielle De-Familialisierung	–	Wohlfahrtsstaatsvorrangigkeit
Armutssoziologische Ebene				
Erwachsenenarmut	Grundsicherungsabhängigkeit	Doppelmangel von Einkommen und Bildung	Einkommens- und Vermögensmangel	–
von Kinderarmut Betroffenen attestierter Mangel	Bürgertugenden	Arbeitsmarktchancen	Konsumoptionen	Relevanz
letztgültig Leidtragende des Kinderarmutsproblems	‚mittelschichtszentrierte Arbeitsgesellschaft'	nationale Volkswirtschaft und Wohlfahrtsstaat	Familien der Armutsbevölkerung	Kinder

Konstruktion	Erziehungsarmut	Bildungsarmut	Geldarmut	Rechtearmut
Vergleichsaspekt				
zentral zu erfüllendes Charakteristikum der Bekämpfungsstrategie	missbrauchsunanfällig	aufstiegsgenerierend	armutssolidarisierend	kindheitsumfassend
Bezugspunkt im Rechte-Pflichten-Korrelationspaar (Simmel)*	Individuumspflicht	Gesellschaftsrecht	Gesellschaftspflicht	Individuumsrecht
Verortung im Gefüge der ‚functionings' und ‚capabilities' (Sen)*	explizit functionings-orientiert	implizit functionings-orientiert	Erwachsenen-capabilities-orientiert	Kinder-capabilities-orientiert
Gerechtigkeitssoziologische Ebene				
zentrales Gerechtigkeitsprinzip	verantwortungsbetonende Leistungsgerechtigkeit	produktivistische Chancengerechtigkeit	monetäre Bedarfsgerechtigkeit	generationale Anerkennungsgerechtigkeit
Bezugspunkt – Sorgepunkt	bürgerliche Moral – Devianz	Know-how – Kollaps	Macht – Oppression	Wertschätzung – Verblendung
von den von Kinderarmut Betroffenen fordernd/erwartend	Reziprozität	Lernen	–	–
den von Kinderarmut Betroffenen versprechend	Loyalität	fairer Weg in weiterhin ungleiche Gesellschaft	Wohlfahrtsgarantie	gesellschaftliche Aufwertung
wohlfahrtsstaatliche Zielstellung	konservativ: Erhalt klassischer sozialer Marktwirtschaft	evolutionär: Fortentwicklung zu prosperierender Wissensökonomie	revolutionär: Sprung in erwachsenenzentrierte Gleichheitsgesellschaft	progressiv: Sprung in kindergerechte Generationengesellschaft
zentrale Umverteilungsstärkung	vertikal: von unten zur Mitte	vertikal: von oben nach unten	vertikal: von oben nach unten	vertikal und horizontal: von den Geächteten zu den Entrechteten

* Die Verortung der vier Konstruktionen im Rechte-Pflichten-Korrelationspaar von Simmel (1908/1992) und im Gefüge der ‚functionings' und ‚capabilities' von Sen (2007) erfolgt im Rahmen der Skizzierung der zentralen Spannung des politischen Kinderarmutsdiskurses (siehe Kap. 8.3; siehe für die beiden Theoriebezüge: Kap. 3.2.2).

Quelle: Eigene Darstellung.

vor allem einer vergleichsweise kleinen Gruppe als tugendlos erachteter Unter-
schichtsangehöriger wahrgenommen werden, betont die Erziehungsarmutskonstruktion die für sie hohe Bedeutung der Subsidiarität im Verhältnis von
Kindheit und Wohlfahrtsstaat. Für die Erziehungsarmutskonstruktion gilt es
hervorzuheben, dass die Verantwortung für das Kindeswohl zuallererst bei den
Eltern und erst nachrangig beim Wohlfahrtsstaat liegt. Erst wenn die Eltern
versagen oder dies abzusehen ist, steht der Wohlfahrtsstaat in der Verantwortung, dieses Defizit – allerdings frühzeitiger und effektiver als bisher – zu korri-
gieren und zu kompensieren. Genau dies soll geschehen, wenn Kinderarmut im
hier vorliegenden Sinne einer sogenannten Verwahrlosung der als tugendlos erachteten Unterschichtsfamilie droht oder vorliegt.

Auf der armutssoziologischen Ebene lässt sich die Erziehungsarmutskonstruktion als eine Sinngebung skizzieren, die die Armut der Eltern der von Kinderarmut betroffenen Kinder als eine unwürdige Grundsicherungsabhängigkeit
begreift. Die Erziehungsarmutskonstruktion unterscheidet erwerbsunfähige und
damit für sie würdevolle Grundsicherungsempfänger (SGB XII) von erwerbsfähigen und daher als würdelos erachteten Grundsicherungsempfängern (SGB II).
Ein Teilausschnitt der SGB-II-Empfänger erscheint der Erziehungsarmutskonstruktion als so maßgeblich würde- und verantwortungslos, dass dieser ihr als
‚tugendlose Unterschicht' gilt. Die Kinder dieser Antagonisten der von dieser
Konstruktion verehrten erwerbstätigen Mittelschicht und der sie rahmenden
Arbeitsgesellschaft – also die von Kinderarmut im vorliegenden Sinne betroffenen Kinder – wachsen demnach in einem Mangel an Werten und Normen der
Mittelschicht bzw. an klassischen Bürgertugenden auf, der vor allem in kindlichen Vernachlässigungsphänomenen zum Ausdruck kommt. Als letztgültig
Leidtragende dieser devianten, als Verwahrlosung verstandenen Familienver-
hältnisse und Aufwachsbedingungen erscheint die ‚mittelschichtszentrierte Arbeitsgesellschaft' der Bundesrepublik, da dieser sowohl im Bereich der Produktion als auch der Reproduktion leistungswillige Mitglieder verlorengehen, die
statt zu einer Wirtschafts- und Wohlfahrtsstaatunterstützung zu einer Last für
die öffentliche Kasse werden. Vor dem Hintergrund dieses problemindividualisierenden, defizitorientierten und pauschal stigmatisierenden Verständnisses
der von Kinderarmut betroffenen Eltern votiert die Erziehungsarmutskonstruktion dafür, die Strategie zur Bekämpfung der Kinderarmut vor allem unanfällig
gegenüber einem potenziellen Leistungsmissbrauch durch die Eltern auszugestalten. Non-monetäre Leistungen wie bspw. Gutscheine und eine stärker werte-
orientierte Erziehung in Kindergärten und Schulen erscheinen ihr daher funk-
tionaler als frei disponibles Geld.

Auf der gerechtigkeitssoziologischen Ebene tritt die Erziehungsarmutskonstruktion als eine Sinngebung in Erscheinung, die den Wohlfahrtsstaat zuvörderst als Instrument zur Durchsetzung einer verantwortungsbetonenden Leistungsgerechtigkeit begreift. Im Zuge ihrer Anlehnung an bürgerliche Moral for-

dert die Erziehungsarmutskonstruktion von den von Kinderarmut Betroffenen – vor allem von den Eltern – Reziprozität ein. Es wird erwartet, dass diese ihre bisherige Devianz überwinden und sich als Teil einer Gemeinschaft begreifen, der gegenüber sie zu Dank für die bisher erfahrenen Unterstützungsleistungen verpflichtet sind und der gegenüber sie in der Verantwortung stehen, möglichst schnell etwas qua eigener, existenzsichernder Leistung in der Arbeitswelt sowie engagierter innerfamiliärer Fürsorge- und Erziehungstätigkeiten zurückzugeben. Dieser – auch mit repressiven Mitteln durchzusetzenden – Forderung steht das Versprechen an die von Kinderarmut Betroffenen gegenüber, Loyalität und Unterstützung durch den Wohlfahrtsstaat zu erfahren, sofern die eingeforderten Beiträge erbracht werden. Die zentrale Voraussetzung für diese wohlfahrtsstaatliche Loyalität ist die Überwindung der Grundsicherungsabhängigkeit – in der Gegenwart durch die Eltern bzw. in der Zukunft durch die Kinder. Damit ist für die Erziehungsarmutskonstruktion der Übergang von der als tugendlos erachteten Unterschicht in die leistungstragende, verehrte Mittelschicht markiert und das Ziel erreicht, qua der Bekämpfung dessen, was hier als Kinderarmut verstanden wird, Deutschland als ‚mittelschichtszentrierte Arbeitsgesellschaft' – respektive als soziale Marktwirtschaft – zu erhalten. Der Mix von Belohnung der Mittelschicht – bspw. durch niedrigere Lohnnebenkosten – und Bestrafung der Unterschicht – bspw. durch härtere Sanktionierungen in der Grundsicherung – bedeutet vor allem eine stärkere Umverteilung von unten zur gesellschaftlichen Mitte.

Die *Bildungsarmutskonstruktion* erscheint kindheitssoziologisch betrachtet als soziale Konstruktion, in der Kindheit als förderungsbedürftige Entwicklungsphase konstituiert wird. Demnach tragen Kinder das Potenzial in sich, zu klugen und fähigen erwachsenen Arbeitsbürgern heranzuwachsen, sofern sie in dem dafür benötigten Lernprozess ausreichend durch ihre Umwelt unterstützt werden. Da durch die wachsende Bedeutung der Wissensgesellschaft die Herausforderungen in diesem als Humankapitalaufbau verstandenen Prozess immer komplexer werden, gelten der Bildungsarmutskonstruktion Eltern als eine Gruppe, die zusehends herausgefordert ist, wenn es darum geht, die Talente und Fähigkeiten ihrer Kinder zu fördern. Da manche Eltern diesen Prozess erfolgreicher als andere gestalten, werden sie zugleich als Weichensteller für die Zukunft ihrer Kinder aufgefasst. Als besonders groß erachtet die Bildungsarmutskonstruktion die Defizite unter den sozioökonomisch schlecht gestellten, sogenannten bildungsfernen Marktverlierern, da diese ihr zufolge über vergleichsweise geringe finanzielle Möglichkeiten, intellektuelle Fähigkeiten und teilweise auch Willigkeiten verfügen, die Bildungskarriere ihrer Kinder voranzubringen. An dieser Stelle sieht die Bildungsarmutskonstruktion den Wohlfahrtsstaat in der Verantwortung, vor allem frühe Kindheit stärker zu de-familialisieren, ohne Eltern am unteren sozioökonomischen Rand für etwaige Defizite ihrerseits zu stigmatisieren – auch wenn dies in der Logik dieser Konstruktion, aufgrund der angenommenen elterlichen Mitschuld am Kinderarmutsproblem, durchaus möglich ist. Zu Schulvorbereitungseinrichtungen aufgewertete Kindertageseinrichtungen in Kombination mit qualitativ aufgewerteten Schulen, die angemessener auf herkunftsbedingte, sozioökonomisch geprägte Bildungsbedürfnisse und -hemmnisse reagieren, sollen die Schulerfolgsbenachteiligungen der Kinder der bildungsfernen Marktverlierer – und damit Kinderarmut im vorliegenden Sinne – abbauen.

Armutssoziologisch attestiert die Bildungsarmutskonstruktion den Eltern der von Kinderarmut betroffenen Kinder einen doppelten Mangel, da es ihnen sowohl an Einkommen als auch an Bildung fehlt. Den Einkommensmangel begreift die Bildungsarmutskonstruktion als Ausdruck niedriger Arbeitsmarktpositionen, welche wiederum aus der schlechten Bildung erwachsen. Dieser Mangel an Chancen auf eine attraktive und lukrative Stellung am Arbeitsmarkt betrifft auch die Kinder der bildungsfernen Marktverlierer, was als Resultat ihrer herkunftsbedingt benachteiligten Bildungschancen wahrgenommen wird. Als die letztgültig Leidtragende dieser Chancenproblematik begreift die Bildungsarmutskonstruktion die nationale Volkswirtschaft, da dieser potenziell hochqualifizierte Arbeitskräfte verlorengehen, wodurch auch beim Wohlfahrtsstaat Einnahmen ausbleiben. Um das potenziell verfügbare Humankapital möglichst umfassend abschöpfen zu können und um den Glauben auch sozioökonomisch schlecht Gestellter an soziale Mobilität und damit eine kohäsive Gesellschaft aufrechtzuerhalten, muss das Vorgehen gegen Kinderarmut im Verständnis der Bildungsarmutskonstruktion allen voran mehr sozialen Aufstieg als bisher qua egalisierter Bildungschancen ermöglichen.

Im Sinne der Gerechtigkeitssoziologie lässt sich das propagierte Vorgehen der Bildungsarmutskonstruktion als produktivistische Chancengerechtigkeit interpretieren. Die Attribuierung der Chancengerechtigkeit als produktivistisch erscheint sinnvoll, da diese Kinderarmutskonstruktion die Bildungs- und Lebenschancenungleichheiten des Individuums mit Blick auf die volkswirtschaftliche Prosperität problematisiert und danach strebt, mit den egalisierten Bildungszugängen die gegenwärtige soziale Marktwirtschaft zu einer prosperierenden Wissensökonomie fortzuentwickeln. Know-how, im Sinne eines arbeitsmarktrelevanten Wissens, gilt dabei als die zentrale Ressource von Gesellschaften, die im globalisierten Kampf der Wissensökonomien bestehen wollen. Brachliegendes Humankapital und eine Abkehr breiter Massen vom Glauben an das Versprechen, durch Bildung aufsteigen zu können, erscheinen als Schritte in Richtung eines gesellschaftlichen Kollapses. Von den von Kinderarmut Betroffenen – allen voran vom Kind selbst – erwartet die Bildungsarmutskonstruktion daher die Fähigkeit und Bereitschaft, sich möglichst umfangreich zu bilden. Als Belohnung dafür wird ein fairer Weg in eine weiterhin ökonomisch ungleiche Gesellschaft versprochen, wobei deren Ungleichheit der Positionen nun als legitim erachtet wird, da diese stärker als zuvor als Ergebnis eigener Leistungen und Talente eingeschätzt wird. Die anvisierte Chancenegalisierung trägt zu einer stärkeren vertikalen Umverteilung von oben nach unten bei – allen voran, da diese von Einkommensverschlechterungen für Marktgewinner und -verbesserungen für Marktverlierer begleitet wird, auch wenn es der Bildungsarmutskonstruktion damit produktivistisch um die Generierung von Mehreinnahmen für Wirtschaft und Wohlfahrtsstaat und nicht um die Lebenslagen der Einzelnen geht.

Die *Geldarmutskonstruktion* begreift Kinderarmut als Einkommens- und Vermögensarmut von Kapitalismusverliererfamilien. Mangellagen von Kindern erscheinen dieser Konstruktion zwar als einer der Belege für die ökonomische Deprivation Erwachsener und ihrer Familien – sofern sie Kinder haben; einer dezidierten Vorstellung über Kindheit oder Familie bedient sich diese Konstruktion allerdings nicht. Die Geldarmutskonstruktion fragt zum einen nicht, wie es Kindern in den Kapitalismusverliererfamilien im Konkreten geht, sondern setzt den elterlichen Geldmangel automatisch mit Einschränkungen in den Lebenslagen von Kindern gleich. Zum anderen bedient sie sich im Sinne eines Lobs der Armut einer positiven Diskriminierung von Armutsfamilien, indem sie die Eltern der von Kinderarmut im vorliegenden Sinne betroffenen Kinder pauschal zu besonders engagierten Eltern erhebt. Eine kindheitssoziologisch vertiefte Analyse entfällt somit.

Armutssoziologisch ausgedrückt versteht die Geldarmutskonstruktion den elterlichen Mangel an Geld als finanzielle Beeinträchtigung der Optionen dieser Familie, Güter konsumieren und damit an der Gesellschaft partizipieren zu können. Wenngleich ihr die mangelnden Konsumoptionen auch als Schädigung des Binnenmarktes erscheinen, gelten als letztgültig Leidtragende des Kinderarmutsproblems die in Einkommens- und Vermögensarmut lebenden Familien selbst. Damit gemeint sind diejenigen Familien, denen weniger als die durchschnittlichen monetären Mittel zur Verfügung stehen. Im Verständnis der Geldarmutskonstruktion resultiert diese Problemlage aus einer Neoliberalisierung des deutschen Wohlfahrtsstaates, der zum einen am Markt geldreich Gewordene bevorzugt und am Markt Verarmte benachteiligt, und zum anderen verschiedene geldarme Bevölkerungsgruppen wie bspw. Arbeitslose und Niedriglohnjobber gegeneinander ausspielt. Um dem entgegenzutreten, bedarf es einer ganzheitlich und solidarisch auf alle Geldarmen gerichteten Strategie zur Armutsbekämpfung. Der Kampf gegen das, was hier als Kinderarmut verstanden wird, stellt also einen Teilausschnitt einer umfassenden und weitreichenden Strategie zur Überwindung der Geldarmut aller ökonomisch Benachteiligten dar.

Aus der gerechtigkeitssoziologischen Perspektive orientiert die Geldarmutskonstruktion ihr Vorgehen an einer monetären Bedarfsgerechtigkeit, indem sie dem von Kinderarmut im vorliegenden Sinn betroffenen, erwachsenen Individuum die Garantie gibt, allen voran die ökonomischen Rahmenbedingungen seiner Wohlfahrt und die seiner Familie durch einen (umverteilungs-)starken Wohlfahrtsstaat zu sichern. Diese Garantie wird vergeben, ohne dass daran explizite Forderungen geknüpft werden. Die Attribuierung der Bedarfsgerechtigkeit als monetär erscheint angebracht, da Geld zum entscheidenden gesellschaftlichen Ein- und Ausschlussmedium der als kapitalistisch verstandenen deutschen Gesellschaft erhoben wird. Familiäre oder kindliche Defizite und Einschränkungen fernab eines ökonomischen Mangels kommen im Verständnis dieser Konstruktion nicht vor, weshalb auch das bedingungslose Grundeinkommen einen zentralen Stellenwert erfährt. Die Erfüllung der Bedarfe Erwachsener und ihrer Familien wird von der Geldarmutskonstruktion nicht nur aus Orientierung am Wohl des Einzelnen angestrebt, sondern auch um die Konzentration der Macht in den Händen weniger wohlhabender Kapitalismusgewinner und zugleich die soziale, kulturelle und vor allem politische Oppression der vielen Kapitalismusverlierer zu überwinden. Die Geldarmutskonstruktion zielt auf eine stärkere Umverteilung von oben nach unten und strebt im Gesamten den Sprung in eine Wohlfahrtsstaatsgesellschaft ökonomisch möglichst gleichgestellter Erwachsener an.

In der *Rechtearmutskonstruktion* wird – kindheitssoziologisch ausgedrückt – Kindheit als eine Lebensphase verstanden, die eine Relevanz aus eigenem Recht heraus und autonome Gesellschaftsansprüche entfaltet. Diese Eigenständigkeit liegt dahingehend vor, dass die Kindern zuerkannten Gesellschaftsansprüche ohne die Vorbedingung eines spezifischen elterlichen Status – wie bspw. deutsche Staatsangehörigkeit, Arbeitslosigkeit oder Niedrigeinkommen – ausgestaltet sind. Die Gesellschaftsansprüche werden Kindern deshalb zugesprochen, da sie als Subjekte verstanden werden, die eine Berechtigung zu Lebensglück im ‚Hier und Jetzt‘ haben. Da die Gewährleistung dieses Lebensglücks zum einen per se nicht von den Eltern allein bewerkstelligt werden kann und dies zum anderen als zu wertvoll gilt, um der Zufälligkeit der elterlichen Ressourcen überlassen zu werden, wird der Wohlfahrtsstaat vorrangig in der Verantwortung gesehen, die entsprechenden Rahmenbedingungen sowohl direkt für das Leben der Kinder als auch indirekt zu schaffen, indem er den Eltern günstige Möglichkeiten eröffnet, ihrer elterlichen Sorge nachkommen zu können. Da dies aufgrund der Marginalisierung von Kindern und ihren völkerrechtlich verbrieften Rechten in Deutschland derzeit nicht der Fall ist, gelten Eltern zwar als vom Grunde her für das Wohl ihrer Kinder hochengagierte Akteure, die jedoch zu potenziell überlasteten Kompensatoren dieses wohlfahrtsstaatlichen Defizits degradiert sind. Zudem entsteht im Verständnis der Rechtearmutskonstruktion für denjenigen Teil der Kinder in der Bundesrepublik, dessen Eltern oder weiteres privates Umfeld diese wohlfahrtsstaatliche Schieflage nicht kompensieren können, das was hier als Kinderarmut verstanden wird: ein Ausschluss von der Möglichkeit an einer für deutsche Verhältnisse ‚normalen‘ Kindheit teilhaben zu können. Kinderarmut kann für die Rechtearmutskonstruktion folglich auch in sozioökonomisch gut gestellten Familien auftreten und ist konzeptionell unabhängig von der sozioökonomischen Elternstellung angelegt.

Auf der armutssoziologischen Ebene kann festgehalten werden, dass im Zuge der Fokussierung dieser Kinderarmutskonstruktion auf die Lebensphase der Kindheit Vorstellungen spezifisch über die Armut von Erwachsenen keine Relevanz entfalten. Der den von Kinderarmut Betroffenen attestierte Mangel bezieht sich rein auf die Bevölkerungsgruppe der Kinder. Sie werden als die einzigen und letztgültigen Leidtragenden des Kinderarmutsproblems verstanden. Das, woran es ihnen der Rechtearmutskonstruktion zu Folge mangelt, ist Relevanz – in der wohlfahrtsstaatlichen Sinngebung, ebenso wie in der generationalen Ordnung der als adultistisch erachteten Bundesrepublik. Der Mangel an Relevanz beschränkt sich für die Rechtearmutskonstruktion keinesfalls auf die von Kinderarmut betroffenen Kinder allein. Vom Grunde her trifft er auf alle Kinder in Deutschland zu, da die Kindheitsnormalität in der Bundesrepublik auch fernab des Kinderarmutsproblems als fortentwicklungsbedürftig verstanden wird, um dem völkerrechtlich zu erfüllenden Idealbild der UN-KRK zu entsprechen. Um diesem tiefsitzenden Defizit entgegenzutreten und sowohl Kinderarmut im hier vorliegenden Sinn zu bekämpfen als auch die Kindheitsregulierung im Allgemeinen an die völkerrechtlichen Verpflichtungen der UN-KRK anzupassen, votiert die Rechtearmutskonstruktion für eine querschnittartige Reform der Politik für Kinder, die vor allem eine Bedingung zu erfüllen hat: Sie muss kindheitsumfassend angelegt sein – im Sinne einer Beachtung aller kindlichen Bedürfnisse und ihnen durch die UN-KRK garantierten Rechte sowie einer Einbeziehung aller Kinder im deutschen Staatsgebiet. Dies umschließt eine Kindergrundsicherung ebenso wie mehr Mitbestimmungsoptionen für Kinder und eine inklusivere Bildung für Kinder mit und ohne Behinderungen.

Durch die Brille der Gerechtigkeitssoziologie betrachtet, strebt die Rechtearmutskonstruktion nach mehr generationaler Anerkennungsgerechtigkeit. Die bisherige politische Verblendung, sich ungerechtfertigterweise als kinderfreundlich zu begreifen, soll durch eine Politik der ernsthaften Wertschätzung von Kindheit ersetzt werden. Ohne explizite Profiterwartungen an das Kind als zukünftigen Erwachsenen zu richten, wird den von Kinderarmut betroffenen Kindern im Speziellen und Kindern in Deutschland im Allgemeinen versprochen, die Lebensphase Kindheit gesellschaftlich aufzuwerten. Die Rechtearmutskonstruktion zielt auf den Sprung in eine kindergerechte Gesellschaft, die als ,Generationengesellschaft' Ungleichheiten zwischen Erwachsenen und Kindern auf ihre funktionale Berechtigung hin hinterfragt und gegebenenfalls abschafft sowie Ungleichheiten der Teilhabemöglichkeiten zwischen verschiedenen Kindergruppen überwindet. Die Rechtearmutskonstruktion setzt sowohl auf eine stärkere vertikale Umverteilung von sozioökonomisch gut gestellten zu benachteiligten Kindern als auch auf einen horizontalen Ausgleich gesellschaftlicher Ressourcen- und Machtvorsprünge zuvörderst von Erwachsenen zu Kindern sowie u.a. von inländischen zu ausländischen Kindern und von Kindern ohne zu Kindern mit Behinderung. Daraus etwaig resultierende inter- und intragenerationale Konflikte werden ebenso ausgeblendet wie Fragen nach den Kosten, die aus dieser Umverteilung bzw. den dafür benötigten Maßnahmen entstehen, respektive den möglichen volkswirtschaftlichen Gewinnen.

8.2 Gemeinsamkeiten und Modellbildung

Die theoriegeladenen Steckbriefe lassen vor allem die Unterschiedlichkeiten der vier Kinderarmutskonstruktionen zu Tage treten. So sehr sich allerdings die Erziehungs-, Bildungs-, Geld- und Rechtearmut einerseits voneinander unterscheiden, so sehr weisen sie andererseits dennoch auch Gemeinsamkeiten auf. Die zentrale Gemeinsamkeit aller vier Kinderarmutsverständnisse des untersuchten politischen Feldes liegt darin, eine *Transformation der wohlfahrtsstaatlichen Regulierung sozial verletzter Kindheiten* anzustreben. Dieser Transformationsappell stellt im Sinne der in dieser Untersuchung angewendeten Grounded Theory Methodologie (GTM) die aus dem Untersuchungsmaterial herausgearbeitete Kernkategorie dar (siehe Kap. 3.1.2).

Zerlegt man den Transformationsappell in seine Einzelteile, lassen sich die folgenden drei Aspekte[1] identifizieren, die alle vier Kinderarmutskonstruktionen miteinander teilen:

- *Transformation:* Keine der vier Kinderarmutskonstruktionen ist vollends zufrieden mit dem gegenwärtigen wohlfahrtsstaatlichen Handeln und keine der Konstruktionen tritt dafür ein, den Status quo der Wohlfahrtsstaatsarchitektur veränderungslos beizubehalten. Im Mindesten werden – wie in der Erziehungs- und Bildungsarmutskonstruktion – Kurskorrekturen bestehender Maßnahmen und Programme bzw. deren Fortentwicklung angestrebt. Im Maximalfall wird für eine Rundum-Erneuerung votiert – so in der Geld- und Rechtearmutskonstruktion. Da sich die vier Konstruktionen durch sehr unterschiedliche Problemvorstellungen auszeichnen und für jeweils andere Maßnahmen eintreten, bedeutet die Gemeinsamkeit einer bei allen Konstruktionen zumindest vom Grunde her gegebenen Bereitschaft für Veränderungen keinesfalls, dass der Kinderarmutsdiskurs des politischen Feldes als dynamisch verstanden werden kann oder dass ein hohes Maß diesbezüglicher Wohlfahrtsstaatsnovellen zu erwarten ist. Vielmehr erscheinen

---

1 Darüber hinaus liegt mit der Setzung, Kindheit als Phase der ‚Unschuld' zu begreifen, eine weitere Gemeinsamkeit der drei Kinderarmutskonstruktionen vor, die dezidierte Vorstellungen von Kindern und Kindheit enthalten. Diese geht allerdings über die Gemeinsamkeiten, die die Kernkategorie der ‚Transformation der wohlfahrtsstaatlichen Regulierung sozial verletzter Kindheiten' bilden, hinaus und wird daher an anderer Stelle – im Forschungsrückblick in Kap. 9.2 – dargestellt.

zähes Ringen, diskordanter Stillstand und langwierig erkämpfte Kompromisse als das wahrscheinlichere Fortentwicklungsszenario.

- *wohlfahrtsstaatliche Regulierung:* Jede der Konstruktionen adressiert den Wohlfahrtsstaat als *die* Instanz der Problemlösung und tritt für eine spezifische Ausdehnung wohlfahrtsstaatlicher Eingriffe und Zuständigkeiten ein. Gerechtigkeitssoziologisch zum Ausdruck gebracht, plädiert jede der vier Kinderarmutskonstruktionen dafür, dass der Wohlfahrtsstaat mehr einer spezifischen Form sozialer Gerechtigkeit erbringen soll als bisher. Der in politischen aber auch anderweitigen öffentlichen Debatten gängige Vorwurf an die jeweiligen Opponenten, mit ihrem Zugriff auf Kinderarmut ‚ungerecht' vorzugehen, lässt sich aus der analytischen Perspektive folglich nicht halten. Der Zugriff auf den Wohlfahrtsstaat als Mittel zur Lösung des Kinderarmutsproblems tritt zum einen auch dort auf, wo dieser zugleich als maßgeblicher Teil der Ursache dieses Problems gesehen wird – bspw. in der Geld- und Rechtearmutskonstruktion aber auch in der Bildungsarmutskonstruktion (siehe Kap. 5.1; Kap. 6.1; Kap. 7.1). Zum anderen lässt sich dies auch dort beobachten, wo zugleich deutliche Rückbauten der wohlfahrtsstaatlichen Unterstützung für die Armutsbevölkerung vorgesehen sind – so in der Erziehungsarmutskonstruktion durch die Aufwertung individueller Verantwortung, die Entwertung wohlfahrtsstaatlicher Grundsicherungsleistungen und die Erleichterung von Sanktionierungsoptionen für ‚arbeitsmarktintegrationsunwillig' gelabelte Grundsicherungsempfänger (siehe Kap. 4.3).
- *sozial verletzte Kindheiten:* Alle vier Kinderarmutskonstruktionen nehmen Beeinträchtigungen der Lebenssituation von Kindern in den Blick. Diese Beeinträchtigungen werden als sozial – also durch menschliches Handeln bzw. menschengeschaffene Institutionen – erzeugt wahrgenommen. Kinderarmut gilt also keiner Kinderarmutskonstruktion als ein ‚natürliches' Phänomen, sondern als ein sozial hergestelltes, das folglich auch das Potenzial in sich trägt, durch spezifische menschliche Handlungen bzw. Institutionenarrangements vollständig abgeschafft zu werden (weiterführend zur Bedeutung von Natürlichkeitsverweisen siehe Kap. 9.2). Der Verweis auf sozial erzeugte Kindheitsverletzungen lässt sich nicht nur in der auf das Kind als Subjekt fokussierenden Rechtearmutskonstruktion (siehe Kap. 7.4) beobachten, sondern auch dort attestieren, wo dieser Verweis nur indirekt erfolgt bzw. kindliche Beeinträchtigungen als Proxy anderer Problemlagen fungieren. Dies geschieht in der Erziehungsarmutskonstruktion, wenn kindliche Beeinträchtigungen als Ausdruck einer als Verwahrlosung eingestuften familiären Lebensweise gesehen werden (siehe Kap. 4.2), wenn sie in der Bildungsarmutskonstruktion als Vorstufe einer Beeinträchtigung des Arbeitsmarkterfolges des späteren Erwachsenen gelten (siehe Kap. 5.2) und wenn sie in der Geldarmutskonstruktion als Indiz monetärer Probleme benachteiligter Familien herangezogen werden (siehe Kap. 6.2).

Modellbildung: Die Transformation der wohlfahrtsstaatlichen Regulierung sozial verletzter Kindheiten

Die Transformation der wohlfahrtsstaatlichen Regulierung sozial verletzter Kindheiten bildet nicht nur das gemeinsame Grundanliegen der Erziehungs-, Bildungs-, Geld- und Rechtearmutskonstruktion. Da der Transformationsappell auch die ‚Kernkategorie' im Sinne der GTM – also das Hauptproblem aller Kinderarmutssinngebungen im untersuchten politischen Feld – darstellt, lässt sich von dort aus die sogenannte ‚story line' entwickeln. Damit ist im Verständnis der GTM der rote Faden gemeint, der sich durch alle Kinderarmutskonstruktionen hindurchzieht und diese miteinander zu einem größeren und gemeinsamen Ganzen verbindet. Dieses größere Ganze – die gegenstandsverankerte Theorie im Sinne der GTM – gilt es im Sinne des selektiven Kodierens in Form einer analytischen Geschichte darzulegen (vgl. Strauss/Corbin 1996, S. 94 ff. sowie siehe Kap. 3.1.2). Neben der Kernkategorie selbst umfasst diese analytische Geschichte die folgenden weiteren Kategorien: Sozialversagen, Kindheitsverletzung, Kapitalismusverhältnis und Widerstand. Mittels dieser insgesamt fünf Kategorien lässt sich ein Modell der Kinderarmutsverständnisse des gegenwärtigen politischen Feldes in Deutschland erstellen, das aus zwei ‚Lagern' besteht: dem Lager des veränderungsträgen Transformationsansinnens mit der Erziehungs- und Bildungsarmutskonstruktion und dem Lager des veränderungsfreudigen Transformationsansinnens mit der Geld- und Rechtearmutskonstruktion (siehe Abb. 2).

Geht man schrittweise durch die Differenzbildung in diesem Modell, kann die analytische Geschichte der in der deutschen Politik vorherrschenden Kinderarmutsverständnisse beim Sozialversagen begonnen werden. Der Term des *Sozialversagens* markiert den als defizitär erachteten Prozess der Wohlfahrtsproduktion[2] für Dritte. Auf dieser Ebene der Kinderarmutskonstruktionen wird die Schuldfrage geklärt. Im Kontext des veränderungsträgen Transformationsansinnens wird dem Individuum – im Konkreten: den Eltern – im Mindesten eine Mitschuld bis hin zu einer vollen und alleinigen Schuld am Entstehen des Kinderarmutsproblems zugesprochen. Die vollständige Individualisierung der Kinderarmutsursache findet sich im Kontext der Problematisierung des Abweichens der Eltern von der Subsidiaritätslogik gepaart mit einer Stigmatisierung dieser Abweichler zu moralisch minderwertigen ‚Anderen' einer verachteten Unterschicht (Erziehungsarmutskonstruktion; siehe Kap. 4.1). Die partielle Individualisierung tritt im Zusammenhang einer Skepsis gegenüber den Bildungsbemühungen sozioökonomisch schlecht Gestellter zu Tage. Im Gegensatz zur vollen Problemindividualisierung finden sich hier auch strukturkritische Töne, die individuelle Defizite in den Zusammenhang mit einem Versagen von

---

2   Für die Definition von Wohlfahrtsproduktion siehe Kaufmann (2003, S. 42).

Wohlfahrtsstaat und Arbeitsmarkt bringen. Dennoch bleibt fortwährend der Vorwurf bestehen, dass die vergleichsweise geringen Bildungsbemühungen sozioökonomisch schlecht situierter Eltern nicht nur eine Verkörperung struktureller Defizite darstellen, sondern zugleich eine individuelle Mitschuld am Kinderarmutsproblem markieren (Bildungsarmutskonstruktion; siehe Kap. 5.1).

Abb. 2: Modell zur Kinderarmut im gegenwärtigen politischen Feld Deutschlands

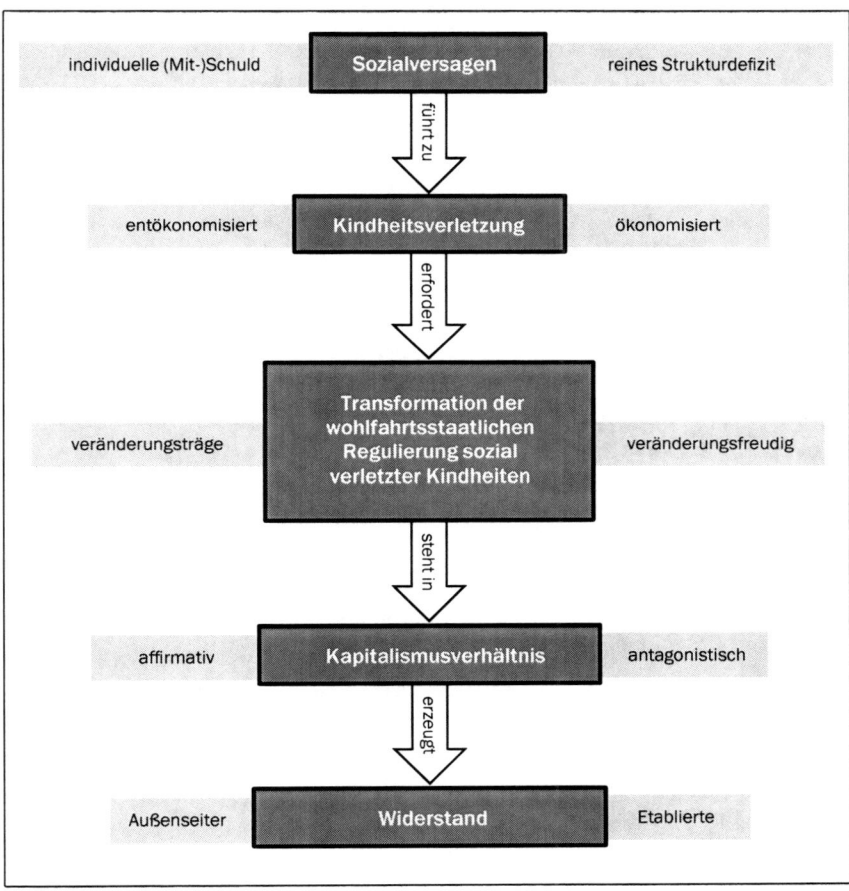

Quelle: Eigene Darstellung.

Auf der gegenüberliegenden Seite des veränderungsfreudigen Transformationsansinnens wird die Schuldfrage gänzlich ohne Versagensvorwürfe an das Individuum beantwortet. Die Schuld am kinderarmutsauslösenden Sozialversagen wird einzig und vollständig in einer Unzulänglichkeit gesellschaftlicher Strukturen bzw. öffentlicher Institutionen gesehen. Dies findet sich in Form der Kapitalismuskritik der klassischen politischen Linken, die in ökonomisch schlecht gestellten Bevölkerungsteilen primär Opfer widriger Wirtschafts- und Gesellschaftsumstände sieht und auf Basis ihrer Diagnose einer fortschreitenden Neoliberalisierung den deutschen Wohlfahrtsstaat zusehends als unangemessene Stabilisierung der kapitalistischen Gesellschaft und als Instrument der Verhinderung ihrer Überwindung begreift (Geldarmutskonstruktion; siehe Kap. 6.1; vgl. grundlegend für die sozialistische Kritik am Wohlfahrtsstaat: Offe 1982/ 2006, S. 72 ff.). Die zweite Variante des strukturkritischen, individuumsentlastenden Verständnisses des Sozialversagens lässt sich in dem von der Kinderrechtelobby vorgebrachten Adultismus-Vorwurf an die deutsche Gesellschaft und ihren Wohlfahrtsstaat ausmachen. Obwohl Kindern umfassende eigenständige Anspruchsrechte gegenüber dem (Wohlfahrts-)Staat völkerrechtlich garantiert sind, schafft es dieser demnach dennoch nicht, ihre Belange ernst zu nehmen – allen voran dann nicht, wenn sich daraus keine Gewinnerwartungen ableiten lassen (Rechtearmutskonstruktion; siehe Kap. 7.1).

In der Kategorie der *Kindheitsverletzung* wird die Art des Schadens bestimmt, den das vom Kinderarmutsproblem betroffene Individuum erfährt. Auf der Modellseite der veränderungsträgen Transformation wird die durch Kinderarmut erzeugte Kindheitsverletzung entökonomisiert und entweder vollständig außerhalb ökonomischer Mangellagen aufgegriffen oder nur partiell damit verknüpft. Die vollständige Entökonomisierung findet in Form einer Kulturalisierung ökonomischer Probleme der von Kinderarmut betroffenen Familie statt. Versorgungsdefizite der Kinder werden als individuelle moralische Fehlleistung der Eltern gedeutet, mit eigentlich ausreichenden Finanzressourcen nicht angemessen umzugehen (Erziehungsarmutskonstruktion; siehe Kap. 4.2; vgl. auch Nolte 2004, S. 36 ff. sowie kritisch dazu Andresen 2008, S. 36). Die partielle Entökonomisierung liegt da vor, wo die finanziellen Engpässe der von Kinderarmut Betroffenen lediglich hinsichtlich eines spezifischen Teilausschnitts der Lebensphase Kindheit bzw. gänzlich außerhalb kindheitsbezogener Bedürfnisse Relevanz entfalten. Dies geschieht in der Bildungsarmutskonstruktion, da dort die Geldprobleme der sogenannten bildungsfernen Marktverlierereltern entweder als reines Möglichkeitsproblem, angemessen in die Bildung der eigenen Kinder investieren zu können, oder als Binnenmarktgefährdung in Erscheinung treten (siehe Kap. 5.1; Kap. 5.2).

Demgegenüber werden im veränderungsfreudigen Teil des Transformationsbestrebens Kindheitsverletzungen ökonomisiert – also eng mit Geldfragen gekoppelt. Dies kann in der Form erfolgen, dass jede Mangel- oder Beeinträchtigungslage von Kindern primär als direkte Folge eines Geldproblems der Familie verstanden wird – ohne nach den Übersetzungsmechanismen zu fragen, die familiären Geldmangel in individuelle Wohlfahrtsdefizite des Kindes umwandeln und ohne sensibel zu sein für Kindheitsdefizite außerhalb familiärer Finanzprobleme (Geldarmutskonstruktion; siehe Kap. 6.2). Die enge Kopplung der Kindheitsverletzung mit Geldfragen tritt auch in der Form eines Verweises auf die als bisher unzureichend eingestufte öffentliche Verantwortungsübernahme für das umfassende Lebenswohl der Kinder in Deutschland zu Tage, da zu dieser Verantwortung auch die Absicherung der materiellen Lebensverhältnisse von Kindern durch die öffentliche Hand gezählt wird. In diesem direkten Verhältnis zwischen ökonomischem Kindeswohl und Wohlfahrtsstaat wird den Eltern eine treuhänderische Funktion zugedacht, das Geld tatsächlich zum Wohl der Kinder einzusetzen (Rechtearmutskonstruktion siehe Kap. 7.2; Kap. 7.3).

Die Kernkategorie bildet den zentralen Punkt dieses Modells, da die Dichotomie eines veränderungsträgen und eines veränderungsfreudigen Ansinnens der *Transformation der wohlfahrtsstaatlichen Regulierung sozial verletzter Kindheiten* hier ihren Ursprung hat. Auf dieser Ebene werden Form und Zweck der Regulierung des durch das Kinderarmutsproblem entstandenen Individuumsschadens festgelegt. Wie im Methodenteil der Untersuchung dargelegt, setzt sich der Transformationsappell aus dem Verhältnis der jeweils propagierten Strategie zur Bekämpfung der Kinderarmut zum Status quo der Wohlfahrtsstaatsarchitektur (nah vs. fern) sowie dem wohlfahrtsstaatlichen Fortentwicklungsanliegen (gering vs. hoch) zusammen (siehe Kap. 3.1.2). Bei diesen beiden Eigenschaften handelt es sich um von außen an das empirische Material herangetragene Analyse- und Sortierkategorien, wobei sich die Fremdwahrnehmung der Untersuchung und die explizite oder implizite Selbsteinschätzung der jeweiligen Kinderarmutskonstruktionen decken.

Der veränderungsträge Transformationsappell besteht aus einer großen Nähe der vorgeschlagenen Kinderarmutsbekämpfungsmaßnahmen zum gegenwärtigen wohlfahrtsstaatlichen Handeln und zielt folglich auf dessen lediglich geringe Fortentwicklung. Die zu novellierende Regulierung des Schadens, der dem von Kinderarmut betroffenen Individuum entstanden ist, soll möglichst reibungslos an bestehende wohlfahrtsstaatliche Maßnahmen anknüpfen und diese fortentwickeln. Im Zentrum dieser wohlfahrtsstaatlichen Fortentwicklung stehen vor allem non-monetäre Sach- und Dienstleistungen sowie die dazugehörige Infrastruktur – entweder, um die Lebenswelten der von Kinderarmut Betroffenen u. a. effektiver regulieren und kontrollieren zu können (Erziehungsarmutskonstruktion; siehe Kap. 4.3) oder um das Vorgehen gegen Kinderarmut in eine lebensalterumfassende Bildungsoffensive eingliedern zu können (Bildungsarmutskonstruktion; siehe Kap. 5.3). Der Zweck dieser neu justierten Eingriffe liegt in erster Linie in der Stabilisierung der Volkswirtschaft durch mehr Arbeitskräfte, während die sozioökonomische Ordnung der Bundesrepublik vergleichsweise wenig Veränderung erfahren soll. Dieser veränderungsträge Transformationsappel erscheint entweder in der Form einer konservativen Reminiszenz an den Charme der Wirtschaftswunderzeit, wobei die soziale Marktwirtschaft vor Moral- und Sittenverfall geschützt werden soll (Erziehungsarmutskonstruktion; siehe Kap. 4.3). Oder er manifestiert sich in dem evolutionären Bestreben, die soziale Marktwirtschaft vom 20. in das 21. Jahrhundert zu überführen und den technologischen Fortschritt möglichst produktiv zu nutzen, statt davon überrollt zu werden und im globalisierten Kampf der Wissensökonomien unterzugehen (Bildungsarmutskonstruktion; siehe Kap. 5.3).

Im veränderungsfreudigen Transformationsappell weisen die propagierten Maßnahmen der Kinderarmutsbekämpfung eine große Distanz zur aktuellen Wohlfahrtsstaatsarchitektur auf und zielen daher auf eine signifikante Fortentwicklung des wohlfahrtsstaatlichen Status quo. Anlehnungen an bestehende Maßnahmen und Programme fungieren als Brücke, um den tiefen Graben zwischen dem bestehenden und dem angestrebten wohlfahrtsstaatlichen Handeln leichter überwinden zu können. Die veränderte Regulierung des Schadens, der bei den von Kinderarmut betroffenen Individuen vorliegt, soll vor allem im Zuge einer deutlichen Ausweitung wohlfahrtsstaatlicher Eingriffe und Zuständigkeiten erfolgen. In diesem Kontext stellen die Aufwertung monetärer Umverteilung und der Ausbau der Geldunterstützung der von Kinderarmut Betroffenen entweder die Speerspitze einer auf den Erwachsenen gerichteten Wohlfahrtsstaatsmaximierung dar (Geldarmutskonstruktion; siehe Kap. 6.3) oder diese bilden den Bestandteil einer ebenso umfassenden, aber direkt auf Kinder gerichteten Wohlfahrtsstaatsexpansion (Rechtearmutskonstruktion; siehe Kap. 7.3). Mit dieser Novellierung der Wohlfahrtsstaatsarchitektur wird der Abbau des gesellschaftlichen Exklusionspotenzials und die Schaffung von mehr Teilhabeoptionen der als vulnerabel und ausgrenzt erachteten Bevölkerungsgruppen angestrebt, woran eine vergleichsweise deutliche Veränderung der sozioökonomischen Ordnung in Deutschland gekoppelt ist. Dieses veränderungsfreudig ausstaffierte Transformationsansinnen bahnt sich seinen Weg entweder in der Form revolutionsbetonender Rückbesinnungen auf eine klassisch-vertikale, monetäre Umverteilungslogik, die ebenso klassisch kindheitsblind ausfällt und die Familie als zentrale Bezugskategorie bei wohlfahrtsstaatlichen Zugriffen auf Kindheit begreift. Oder dieses Transformationsansinnen lehnt sich an den verhältnismäßig jungen Zeitgeist an, Kinder innerhalb der generationalen Ordnung aufzuwerten (vgl. auch Olk/Wintersberger 2007). Damit wird der Fokus humanistisch-emanzipatorischer Bemühungen auf Arbeiter und später Frauen progressiv erweitert und um Kinder ergänzt.

Auf der Ebene des *Kapitalismusverhältnisses* wird der Zweck der Schadensregulierung in einen größeren Kontext eingebettet. Wie vorangehend dargelegt, erlangt die Bekämpfung der Kinderarmut im veränderungsträgen Transformationsansinnen ihre Relevanz als Mittel zur volkswirtschaftlichen Stabilität. Es geht um die Vermeidung und Behebung eines gesellschaftlichen Schadens mittels einer Sicherung und Mehrung kollektiver Wohlfahrt.[3] Damit findet das statt, was Georg Simmel vor einem Jahrhundert für seine Figur des ‚Armen' festgestellt hat: Dieser Armutspolitik geht es nicht um den einzelnen Armen und sein Wohl als Endzweck, es geht um den Erhalt des Gemeinwesens. Die Regulierung des Armen stellt lediglich das Mittel dar, um die extremsten Ausprägungen sozialer Ungleichheit soweit abzumildern, dass die bestehende Gesellschaft mit ihrer ungleichen Sozialstruktur erhalten bleiben kann (vgl. Simmel 1908/1992, S. 517 f. sowie siehe Kap. 3.2.2). Noch deutlicher lässt sich die Ausblendung bzw. Verzweckung der Wohlfahrt der von Kinderarmut Betroffenen in den Termen Marxscher Analyse entfalten. Ein Wohlfahrtsstaat, der Kinderarmut primär deshalb bekämpft, um dem Markt willige bzw. fähige Arbeitskräfte zuzuführen (oder den Markt anderweitig entlastet und stützt), damit ihm dies qua gesteigerter (Steuer-)Einnahmen wiederum größere Möglichkeiten gibt, noch mehr willige bzw. fähige Arbeitskräfte zu generieren, agiert als Instrument einer kapitalistischen Wirtschaftsweise, „in der angehäuftes Geld in Waren investiert wird mit dem Ziel, mehr Geld zu hecken" (Dörre 2009, S. 31). Wohlfahrtssteigerungen, wie die Verbesserung der Lage der existenzsichernd erwerbstätigen Mittelschicht auf Kosten der als Unterschicht Gelabelten (Erziehungsarmutskonstruktion; siehe Kap. 4.3) oder die Egalisierung der Bildungs- und Verdienstchancen der Kinder der ‚bildungsfernen Marktverlierer' (Bildungsarmutskonstruktion; siehe Kap. 5.3), fungieren primär als Mittel zum Zweck der gesamtgesellschaftlichen Profitsteigerung. In den Termen von Claus Offe agiert hier der Wohlfahrtsstaat als einer der Auffang-Mechanismen, mittels derer „die selbstnegatorischen Tendenzen der kapitalistischen Grundstruktur jeweils abgefangen, gepuffert oder umgeleitet, jedenfalls an der krisenhaften ‚Manifestation' gehindert" (Offe 1972, S. 21; H. i. O.) werden. Die Verbesserung der Wohlfahrt der angeführten Gruppen ist lediglich ein Nebenprodukt. Im veränderungsträgen Transformationsansinnen passiert das, was Simon Pemberton für kapitalistische Gesellschaften herausstellt: die Logik der Kommodifizierung wird über den Markt hinaus ausgeweitet und alle sozialen Beziehungen sowie menschlichen Bedürfnisse werden auf ökonomische Größen reduziert. Es kommt zu einer „commodification of all forms of human life" (Pemberton 2015, S. 39), wobei Kapital und Profitgenerierung über menschlichen Bedürfnissen angesiedelt sind (vgl. Pemberton 2015, S. 39). Die veränderungsträge angelegte Transformation der wohlfahrtsstaatlichen Regulierung sozial verletzter Kindheiten verhält sich also affirmativ zur kapitalistischen Struktur der bundesdeutschen Gesellschaft.

---

3 Eine Differenzierung des Nutzens von Wohlfahrtsproduktionsbeiträgen findet sich bei Kaufmann (2003, S. 42 f.).

Die gegenüberliegende Seite des veränderungsfreudigen Transformationsanliegens steht in einem antagonistischen Verhältnis zum Kapitalismus. Wie zuvor skizziert, werden hier der Abbau gesellschaftlichen Ausschlusses und die Erweiterung von Möglichkeiten zur gesellschaftlichen Teilhabe für diejenigen angestrebt, die als davon signifikant ausgeschlossen gelten. Die Bekämpfung von Kinderarmut hat die Funktion, den selektiven Schaden sozioökonomisch Exkludierter zu beheben bzw. diesen zu vermeiden, indem das Wohl dieser spezifischen Individuen stärker gesichert und gemehrt wird. Mit diesem Anliegen geht es um das, was Simmel zufolge eine am individuellen Armen orientierte Armutspolitik darstellt. Eine solche Armutspolitik verteilt so lange um, bis es zum Ausgleich der sozioökonomischen Ungleichheit gekommen ist (vgl. Simmel 1908/1992, S. 518 sowie siehe Kap. 3.2.2). Dieses direkt, explizit und vorrangig auf die Verbesserung der Lebensbedingungen der von Kinderarmut Betroffenen gerichtete Anliegen lässt sich in der Marxschen Logik als wohlfahrtsstaatlicher Beitrag gegen bzw. fernab eines kapitalistischen Profitstrebens begreifen. Dafür ausschlaggebend ist das im veränderungsfreudigen Transformationsansinnen verankerte Anliegen, Gleichheit und De-Kommodifizierung zu steigern – entweder für Erwachsene oder für Kinder. In diesem Bestreben wird der Arbeitsmarkt entweder vollständig ausgeblendet und als vorbedingungslose Finanzierungsinstanz des Wohlfahrtsstaates erachtet, für dessen Bedarfe es im Zuge der Bekämpfung von Kinderarmt keinerlei Sorge zu entwickeln gilt (Rechtearmutskonstruktion; siehe Kap. 7.4). Oder es gilt Folgendes: Dort, wo der Wohlfahrtsstaat im Rahmen der Kinderarmutsbekämpfung – bspw. durch eine Erhöhung der Binnennachfrage mittels eines BGE – zu mehr volkswirtschaftlicher Prosperität beitragen soll, geschieht dies, damit dieser durch (steuerliche) Mehreinnahmen seine Möglichkeiten erweitern kann, marktprofitunabhängige Ziele zu verfolgen, wie die Gewährleistung politischer, kultureller, ökonomischer oder sozialer Teilhabe. Dass durch die im Beispiel angeführte Binnenmarktstärkung zugleich die Privatwirtschaft stabilisiert wird, erscheint zwar nicht als oberstes Ziel, aber dennoch als relevant und hilfreich, da dies sicherstellt, dass die Arbeitsfähigen ihre ökonomische Wohlfahrt produzieren können und einen kapitalismuskorrektiven Wohlfahrtsstaat finanzieren, der wiederum diese Arbeitsbedingungen vor Ausbeutung sowie die Lebensbedingungen im Allgemeinen vor Ökonomisierung schützt (Geldarmutskonstruktion; siehe Kap. 6.3). Im veränderungsträgen Transformationsteil wird also implizit oder explizit auf die „Abschaffung der Herrschaft des Kapitals" hingearbeitet – um die Formulierung aufzugreifen, mit der Claus Offe (1972, S. 167) einst die Zielsetzungen sozialistischer Bürgerinitiativen umschrieb.

Mit *Widerstand* ist diejenige Ebene markiert, auf der die vorherigen Setzungen von der sie umgebenden Umwelt bewertet werden. In diesem Bewertungsprozess erzeugt das Transformationsansinnen Widerstände entweder unter den gesellschaftlich Etablierten oder den Außenseitern – bzw. deren jeweiligen politischen Vertreten. Die Unterscheidung von Etablierten und Außenseitern stammt aus einer Studie von Norbert Elias und John L. Scotson (1965/1993), in der sie die Spannungen in einer kleinen englischen Ortschaft nach dem 2. Weltkrieg analysieren. Die darin dargelegte Frontstellung verläuft nicht zwischen höheren und niedrigeren ‚Klassen', sondern bürgerliche Bewohner gehen zusammen mit Arbeitern gegen andere Arbeiter vor. Die alteingesessenen Bewohner – die Etablierten – verfügen aufgrund ihrer über die Zeit gewachsenen Homogenität der Werte und Normen über mehr Macht als die Hinzugezogenen und stigmatisieren diese für ihre Normabweichungen zu Außenseitern (vgl. sekundär auch Treibel 2008, S. 79 ff.). Mit dem Aufgreifen dieses Begriffspaares geht es in der vorliegenden Kinderarmutsstudie nicht darum, an die von Elias dargelegte Relevanz der Zugehörigkeitsdauer bei Machtungleichheiten anzuknüpfen. Vielmehr soll das Begriffspaar ‚Etablierte – Außenseiter' dazu dienen, zu zeigen, dass das Transformationsansinnen im politischen Kinderarmutsdiskurs auf Ablehnung bei Gruppen stößt, die entweder zur quantitativen bzw. qualitativen Normalität der deutschen Gesellschaft gehören oder außerhalb davon stehen.

Das veränderungsträge Transformationsansinnen erzeugt Widerstände unter den Außenseitern der Gesellschaft. Dies sind – erstens – die Außenseiter im Sinne sozioökonomisch schlecht gestellter Bevölkerungsgruppen. Diese – bzw. ihre kapitalismuskritischen politischen Vertreter – müssen ein Voranschreiten ihrer gesellschaftlichen Ausgrenzung bspw. im Zuge der Abwertung der Grundsicherung (Erziehungsarmutskonstruktion; siehe Kap. 4.5), ebenso wie eine Pädagogisierung ihrer ökonomischen Mangellage befürchten. Diese würde zwar Einigen einen Aufstieg qua Bildung ermöglichen, die Lage der Zurückgebliebenen allerdings verschärfen, da ihr ökonomischer Mangel in einer als chancengerecht erachteten Gesellschaft nun legitimer als zuvor erscheint (Bildungsarmutskonstruktion; siehe Kap. 5.5; vgl. auch Neuberger 2016, S. 302 f.). Zweitens erzeugt der veränderungsträge Transformationsappell auch Widerstand bei der bildungsbürgerlichen Elite. Bei dieser Gruppe handelt es sich um Außenseiter im quantitativen Sinne. Akademisch – also mit einem Hochschulabschluss ab Bachelor-Niveau – ausgebildet sind in Deutschland im Jahr 2015 16,3 % der Bevölkerung. Dem stehen 48,5 % durch eine Lehre Ausgebildete, 8,6 % mit Fachschulabschluss sowie 25,8 % ohne Berufsausbildung gegenüber (vgl. Destatis – Statistisches Bundesamt 2017). Diese kleine, in ihrer Macht aber nicht zu unterschätzende Außenseitergruppe ist es, die den Verlust ihrer sozioökonomischen Macht vor allem durch eine Egalisierung der Bildungs- und damit auch der Verdienstchancen fürchten muss (Bildungsarmutskonstruktion; siehe Kap. 5.5). Die dritte Widerstandsgruppe bilden die ‚Funktionalisierungskritiker', die in Opposition zu der gegenwärtig weit verbreiteten gesellschaftlichen Ökonomisierung stehen. Sie stellen sich gegen die von ihnen als zu eindimensional auf Arbeitsmarktvorbereitung fixiert wahrgenommene Bildungsexpansion, die für sie zum einen das demokratische und kritisch-emanzipatorische Potenzial von Bildung vernachlässigt und zum anderen das gegenwärtige Kindeswohl zu sehr der Herstellung künftiger Arbeitskräfte unterordnet bzw. Kindheiten mit Blick darauf illegitim in förderungsbedürftig und förderungsunwürdig sortiert (Bildungsarmutskonstruktion; siehe Kap. 5.5 sowie auch 7.2–7.4; vgl. auch Qvortrup 2012).

Der Widerstand bezüglich des veränderungsfreudigen Transformationsansinnens entsteht unter den gesellschaftlich Etablierten. Dies sind zum einen die Etablierten mit einem im Mindesten durchschnittlichen ökonomischen Erfolg, die in der Sorge leben müssen, dass sich ihre ökonomische Macht im Speziellen bzw. ihre gesellschaftliche Überlegenheit im Generellen als Folge der finanziellen Lageverbesserung ökonomisch schlecht Situierter – bspw. durch hohe Mindestlöhne und ein BGE – deutlich reduziert. Aus demselben Grund heraus müssen sie auch ein Zusammenbrechen bzw. einen signifikanten Wandel der ihre Macht konstituierenden Instanzen fürchten: gemeint sind die Institutionen des Wohlfahrtsstaates und der Arbeitsmarkt (Geldarmutskonstruktion; siehe Kap. 6.5). Zum anderen erzeugt das veränderungsfreudige Transformationsansinnen auch Widerstand unter den Etablierten im Sinne von Familien- und Nationalstaatstraditionalisten. Ihr Status als Etablierte rührt daher, dass sich ihre Haltung deutlich in den gegebenen gesellschaftlichen Institutionen widerspiegelt. Diese Widerständler sorgen sich um einen Machtverlust Erwachsener gegenüber Kindern durch die Stärkung des kindlichen Subjektstatus und befürchten zudem das Ende deutscher Nationalstaatlichkeit durch eine für in- und ausländische Kinder gleiche und umfassende öffentliche Verantwortungsübernahme (Rechtearmutskonstruktion; siehe Kap. 7.5).

Fazit: Im Sinne des vorgestellten Modells zur Kinderarmut im gegenwärtigen politischen Feld Deutschlands erwachsen aus dem individuellen bzw. strukturellen Versagen im Prozess der Wohlfahrtsproduktion spezifische Kindheitsbeeinträchtigungen, die entweder in deutlicher Nähe oder großer Distanz zu monetären Problemen wahrgenommen werden. Um die sozialen Verletzungen der Lebensphase Kindheit zu überwinden, bedarf es einer Transformation des diesbezüglichen wohlfahrtsstaatlichen Handelns. Diese Transformation setzt entweder auf eine vergleichsweise geringe Veränderung des wohlfahrtsstaatlichen Handelns und der sozioökonomischen Ordnung der deutschen Gesellschaft oder zielt auf einen radikalen Wandel. Zudem verhält sie sich entweder affirmativ oder antagonistisch zur kapitalistischen Struktur der Bundesrepublik und erzeugt – je nach Ausrichtung – Widerstand in etablierten oder quantitativ respektive zeitgeistig marginalen bzw. sozioökonomisch ausgegrenzten Teilen der Gesellschaft.

8.3 Spannungen und Hierarchiestruktur

Wie die Vergleichstabelle im Kapitel der theoriegeladenen Steckbriefe (siehe Tab. 3 in Kap. 8.1) sowie die Modellbildung (siehe Kap. 8.2) nahelegen, prägen deutliche Spannungen das Verhältnis der vier Kinderarmutskonstruktionen. Zum einen lassen sich Spannungslinien beobachten, die quer zu der Dichotomie eines veränderungsträgen und eines veränderungsfreudigen Transformationsansinnens liegen. Zum anderen lässt sich eine zentrale Spannung des politischen Kinderarmutsdiskurses identifizieren. Diese spiegelt direkt die Frontstellung des veränderungsträgen zum veränderungsfreudigen Appell zur Transformation der wohlfahrtsstaatlichen Regulierung sozial verletzter Kindheiten wider.

Zur erstgenannten Art der Spannungslinien lassen sich potenziell alle Unterschiede zwischen den vier Kinderarmutskonstruktionen ausarbeiten, die in den ‚rückblickenden Vergleichen' markiert wurden (siehe Kap. 5–7). Von zentraler Relevanz für den Kinderarmutsdiskurs des politischen Feldes sind die folgenden drei Spannungen:

- einsame vs. gemeinsame Verantwortung,
- Kinder- vs. Erwachsenenrecht sowie
- Kinder- vs. Elternrecht.

Die Spannung der *einsamen vs. der gemeinsamen Verantwortung* stellt die Erziehungsarmutskonstruktion in Opposition zu den drei anderen Konstruktionen. Aus der Perspektive des letzten als Gesamtbericht angelegten Kinder- und Jugendberichts[4] und der darin verankerten Betonung einer gemeinsamen Verantwortung von Öffentlichkeit und Privatheit für das Leben von Kindern unternimmt die Erziehungsarmutskonstruktion das, was sich auch in der Regierungsstellungnahme zum Bericht findet: sie betont die Priorität des Privaten bzw. der Eltern innerhalb der gemeinsam geteilten Verantwortung (vgl. BMFSFJ 2013, S. 5; siehe für die Erziehungsarmutskonstruktion: Kap. 4.2; Kap. 4.4). Demgegenüber betonen die drei anderen Konstruktionen den Gemeinsamkeits- sowie Öffentlichkeitsbezug und stellen der ‚einsamen Verantwortung' der Erziehungsarmutskonstruktion unterschiedliche Modi der ‚gemeinsamen Verantwortung' gegenüber. In diesem Spannungspol wird davon ausgegangen, dass die Verantwortung für Kinder nicht prioritär von den Eltern allein zu tragen ist. Vielmehr kann und soll diese von der Gesellschaft mitgetragen werden, ohne dass der Unterstützte das Stigma des Defizitären erhält. Dies geschieht in der Bildungsarmutskonstruktion, da dort davon ausgegangen wird, dass der Wohlfahrtsstaat mit qualitativ hochwertigen Kindertageseinrichtungen – gesamt-

---

4 Gemeint ist der 14. Kinder- und Jugendbericht (vgl. BMFSFJ 2013).

gesellschaftlich betrachtet – den funktional besseren Ort für die frühe Ausbildung von Humankapital darstellt, da dieser nicht von der Zufälligkeit elterlicher Ressourcen abhängt (siehe Kap. 5.3; Kap. 5.4). In der Geldarmutskonstruktion erfolgt die Verantwortungsteilung mit Blick auf das ökonomische Familienwohl, für das Wohlfahrtsstaat und Markt als verantwortlich erachtet werden (siehe Kap. 6.3; Kap. 6.4), während in der Rechtearmutskonstruktion sogar eine vorrangig vor den Eltern platzierte Verantwortung des Wohlfahrtsstaates für das umfassende Kindeswohl angesetzt wird (siehe Kap. 7.4).[5] Mit der Spannung der einsamen vs. der gemeinsamen Verantwortung für das Kindeswohl kommt die Frage zum Ausdruck, die zu den Leitfragen des vorangehend angeführten 14. Kinder- und Jugendberichts zählt (vgl. BMFSFJ 2013, S. 37): Welches Verhältnis öffentlicher und privater Verantwortung für Kinder erscheint mit Hinblick auf welche Erwartungen sowie Ziele sinnvoll und welche Konsequenzen erwachsen aus den jeweiligen Mischverhältnissen?

Die Spannung zwischen dem *Kinder- und Erwachsenenrecht* stellt die Bildungs- und Rechtearmutskonstruktion gegenüber, wobei die Spannung im Bereich der Bildungsregulierung zustande kommt. Die Bildungsarmutskonstruktion richtet sich am Recht des künftigen Erwachsenen aus, in seiner Kindheitsphase gebildet worden zu sein. Damit ist sie fest in klassischen, erwachsenenzentrierten Verständnissen gesellschaftlicher Mitgliedschaft verankert – wie dem soziologischen Citizenship-Konzept von Thomas H. Marshall (1949/1992).[6] Da die Bildungsarmutskonstruktion die Verletzungen dieses Rechts aus der produktivistischen Perspektive problematisiert, dass somit volkswirtschaftlich relevantes Humankapital verloren geht (siehe Kap. 5.2), trifft für sie das zu, was David Gordon für das neoklassische Paradigma der Volkswirtschaftslehre attestiert: „Children do make an appearance in neoclassical economic theory in discussions of human capital. Investment in children's health, nutrition and education is needed so that they can grow up to become productive adult workers in the future. Children's current needs, agency and economic rights are invariably entirely absent from such discussion" (Gordon 2008, S. 166). Wie sich in dem Zitat abzeichnet, besteht die Gegenseite zur Humankapitalbildung unfertiger Werdender aus der Beachtung kindlicher Bedürfnisse, ihrer Handlungsfähigkeit und ihrer Rechte. Genau dort steht die Rechtearmutskonstruktion mit ihrem inklusiv sowie kritisch-emanzipatorisch und partizipativ-demokratisch ausgestalteten Bildungsverständnis (siehe Kap. 7.3). In der somit vorliegenden Spannung geht es um die generational diachrone Frage, wie die gegenwärtigen Bedürfnisse von Kindern als Kindern sowohl zu ihren eigenen Bedürfnissen als

---

5   Ein Plädoyer für eine stärkere Wohlfahrtsstaatsverantwortung für Kinder legt auch Hilde
     Bojer (2000, S. 37; 2003, S. 62) vor.
6   Siehe für die Retrospektivität des Bildungsrechtes im Citizenship-Konzept: Marshall
     (1949/1992, S. 51).

späteren Erwachsenen als auch zu den Bedürfnissen der künftigen Erwachsenengesellschaft zu setzen sind und wie mit etwaigen Bedürfniskollisionen umzugehen ist (vgl. für eine ähnliche gelagerte Frage: Bojer 2000, S. 36 sowie grundlegend Qvortrup 2012).

Die Spannung zwischen dem *Kinder- und Elternrecht* herrscht zwischen der Erziehungs- und der Rechtearmutskonstruktion und tritt im Bereich des Kinderschutzes zu Tage. Die Erziehungsarmutskonstruktion entwickelt ihren Zugang zu Kindeswohlgefährdungen aus Verstößen der Eltern gegen die ihnen konstitutionell zugeschriebene Pflicht zur Pflege und Erziehung ihrer Kinder (siehe Kap. 4.2). Dahingegen leitet die Rechtearmutskonstruktion ihren diesbezüglichen Zugang aus den Bedürfnissen und Rechten der Kinder ab (siehe Kap. 7.4). Im erstgenannten Zugang stehen Normverstöße gegen ‚gute Elternschaft‘, im zweitgenannten Gefährdungen ‚guter Kindheit‘ im Mittelpunkt (vgl. für die Kindheitsblindheit des Kinderschutzes: Alberth et al. 2014). Dementsprechend entfalten bspw. staatliche Verletzungen des Wohls geflüchteter Kinder keine explizite Relevanz in der Erziehungsarmutskonstruktion, während sie für die Rechtearmutskonstruktion von zentraler Bedeutung sind (siehe Kap. 7.2). Anders herum fokussiert die Erziehungsarmutskonstruktion gezielt auf Kindeswohlgefährdungen in den als unterschichtszugehörig gelabelten Familien (siehe Kap. 4.2; Kap. 4.3), was für die Rechtearmutskonstruktion – vor allem in dieser pauschal stigmatisierenden Form – keine Bedeutung als Zugang zum kindlichen Wohl entfaltet. Da der angeführte elterliche Pflichtverstoß auch als ein Missbrauch des ihnen zugleich konstitutionell zugestandenen Rechts zur Pflege und Erziehung ihrer Kinder verstanden werden kann, lassen sich der Elternbezug der Erziehungsarmutskonstruktion und der Kinderbezug der Rechtearmutskonstruktion auf den gemeinsamen Nenner der Rechte bringen. Somit kommt in dieser Spannung die generational synchrone Frage zum Ausdruck, welche Relevanzen die Rechte und Bedürfnisse von Kindern einerseits und von Eltern andererseits bei der Absteckung des kindlichen Wohls und seiner Gefährdungen haben sollen bzw. wie mit etwaigen Konflikten umzugehen ist.[7] Diese Spannung materialisiert sich in den derzeit laufenden Bestrebungen zur Reformierung des KJHG, da die auf das Elternrecht ausgerichteten Hilfen zur Erziehung um das kindliche Recht auf Erziehungsunterstützung sowie Entwicklungs- und Teilhabeförderung ergänzt werden sollen.[8]

Die zentrale Spannung des politischen Kinderarmutsdiskurses, die direkt zwischen dem veränderungsträgen und dem veränderungsfreudigen Transfor-

---

7 Ein populistisches Plädoyer für die Aufwertung von Kinderrechten im Kinderschutz gegenüber den Rechten von Eltern findet sich bei Tsokos/Guddat (2014).

8 Für die schwache Stellung von Kindern im KJHG siehe Liebel (2013, S. 34) (vgl. auch das aktuelle (Stand: Frühjahr 2017) Reformbestreben des SGB VIII: www.afet-ev.de/aktuell/ SGB-VIII-Reform/SGB-VIII-Reform.php; Abfrage: 22. 05. 2017).

mationsansinnen fließt, ist die Spannung zwischen *Assimilation und Emanzipation*. Um *Assimilation* geht es im veränderungsträgen Transformationsteil. Die dort gebündelten Bemühungen zur Bekämpfung des Kinderarmutsproblems versuchen, das von Kinderarmut betroffene Individuum möglichst effektiv in die bestehenden gesellschaftlichen Verhältnisse einzupassen, damit dieses dort bestmöglich funktioniert und die kollektive Wohlfahrt im Sinne volkswirtschaftlicher Prosperität sicherstellt bzw. dem Profitstreben des Kapitalismus genüge tut. In den Termen des Verwirklichungschancenansatzes von Amartya Sen ausgedrückt, zielt die veränderungsträge Kinderarmutsbekämpfung in Form einer *Zwangsgesellschaft* auf die Beeinflussung der ‚functionings‘ der von Kinderarmut Betroffenen – also ihrer Lebensführung mit konkreten Handlungen und Zuständen.[9] Nimmt man das von Georg Simmel entwickelte Rechte-Pflichten-Korrelationspaar hinzu (vgl. Simmel 1908/1992, S. 512 ff. sowie siehe Kap. 3.2.2)[10], lassen sich zwei Logiken dieser Paternalisierung des Lebens ausdifferenzieren. Entweder wird in der Form expliziter Aufforderungen an die *Pflicht des Individuums* erinnert, Leistungen für das Gemeinwohl zu erbringen (Erziehungsarmutskonstruktion; siehe Kap. 4.4) oder es wird das *Recht der Gesellschaft* auf eine prosperierende Volkswirtschaft angemahnt. Dieses Recht wird zum impliziten Appell an das von Kinderarmut betroffene Individuum, seine Fähigkeiten und Potenziale möglichst effektiv auszubilden und dem Gemeinwohl zur Verfügung zu stellen, wobei dieser Aufruf dem Einzelnen in Form einer Chancenofferte auf ein individuell besseres Leben gegenübertritt – auch wenn es darum letztendlich gar nicht geht (Bildungsarmutskonstruktion; siehe Kap. 5.3; Kap. 5.4; vgl. auch Lessenich 2008b, S. 82 f.[11]). Im veränderungsträgen Transformationsansinnen geht es mit der Assimilation also immer darum, mit der Bekämpfung der Kinderarmut die Überführung des ‚falschen‘ Individuums zum ‚richtigen‘ zu erreichen: vom Unwilligen zum Willigen, vom Ungebildeten zum Gebildeten, vom Verantwortungslosen zum Verantwortungsvollen, vom Unproduktiven zum Produktiven, vom Werdenden zum Seienden etc. – ohne, dass die Gesellschaft sich signifikant zu ändern hat.

Der Assimilation des veränderungsträgen Transformationsansinnens stellt der veränderungsfreudige Transformationsappell das Bemühen um *Emanzipation* gegenüber. Die dortige Bekämpfung des Kinderarmutsproblems strebt danach, das von Kinderarmut betroffene Individuum durch eine Novellierung der gesellschaftlichen Verhältnisse möglichst umfassend von strukturellen Ausbeu-

---

9   Für ‚functionings‘ im Verwirklichungschancenansatz siehe Sen (2007, S. 95 f.) sowie sekundär IAW (2006, S. 15) (siehe zudem Kap. 3.2.2).

10 Dies findet u. a. auch Anwendung in Lessenichs (2008b, S. 90 ff.) Analyse des Wohlfahrtsstaatswandels.

11 Weiterführend siehe auch die in Lessenichs Analyse angeführte Figur des ‚unternehmerischen Selbst‘ von Bröckling (2011).

tungs- und Ausgrenzungsstrukturen zu befreien, damit es bestmöglich nach seinen eigenen Vorstellungen und Bedarfen an der Gesellschaft teilnehmen kann. In der Logik von Sens Verwirklichungschancenansatz orientiert sich die veränderungsfreudige Kinderarmutsbekämpfung in Form einer *Freiheitsgesellschaft* an der Gewährleistung der ‚capabilities‘ der vom Kinderarmutsproblem Betroffenen – genauer formuliert: den gesellschaftlichen Rahmenbedingungen eines von ihnen selbst als gut definierten Lebens.[12] Zieht man auch hier das Simmelsche Rechte-Pflichten-Korrelationspaar hinzu, lassen sich ebenfalls zwei Logiken dieser Sicherstellung des ‚guten Lebens‘ identifizieren. Entweder wird auf die *Pflicht der Gesellschaft* rekurriert, die gesellschaftliche Teilhabe des einzelnen Erwachsenen zu ermöglichen bzw. Verantwortung für die Rahmenbedingungen seines Wohlergehens zu übernehmen und dazu sozioökonomische Ungleichheiten und Machtdifferentiale abzubauen sowie dem dafür hochgradig mitverantwortlich gemachten Markt entgegenzutreten (Geldarmutskonstruktion; siehe Kap. 6.3; vgl. auch Leisering 2007, S. 77).[13] Oder es wird Bezug auf das *Recht des Individuums* auf gesellschaftliche Einbindung und Wertschätzung als Kind genommen, indem an die Bindungskraft völkerrechtlicher Abkommen und die darin verankerte generational synchrone Gleichwertigkeit von Kindern und Erwachsenen erinnert wird (Rechtearmutskonstruktion; siehe Kap. 7.3; Kap. 7.4). In beiden Varianten erfolgt die wohlfahrtsstaatliche Ermöglichung individueller Entfaltung in der Annahme (oder Hoffnung), dass das unterstützte Individuum diese Freiheit möglichst auch zum Wohle aller und zum Wohl der diese Ermöglichung gewährleistenden Institutionen einsetzt und diese Freiheit nicht nachhaltig missbraucht – ohne dass dies explizit eingefordert wird. Im Zuge des Emanzipationsanliegens des veränderungsfreudigen Transformationsansinnens strebt die dortige Kinderarmutsbekämpfung also immer danach, die bestehenden Gesellschaftszustände zu ändern: von profit- zu teilhabeorientiert, von adultistisch zu generational gleichwertig, von ausgrenzend zu inkludierend etc.

Hierarchisierung

Mittels des Kinderarmutsmodells des veränderungsträgen und des veränderungsfreudigen Transformationsansinnens und unter Zuhilfenahme der zentralen Spannungslinie lassen sich die vier Kinderarmutskonstruktionen auch hierarchisch sortieren. Dieser Sortierung liegt die Annahme zu Grunde, dass eine Konstruktion, die auf eine lediglich geringe Veränderung der Wohlfahrtsstaatsarchitektur zielt und in großer Nähe zum wohlfahrtsstaatlichen Status quo

---

12 Für ‚capabilities‘ im Verwirklichungschancenansatz siehe Sen (2007, S. 110 ff.) sowie sekundär IAW (2006, S. 6 ff.) (siehe zudem Kap. 3.2.2).
13 Siehe dafür auch grundlegend die Definition eines Wohlfahrtsstaates nach Kaufmann (1997, S. 21; 2003, S. 41 f.).

steht, sich fest – bzw. fester als andere – im Wohlfahrtsstaat manifestiert hat. Im Bourdieuschen Sinne hat es eine solche Konstruktion geschafft, sich im staatlichen Feld zu verankern, was als Ausdruck einer erfolgreichen Durchsetzung im dahinterliegenden politischen Feld gilt (vgl. Bourdieu 2010, S. 107 sowie sekundär: Swartz 2012, S. 169; Rehbein 2016, S. 193; siehe auch Kap. 2.2.2). Folglich sind die Erziehungsarmuts- und Bildungsarmutskonstruktion mächtiger als die Geld- und Rechtearmutskonstruktion – zumindest in dem untersuchten gesellschaftlichen Teilbereich. Aus der Perspektive der Theorietrias dieser Studie – bestehend aus der Kindheits-, Armuts- und Gerechtigkeitssoziologie (siehe Kap. 3.2) – lässt sich das politische Feld der Bundesrepublik im Kontext des Kinderarmutsdiskurses als ein Feld charakterisieren, in dessen Machtzentrum Kindheit als Entwicklungskindheit, Armut als kollektiv-gesellschaftlicher Schaden und Gerechtigkeit – blickt man auf den auch impliziten und nicht nur expliziten Zwangscharakter des Assimilationsanliegens im veränderungsträgen Transformationsteil – als fordernde Gerechtigkeit angelegt sind. Demgegenüber wird in der Peripherie des politischen Feldes Kindheit als Teilhabekindheit, Armut als selektiv-individueller Schaden und Gerechtigkeit als ermöglichende Gerechtigkeit ausgestaltet (siehe Abb. 3).

Abb. 3: Hierarchisierung der Kinderarmutskonstruktionen als Ausdruck der Kindheits-, Armuts- und Gerechtigkeitszugänge

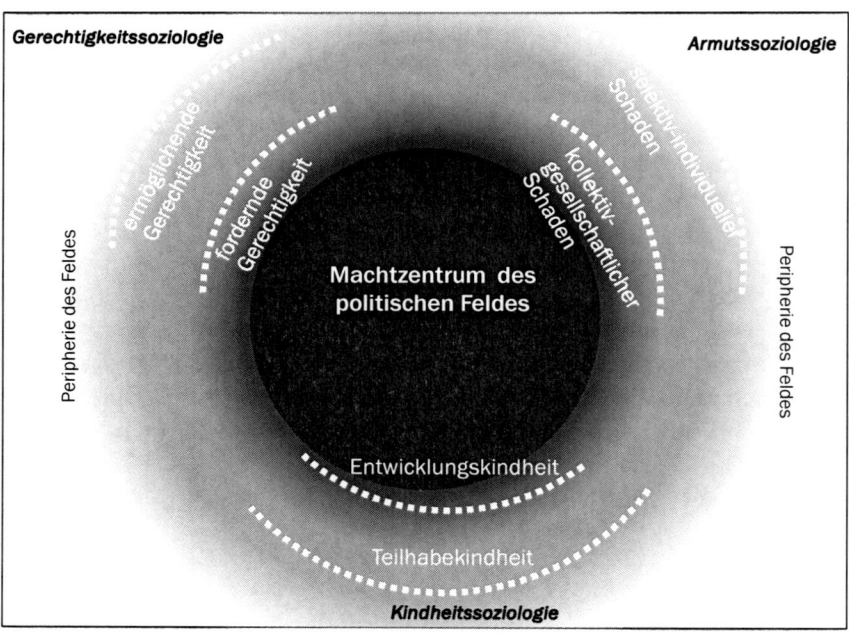

Quelle: Eigene Darstellung.

Über diese Dichotomie hinaus lässt sich lediglich der veränderungsfreudige Transformationsteil, also der Rand des politischen Feldes, hinsichtlich seiner Hierarchie weiter ausdifferenzieren. So scheint es die Rechtearmutskonstruktion zu sein, die noch weniger Macht als die Geldarmutskonstruktion zu entfalten vermag. Darauf verweist nicht nur die große Diskrepanz zwischen der gegenwärtigen Wohlfahrtsstaatsarchitektur und den Forderungen der Rechtearmutskonstruktion (was vom Grunde her auch für die Geldarmutskonstruktion zutrifft), sondern auch die vergleichsweise geringe Reaktion der Konstruktionsumwelt auf die Vorschläge dieser Konstruktion (siehe Kap. 7.5). Vor dem Hintergrund der Radikalität der von der Rechtearmutskonstruktion geforderten Maßnahmen erscheint dies als Zurückhaltung politischer Opponenten, die die Realisierungschancen der Rechtearmutskonstruktion als so gering einstufen, dass das Risiko nicht lohnt, darauf zu reagieren und folglich gegebenenfalls mit dem politischen Stigma versehen zu werden, kinderunfreundlich zu sein. Diese Annahme wird dadurch unterstrichen, dass – auch ohne eine dezidierte quantitative Auszählung – die Anzahl der zur Rechtearmutskonstruktion zuordenbaren Aussagen in der untersuchten Plenardebatte deutlich am geringsten ausfiel. Ein möglicher Grund für diese Randstellung kann darin liegen, dass die Rechtearmutskonstruktion als einzige Konstruktion keinerlei ökonomische Gewinnversprechen abgibt (siehe Kap. 7.4), da selbst die ebenfalls kapitalismusantagonistische Geldarmutskonstruktion in Aussicht stellt, mit ihrer Kinderarmutsbekämpfung volkswirtschaftliche Gewinne zu erzeugen – wenn auch nur als Nebenziel (siehe Kap. 6.3). Ein stärkeres Anlehnen an volkswirtschaftliche Gewinnverweise verspräche der Rechtearmutskonstruktion zwar einerseits mehr Gehör in einer marktwirtschaftlichen Gesellschaft. Allerdings bedeutet es andererseits auch das Risiko, ein signifikantes Alleinstellungsmerkmal zu verlieren.

Kapitel 9
Schlussbetrachtung

9.1 Generalisierung und Definitionsangebot

Mit Blick auf das politische Feld Deutschlands kommt mit dieser Untersuchung zu Tage, dass – sehr pointiert formuliert – Kinderarmut nicht gleich Kinderarmut ist, sondern ein Phänomen mit den vier Facetten der Erziehungs-, Bildungs-, Geld- und Rechtearmut. Dabei wurde deutlich, dass – entgegen dem gelegentlichen Populismus öffentlicher Debatten – von der ‚eigenen‘ Sichtweise abweichende, ‚andere‘ Kinderarmutsverständnisse keinesfalls zwangsläufig Kinderarmut nicht bekämpfen wollen oder ungerecht sind. Vielmehr können sie auf anderen Verständnissen von Kindheit, Armut und Gerechtigkeit basieren und anderen Ursachen-, Problem- und Zielvorstellungen folgen.

Die in dieser Untersuchung für das politische Feld ermittelten Ergebnisse lassen sich über diesen spezifischen Teilbereich hinaus verallgemeinern – so die hier vertretene Annahme. Ausschlaggebend für diese Einschätzung sind die beiden folgenden, in der Bourdieuschen Soziologie eingelassenen Charakteristika des politischen Feldes: Erstens sind demnach Politiker für den Erhalt und Ausbau ihrer Macht darauf angewiesen, Wähler zu gewinnen, weshalb sie ihre Gestaltungsideen öffentlich kommunizieren müssen, auch wenn sie ihre Positionen vor allem als Abgrenzung zu anderen Politikern entwickeln. Zweitens sind sie nicht nur Kämpfer in eigener Sache, sondern vertreten zudem die Anliegen spezifischer Gruppen. Da das politische Feld einen wirkungs-, durchsetzungs- und anziehungsmächtigen Ort darstellt, ist die politische Interessenvertretung für jeden Akteur, der aktiv gesellschaftliche Probleme zu lösen versucht, sowohl von höchster Attraktivität als auch zumindest vom Grunde her realisierbar – sei es über die Hinwendung zu Parteien, Politikberatung oder das Erzeugen von Aufmerksamkeit durch Demonstrationen, Petitionen oder medialen Skandalisierungen etc. (vgl. Bourdieu 2001, S. 34; Bourdieu 2010, S. 100 ff. sowie sekundär: Rehbein 2016, S. 193 f.; Swartz 2012, S. 167 ff., S. 174 ff.; siehe auch Kap. 2.2.2).

Vor diesem Hintergrund erscheint es sehr wahrscheinlich, dass die in der Untersuchung ermittelten Kinderarmutskonstruktionen sowie das damit einhergehende Transformationsansinnen und die Spannungslinien nicht einzig und allein im politischen Feld vorkommen, sondern auch außerhalb dessen Relevanz im deutschen Kinderarmutsdiskurs entfalten. Für diese Generalisierungsannahme spricht auch, dass sich – als Ausdruck der Offenheit und engmaschigen Vernetzung der bundesrepublikanischen Gesellschaft – Nähen zwischen den vier Konstruktionen und den im Forschungsstand gebündelten Interpretamenten finden lassen. So weist die Erziehungsarmutskonstruktion eine Verwandtschaft zum Unterschichtsinterpretament auf, die Bildungsarmutskonstruktion zum Interpretament der entwicklungsunfunktionalen Kindheitsregulierung, die Geldarmutskonstruktion zum Neoliberalisierungs-Interpretament sowie zum Interpretament der Diskriminierung Hilfebedürftiger und die Rechtearmutskonstruktion zum Kindheitsverzweckungsinterpretament (siehe Kap. 2.3.1). Trotz dieser verwandtschaftlichen Nähe ist mit der Generalisierungsannahme nicht gemeint, dass sich alle vier Konstruktionen des politischen Feldes in einem einzelnen der anderen gesellschaftlichen Felder – und dies noch ohne Konkurrenz weiterer Kinderarmutsverständnisse – wiederfinden lassen müssen. Inwiefern außerhalb des politischen Feldes noch weitere Kinderarmutsverständnisse vorliegen, die es nicht zu einer politischen Repräsentanz geschafft haben, und inwiefern die im politischen Feld beobachteten Kinderarmutskonstruktionen anderenorts unter anderen Vorzeichen laufen (man denke bspw. an nationalistische Aufladungen in politisch rechten Kreisen), mit anderen Sinngebungen im Detail ausgestattet sind, in anderen Hierarchieverhältnissen zueinander stehen bzw. mancherorts vollends ausgeblendet sind, sind derzeit offene empirische Fragen.

Definitionsangebot

Versucht man – vor dem Hintergrund der Generalisierbarkeitsannahme – aus den Untersuchungsergebnissen eine allgemeine, gesellschaftsbereichsunabhängige Definition von Kinderarmut abzuleiten und damit das u.a. von Johanna Mierendorff (2011, S. 124) monierte Theoriedefizit im Kinderarmutsdiskurs im Sinne einer Abschlussbilanzierung der vorliegenden Studie anzugehen, lässt sich folgendes Definitionsangebot unterbreiten: Kinderarmut bildet einen Dauerappell zur gesellschaftlichen Transformation, der aus einem Set von Setzungen hinsichtlich a) der Bedeutung des individuellen und strukturellen Versagens bezüglich der Produktion von Wohlfahrt, b) der in den Blick genommenen Kindheitsverletzungen und diesbezüglich attestierten Regulierungsbedarfe sowie c) der Positionierung zum Kapitalismus besteht, wobei diese Setzungen einen jeweils spezifischen Widerstand erzeugen. Zugleich stellt Kinderarmut eine Arena dar, in der die verschiedenen gesellschaftlichen Diskurse bzw. die sie zum Ausdruck bringenden Akteure diesen Transformationsaufruf in einen konkreten Verhandlungskampf überführen können. *Kurzum: Kinderarmut stellt ein soziales Phänomen dar, das Fragen zur Wohlfahrtsproduktion, Kindeswohlbeeinträchtigung und Kapitalismuspositionierung in einem Fortentwicklungsaufruf vereint und darauf Antworten zwischen Assimilation und Emanzipation sowie Kindheits- und Erwachsenheitsbezug produziert.*

9.2 Forschungsrückblick und -ausblick

Wie lassen sich die Untersuchungsergebnisse in den als anschlussfähig identifizierten Forschungsstand zur wohlfahrtsstaatlichen Kinderarmutsregulierung einbinden? Dazu kann grundlegend festgehalten werden, dass sich die Ausdifferenzierung der vier Kinderarmutskonstruktionen mitsamt der Freilegung ihrer Beziehungsstruktur als Beitrag zur Schließung der in Kap. 2.3.2 identifizierten Forschungslücke verstehen lässt, da nun – zumindest im Idealfall – etwas klarer ist, was zum einen Kinderarmut grundsätzlich als Phänomen ausmacht und welche Kinderarmutsverständnisse zum anderen spezifisch in der hinter dem Wohlfahrtsstaat ablaufenden Politik vorliegen. Mit der Erbringung dieses Beitrags sollte auch das erkenntnisbezogene Ziel erreicht sein, die soziale Konstruktivität des Phänomens Kinderarmut zu verdeutlichen und das Verständnis über die Armut von Kindern in Deutschland zu erhöhen (siehe Kap. 2.4.1). Zudem sollte auch eines der beiden Teilziele auf der wissenschaftspolitischen Ebene abgehakt werden können: die Verdeutlichung der Relevanz eines auf Verstehen setzenden Zugangs in Abgrenzung zu einer normativen Annäherung, die auf die Beurteilung der aktuellen Regulierung von Kinderarmut und die Propagierung eigener neuer Wege setzt (siehe Kap. 2.4.2).

Geht man über diese grundlegende Annäherung an die Forschungsstandeinbindung hinaus, lässt sich zwischen einem Rückblick auf die bestehende Forschungslandschaft durch die Brille der mit der Untersuchung produzierten Ergebnisse sowie einem Ausblick auf weitere Forschungsperspektiven differenzieren.

Forschungsrückblick

Mittels der Untersuchungsergebnisse lassen sich vor allem drei Aspekte des bisherigen Forschungsstandes zur wohlfahrtsstaatlichen Kinderarmutsregulierung nun anders lesen:

- Naturalisierung und Entpolitisierung
- Sozialisations- und Erziehungsprimat
- Generationengerechtigkeit.

Naturalisierung und Entpolitisierung sind die zentralen Merkmale, die Doris Bühler-Niederberger für die politische Verhandlung der wohlfahrtsstaatlichen Regulierung von Kindheit herausgearbeitet hat. Ihrer in der ‚neuen Kindheitssoziologie' richtungsweisenden Analyse zufolge werden in der deutschen Politik Kinder zu unschuldigen Opfern widriger Gesellschaftsumstände stilisiert, deren als natürlich gegeben kommunizierte, homogene Bedürfnisse zwangsläufig und fernab politischer Verhandlung zwingend zu erfüllen sind (vgl. Bühler-Niederberger 2005, S. 149 ff.; siehe auch Kap. 1; Kap. 3.2.1). Hinsichtlich der Unschuldschiffre bestätigt die vorliegende Untersuchung Bühler-Niederbergers Befund. Zusätzlich zu den drei Gemeinsamkeiten im Kontext des Grundanliegens der vier Kinderarmutskonstruktionen (siehe Kap. 8.2), teilen alle Konstruktionen das Vorgehen, Kinder als ‚Unschuldige' zu begreifen. In den drei Konstruktionen, in denen Vorstellungen von Kindheit vorherrschen, gelten Kinder auch dann als frei von individueller Schuld, wenn sie bspw. ihre Kindheit an als unangemessen erachteten Orten verbringen (Erziehungsarmutskonstruktion; siehe Kap. 4.2), wenn sie ihr Lernpotenzial in der Schule nicht ausschöpfen (Bildungsarmutskonstruktion; siehe Kap. 5.2) oder unter Umständen illegal in die Bundesrepublik einreisen (Rechtearmutskonstruktion; siehe Kap. 7.2). Die von Bühler-Niederberger für die Parlamentsdebatte Ende der 1990er Jahre beobachtete Naturalisierung und Entpolitisierung von Kindheit kann hingegen nicht bestätigt werden. Charakteristisch für die in dieser Untersuchung herausgearbeiteten Konstruktionen sind nicht parlamentarische Argumentationen, denen zu Folge, „die Natur des Kindes selber ihre Vorgaben mache" (Bühler-Niederberger 2005, S. 151) und die „Norm, dass über Kinder nicht debattiert werden dürfe" (Bühler-Niederberger 2005, S. 157), sondern intensive politische Debatten, wie und zu welchem Zweck Kinderarmut zu regulieren sei. Dabei werden Fragen zu elterlicher Pflicht, bildungspolitischem Versagen, Umverteilungsdefiziten, der gesellschaftlichen Stellung von Kindern etc. sowie bspw. auch zur wirtschaftspolitischen Steuerung explizit verhandelt. Inwiefern die Differenz zwischen den beiden Untersuchungen einen Politikwandel markiert oder mit den jeweils in den Blick genommenen Ausschnitten des politischen Feldes und dem Frage- und Analysefokus zusammenhängt, stellt eine offene Frage dar. Möglicherweise liegt dahingehend Deckungsgleichheit vor, dass zwar auch heute nur schwerlich kindliche Bedarfe politisch verhandelt werden können, wohl aber Kinderarmut als Problem.

Das *Sozialisations- und Erziehungsprimat* als Merkmal der wohlfahrtsstaatlichen Kinderarmutsregulierung bzw. der dahinterliegenden Politik wird von Johanna Mierendorff in den Kinderarmutsdiskurs eingebracht (vgl. Mierendorff 2011, S. 126). Ihr zufolge wird die wohlfahrtsstaatliche Regulierung von Kindheit – im Gegensatz zu Erwachsenheit – durch ein „überdauerndes und recht traditionelles autoritatives Interesse an umfassender Sozialisation und Erziehung" (Mierendorff 2011, S. 126) geleitet. Dementsprechend wird auch Kinderarmut „nicht nur aus der Perspektive traditioneller sozialpolitischer Motive, wie etwa Gerechtigkeit oder Solidarität" betrachtet, sondern immer auch mit Verweis auf Sozialisation und Erziehung (vgl. Mierendorff 2011, S. 126; siehe auch Kindheitsverzweckungs-Interpretament in Kap. 2.3.1). Blickt man auf die mit dieser Untersuchung herausgearbeitete Hierarchiestruktur, wonach im Kontext der Kinderarmut das politische Feld in seinem Machtzentrum auf eine Entwicklungskindheit setzt (siehe Kap. 8.3), lässt sich die Feststellung von Mierendorff zum einen bestätigen. Fokussiert man zum anderen jedoch auf die vier einzelnen Kinderarmutskonstruktionen, lassen sich zugleich zwei Einwände vorbringen. Erstens gibt es mit der Geldarmutskonstruktion auch eine Sinngebung in der Politik, die Kinderarmut sogar einzig und allein mit traditionellen wohl-fahrtsstaatlichen Logiken konzeptualisiert. Dies geschieht ohne einen Bezug zu Sozialisation bzw. Erziehung und sogar ohne eine explizite Vorstellung von Kindheit überhaupt. Zweitens zeigen die beiden im politischen Feld dominie-renden Kinderarmutskonstruktionen an, dass die Trennlinie nicht zwischen So-zialisation und Erziehung, sondern zwischen Erziehung und Bildung verläuft – also entlang der Frage, ob von Kinderarmut betroffene Kinder eine stärkere Werte- und Normenvermittlung (‚Wollen‘) brauchen oder einen intensivierten Wissens- und Fähigkeitsaufbau (‚Können‘).

Im Zuge der Relativierung des Sozialisations- und Erziehungsprimats kann das zweite Teilziel der wissenschaftspolitischen Zielebene als erreicht angesehen werden. Die Verankerung, die die Kinderarmutskonstruktionen sowohl in klas-sischen wohlfahrtsstaatlichen Bezugspunkten und Armutszugängen als auch in kindheitsrelevanten Fragen (zu den vorangehend angeführten Aspekten Bildung und Erziehung sowie auch zu generationaler Ordnung) haben, unterstreicht den Nutzen, den die Kinderarmutsforschung aus einer weiteren Öffnung ge-genüber angrenzenden Forschungsgebieten wie der Kindheits-, Armuts- und Wohlfahrtsstaatsforschung gewinnen kann bzw. – vice versa – wie relevant eine größere Beachtung des Kinderarmutsproblems auch für diese Forschungsgebie-te sein kann (siehe für die diesbezügliche Zielsetzung: Kap. 2.4.2).

Mit dem Aspekt der *Generationengerechtigkeit* lassen sich die Untersu-chungsergebnisse in einen in der Kinderarmutsforschung ambivalenten Dis-kurs einbetten. Folgt man Autoren wie allen voran Michael Klundt und Chris-toph Butterwegge aber auch Manfred Liebel, wird generationale Gerechtigkeit nicht nur verwendet, um analytisch Benachteiligungen von Kindern aufzude-cken, sondern auch um ideologisch von „illegitimer sozialer Ungleichheit abzu-lenken" (Liebel 2013, S. 5), womit vertikale Ungleichheiten monetärer Ressour-cen zwischen einkommens- und vermögensreichen sowie diesbezüglich armen Bevölkerungsteilen gemeint sind. Den genannten Autoren zufolge wird im Zuge der Neoliberalisierung der deutschen Gesellschaft ein ‚Krieg der Generationen‘ inszeniert, um Fragen zur Umverteilung des gesellschaftlichen Reichtums von oben nach unten zu entgehen. Dabei wird mit Verweis auf intergenerationale Gerechtigkeit zwischen Alt und Jung versucht, Kürzungen wohlfahrtsstaatlicher Leistungen – wie bspw. der Rente – zu legitimieren, da ansonsten vermeintlich eine Förderung der jungen Generation nicht finanzierbar wäre (vgl. Klundt 2008, S. 192 ff.; Klundt 2017, S. 133 ff.; Butterwegge 2017, S. 148 ff.; siehe auch Neoliberalisierungs-Interpretament in Kap. 2.3.1). Die Ergebnisse der vorlie-genden Untersuchung stellen die These der Verwendung generationaler Ge-rechtigkeit als Verschleierungsmittel im neoliberalen Diskurs nicht als solches in Frage, sondern verleihen dem ein ausgleichendes Gegengewicht. Die Rechte-armutskonstruktion und die Modellbildung zeigen, dass Verweise auf intergenerationale Gerechtigkeit durchaus auch als Antrieb und Begründung massiver wohlfahrtsstaatlicher Expansionsbemühungen – und dies im Kontext des Bestrebens eines generationalen Miteinanders – fungieren (siehe Kap. 7.3; Kap. 7.4) sowie in ein kapitalismusantagonistisches Transformationsanliegen eingebettet sein können (siehe Kap. 8.2). Einseitige (Über-)Betonungen der Verwendung generationaler Gerechtigkeit zur Legitimation eines neoliberal motivierten Wohlfahrtsstaatsabbaus bilden das normative Potenzial dieses Gerechtigkeitsmodus folglich nicht vollständig ab. Solche Verzerrungen unterschätzen auch das analytische Potenzial. Während Butterwegge meint, dass es sich bei generationaler Gerechtigkeit „weniger um eine analytische Kategorie als um einen neoliberalen Kampfbegriff" (Butterwegge 2017, S. 149) handelt, zeigt die Untersuchung, dass *einzig* die Rechtearmutskonstruktion mit ihrem generational angelegten Verständnis sozialer Gerechtigkeit in der Lage ist, die Problemlagen von Kindern als Kinder zu erfassen, diese Bevölkerungsgruppe umfassend in den Blick zu nehmen sowie den Vergleich zu Erwachsenen zu ermöglichen (siehe Kap. 7.2–7.4; Kap. 8). Über die Untersuchungsergebnisse im engeren Sinne hinausgehend – jedoch mit Verweis auf die in dieser Untersuchung tonangebende kindheitssoziologische Verankerung – lässt sich die Kritik am Konzept der Generationengerechtigkeit noch weiter relativieren. So referiert bzw. stützt sich Michael Klundt auf die Sichtweise, dass „[s]elbst wenn man sich allerdings eine grundsätzliche Benachteiligung junger Menschen gegenüber alten Menschen vorstellt, so würde sich dies im Lebenslauf nachgerade wieder ausgleichen" (Klundt 2008, S. 208). Aus einer kindheitssoziologischen Perspektive sind derartige Zugänge aus zweierlei Gründen zurückzuweisen. Erstens unterstellt dies – wie Thomas Olk sowie Giovanni Sgritta herausarbeiten – den empirisch unwahrscheinlichen Zustand einer ahistorischen Gesellschaft, in der jede Generation die gleichen ökonomischen, politischen, sozialen etc. Umstände und einen konzeptionell über die Jahrzehnte gleichartig ausgerichteten Wohlfahrtsstaat mit ebenso stabilen finanziellen Rahmenbedingungen vorfindet (vgl. Olk 2009; Sgritta 1994, S. 357 f.). Zweitens weist dies Kindheit die Rolle einer zuvörderst zu überstehenden Durchgangsphase ohne eigenständige Bedarfs-, Rechte- und Anspruchslogiken zu. Derartige Marginalisierungen eines eigenständigen Kinderrechts auf ein gegenwärtig gutes Leben stellten lange Zeit die Ausgangsbasis für den ,common sense' dar, dass es bspw. angemessen und notwendig sei, Kinder zu schlagen, damit sie als Erwachsene ein erfolgreiches Leben führen können – so Jens Qvortrup (vgl. Qvortrup 2012, S. 22 f.). Während also Klundt dafür plädiert, intergenerationale Gerechtigkeitsfragen zurückzufahren und sich stärker Fragen zur intragenerationalen vertikalen Ungleichheit zuzuwenden (vgl. Klundt 2008, S. 222), erscheint es sowohl aus der kindheitssoziologischen Perspektive als auch mit Blick auf die Rechtearmutskonstruktion (siehe Kap. 7.2; Kap. 7.3) sinnvoll, die beiden Perspektiven nicht gegeneinander auszuspielen, sondern stärker zusammenzufügen (vgl. auch Qvortrup 2005).

Forschungsausblick

Behält man die Brille der Untersuchungsergebnisse auf, wechselt aber den Blick vom bisherigen Forschungsstand auf eine mögliche Zukunft, lassen sich die drei folgenden Vorschläge für die weitere wohlfahrtsstaatsbezogene Kinderarmutsforschung entwickeln. Weitergeforscht werden kann

- an den Kinderarmutskonstruktionen selbst,
- mittels einer Anwendung der Konstruktionen und
- in Form eines Fokus auf spezifische Aspekte innerhalb der Konstruktionen.

Die weitere *Auseinandersetzung mit den Kinderarmutskonstruktionen selbst* erscheint sinnvoll, da grundsätzlich davon auszugehen ist, dass sich die Konstruktionen im Laufe der Zeit – vor allem in ihren Details – stetig fortentwickeln werden, wenngleich die Grundfigur weitaus langfristiger erhalten bleiben dürfte. Zudem sind Machtverschiebungen in der Hierarchiestruktur durchaus vorstellbar. So könnten möglicherweise die beiden derzeit dominierenden Konstruktionen der Erziehungs- und Bildungsarmut aufgrund ihrer starken Verankerung in der Annahme, es bei Kindern mit einem hochgradig ‚raren Gut‘ gut zu tun zu haben (siehe Kap. 4.4; Kap. 5.4), an Bedeutung verlieren, sobald die demographische Lage in Deutschland als entspannter wahrgenommen wird.

Hinsichtlich der *Anwendung der Kinderarmutskonstruktionen* für weitere Forschungsvorhaben wird es möglich und sinnvoll, Organisationen wie bspw. Parteien und NGOs, politische Strategien und Modellprojekte zur Kinderarmutsbekämpfung sowie vom Grunde her alle empirisch zugänglichen Äußerungen zur Kinderarmutsfrage dahingehend zu rastern, zu welcher der vier Konstruktionen sie am ehesten tendieren. Ebenso wird es möglich, nach der Relevanz der im politischen Feld beobachteten Kinderarmutskonstruktionen in anderen Feldern – bspw. dem journalistischen Feld –, anderen Ländern oder auch anderen ‚Ebenen‘ zu fragen – so bspw. in Familien am sozioökonomischen oder anderweitigen Rand der Gesellschaft. Bei dieser Anwendung geht es darum, wie sich die in den Blick genommenen Aussageereignisse im Modell des Transformationsansinnens verorten lassen, wie sie Fragen zum Sozialversagen, zur Kindheitsverletzung und zum Kapitalismusverhältnis angehen und welche Widerstände sie damit in ihrer Umwelt erzeugen (siehe Kap. 8.2). Aus der Perspektive der Spannungslinien ist dies die Frage, wie sich die zu untersuchenden Aussageereignisse hinsichtlich der Verantwortungsfrage und Gegenüberstellungen von Kinder- vs. Erwachsenen- bzw. Elternrechten positionieren und welche Bedeutung Assimilation und Emanzipation in ihren Kinderarmutsbekämpfungsstrategien haben (siehe Kap. 8.3).

Die Möglichkeit, im Sinne eines *Fokussierens auf spezifische Aspekte innerhalb der Konstruktionen* weiter zu forschen, besteht mit Blick auf die herausgearbeiteten Spannungen. Von zentraler Bedeutung erscheint es, die Gegenüberstellung eines assimilations- und zwangsbetonenden, kapitalismusaffirmativen und eines emanzipatorisch-freiheitlichen, kapitalismusantagonistischen Zugangs zu Kinderarmut (siehe Kap. 8.2) fortführend aufzugreifen und das Verhältnis beider Zugänge weiter auszuleuchten. Damit ließe sich an die in der Kindheitsforschung bekannte Gegenüberstellung eines gegenwarts- sowie kinderrechtebezogenen und eines entwicklungs- sowie investitionsbezogenen Wohlfahrtszugangs (vgl. auch OECD 2009, S. 25 sowie Ben-Arieh 2001) anknüpfen und weiter der Frage nach dem Verhältnis einer ‚guten Kindheit‘ einerseits sowie einer ‚guten Erwachsenheit‘ und einer funktionierenden Gesellschaft andererseits nachgehen (vgl. Qvortrup 2012). Neben dieser Weiterforschungsoption speziell für die Kindheitssoziologie verweisen die Untersuchungsergebnisse auch auf die große Notwendigkeit, Kindheitsfragen stärker fernab entwicklungsbezogener Logiken in Gerechtigkeitstheorien einzuweben (vgl. auch Qvortrup 2003, S. 103; Olk 2009, S. 147 ff.) und enger mit dem Armutsdiskurs zu verknüpfen, so wie dies über die Verflechtung der Kindheitsforschung mit dem Verwirklichungschancenansatz zusehends möglich wird (vgl. auch Schweiger/Graf 2015 sowie überblickartig die Beiträge in Andresen et al. 2010).

Literatur- und Quellenverzeichnis

Adamson, Peter (2013): Kinderarmut in reichen Ländern. Eine Vergleichsstudie. In: Bertram, Hans (Hrsg.): Reiche, kluge, glückliche Kinder? Der UNICEF-Bericht zur Lage der Kinder in Deutschland. Weinheim und Basel: Beltz Juventa. S. 52–64

Adorno, Theodor W. (1959/2006): Theorie der Halbbildung. Frankfurt a. M.: Suhrkamp

Alanen, Leena (1988): Rethinking Childhood. In: Acta Sociologica 31, H. 1, S. 53–67

Alanen, Leena (1997): Soziologie der Kindheit als Projekt. Perspektiven für die Forschung. In: Zeitschrift für Soziologie der Erziehung und Sozialisation (ZSE) 17, H. 2, S. 162–177

Alanen, Leena (2005): Kindheit als generationales Konzept. In: Hengst, Heinz/Zeiher, Helga (Hrsg.): Kindheit soziologisch. Wiesbaden: VS Verlag. S. 65–82

Alberth, Lars/Bühler-Niederberger, Doris/Eisentraut, Steffen (2014): Wo bleiben die Kinder im Kinderschutz? In: Bühler-Niederberger, Doris/Alberth, Lars/Eisentraut, Steffen (Hrsg.): Kinderschutz. Wie kindzentriert sind Programme, Praktiken, Perspektiven? Weinheim und Basel: Beltz Juventa. S. 26–61

Albig, Hanne/Clemens, Marius/Fichtner, Ferdinand/Gebauer, Stefan/Junker, Simon/Kholodilin, Konstantin (2017): Wie steigende Einkommensungleichheit das Wirtschaftswachstum in Deutschland beeinflusst. In: DIW Wochenbericht 84, H. 10, S. 159–168

Albrecht, Maria/Lattwein, Svenja/Urban-Stahl, Ulrike (2016): Hausbesuche im Kontext des Schutzauftrags bei Kindeswohlgefährdung. In: Neue Praxis 46, H. 2, S. 107–124

Allmendinger, Jutta (1999): Bildungsarmut – zur Verschränkung von Bildungs- und Sozialpolitik. In: Soziale Welt 50, H. 1, S. 35–50

Allmendinger, Jutta/Leibfried, Stephan (2005): Bildungsarmut. Zum Zusammenhang von Sozialpolitik und Bildung. In: Opielka, Michael (Hrsg.): Bildungsreform als Sozialreform. Zusammenhang von Bildung und Sozialpolitik. Wiesbaden: VS Verlag. S. 45–60

Allmendinger, Jutta/Wintermantel, Vanessa (2016): Damit keiner zu viel kriegt. Gastbeitrag in ZEIT online vom 17.11.2016. www.zeit.de/2016/46/einkommens-obergrenze-gleichheit-vermaechtnis-studie (Abfrage: 02.01.2017)

Alt, Heinrich (2017): Das Grundeinkommen verstößt gegen die Menschenwürde. Gastbeitrag vom 11.01.2017 in der Süddeutschen Zeitung. www.sueddeutsche.de/wirtschaft/aussen-ansicht-horrorvision-1.3327052 (Abfrage: 27.02.2017)

Andresen, Sabine (2008): Kinder und soziale Ungleichheit. Ergebnisse der Kindheitsforschung zu dem Zusammenhang von Klasse und Geschlecht. In: Rendtorff, Barbara/Prengel, Annedore (Hrsg.): Kinder und ihr Geschlecht. Opladen: Barbara Budrich. S. 35–48

Andresen, Sabine (2010): Bildungsmotivation in bildungsfernen Gruppen und Schichten. In: Quenzel, Gudrun/Hurrelmann, Klaus (Hrsg.): Bildungsverlierer. Neue Ungleichheiten. Wiesbaden: VS Verlag. S. 499–516

Andresen, Sabine/Diehm, Isabell/Sander, Uwe/Ziegler, Holger (Hrsg.) (2010): Children and the Good Life. New Challenges for Research on Children. Dordrecht: Springer

Andresen, Sabine/Fegter, Susan/Hurrelmann, Klaus/Pupeter, Monika/Schneekloth, Ulrich (2015): Child Poverty in Germany: Conceptual Aspects and Core Findings. In: Fernandez, Elizabeth/Zeira, Anat/Vecchiato, Tiziano/Canali, Cinzia (Hrsg.): Theoretical and Empirical Insights into Child and Family Poverty. Dordrecht: Springer. S. 127–140

Andresen, Sabine/Galic, Danijela (2015): Kinder. Armut. Familie. Alltagsbewältigung und Wege zu wirksamer Unterstützung. Gütersloh: Bertelsmann Stiftung

Anhorn, Roland (2013): Wie die Moral in die Soziale Arbeit kommt ... und was sie dabei anrichtet. In: Großmann, Ruth/Anhorn, Roland (Hrsg.): Kritik der Moralisierung. Theoretische Grundlagen – Diskurskritik – Klärungsvorschläge für die berufliche Praxis. Wiesbaden: Springer VS. S. 255–293

Ariès, Philippe (1960/1994): Geschichte der Kindheit. 11. Auflage. München: Deutscher Taschenbuch Verlag

Arjanco, Manuela/Bastos, Amelia/Nunes, Francisco/Passos, José (2013): Child poverty and the reform of family cash benefits. In: The Journal of Socio-Economics 43, April, S. 11–23

Autorenkollektiv: Ahlheim, Rose/Hülsemann, Wilfried/Kapczynski, Helmut/Kappeler, Manfred/Liebel, Manfred/Marzahn, Christian/Werkentin, Falco (1971): Gefesselte Jugend. Fürsorgerziehung im Kapitalismus. Frankfurt a. M.: Suhrkamp Verlag

Bach, Stefan/Thiemann, Andreas (2016): Hohe Erbschaftswelle, niedriges Erbschaftssteueraufkommen. In: DIW Wochenbericht 83, H. 3, S. 63–71

Bargain, Olivier/Donni, Olivier (2012): Targeting and child poverty. In: Social Choice and Welfare 39, H. 4, S. 783–808

Barlösius, Eva (2001): Das gesellschaftliche Verhältnis der Armen – Überlegungen zu einer theoretischen Konzeption einer Soziologie der Armut. In: Barlösius, Eva/Ludwig-Mayerhofer, Wolfgang (Hrsg.): Die Armut der Gesellschaft. Opladen: Leske und Budrich. S. 69–94

Barlösius, Eva (2006): Pierre Bourdieu. Frankfurt a. M.: Campus Verlag

Baron, Christian (2016): Proleten. Pöbel. Parasiten. Warum die Linken die Arbeiter verachten. Berlin: Verlag Das Neue Berlin

Baumann, Zygmunt (2005): Verworfenes Leben. Die Ausgegrenzten der Moderne. Hamburg: Hamburger Edition

Baumann, Zygmunt (2009): Leben als Konsum. Hamburg: Hamburger Edition

Bayer, Michael/Hübenthal, Maksim (2012): Kinderarmut – zur Schwierigkeit der Ausweitung ökonomischer Umverteilung. In: Zeitschrift für Soziologie der Erziehung und Sozialisation (ZSE) 32, H. 2, S. 172–188

Becker, Irene/Hauser, Richard (2009): Soziale Gerechtigkeit – ein magisches Viereck. Zieldimensionen, Politikanalysen und empirische Befunde. Berlin: Edition Sigma

Becker, Irene (2016): Regelbedarfsbemessung: Gutachten zum Gesetzentwurf 2016 für die Diakonie Deutschland – Evangelischer Bundesverband. www.sankt-georgen.de/nbi/fileadmin/redakteure/Dokumente/2016/Regelbedarfsbemessung-Gutachten.pdf (Abfrage: 13.04.2017)

Becker, Rolf/Nietfeld, Markus (1999): Arbeitslosigkeit und Bildungschancen von Kindern im Transformationsprozess. Eine empirische Studie über die Auswirkungen sozioökonomischer Deprivation auf intergenerationale Bildungsvererbung. In: Kölner Zeitschrift für Soziologie und Sozialpsychologie 51, H. 1, S. 55–79

Behindertenbeauftragte: Beauftragte der Bundesregierung für die Belange von Menschen mit Behinderungen (Hrsg.) (2014): Die UN-Behindertenrechtskonvention. Übereinkommen über die Rechte von Menschen mit Behinderungen. Berlin

Behrend, Olaf/Ludwig-Mayerhofer, Wolfgang/Sondermann, Ariadne (2010): Kritik der reinen Aktivierung. In: Franzmann, Manuel (Hrsg.): Bedingungsloses Grundeinkommen als Antwort auf die Krise der Arbeitsgesellschaft. Weilerswist: Velbrück Wissenschaft. S. 197–247

Beisenherz, Gerhard H. (2002): Kinderarmut in der Wohlfahrtsgesellschaft. Das Kainsmal der Globalisierung. Opladen: Leske und Budrich

Beisenherz, Gerhard H. (2007): Wohlbefinden und Schulleistung von Kindern armer Familien. Auswirkungen der Dauer der Armut auf Grundschulkinder. In: Alt, Christian

(Hrsg.): Kinderleben – Aufwachsen zwischen Familie, Freunden und Institutionen. Bd. 3. Ergebnisse aus der 2. Welle. Wiesbaden: VS Verlag. S. 189–210

Ben-Arieh, Asher (2001): Measuring and monitoring children's well-being. Dordrecht: Kluwer Academic Publishers

Berger, Peter L./Luckmann, Thomas (1969/2004): Die gesellschaftliche Konstruktion der Wirklichkeit. Eine Theorie der Wissenssoziologie. 20. Auflage. Frankfurt a. M.: Fischer Taschenbuch Verlag

Bergmann, Karl/Bergmann, Renate/Ellert, Ute/Dudenhausen, Joachim (2007): Perinatale Einflussfaktoren auf die spätere Gesundheit. Ergebnisse des Kinder- und Jugendgesundheitssurveys (KiGGS). In: Bundesgesundheitsblatt – Gesundheitsforschung – Gesundheitsschutz 50, H. 5-6, S. 670–676

Berkemeyer, Nils/Bos, Wilfried/Hermstein, Björn/Abendroth, Sonja/Semper, Ina (2017): Chancenspiegel – eine Zwischenbilanz. Zur Chancengerechtigkeit und Leistungsfähigkeit der deutschen Schulsysteme seit 2002. Gütersloh: Bertelsmann Stiftung

Berthold, Thomas (2016): Die Kinderrechte und die Aufnahme von unbegleiteten minderjährigen Flüchtlingen in Deutschland. In: Hartwig, Luise/Mennen, Gerald/Schrapper, Christian (Hrsg.): Kinderrechte als Fixstern moderner Pädagogik? Grundlagen, Praxis, Perspektiven. Weinheim: Beltz Juventa. S. 164–172

Bertram, Hans (2008): Die Zukunft von Kindern als Zukunft der Gesellschaft. In: Bertram, Hans (Hrsg.): Mittelmaß für Kinder. Der UNICEF-Bericht zur Lage der Kinder in Deutschland. München: Verlag C. H. Beck. S. 16–36

Bertram, Hans/Deuflhard, Carolin (2014): Familienpolitik: gerecht, neoliberal oder nachhaltig? In: Steinbach, Anja/Hennig, Marina/Becker, Oliver Arránz (Hrsg.): Familie im Fokus der Wissenschaft. Wiesbaden: Springer VS. S. 327–352

Bertram, Hans/Rösler, Wiebke/Ehlert, Nancy (2005): Nachhaltige Familienpolitik. Zukunftssicherung durch einen Dreiklang von Zeitpolitik, finanzieller Transferpolitik und Infrastrukturpolitik. Gutachten herausgegeben vom Bundesministerium für Familie, Senioren, Frauen und Jugend. Berlin. www.bmfsfj.de/RedaktionBMFSFJ/Broschuerenstelle/Pdf-Anlagen/Bertram-Gutachten-Nachhaltige-Familienpolitik,property=pdf,bereich=bmfsfj,sprache=de,rwb=true.pdf (Abfrage: 04. 04. 2017)

Betz, Tanja (2008): Ungleiche Kindheiten. Theoretische und empirische Analysen zur Sozialberichterstattung über Kinder. Weinheim und München: Juventa Verlag

Betz, Tanja (2010): Kompensation ungleicher Startchancen. Erwartungen an institutionalisierte Bildung, Betreuung und Erziehung für Kinder im Vorschulalter. In: Karner, Britta/Cloos, Peter (Hrsg.): Erziehung und Bildung von Kindern als gemeinsames Projekt. Zum Verhältnis familialer Erziehung und öffentlicher Kinderbetreuung. Baltmannsweiler: Schneider Verlag Hohengehren. S. 113–134

Betz, Tanja (2013): Ungleichheit im Vorschulalter. Einrichtungsbezogene Bildungs- und Betreuungsarrangements unter sozialwissenschaftlicher Perspektive. In: Wolf, Maria A./Dietrich-Daum, Elisabeth/Fleischer, Eva/Heidegger, Maria (Hrsg.): Child Care. Kulturen, Konzepte und Politiken der Fremdbetreuung von Kindern. Weinheim: Beltz Juventa. S. 117–131

Betz, Tanja/Cloos, Peter (Hrsg.) (2014): Kindheit und Profession. Konturen und Befunde eines Forschungsfeldes. Weinheim: Beltz Juventa

Beyer, Beate (2012): Soziale Ungleichheit im Kindergarten. Wiesbaden: Springer VS

Birkelbach, Klaus/Dobischat, Rolf/Dobischat, Birte (2017): Außerschulische Nachhilfe. Ein prosperierender Bildungsmarkt im Spannungsfeld zwischen kommerziellen und öffentlichen Interessen. Düsseldorf: Hans-Böckler-Stiftung

Blank, Florian (2011): Soziale Rechte 1998–2005. Die Wohlfahrtsstaatsreformen der rot-grünen Bundesregierung. Wiesbaden: VS Verlag

Bleses, Peter/Rose, Edgar (1998a): Der Umbau hat längst begonnen: Deutungswandel in der Arbeitsmarkt- und Familienpolitik. In: ZSR – Zeitschrift für Sozialreform 44, H. 8, S. 570–592

Bleses, Peter/Rose, Edgar (1998b): Deutungswandel der Sozialpolitik. Die Arbeitsmarkt- und Familienpolitik im parlamentarischen Diskurs. Frankfurt a. M.: Campus Verlag

Blickle, Peter/Hüglin, Thomas O./Wyduckel, Dieter (Hrsg.) (2002): Subsidiarität als rechtliches und politisches Ordnungsprinzip in Kirche, Staat und Gesellschaft. Genese, Geltungsgrundlagen und Perspektiven an der Schwelle des dritten Jahrtausends. Berlin: Duncker & Humblot

Blome, Agnes/Keck, Wolfgang/Alber, Jens (2008): Generationenbeziehungen im Wohlfahrtsstaat. Wiesbaden: VS Verlag

Blossfeld, Hans-Peter/Roßbach, Hans-Günther (2012): Neue Herausforderungen für die Kindertagesstätten. Professionalisierung des Personals in der Frühpädagogik. In: Zeitschrift für Familienforschung 24, H. 2, S. 199–224

Blow, Charles M. (2015): Reducing Our Obscene Level of Child Poverty. The New York Times. The Opinion Pages. 28.01.2015. www.nytimes.com/2015/01/28/opinion/charles-blow-reducing-our-obscene-level-of-child-poverty.html?_r=0http://www.nytimes.com/2015/01/28/opinion/charles-blow-reducing-our-obscene-level-of-child-poverty.html?_r=0 (Abfrage: 24.03.2017)

Bojer, Hilde (2000): Children and Theories of Social Justice. In: Feminist Economics 6, H. 2, S. 23–39

Bojer, Hilde (2003): Distributional Justice. Theory and Measurement. London: Routledge

Bojer, Hilde (2005): Social Justice and the Rights of Children. In: Qvortrup, Jens (Hrsg.): Studies in Modern Childhood. Society, Agency and Culture. Houndmills u. a.: Palgrave Macmillan. S. 221–230

Bollnow, Otto Friedrich (1962): Wesen und Wandel der Tugenden. Frankfurt a. M.: Ullstein Taschenbücher Verlag

Bongaerts, Gregor (2008): Verdrängungen des Ökonomischen. Bourdieus Theorie der Moderne. Bielefeld: Transcript Verlag

Bongaerts, Gregor (2011): Grenzsicherung in sozialen Feldern – Ein Beitrag zu Bourdieus Theorie gesellschaftlicher Differenzierung. In: Schwinn, Thomas/Kroneberg, Clemens/Greve, Jens (Hrsg.): Soziale Differenzierung. Handlungstheoretische Zugänge in der Diskussion. Wiesbaden: VS Verlag. S. 113–133

Borchert, Jens/Lessenich, Stephan (2004): „Spätkapitalismus" revisited. Claus Offes Theorie und die adaptive Selbsttransformation der Wohlfahrtsstaatsanalyse. In: Zeitschrift für Sozialreform (ZSR) 50, H. 6, S. 563–583

Borsche, Sven (2003): Umbrüche in der Interessenpolitik für Kinder. In: Kränzl-Nagl, Renate/Mierendorff, Johanna/Olk, Thomas (Hrsg.): Kindheit im Wohlfahrtsstaat. Gesellschaftliche und politische Herausforderungen. Frankfurt a. M.: Campus Verlag. S. 395–418

Bos, Wilfried/Stubbe, Tobias C./Buddeberg, Magdalena (2010): Einkommensarmut und schulische Kompetenzen. In: Fischer, Jörg/Merten, Roland (Hrsg.): Armut und soziale Ausgrenzung von Kindern und Jugendlichen. Problembestimmungen und Lösungsansätze. Baltmannsweiler: Schneider Verlag Hohengehren. S. 58–72

Bourdieu, Pierre (1983): Ökonomisches Kapital, kulturelles Kapital, soziales Kapital. In: Kreckel, Reinhard (Hrsg.): Soziale Ungleichheiten. Soziale Welt. Sonderband 2. Göttingen: Verlag Otto Schwartz & Co. S. 183–198

Bourdieu, Pierre (1993): Soziologische Fragen. Frankfurt a. M.: Suhrkamp Verlag

Bourdieu, Pierre (2001): Das politische Feld. Zur Kritik der politischen Vernunft. Konstanz: UVK Verlagsgesellschaft mbH

Bourdieu, Pierre (2005): The Political Field, the Social Field, and the Journalistic Field. In: Benson, Rodney/Neveu, Eric (Hrsg.): Bourdieu and the Journalistic Field. Cambridge: Polity Press. S. 29–46

Bourdieu, Pierre (2010): Politik. Schriften zur Politischen Ökonomie 2. Herausgegeben von Franz Schultheis und Stephan Egger. Konstanz: UVK Verlagsgesellschaft mbH

Bourdieu, Pierre/Passeron, Jean-Claude (1971): Die Illusion der Chancengleichheit. Untersuchungen zur Soziologie des Bildungswesens am Beispiel Frankreichs. Stuttgart: Klett Verlag

Bourdieu, Pierre/Wacquant, Loïc (1996): Die Ziele der reflexiven Soziologie. Chicago-Seminar, Winter 1987. In: Bourdieu, Pierre/Wacquant, Loïc (Hrsg.): Reflexive Anthropologie. Frankfurt a. M.: Suhrkamp. S. 95–249

Boyden, Jo (2013): ‚We're not going to suffer like this in the mud': educational aspirations, social mobility and independent child migration among populations living in poverty. In: Compare: A Journal of Comparative and International Education 43, H. 5, S. 580–600

Boyden, Jo/Bourdillon, Michael (Hrsg.) (2015): Child poverty. Multidisciplinary Approaches. Houndmills u. a.: Palgrave Macmillan

Böhnke, Petra (2011): Ungleiche Verteilung politischer und zivilgesellschaftlicher Partizipation. In: Aus Politik und Zeitgeschichte (APuZ), H. 1-2, S. 18–26

Braches-Chyrek, Rita (2011): Kinderarmut. Historische Zugänge. In: Braches-Chyrek, Rita/ Lenz, Gaby (Hrsg.): Armut verpflichtet – Positionen in der Sozialen Arbeit. Schriftenreihe der Gilde Soziale Arbeit. Band 2. Opladen: Verlag Barbara Budrich. S. 215–230

Braches-Chyrek, Rita (2015): Armut und Bildungsungleichheit. In: Bareis, Ellen/Wagner, Thomas (Hrsg.): Politik mit der Armut. Europäische Sozialpolitik und Wohlfahrtsproduktion ‚von unten'. Münster: Verlag Westfälisches Dampfboot. S. 159–177

Braches-Chyrek, Rita/Sünker, Heinz (2012): Kinderrechte und Kinderpolitik. In: Braches-Chyrek, Rita/Röhner, Charlotte/Sünker, Heinz (Hrsg.): Kindheiten. Gesellschaften. Interdisziplinäre Zugänge zur Kindheitsforschung. Opladen: Budrich Verlag. S. 149–161

Braches-Chyrek, Rita/Röhner, Charlotte/Sünker, Heinz (Hrsg.) (2012): Kindheiten. Gesellschaften. Interdisziplinäre Zugänge zur Kindheitsforschung. Opladen: Budrich Verlag

Bradshaw, Jonathan (2015): Child Poverty and Child Well-Being in International Perspective. In: Fernandez, Elizabeth/Zeira, Anat/Vecchiato, Tiziano/Canali, Cinzia (Hrsg.): Theoretical and Empirical Insights into Child and Family Poverty. Dordrecht: Springer. S. 59–70

Bradshaw, Jonathan/Huby, Meg (2012): Decomposing Child Poverty Reduction. www.ejss.eu/ pdf_file/ITS/EJSS_16_01_0026.pdf (Abfrage: 16.01.2017)

Brandon, Marion (2015): In What Way Might Poverty Contribute to Maltreatment? In: Fernandez, Elizabeth/Zeira, Anat/Vecchiato, Tiziano/Canali, Cinzia (Hrsg.): Theoretical and Empirical Insights into Child and Family Poverty. Dordrecht: Springer. S. 257–272

Brazelton, T. Berry/Greenspan, Stanley (2002): Die sieben Grundbedürfnisse von Kindern. Weinheim: Beltz Verlag

Brecht, Bertolt (1934/1967): Alfabet. In: Brecht, Bertolt: Gesammelte Werke. Band 9. Gedichte 2. Frankfurt a. M.: Suhrkamp Verlag. S. 511–514

Brenke, Karl (2012): Geringe Stundenlöhne, lange Arbeitszeiten. In: DIW-Wochenbericht 79, H. 21, S. 3–12

Bröckling, Ulrich (2011): Das unternehmerische Selbst. Soziologie einer Subjektivierungsform. Frankfurt a. M.: Suhrkamp Verlag

Bude, Heinz (2008): Die Ausgeschlossenen. Das Ende vom Traum einer gerechten Gesellschaft. München: Deutscher Taschenbuch Verlag

Bude, Heinz (2013): Bildungspanik. Was unsere Gesellschaft spaltet. München: Carl Hanser Verlag

Bude, Heinz/Willisch, Andreas (Hrsg.) (2006): Das Problem der Exklusion. Ausgegrenzte, Entbehrliche, Überflüssige. Hamburg: Hamburger Edition

Bude, Heinz/Willisch, Andreas (Hrsg.) (2008): Exklusion. Die Debatte über die ‚Überflüssigen'. Frankfurt a. M.: Suhrkamp

Bujard, Martin (2014): Familienpolitische Geldleistungen. Dossier Familienpolitik. www.bpb. de/politik/innenpolitik/familienpolitik/193715/familienpolitische-geldleistungen?p=all (Abfrage: 08.12.2016)

Bujard, Martin/Sulak, Harun (2016): Mehr Kinderlose oder weniger Kinderreiche? In: Kölner Zeitschrift für Soziologie und Sozialpsychologie 68, H. 3, S. 487–514

Bundesagentur für Arbeit (BA) (2005/2010/2017): Amtliche Nachrichten der Bundesagentur für Arbeit. Jg. 53, Nr. 2 + Jg. 58, Nr. 1 + Jg. 65, Nr. 1

Bundesministerium für Arbeit und Soziales (BMAS) (Hrsg.) (2008): Lebenslagen in Deutschland. Der Dritte Armuts- und Reichtumsbericht der Bundesregierung. Berlin

Bundesministerium für Arbeit und Soziales (BMAS) (Hrsg.) (2013): Lebenslagen in Deutschland. Der Vierte Armuts- und Reichtumsbericht der Bundesregierung. Berlin

Bundesministerium für Arbeit und Soziales (BMAS) (2014): Die Leistungen des Bildungspakets. Stand. 02.10.2014. www.bmas.de/DE/Themen/Arbeitsmarkt/Grundsicherung/Leistungen-zur-Sicherung-des-Lebensunterhalts/Bildungspaket/leistungen-bildungspaket.html (Abfrage: 23.11.2016)

Bundesministerium für Arbeit und Soziales (BMAS) (Hrsg.) (2017): Lebenslagen in Deutschland. Der Fünfte Armuts- und Reichtumsbericht der Bundesregierung. Berlin

Bundesministerium für Familie, Senioren, Frauen und Jugend (BMFSFJ) (Hrsg.) (1994): Fünfter Familienbericht. Familien und Familienpolitik im geeinten Deutschland. Bonn

Bundesministerium für Familie, Senioren, Frauen und Jugend (BMFSFJ) (Hrsg.) (1998): Zehnter Kinder- und Jugendbericht. Bericht über die Lebenssituation von Kindern und die Leistungen der Kinderhilfen in Deutschland. Bonn

Bundesministerium für Familie, Senioren, Frauen und Jugend (BMFSFJ) (Hrsg.) (2002): 11. Kinder- und Jugendbericht. Bericht über die Lebenssituation junger Menschen und die Leistungen der Kinder- und Jugendhilfe in Deutschland. Berlin

Bundesministerium für Familie, Senioren, Frauen und Jugend (BMFSFJ) (Hrsg.) (2006): Siebter Familienbericht. Familie zwischen Flexibilität und Verlässlichkeit. Berlin

Bundesministerium für Familie, Senioren, Frauen und Jugend (BMFSFJ) (Hrsg.) (2010): Perspektiven für ein kindergerechtes Deutschland. Abschlussbericht des Nationalen Aktionsplans „Für ein kindergerechtes Deutschland 2005–2010". Berlin

Bundesministerium für Familie, Senioren, Frauen und Jugend (BMFSFJ) (2012): Pressemitteilung. Kristina Schröder: „Kinder bekommen ein eigenes Instrument zur Durchsetzung ihrer Rechte". Berlin. www.bmfsfj.de/BMFSFJ/Presse/pressemitteilungen,did=184592.html?view=renderPrint (Abfrage: 03.06.2016)

Bundesministerium für Familie, Senioren, Frauen und Jugend (BMFSFJ) (Hrsg.) (2013): 14. Kinder- und Jugendbericht. Bericht über die Lebenssituation junger Menschen und die Leistungen der Kinder- und Jugendhilfe in Deutschland. Berlin

Bundesministerium für Familie, Senioren, Frauen und Jugend (BMFSFJ)/Jugend- und Familienministerkonferenz (JFMK) (Hrsg.) (2016): Frühe Bildung weiterentwickeln und finanziell sichern. Zwischenbericht 2016 von Bund und Ländern und Erklärung der Bund-Länder-Konferenz. Berlin

Bundessozialgericht (BSG) (2009): Bundessozialgericht. Beschluss vom 27.01.2009. B 14 AS 5/08 R. www.sozialgerichtsbarkeit.de/sgb/esgb/show.php?modul=esgb&id=87998 (Abfrage: 29.12.2016)

Bundesverfassungsgericht (BVG) (2010a): BVerfG, 1 BvL 1/09 vom 09.02.2010, Absatz-Nr. (1–220). www.bundesverfassungsgericht.de/entscheidungen/ls20100209_1bvl000109.html (Abfrage: 06.01.2017)

Bundesverfassungsgericht (BVG) (2010b): Pressemitteilung Nr. 5/2010 vom 09. Februar 2010. Urteil vom 09. Februar 2010 – 1 BvL 1/09, 1 BvL 3/09, 1 BvL 4/09 – Regelleistungen nach SGB II (Hartz-IV-Gesetz) nicht verfassungsgemäß. www.bundesverfassungsgericht.de/pressemitteilungen/bvg10-005 (Abfrage: 06.01.2017)

Butterwegge, Christoph (2006): Wege aus der Kinderarmut. In: Aus Politik und Zeitgeschichte (APuZ), H. 26, S. 32–38

Butterwegge, Christoph (2007): Ursachen von und Maßnahmen gegen Kinderarmut. In: Deutsches Kinderhilfswerk e. V. (Hrsg.): Kinderreport Deutschland 2007. Daten, Fakten, Hintergründe. Freiburg: Velber Verlag. S. 177–184

Butterwegge, Christoph (2009): Armut in einem reichen Land. Wie das Problem verharmlost und verdrängt wird. Frankfurt a. M.: Campus Verlag

Butterwegge, Christoph (2010a): Kinderarmut und Bildung. In: Quenzel, Gudrun/Hurrelmann, Klaus (Hrsg.): Bildungsverlierer. Neue Ungleichheiten. Wiesbaden: VS Verlag. S. 537–555

Butterwegge, Christoph (2010b): Kinderarmut als gesellschaftspolitische Herausforderung. In: Lutz, Ronald/Hammer, Veronika (Hrsg.): Wege aus der Kinderarmut. Gesellschaftspolitische Rahmenbedingungen und sozialpädagogische Handlungsansätze. Weinheim und München: Juventa Verlag. S. 11–21

Butterwegge, Christoph (2012): Kinderarmut in Deutschland. In: Der Bürger im Staat 62, H. 4, S. 241–246

Butterwegge, Christoph (2014): Krise und Zukunft des Sozialstaates. 5. Auflage. Wiesbaden: Springer VS

Butterwegge, Christoph (2015): Hartz IV und die Folgen. Auf dem Weg in eine andere Republik? Weinheim: Beltz Juventa

Butterwegge, Christoph (2017): Rechtfertigung, Maßnahmen und Folgen einer neoliberalen (Sozial-)Politik. In: Butterwegge, Christoph/Lösch, Bettina/Ptak, Ralf (Hrsg.): Kritik des Neoliberalismus. 3. Auflage. Wiesbaden: VS Verlag. S. 123–200

Butterwegge, Christoph/Holm, Karin/Imholz, Barbara/Klundt, Michael/Michels, Caren/Wuttke, Gisela/Schulz, Uwe/Zander, Margherita/Zeng, Matthias (2004): Armut und Kindheit. Ein regionaler, nationaler und internationaler Vergleich. 2. Auflage. Wiesbaden: VS Verlag

Butterwegge, Christoph/Klundt, Michael (o. J.): Kinderarmut und Generationengerechtigkeit. www.aba-fachverband.org/fileadmin/user_upload/user_upload_2009/kindheit/Butterwegge_Kindheitsforschung-Kinderarmut.pdf (Abfrage: 24.07.2016)

Butterwegge, Christoph/Klundt, Michael/Belke-Zeng, Matthias (2008): Kinderarmut in Ost und Westdeutschland. Wiesbaden: VS Verlag

Butterwegge, Christoph/Lösch, Bettina/Ptak, Ralf (Hrsg.) (2008): Neoliberalismus. Analysen und Alternativen. Wiesbaden: VS Verlag

Butterwegge, Christoph/Lösch, Bettina/Ptak, Ralf (Hrsg.) (2017): Kritik des Neoliberalismus. 3. Auflage. Wiesbaden: Springer VS

Bühler-Niederberger, Doris (2005): Kindheit und die Ordnung der Verhältnisse. Von der gesellschaftlichen Macht der Unschuld und dem kreativen Individuum. Weinheim: Juventa Verlag

Bühler-Niederberger, Doris (2009): Ungleiche Kindheiten – alte und neue Disparitäten. In: Aus Politik und Zeitgeschichte (APuZ), H. 17, S. 3–8

Bühler-Niederberger, Doris (2011): Lebensphase Kindheit. Theoretische Ansätze, Akteure und Handlungsräume. Weinheim: Juventa Verlag

Bühler-Niederberger, Doris/Sünker, Heinz (2009): Gesellschaftliche Organisation von Kindheit und Kindheitspolitik. In: Honig, Michael-Sebastian (Hrsg.): Ordnungen der Kindheit. Problemstellungen und Perspektiven der Kindheitsforschung. Weinheim und München: Juventa Verlag. S. 155–182

Bündnis Kindergrundsicherung (2013): Kinder brauchen mehr! Unser Vorschlag für eine Kindergrundsicherung – neues Konzeptpapier. Stand: Juli 2013. www.kinderarmut-hat-folgen.de/konzept.php (Abfrage: 22.02.2017)

Carneiro, Pedro/Heckman, James J. (2003): Human Capital Policy. In: Heckman, James J./ Krueger, Alan B. (Hrsg.): Inequality in America. What Role for Human Capital Policies? Cambridge: MIT Press. S. 77–239

Castel, Robert/Dörre, Klaus (Hrsg.) (2009): Prekarität, Abstieg, Ausgrenzung. Die soziale Frage am Beginn des 21. Jahrhunderts. Frankfurt a. M.: Campus Verlag

Chassé, Karl August (2007): Unterschicht, prekäre Lebenslagen, Exklusion – Versuch einer Dechiffrierung der Unterschichtsdebatte. In: Kessl, Fabian/Reutlinger, Christian/Ziegler, Holger (Hrsg.): Erziehung zur Armut? Soziale Arbeit und die ‚neue Unterschicht‘. Wiesbaden: VS Verlag. S. 17–37

Chassé, Karl August (2010): Unterschichten in Deutschland. Materialien zu einer kritischen Debatte. Wiesbaden: VS Verlag

Chassé, Karl August/Klein, Alexandra/Landhäußer, Sandra/Zander, Margherita (2011): Konstruktionen von Armut zwischen AdressatInnen und moralisierend-punitivem Diskurs. In: Dollinger, Bernd/Schmidt-Semisch, Hennig (Hrsg.): Gerechte Ausgrenzung? Wohlfahrtsproduktion und die neue Lust am Strafen. Wiesbaden: VS Verlag. S. 227–244

Chassé, Karl August/Zander, Margherita/Rasch, Constanze (2010): Meine Familie ist arm. Wie Kinder im Grundschulalter Armut erleben und bewältigen. 4. Auflage. Wiesbaden: VS Verlag

Cockburn, Tom (1998): Children and Citizenship in Britain: A Case for a Socially Interdependent Model of Citizenship. In: Childhood 5, H. 1, S. 99–117

Cornia, Giovanni Andrea/Danziger, Sheldon (Hrsg.) (1997): Child Poverty and Deprivation in the Industrialized Countries. Oxford: Clarendon Press

Coser, Lewis A. (1992): Soziologie der Armut. Georg Simmel zum Gedächtnis. In: Leibfried, Stephan/Voges, Wolfgang (Hrsg.): Armut im modernen Wohlfahrtsstaat. Kölner Zeitschrift für Soziologie und Sozialpsychologie. Sonderheft 32. Opladen: Westdeutscher Verlag. S. 34–47

Cremer, Hendrik (2014): Neue Beschwerdemöglichkeit für Kinder. Das dritte Fakultativprotokoll zur UN-Kinderrechtskonvention. In: Vereinte Nationen. 1/2014. S. 22–27. www. dgvn.de/fileadmin/publications/PDFs/Zeitschrift_VN/VN_2014/Heft_1_2014/06_Cremer_VN_1-14_5-2-2014.pdf (Abfrage: 03.02.2017)

Crouch, Colin (2008): Postdemokratie. Frankfurt a. M.: Suhrkamp Verlag

Cunha, Flavio/Heckman, James J. (2006): Investing in our Young People. www-news.uchicago.edu/releases/06/061115.education.pdf (Abfrage: 22.10.2015)

DeMause, Lloyd (Hrsg.) (1977/1992): Hört ihr die Kinder weinen. Eine psychogenetische Geschichte der Kindheit. 7. Auflage. Frankfurt a. M.: Suhrkamp

Dehmer, Mara/Puls, Jennifer/Rock, Joachim (2016): Das Bildungs- und Teilhabepaket: Eine Misserfolgsgeschichte. Bürokratische Hürden und fehlende Mittel reduzieren Bildungschancen. In: Soziale Sicherheit 65, H. 10-11, S. 400–408

Destatis – Statistisches Bundesamt (2017): Bildungsstand. www.destatis.de/DE/ZahlenFakten/ GesellschaftStaat/BildungForschungKultur/Bildungsstand/Tabellen/Bildungsabschluss.html (Abfrage: 31.05.2017)

Deutsche Bundesregierung (A) (o.J.): Chronologie zur Umsetzung des Urteils des Bundesverfassungsgerichts. www.bundesregierung.de/ContentArchiv/DE/Archiv17/Artikel/2011/02/ 2011-02-10-chronologie-urteil-hartz-vier.html (Abfrage: 20.12.2016)

Deutsche Bundesregierung (B) (o.J.): Vorbehaltserklärung der Bundesrepublik Deutschland zur UN-Kinderrechtskonvention. www.jugendpolitikineuropa.de/downloads/4-20-2294/ vorbehalt.pdf (Abfrage: 17.03.2017)

Deutscher Gewerkschaftsbund (2008): Kein Kind zurücklassen – Kinderarmut bekämpfen. Positionspapier vom 27.05.2008. www.dgb.de/themen/++co++mediapool-df2f6b1f8d6cfd a6912640224a6bd710 (Abfrage: 30.08.2015)

Deutsches Institut für Wirtschaftsforschung (DIW) (2011): Statistikdebatte: Kinder- und Jugendarmut ist nach wie vor das drängendste Problem. Pressemitteilung vom 12.05.2011. www.diw.de/de/diw_01.c.372595.de/themen_nachrichten/statistikdebatte_kinder_und_jugendarmut_ist_nach_wie_vor_das_draengendste_problem.html (Abfrage: 07.02.2015)

Deutsches Institut für Wirtschaftsforschung (DIW)/Zentrum für Europäische Wirtschaftsforschung (ZEW)/Hauser, Richard/Becker, Irene (2007): Integrierte Analyse der Einkommens- und Vermögensverteilung. Abschlussbericht zur Studie im Auftrag des Bundesministeriums für Arbeit und Soziales. Bonn

Deutsches Kinderhilfswerk (DKHW) (2016): Investitionen zur Bekämpfung der steigenden Kinderarmut dringend geboten. Pressemitteilung vom 02.08.2016. www.dkhw.de/presse/ schlagzeilen-archiv/schlagzeilen-details/deutsches-kinderhilfswerk-investitionen-zur-bekaempfung-der-steigenden-kinderarmut-dringend-geboten/ (Abfrage: 22.01.2017)

Deutsches Kinderhilfswerk (DKHW) (2017): Repräsentative Umfrage im Auftrag des Deutschen Kinderhilfswerkes zum Weltflüchtlingstag 2017. 19.06.2017. www.dkhw.de/presse/ schlagzeilen-archiv/schlagzeilen-details/repraesentative-umfrage-im-auftrag-des-deutschen-kinderhilfswerkes-zum-weltfluechtlingstag-2017-integ/ (Abfrage: 25.06.2017)

Diakonie Deutschland (2016): Unbegleitete minderjährige Flüchtlinge. Beitrag in der Rubrik „Wissen Kompakt" vom 20.10.2016. www.info.diakonie.de/infothek/wissen-kompakt/detail/unbegleitete-minderjaehrige-fluechtlinge/ (Abfrage: 28.11.2016)

Dierckx, Danielle (2010): Like a child's game: a policy configuration approach to child poverty. In: Vandenhole, Wouter/Vranken, Jan/De Boyser, Katrien (Hrsg.): Why Care? Children's Rights and Child Poverty. Antwerpen u.a.: Intersentia. S. 183–194

Dietz, Berthold (1997): Soziologie der Armut. Eine Einführung. Frankfurt a.M.: Campus Verlag

Diller, Angelika (2006): Eltern-Kind-Zentren. Grundlagen und Rechercheergebnisse. Herausgegeben vom DJI: München

Dingeldey, Irene (2011): Der aktivierende Wohlfahrtsstaat. Governance der Arbeitsmarktpolitik in Dänemark, Großbritannien und Deutschland. Frankfurt a.M.: Campus Verlag

Diris, Ron/Vandenbroucke, Frank/Verbist, Gerlinde (2014): Child poverty: what can social spending explain in Europe? KU Leuven. Discussion Paper Series. July 2014. http://feb.ku-leuven.be/public/N11017/publications/Vandenbroucke_Frank_pub_DPS1420.pdf (Abfrage: 01.07.2015)

Dollinger, Bernd/Schmidt-Semisch, Henning (Hrsg.) (2011): Gerechte Ausgrenzung? Wohlfahrtsproduktion und die neue Lust am Strafen. Wiesbaden: VS Verlag

Dörre, Klaus (2007): Entsteht eine neue Unterschicht? Anmerkungen zur sozialen Frage in die Politik. Working Papers. 1/2007. Economic Sociology Jena. www.soziologie.uni-jena.

de/soziologie_multimedia/Downloads/LSDoerre/wpesj01_07_d%C3%B6rre.pdf (Abfrage: 12.06.2015)

Dörre, Klaus (2009): II. Die neue Landnahme. Dynamiken und Grenzen des Finanzmarkt-kapitalismus. In: Dörre, Klaus/Lessenich, Stephan/Rosa, Hartmut (Hrsg.): Soziologie – Kapitalismus – Kritik. Frankfurt a. M.: Suhrkamp. S. 21–86

Dörre, Klaus (2013): Die politische Konstruktion der Unterschicht. In: Dörre, Klaus/Scherschel, Karin/Booth, Melanie/Haubner, Tine/Marquardsen, Kai/Schierhorn, Karen (Hrsg.) (2013): Bewährungsproben für die Unterschicht? Soziale Folgen aktivierender Arbeitsmarktpolitik. Frankfurt a. M.: Campus Verlag. S. 345–398

Dörre, Klaus/Lessenich, Stephan/Rosa, Hartmut (2009): Soziologie – Kapitalismus – Kritik. Zur Wiederbelebung einer Wahlverwandtschaft. In: Dörre, Klaus/Lessenich, Stephan/Rosa, Hartmut (Hrsg.): Soziologie – Kapitalismus – Kritik. Frankfurt a. M.: Suhrkamp. S. 9–18

Dörre, Klaus/Scherschel, Karin/Booth, Melanie/Haubner, Tine/Marquardsen, Kai/Schierhorn, Karen (2013): Bewährungsproben für die Unterschicht? Soziale Folgen aktivierender Arbeitsmarktpolitik. Frankfurt a. M.: Campus Verlag

Duncan, Greg J./Brooks-Gunn, Jeanne (Hrsg.) (1997): Consequences of Growing Up Poor. New York: Russel Sage Foundation

Dworkin, Ronald (2000/2011): Was ist Gleichheit. Frankfurt a. M.: Suhrkamp Verlag

Edding, Friedrich (1963): Ökonomie des Bildungswesens. Lehren und Lernen als Haushalt und Investition. Freiburg i. B.: Rombach

Edelstein, Wolfgang (2006): Bildung und Armut. Der Beitrag des Bildungssystems zur Vererbung und zur Bekämpfung von Armut. In: Zeitschrift für Soziologie der Erziehung und Sozialisation (ZSE) 26, H. 2, S. 120–134

Ehrentraut, Oliver/Plume, Anna-Marleen/Schmutz, Sabrina/Schüssler, Reinhard (2014): Sanktionen im SGB II. Verfassungsrechtliche Legitimität, ökonomische Wirkungsforschung und Handlungsoptionen. Expertise im Auftrag der Friedrich-Ebert-Stiftung. http://library.fes.de/pdf-files/wiso/10601.pdf (Abfrage: 29.09.2016)

Elias, Norbert/Scotson, John L. (1965/1993): Etablierte und Außenseiter. Frankfurt a. M.: Suhrkamp Verlag

Engels, Friedrich (1845/1972): Die Lage der arbeitenden Klasse in England. 5. Auflage. Berlin: Dietz Verlag

Engster, Daniel (2012): Child poverty and family policies across eighteen wealthy Western democracies. In: Journal of Children and Poverty 18, H. 2, S. 121–139

Ernst, Thilo/Mierendorff, Johanna/Mader, Marius (2014): Gewerbliche Anbieter von Kindertagesbetreuung – eine Systematisierung der Trägerlandschaft. In: Zeitschrift für Soziologie der Erziehung und Sozialisation (ZSE) 34, H. 4, S. 373–388

Esping-Andersen, Gøsta (2002a): A Child-Centred Social Investment Strategy. In: Esping-Andersen, Gøsta/Gallie, Duncan/Hemerijck, Anton/Myles, John (Hrsg.): Why We Need a New Welfare State. New York: Oxford University Press. S. 26–67

Esping-Andersen, Gøsta (2002b): Towards the Good Society, Once Again? In: Esping-Andersen, Gøsta/Gallie, Duncan/Hemerijck, Anton/Myles, John (Hrsg.): Why We Need a New Welfare State. New York: Oxford University Press. S. 1–25

Esping-Andersen, Gøsta (2004): In Kinder investieren: Für die Wissensgesellschaft. In: Steinmeier, Frank-Walter/Machnig, Matthias (Hrsg.): Made in Germany '21. Innovationen für eine gerechte Zukunft. Hamburg: Hoffman und Campe Verlag. S. 501–514

Esping-Andersen, Gøsta (2016): Families in the 21st Century. SNS Förlag. www.sns.se/wp-content/uploads/2016/10/families-in-the-21st-century-webb.pdf (Abfrage: 27.02.2017)

Esping-Andersen, Gøsta/Sarasa, Sebastian (2002): The generational conflict reconsidered. In: Journal of European Social Policy 12, H. 1, S. 5–21

Eßer, Florian/Baader, Meike S./Betz, Tanja/Hungerland, Beatrice (Hrsg.) (2016): Reconceptualising Agency and Childhood: New perspectives in Childhood Studies. London: Routledge

European Council (2000): Presidency Conclusions. Lisbon European Council 23 and 24 March 2000. www.europarl.europa.eu/summits/lis1_en.htm (Abfrage: 19. 03. 2015)

European Commission (2010): Europe 2020. A strategy for smart, sustainable and inclusive growth. Brüssel. 03. 03. 2010. http://ec.europa.eu/eu2020/pdf/COMPLET%20EN%20BAR-ROSO%20%20%20007%20-%20Europe%202020%20-%20EN%20version.pdf (Abfrage: 22. 03. 2015)

Evangelische Kirche in Deutschland (2005): Kirchen nennen Kinderarmut in Deutschland einen ‚Skandal'. Pressemitteilung vom 02. 03. 2005. www.ekd.de/aktuell_presse/news_2005_03_02_1_ekd_dbk_armutsbericht.html (Abfrage: 25. 08. 2015)

Evers, Adalbert (2008): Investiv und aktivierend oder ökonomisch und bevormundend? Zur Auseinandersetzung mit einer neuen Generation von Sozialpolitiken. In: Evers, Adalbert/Heinze, Rolf G. (Hrsg.): Sozialpolitik. Ökonomisierung und Entgrenzung. Wiesbaden: VS Verlag. S. 229–249

Feministisches Institut Hamburg (2008): Kinderarmut in Deutschland – ein gesellschaftlicher Skandal. Beitrag in der Rubrik ‚Sozialpolitik' verfasst von Yvonne Scharfenberg. 16. 09. 2008. www.feministisches-institut.de/kinderarmut/ (Abfrage: 08. 04. 2015)

Fernandez, Elizabeth/Ramia, Iona (2015): Child Poverty in the International Context. In: Fernandez, Elizabeth/Zeira, Anat/Vecchiato, Tiziano/Canali, Cinzia (Hrsg.): Theoretical and Empirical Insights into Child and Family Poverty. Dordrecht: Springer. S. 11–39

Fertig, Michael/Tamm, Marcus (2010): Always Poor or Never Poor and Nothing in Between? Duration of Child Poverty in Germany. In: German Economic Review 11, H. 2, S. 150–168

Fischer, Jörg (2012): Kinderarmut im Fokus einer lokalen Bildungslandschaft. Perspektiven von vernetzter Ganztagsbildung als Teil der kommunalen Armutsprävention. In: Bleckmann, Peter/Schmidt, Volker (Hrsg.): Bildungslandschaften. Mehr Chancen für alle. Wiesbaden: VS Verlag. S. 48–59

Fischer, Jörg/Merten, Roland (Hrsg.) (2010): Armut und soziale Ausgrenzung von Kindern und Jugendlichen. Problembestimmungen und Lösungsansätze. Baltmannsweiler: Schneider Verlag Hohengehren

Freeman, Michael (2017; i. E.): A Magna Carta for Children? Rethinking Children's Rights. Cambridge: University Press

Freier, Carolin (2016): Soziale Aktivierung von Arbeitslosen? Praktiken und Deutungen eines neuen Arbeitsmarktinstruments. Bielefeld: Transcript Verlag

Friedrich, Tina/Lechner, Helmut/Schneider, Helga/Schoyerer, Gabriel/Ueffing, Claudia (Hrsg.) (2016): Kindheitspädagogik im Aufbruch. Professionalisierung, Professionalität und Profession im Diskurs. Weinheim: Beltz Juventa

Fritschi, Tobias/Oesch, Tom (2008): Volkswirtschaftlicher Nutzen von frühkindlicher Bildung in Deutschland. Eine ökonomische Bewertung langfristiger Bildungseffekte bei Krippenkindern. Bertelsmann Stiftung. https://www.bertelsmann-stiftung.de/fileadmin/files/BSt/Presse/imported/downloads/xcms_bst_dms_27049_30354_2.pdf (Abfrage: 01. 07. 2015)

Fuchs-Heinritz, Werner/König, Alexandra (2011): Pierre Bourdieu. Eine Einführung. 2. Auflage. Konstanz: UVK Verlagsgesellschaft mbH

Funck, Barbara J./Karakaşoğlu, Yasemin/Vogel, Dita (2015): „Es darf nicht an Papieren scheitern". Theorie und Praxis der Einschulung von papierlosen Kindern in Grundschulen. GEW. Gewerkschaft für Erziehung und Wissenschaft. www.gew.de/index.php?eID=dumpFile&t=f&f=33994&token=a7da698d477adc42f4bd2590c786bfdae01152b2&sdownload=&n=NichtAnPapierenScheitern_2015_Broschuere_web.pdf (Abfrage: 05. 07. 2016)

Funcke, Antje/Kruse, Christina/Menne, Sarah (2016): Kinderarmut. Kinder im SGB-II-Bezug in Deutschland. Factsheet. Gütersloh: Bertelsmann Stiftung

Gaiser, Wolfgang/Rother, Pia (2009): Zweckfreie Kindheit. ‚Und dann und wann ein weißer Elefant…'. Kindheit zwischen Eigensinn und gesellschaftlicher Vereinnahmung. DJI Bulletin Nr. 85 – 1/2009. S. 5–8. www.dji.de/fileadmin/user_upload/bulletin/d_bull_d/bull85_d/DJIB_85.pdf (Abfrage: 26.03.2014)

Gans, Herbert J. (1992): Über die positiven Funktionen der unwürdigen Armen. In: Leibfried, Stephan/Voges, Wolfgang (Hrsg.): Armut im modernen Wohlfahrtsstaat. Kölner Zeitschrift für Soziologie und Sozialpsychologie. Sonderheft 32. Opladen: Westdeutscher Verlag. S. 48–62

Geden, Oliver (2006): Diskursstrategien im Rechtspopulismus. Freiheitliche Partei Österreichs und Schweizerische Volkspartei zwischen Opposition und Regierungsbeteiligung. Wiesbaden: VS Verlag

Ghate, Deborah/Hazel, Neal (2002): Parenting in Poor Environments. Stress, Support and Coping. London: Jessica Kingsley Publisher

Giddens, Anthony (1999): Der Dritte Weg. Die Erneuerung der sozialen Demokratie. Frankfurt a. M.: Suhrkamp

Giddens, Anthony (2001): Die Frage der sozialen Ungleichheit. Frankfurt a. M.: Suhrkamp

Goeke, Stephanie (2012): Kinderarmut – ein Thema auch für die Integrations-/Inklusionsforscher/innentagung? In: Seitz, Simone/Finnern, Nina-Kathrin/Korff, Natascha/Scheidt, Katja (Hrsg.): Inklusiv gleich gerecht? Inklusion und Bildungsgerechtigkeit. Bad Heilbrunn: Julius Klinkhardt Verlag. S. 130–136

Gordon, David (2008): Children, policy and social justice. In: Craig, Gary/Burchardt, Tania/Gordon, David (Hrsg.): Social Justice and Public Policy. Bristol: Policy Press. S. 157–179

Gordon, David (2015): Foreword: In: Fernandez, Elizabeth/Zeira, Anat/Vecchiato, Tiziano/Canali, Cinzia (Hrsg.): Theoretical and Empirical Insights into Child and Family Poverty. Dordrecht: Springer. S. VII–IX

Gornick, Janet C./Jäntti, Markus (2012): Child poverty in cross-national perspective: Lessons from Luxembourg Income Study. In: Children and Youth Services Review 34, H. 3, S. 558–568

Grabka, Markus M./Westermeier, Christian (2014): Anhaltend hohe Vermögensungleichheit in Deutschland. In: DIW Wochenbericht 81, H. 9, S. 151–164

Gravelmann, Reinhold (2016): Unbegleitete minderjährige Flüchtlinge in der Kinder- und Jugendhilfe. München: Ernst Reinhardt Verlag

Groos, Thomas/Jehles, Nora (2015): Der Einfluss von Armut auf die Entwicklung von Kindern. Ergebnisse der Schuleingangsuntersuchung. Bertelsmann Stiftung. www.noz.de/media/documents/der_einfluss_von_armut_auf_die_entwicklung_von_kindern_1426271117.pdf (Abfrage: 22.02.2017)

Grundschulverband (2007): Das tägliche Unrecht in den Schulen. Arme Kinder werden bildungsarm gemacht. Pressemitteilung vom 01.02.2007. www.grundschulverband.de/fileadmin/aktuell/PM_Bildungsgerechtigkeit_Feb.07_01.pdf (Abfrage: 25.10.2014)

Grüttner, Michael/Moczall, Andreas/Wolff, Joachim (2016): Sanktionen im aktivierenden Arbeitsmarktregime und soziale Exklusion: Eine quantitative Analyse. In Soziale Welt 67, H. 1, S. 67–90

Hacket, Anne/Preißler, Josef/Ludwig-Mayerhofer, Wolfgang (2001): Am unteren Ende der Bildungsgesellschaft. In: Ludwig-Mayerhofer, Wolfgang/Barlösius, Eva (Hrsg.): Die Armut der Gesellschaft. Opladen: Leske und Budrich. S. 97–130

Hacking, Ian (1999): Was heißt ‚soziale Konstruktion'? Zur Konjunktur einer Kampfvokabel in den Wissenschaften. 2. Auflage. Frankfurt a. M.: Fischer Taschenbuch Verlag

Halleröd, Björn/Larsson, Daniel/Gordon, David/Ritakallio, Veli-Matti (2006): Relative deprivation: a comparative analysis of Britain, Finland and Sweden. In: Journal of European Social Policy 16, H. 4, S. 328–345

Hammer, Veronika (2015): Bildungspolitische Reflexionen und Inspirationen. Bildungsreform, Verwirklichungskulturen und integrierte Sozialraumplanung. In: Hammer, Veronika/Lutz, Ronald (Hrsg.): Neue Wege aus der Kinder- und Jugendarmut. Gesellschaftliche Rahmenbedingungen und sozialpädagogische Handlungsansätze. Weinheim: Beltz Juventa. S. 57–71

Hammer, Veronika/Lutz, Ronald (Hrsg.) (2015): Neue Wege aus der Kinder- und Jugendarmut. Gesellschaftliche Rahmenbedingungen und sozialpädagogische Handlungsansätze. Weinheim: Beltz Juventa

Handelsblatt (2016): Kinderarmut – Deutschlands Schande. Artikel verfasst von Peter Thelen. 06. 07. 2016. www.handelsblatt.com/politik/deutschland/kinderarmut-der-skandal/138389 18-3.html

Hannum, Emily/Liu, Ran/Alvarado-Urbina, Andrea (2017): Evolving approaches to the study of childhood poverty and education. In: Comparative Education 53, H. 1, S. 81–114

Harrington, Michael (1962/1997): The other America. Poverty in the United States. New York: Touchstone

Hartwig, Luise/Mennen, Gerald/Schrapper, Christian (Hrsg.) (2016): Kinderrechte als Fixstern moderner Pädagogik? Grundlagen, Praxis, Perspektiven. Weinheim: Beltz Juventa

Haus der kleinen Forscher (2014): Mehr Bildungschancen für alle! Internetauftritt auf www. haus-der-kleinen-forscher.de/de/ueberuns/die-stiftung/ (Abfrage: 20. 10. 2015)

Hauser, Richard (1989): Entwicklungstendenzen der Armut in der Bundesrepublik Deutschland. In: Döring, Dieter/Hauser, Richard (Hrsg.): Politische Kultur und Sozialpolitik. Ein Vergleich der Vereinigten Staaten und der Bundesrepublik Deutschland unter besonderer Berücksichtigung des Armutsproblems. Frankfurt a. M.: Campus Verlag. S. 117–146

Hauser, Richard (2007): Soziale Gerechtigkeit in Deutschland. Zieldimensionen und empirische Befunde am Beispiel der Generationengerechtigkeit. In: Empter, Stefan/Vehrkamp, Robert B. (Hrsg.): Soziale Gerechtigkeit – eine Bestandsaufnahme. Gütersloh: Verlag Bertelsmann Stiftung. S. 136–167

Hauser, Richard (2008): Problems of the German Contribution to EU-SILC. SOEP-papers on Multidisciplinary Panel Data Research. No. 86. DIW Berlin. www.diw.de/documents/publikationen/73/diw_01.c.78924.de/diw_sp0086.pdf (Abfrage: 13. 12. 2014)

Häußermann, Victoria (2014): Armut im Grundschulalltag. Eine qualitative Studie über die lebensweltlichen Erfahrungen von Kindern und pädagogischen Fachkräften. Würzburg: Ergon Verlag

Heckman, James J./Masterov, Dimitriy V. (2007): The Productivity Argument for Investing in Young Children. Discussion Paper No. 2725. Forschungsinstitut zur Zukunft der Arbeit. http://jenni.uchicago.edu/human-inequality/papers/Heckman_final_all_wp_2007-03-22c_ jsb.pdf (Abfrage: 09. 09. 2015)

Heinrich, Michael (2005): Kritik der politischen Ökonomie. 6. Auflage. Stuttgart: Schmetterling Verlag

Heinrich, Roberto/Jochem, Sven/Siegel, Nico A. (2016): Die Zukunft des Wohlfahrtsstaates. Einstellungen zur Reformpolitik in Deutschland. Bonn: Friedrich-Ebert-Stiftung

Heintze, Isolde (2004): Der Einfluss der Arbeitslosigkeit und der sozialökologischen Kontexte auf die Bildungschancen von Kindern in Ostdeutschland. In: Kölner Zeitschrift für Soziologie und Sozialpsychologie 56, H. 2, S. 232–256

Heite, Catrin/Klein, Alex/Landhäußer, Sandra/Ziegler, Holger (2007): Das Elend der Sozialen Arbeit – Die ‚neue Unterschicht‘ und die Schwächung des Sozialen. In: Kessl, Fabian/

Reutlinger, Christian/Ziegler, Holger (Hrsg.): Erziehung zur Armut? Soziale Arbeit und die ‚neue Unterschicht'. Wiesbaden: VS Verlag. S. 55–79

Heitmeyer, Wilhelm (2012): Gruppenbezogene Menschenfeindlichkeit (GMF) in einem entsicherten Jahrzehnt. In: Heitmeyer, Wilhelm (Hrsg.): Deutsche Zustände. Folge 10. Frankfurt a. M.: Suhrkamp. S. 15–41

Hengst, Heinz/Zeiher, Helga (2005): Von Kinderwissenschaften zu generationalen Analysen. Einleitung. In: Hengst, Heinz/Zeiher, Helga (Hrsg.): Kindheit soziologisch. Wiesbaden: VS Verlag. S. 9–24

Herz, Birgit/Becher, Ursel/Kurz, Ingrid/Mettlau, Christiane/Treeß, Helga/Werdermann, Margarethe (Hrsg.) (2008): Kinderarmut und Bildung. Wiesbaden: VS Verlag

Heydorn, Heinz-Joachim (1970): Über den Widerspruch von Bildung und Herrschaft. Frankfurt a. M.: Europäische Verlagsanstalt

Heywood, Andrew (2012): Political Ideologies. An Introduction. Houndmills u. a.: Palgrave Macmillan

Holz, Gerda (2008): Kinderarmut und familienbezogene soziale Dienstleistungen. In: Huster, Ernst-Ulrich/Boeckh, Jürgen/Mogge-Grotjahn, Hildegard (Hrsg.): Handbuch Armut und Soziale Ausgrenzung. Wiesbaden: VS Verlag. S. 483–500

Holz, Gerda/Laubstein, Claudia/Sthamer, Evelyn (2012): Lebenslagen und Zukunftschancen von (armen) Kindern und Jugendlichen in Deutschland. 15 Jahre AWO-ISS-Studie. www.iss-ffm.de/m_106 (Abfrage: 15.04.2016)

Honig, Michael-Sebastian (1988): Kindheitsforschung. Abkehr von der Pädagogisierung. In: Soziologische Revue 11, H. 2, S. 169–178

Honig, Michael-Sebastian (2009): Das Kind in der Kindheitsforschung. Gegenstandskonstitution in den childhood studies. In: Honig, Michael-Sebastian (Hrsg.): Ordnungen der Kindheit. Problemstellungen und Perspektiven der Kindheitsforschung. Weinheim und München: Juventa Verlag. S. 25–51

Honig, Michael-Sebastian (2016): Kindheiten. In: Scherr, Albert (Hrsg.): Soziologische Basics. Eine Einführung für Pädagogen und Pädagoginnen. 3. Auflage. Wiesbaden: VS Verlag. S. 169–174

Honig, Michael-Sebastian/Leu, Hans Rudolf/Nissen, Ursula (1996): Kindheit als Sozialisationsphase und als kulturelles Muster. Zur Strukturierung eines Forschungsfeldes. In: Honig, Michael-Sebastian/Leu, Hans Rudolf/Nissen, Ursula (Hrsg.): Kinder und Kindheit. Sozialstrukturelle Muster – sozialisationstheoretische Perspektiven. Weinheim: Juventa. S. 9–29

Honig, Michael-Sebastian/Ostner, Ilona (1998): Armut von Kindern? Zur sozialpolitischen Konstruktion von Kindheit. In: Klocke, Andreas/Hurrelmann, Klaus (Hrsg.): Kinder und Jugendliche in Armut. Umfang, Auswirkungen und Konsequenzen. Opladen/Wiesbaden: Westdeutscher Verlag. S. 251–265

Honneth, Axel (1994): Kampf um Anerkennung. Zur moralischen Grammatik sozialer Konflikte. Frankfurt a. M.: Suhrkamp

Honneth, Axel (2011): Kampf um Anerkennung im frühen 21. Jahrhundert. In: Aus Politik und Zeitgeschichte (APuZ), H. 1-2, S. 37–45

Höhne, Jutta/Schulze Buschoff, Karin (2015): Die Arbeitsmarktintegration von Migranten und Migrantinnen in Deutschland. Ein Überblick nach Herkunftsländern und Generationen. In: WSI Mitteilungen 68, H. 5, S. 345–354

Hradil, Stefan (2010): Der deutsche Armutsdiskurs. In: Aus Politik und Zeitgeschichte (APuZ), H. 51-52, S. 3–8

Hungerland, Beatrice/Liebel, Manfred/Milne, Brian/Wihstutz, Anne (Hrsg.) (2007): Working to Be Someone. Child Focused Research and Practice with Working Children. London: Jessica Kingsley Publishers

Hübenthal, Maksim (2009): Kinderarmut in Deutschland. Empirische Befunde, kinderpolitische Akteure und gesellschaftspolitische Handlungsstrategien. Eine Expertise im Auftrag des Deutschen Jugendinstituts (DJI). München. www.dji.de/fileadmin/user_upload/bibs/21_expertise_huebenthal_kinderarmut_2009.pdf (Abfrage: 22.11.2014)

Hübenthal, Maksim/Ifland, Anna Maria (2011): Risks for children? Recent developments in early childcare policy in Germany. In: Childhood. A Journal of global child research 18, H. 1, S. 114–127

Hüther, Gerald/Quarch, Christoph (2016): Rettet das Spiel! Weil Leben mehr als Funktionieren ist. München: Carl Hanser Verlag

Ifland, Anna Maria (2016): Spielen – ein konstitutives Moment von Kindheit in Deutschland und Norwegen? In: Zeitschrift für Grundschulforschung (ZfG). Bildung im Elementar- und Primarbereich 9, H. 2, S. 75–87

Ifland, Anna Maria (2017): Kindheitspolitik in Deutschland und Norwegen. Konstruktionen von Kindheit und Betreuung im Vergleich. Weinheim: Beltz Juventa

Institut der deutschen Wirtschaft Köln (2016a): Bund muss Kita-Lücken schließen. Pressemitteilung vom 30.12.2016. https://www.iwd.de/artikel/bund-muss-kita-luecken-schliessen-319262/ (Abfrage: 21.04.2017)

Institut der deutschen Wirtschaft Köln (2016b): Faktencheck Gerechtigkeit und Verteilung: eine empirische Überprüfung wichtiger Stereotype. IW Report 29/2016. https://www.iwkoeln.de/_storage/asset/300675/storage/master/file/10269848/download/IW_Report_29_2016_Faktencheck_Gerechtigkeit.pdf (Abfrage: 30.04.2017)

Institut für Angewandte Wirtschaftsforschung e.V. (IAW) (2006): Endbericht an das Bundesministerium für Arbeit und Soziales. Das Konzept der Verwirklichungschancen (A. Sen). Empirische Operationalisierung im Rahmen der Armuts- und Reichtumsmessung. Machbarkeitsstudie. www.bmas.de/SharedDocs/Downloads/DE/PDF-Publikationen/a357-konzept-der-verwirklichungschancen.pdf;jsessionid=DD30A574C761276E3ECA5010580456C2?__blob=publicationFile (Abfrage: 09.07.2015)

Institut für Angewandte Wirtschaftsforschung e.V. (IAW)/Universität Tübingen, Wirtschafts- und Sozialwissenschaftliche Fakultät (2011/2013): Aktualisierung der Berichterstattung über die Verteilung von Einkommen und Vermögen in Deutschland. Endbericht. Hrsg. vom BMAS. Bonn

Invernizzi, Antonella/Williams, Jane (Hrsg.) (2011): The Human Rights of Children. From Visions to Implementation. New York: Routledge

James, Allison/James, Adrian L. (2004): Constructing Childhood. Theory, Policy and Social Practice. Houndmills u. a.: Palgrave Macmillan

James, Allison/Jenks, Chris/Prout, Alan (1998): Theorizing Childhood. Cambridge: Polity Press

James, Allison/Prout, Alan (Hrsg.) (1990): Constructing and Reconstructing Childhood. Basingstoke: Falmer Press

Jenks, Chris (1996): Childhood. London: Routledge

Jensen, An-Magritt/Saporiti, Angelo (1992): Do Children Count? Childhood as a Social Phenomenon. A Statistical Compendium. Eurosocial Report, Vol. 36/17. Wien. European Centre for Social Welfare Policy and Research

Jenson, Jane (2014): Diffusing Ideas for After Neoliberalism. The Social Investment Perspective in Europe and Latin America. In: Pierson, Christopher, Castles, Francis G./Naumann, Ingela K. (Hrsg.): The welfare state reader. 3. Auflage. Cambridge: Polity Press. S. 309–325

Jenson, Jane/Saint-Martin, Denis (2003): New Routes to Social Cohesion? Citizenship and the Social Investment State. In: Canadian Journal of Sociology 28, H. 1, S. 77–99

Joos, Magdalena (2002): Tageseinrichtungen für Kinder zwischen Dienstleistung und Bildungsanforderungen. In: Zeitschrift für Soziologie der Erziehung und Sozialisation (ZSE) 22, H. 3, S. 229–246

Jordan, Erwin/Maykus, Stephan/Stuckstätte, Eva C. (2015): Kinder- und Jugendhilfe. Einführung in Geschichte und Handlungsfelder, Organisationsformen und gesellschaftliche Problemlagen. 4. Auflage. Weinheim und Basel: Beltz Juventa

Jurczyk, Karin/Klinkhardt, Josefine (2014): Vater, Mutter, Kind? Acht Trends in Familien, die Politik heute kennen sollte. Gütersloh: Verlag Bertelsmann Stiftung

Kampshoff, Marita (2010): Armutsprävention im Bildungsbereich – Ansatzpunkte für Chancengleichheit. In: Zander, Margherita (Hrsg.): Kinderarmut. Einführendes Handbuch für Forschung und soziale Praxis. 2. Auflage. Wiesbaden: VS Verlag. S. 218–236

Kaufmann, Franz-Xaver (1980): Kinder als Außenseiter der Gesellschaft. In: Merkur. Deutsche Zeitschrift für europäisches Denken 34, H. 8, S. 761–771

Kaufmann, Franz-Xaver (1989): Religion und Modernität. Sozialwissenschaftliche Perspektiven. Tübingen: J. C. B. Mohr (Paul Siebeck)

Kaufmann, Franz-Xaver (1995): Zukunft der Familie im vereinten Deutschland. Gesellschaftliche und politische Bedingungen. München. C. H. Beck

Kaufmann, Franz-Xaver (1997): Herausforderungen des Sozialstaates. Frankfurt a. M.: Suhrkamp Verlag

Kaufmann, Franz-Xaver (2003): Varianten des Wohlfahrtsstaats. Der deutsche Sozialstaat im internationalen Vergleich. Frankfurt a. M.: Suhrkamp Verlag

Kaufmann, Franz-Xaver (2009): Sozialpolitik und Sozialstaat. Soziologische Analysen. 3. Auflage. Wiesbaden: VS Verlag

Kaufmann, Franz-Xaver (2015): Sozialstaat als Kultur. Wiesbaden: VS Verlag

Kauppi, Niilo (2003): Bourdieu's Political Sociology and the Politics of European Integration. In: Theory and Society. Special Issue on The Sociology of Symbolic Power: A Special Issue in Memory of Pierre Bourdieu 32, H. 5/6, S. 775–789

Kelle, Helga (2005): Kinder und Erwachsene. Die Differenz von Generationen als kulturelle Praxis. In: Hengst, Heinz/Zeiher, Helga (Hrsg.): Kindheit soziologisch. Wiesbaden: VS Verlag. S. 83–108

Kelle, Udo/Kluge, Susann (2010): Vom Einzelfall zum Typus. Fallvergleich und Fallkontrastierung in der qualitativen Sozialforschung. 2. Auflage. Wiesbaden: VS Verlag

Kerber-Ganse, Waltraut (2009): Die Menschenrechte des Kindes. Opladen: Budrich Verlag

Kersting, Wolfgang (2003): Gerechtigkeit: Die Selbstverewigung des egalitaristischen Sozialstaats. In: Lessenich, Stephan (Hrsg.): Wohlfahrtsstaatliche Grundbegriffe. Historische und aktuelle Diskurse. Frankfurt a. M.: Campus Verlag. S. 105–135

Kessl, Fabian (2005): Das wahre Elend. Zur Rede von der „neuen Unterschicht". In: Widersprüche. Zeitschrift für sozialistische Politik im Bildungs-, Gesundheits- und Sozialbereich 25, H. 98, S. 29–42

Kessl, Fabian (2012): Die Rede von der „neuen Unterschicht". In: Haller, Michael/Niggeschmidt, Martin (Hrsg.): Der Mythos vom Niedergang der Intelligenz. Von Galton zu Sarrazin: Die Denkmuster und Denkfehler der Eugenik. Wiesbaden: Springer VS. S. 185–192

Kessl, Fabian (2013): Soziale Arbeit in der Transformation des Sozialen. Eine Ortsbestimmung. Wiesbaden: Springer VS

Kessl, Fabian/Otto, Hans-Uwe (2008): Soziale Arbeit ohne Wohlfahrtsstaat? In: Kessl, Fabian/ Otto, Hans-Uwe (Hrsg.): Soziale Arbeit ohne Wohlfahrtsstaat? Zeitdiagnosen, Problematisierungen und Perspektiven. Weinheim und München: Juventa Verlag. S. 7–21

Kessl, Fabian/Reutlinger, Christian (2007): „Sozialhilfeadel oder Unterschicht?" Sieben Einwände gegen eine „neue Unterschicht". In: Kessl, Fabian/Reutlinger, Christian/Ziegler, Holger (Hrsg.): Erziehung zur Armut? Soziale Arbeit und die ‚neue Unterschicht'. Wiesbaden: VS Verlag. S. 97–101

Keynes, John Maynard (1936/2017): Allgemeine Theorie der Beschäftigung, des Zinses und des Geldes. Berlin: Duncker & Humblot

Klafki, Wolfgang (1976): Aspekte kritisch-konstruktiver Erziehungswissenschaft. Weinheim: Beltz Verlag

Klafki, Wolfgang (1990): Abschied von der Aufklärung? Grundzüge eines bildungstheoretischen Gegenentwurfs. In: Krüger, Heinz-Hermann (Hrsg.): Abschied von der Aufklärung. Opladen: Leske und Budrich. S. 91–104

Klages, Johanna (2006): Kampffeld Repräsentation. In: Grundrisse. Zeitschrift für linke Theorie und Debatte. Nr. 18. www.grundrisse.net/grundrisse18/johanna_klages.htm (Abfrage: 07.06.2015)

Klein, Alexandra (2011): Verwahrlosung – Eine sozialpädagogische Vergegenwärtigung mit Klaus Mollenhauer. In: Soziale Passagen 3, H. 1, S. 115–125

Klemm, Klaus/Hollenbach-Biele, Nicole (2016): Nachhilfeunterricht in Deutschland. Ausmaß – Wirkung – Kosten. Gütersloh: Bertelsmann Stiftung

Klemm, Klaus (2015): Inklusion in Deutschland. Daten und Fakten. Gütersloh: Bertelsmann Stiftung

Klinkhammer, Nicole (2010): Frühkindliche Bildung und Betreuung im ‚Sozialinvestitionsstaat' – mehr Chancengleichheit durch investive Politikstrategien? In: Bühler-Niederberger, Doris/Mierendorff, Johanna/Lange, Andreas (Hrsg.): Kindheit zwischen fürsorglichem Zugriff und gesellschaftlicher Teilhabe. Wiesbaden: VS Verlag. S. 205–228

Klinkhammer, Nicole (2014): Kindheit im Diskurs. Kontinuität und Wandel in der deutschen Bildungs- und Betreuungspolitik. Marburg: Tectum Verlag

Klundt, Michael (2008): Von der sozialen zur Generationengerechtigkeit? Polarisierte Lebenslagen und ihre Deutung in Wissenschaft, Politik und Medien. Wiesbaden: VS Verlag

Klundt, Michael (2011): Kinderrechte, Kinderarmut, Kinderpolitik(-wissenschaft). Von Krokodilstränen über Instrumentalisierungen zu gesellschaftspolitischen Zusammenhängen. In: Hentges, Gudrun/Lösch, Bettina (Hrsg.): Die Vermessung der sozialen Welt. Neoliberalismus – extreme Rechte – Migration im Fokus der Debatte. Wiesbaden: VS Verlag. S. 119–131

Klundt, Michael (2017): Kinderpolitik. Eine Einführung in die Praxisfelder und Probleme. Weinheim: Beltz Juventa

Kocka, Jürgen (2008): Bürger und Bürgerlichkeit im Wandel. In: Aus Politik und Zeitgeschichte (APuZ), H. 9-10, S. 3–9

Kocka, Jürgen (2016): Thesen zur Geschichte und Zukunft der Arbeit. IGZA Working Paper Nr. 1. http://igza.org/wp-content/uploads/2016/10/Kocka_Thesen_IGZA-Working-Paper.pdf (Abfrage: 05.02.2017)

Konrad, Franz-Michael (2008): „Sollen die Kinder der Armen erzogen werden?" Über einige ideengeschichtliche Hintergründe der öffentlichen Kleinkinderziehung in der ersten Hälfte des 19. Jahrhunderts. In: Hering, Sabine/Schröer, Wolfgang (Hrsg.): Sorge um die Kinder. Beiträge zur Geschichte von Kindheit, Kindergarten und Kinderfürsorge. Weinheim und München: Juventa Verlag. S. 25–38

Korczak, Janusz (1919/1971): Wie man ein Kind lieben soll. Hrsg. von Elisabeth Heimpel und Hans Roos. 3. Auflage. Göttingen: Vandenhoeck & Ruprecht (Original erstmals erschienen: 1919)

Korczak, Janusz (1928/1939/2011): Das Recht des Kindes auf Achtung. Fröhliche Pädagogik. Hrsg. von Friedhelm Beiner. 4. Auflage. Gütersloh: Gütersloher Verlagshaus (Originale erstmals erschienen: 1928 und 1939)

Korte, Karl-Rudolf/Fröhlich, Manuel (2004): Politik und Regieren in Deutschland. Strukturen, Prozesse, Entscheidungen. Paderborn: Verlag Ferdinand Schönigh

Kothen, Andrea (2016): Sagt man jetzt Flüchtlinge oder Geflüchtete? In: Pro Asyl: Menschen kennen keine Grenzen. Heft zum Tag des Flüchtlings. Juni 2016: 24. www.proasyl.de/wp-content/uploads/2015/12/PA_TdF_Heft_2016_web_END.pdf (Abfrage: 07.01.2017)

Krappmann, Lothar (2013a): Das Kindeswohl im Spiegel der UN-Kinderrechtskonvention. In: EthikJournal 1, H. 2, S. 1–17. www.ethikjournal.de/fileadmin/user_upload/ethikjournal/Texte_Ausgabe_2_10-2013/Krappmann_Kindeswohl_UN-Kinderrechtskonvention_EthikJournal_1_2013_2.pdf (Abfrage: 13.01.2017)

Krappmann, Lothar (2013b): Der Weg hin zur frühkindlichen Bildung als Menschenrecht. In: Bertram, Hans (Hrsg.): Reiche, kluge, glückliche Kinder? Der UNICEF-Bericht zur Lage der Kinder in Deutschland. Weinheim: Beltz Juventa. S. 146–161

Kraul, Margret (2017): Pädagogischer Anspruch und soziale Distinktion. Wiesbaden: Springer VS

Kraus, Tanja (2014): Wege aus der Armut für Alleinerziehende. Eine Analyse der Partner- und Arbeitsmarktchancen. Wiesbaden: Springer VS

Krämer, Walter (2000): Armut in der Bundesrepublik. Zur Theorie und Praxis eines überforderten Begriffs. Frankfurt a. M.: Campus Verlag

Kränzl-Nagl, Renate/Mierendorff, Johanna (2009): Kindheit und Gesellschaft im Wandel. Kindheitssoziologische Perspektiven. In: Knapp, Gerald/Salzmann, Gerald (Hrsg.): Kindheit, Gesellschaft und Soziale Arbeit. Lebenslagen und soziale Ungleichheit von Kindern in Österreich. Klagenfurt u. a.: Hermagoras Verlag. S. 84–112

Kränzl-Nagl, Renate/Mierendorff, Johanna/Olk, Thomas (2003): Die Kindheitsvergessenheit der Wohlfahrtsstaatsforschung und die Wohlfahrtsstaatsvergessenheit der Kindheitsforschung. In: Kränzl-Nagl, Renate/Mierendorff, Johanna/Olk, Thomas (Hrsg.): Kindheit im Wohlfahrtsstaat. Gesellschaftliche und politische Herausforderungen. Frankfurt a. M.: Campus Verlag. S. 9–56

Kronauer, Martin (2010): Exklusion. Die Gefährdung des Sozialen im hoch entwickelten Kapitalismus. Frankfurt a. M.: Campus Verlag

Laclau, Ernesto (2013): Emanzipation und Differenz. Wien: Turia + Kant

Lange, Andreas/Lauterbach, Wolfgang/Becker, Rolf (2003): Armut und Bildungschancen. Auswirkungen von Niedrigeinkommen auf den Schulerfolg am Beispiel des Übergangs von der Grundschule auf weiterführende Schulstufen. In: Butterwegge, Christoph/Klundt, Michael (Hrsg.): Kinder- und Generationengerechtigkeit. Familien- und Sozialpolitik im demographischen Wandel. Wiesbaden: VS Verlag. S. 153–170

Lange, Jens (2017): Leitung von Kindertageseinrichtungen. Eine Bestandsaufnahme von Leitungskräften und Leitungsstrukturen in Deutschland. Gütersloh: Bertelsmann Stiftung

Lansdown, Gerison (2005): The evolving capacities of the child. Florenz. UNICEF Innocenti Research Centre. www.unicef-irc.org/publications/pdf/evolving-eng.pdf (Abfrage: 30.03.2015)

Lasner-Tietze, Cordula (2016): Kinderschutz und Kinderrechte. In: Hartwig, Luise/Mennen, Gerald/Schrapper, Christian (Hrsg.): Kinderrechte als Fixstern moderner Pädagogik? Grundlagen, Praxis, Perspektiven. Weinheim: Beltz Juventa. S. 108–115

Laubstein, Claudia/Holz, Gerda/Seddig, Nadine (2016): Armutsfolgen für Kinder und Jugendliche. Erkenntnisse aus empirischen Studien in Deutschland. Gütersloh: Bertelsmann Stiftung

Leisering, Lutz (2004a): Paradigmen sozialer Gerechtigkeit. Normative Diskurse im Umbau des Sozialstaats. In: Liebig, Stefan/Lengfeld, Holger/Mau, Steffen (Hrsg.): Verteilungsprobleme und Gerechtigkeit in modernen Gesellschaften. Frankfurt a.M.: Campus Verlag. S. 29–68

Leisering, Lutz (2004b): Paradigmen sozialer Gerechtigkeit. Normative Diskurse im Umbau des Sozialstaats. www.uni-bielefeld.de/soz/personen/Leisering/pdf/1.pdf (Abfrage: 28.07. 2016)

Leisering, Lutz (2007): Gerechtigkeitsdiskurse im Umbau des deutschen Sozialstaats. In: Empter, Stefan/Vehrkamp, Robert B. (Hrsg.): Soziale Gerechtigkeit – eine Bestandsaufnahme. Gütersloh: Verlag Bertelsmann Stiftung. S. 77–108

Leitner, Sigrid (2008): Ökonomische Funktionalität der Familienpolitik oder familienpolitische Funktionalisierung der Ökonomie? In: Evers, Adalbert/Heinze, Rolf G. (Hrsg.): Sozialpolitik. Ökonomisierung und Entgrenzung. Wiesbaden: VS Verlag. S. 67–82

Leitner, Sigrid/Ostner, Ilona/Schmitt, Christoph (2008): Family Policies in Germany. In: Ostner, Ilona/Schmitt, Christoph (Hrsg.): Family Policies in the Context of Family Change. The Nordic Countries in Comparative Perspective. Wiesbaden: VS Verlag. S. 175–202

Lessenich, Stephan (2000): Soziologische Erklärungsansätze zur Entstehung und Funktion des Sozialstaats. In: Allmendinger, Jutta/Ludwig-Mayerhofer, Wolfgang (Hrsg.): Soziologie des Sozialstaats. Gesellschaftliche Grundlagen, historische Zusammenhänge und aktuelle Entwicklungstendenzen. Weinheim: Juventa Verlag. S. 39–78

Lessenich, Stephan (Hrsg.) (2003): Wohlfahrtsstaatliche Grundbegriffe. Historische und aktuelle Diskurse. Frankfurt a.M.: Campus Verlag

Lessenich, Stephan (2008a): Der neosoziale Umbau des Sozialstaats. In: ZEIT online. 14.08. 2008. www.zeit.de/2008/34/Oped-Sozialreformen (Abfrage: 06.05.2015)

Lessenich, Stephan (2008b): Die Neuerfindung des Sozialen. Der Sozialstaat im flexiblen Kapitalismus. Bielefeld: Transcript Verlag

Lewis, Oscar (1959): Five Families. An intimate and objective revelation of family life in Mexico today – a dramatic study of the culture of poverty. New York: The New American Library

Liebel, Manfred (2007): Wozu Kinderrechte. Grundlagen und Perspektiven. Weinheim: Juventa

Liebel, Manfred (2013): Kinder und Gerechtigkeit. Über Kinderrechte neu nachdenken. Weinheim: Beltz Juventa

Liebel, Manfred (2015): Kinderinteressen zwischen Paternalismus und Partizipation. Weinheim: Beltz Juventa

Lindsey, Duncan (2009): Child poverty and Inequality: Securing a Better Future for America's Children. Oxford: University Press

Lister, Ruth (2003): Investing in the Citizen-workers of the Future. Transformations in Citizenship and the State under New Labour. In: Social Policy and Administration 37, H. 5, S. 427–443

Lister, Ruth (2004a): Poverty. Cambridge: Polity Press

Lister, Ruth (2004b): The Third Way's Social Investment State. In: Lewis, Jane/Surender, Rebecca (Hrsg.): Welfare State Change. Towards a Third Way? Oxford: University Press. S. 157–181

Lister, Ruth (2006): An Agenda for Children. Investing in the Future or Promoting Well-Being in the Present? In: Lewis, Jane (Hrsg.): Children, Changing Families and Welfare States. Cheltenham/Northampton: Edward Elgar. S. 51–66

Lister, Ruth (2010): Understanding Theories and Concepts in Social Policy. Bristol: Policy Press

Lister, Ruth (2013): Social Citizenship in New Labour's New ‚Active‘ Welfare State: The Case of the United Kingdom. In: Evers, Adalbert/Guillemard, Anne-Marie (Hrsg.): Social Policy and Citizenship. The Changing Landscape. Oxford: University Press. S. 121–149

Lorke, Christoph (2015): Armut im geteilten Deutschland. Die Wahrnehmung sozialer Randlagen in der Bundesrepublik und der DDR. Frankfurt: Campus Verlag

Ludwig-Mayerhofer, Wolfgang/Barlösius, Eva (2001): Die Armut der Gesellschaft. In: Ludwig-Mayerhofer, Wolfgang/Barlösius, Eva (Hrsg.): Die Armut der Gesellschaft. Opladen: Leske und Budrich. S. 11–67

Lutz, Ronald (Hrsg.) (2012): Erschöpfte Familien. Unter Mitarbeit von Corinna Frey. Wiesbaden: VS Verlag

Lutz, Ronald (2014): Soziale Erschöpfung. Kulturelle Kontexte sozialer Ungleichheit. Weinheim: Beltz Juventa

Lutz, Ronald/Hammer, Veronika (Hrsg.) (2012): Wege aus der Kinderarmut. Gesellschaftspolitische Rahmenbedingungen und sozialpädagogische Handlungsansätze. Weinheim: Juventa Verlag

Lüscher, Kurt (2005): Ambivalenz. Eine Annäherung an das Problem der Generationen. In: Jureit, Ulrike/Wildt, Michael (Hrsg.): Generationen. Zur Relevanz eines wissenschaftlichen Grundbegriffs. Hamburg: Hamburger Edition. S. 53–78

Mackert, Jürgen (2006): Staatsbürgerschaft. Eine Einführung. Wiesbaden: VS Verlag

Maier-Höfer, Claudia (Hrsg.) (2017): Kinderrechte und Kinderpolitik. Wiesbaden: VS Verlag

Mannheim, Karl (1964): Wissenssoziologie. Auswahl aus dem Werk. Eingeleitet und herausgegeben von Kurt H. Wolff. Berlin/Neuwied: Luchterhand Verlag

Marshall, Thomas H. (1949/1992): Bürgerrechte und soziale Klassen. Zur Soziologie des Wohlfahrtsstaates. Herausgegeben, übersetzt und mit einem Vorwort versehen von Elmar Rieger. Frankfurt a. M.: Campus Verlag

Marx, Karl (1872/2009): Das Kapital. Kritik der politischen Ökonomie. Ungekürzte Ausgabe nach der zweiten Auflage von 1872. Köln: Anaconda Verlag

Marx, Karl/Engels, Friedrich (1848/1975): Manifest der Kommunistischen Partei. Abgedruckt in: Marx, Karl/Engels, Friedrich (1975): Ausgewählte Schriften in zwei Bänden. Band I. 23. Auflage. Berlin: Dietz Verlag. S. 25–57

Maywald, Jörg (2012): Kinder haben Rechte! Kinderrechte kennen – umsetzen – wahren. Weinheim: Beltz Verlag

McKinney, Stephen (2014): The relationship of child poverty to school education. In: Improving Schools 17, H. 3, S. 203–216

Meier-Gräwe, Uta (2006): Jedes Kind zählt – Bildungsgerechtigkeit für alle Kinder als zukunftsweisende Aufgabe einer vorsorgenden Gesellschaftspolitik. Expertise im Auftrag der Bertelsmann-Stiftung. Gütersloh: Bertelsmann-Stiftung. www.bertelsmann-stiftung.de/bst/de/media/xcms_bst_dms_19191__2.pdf (Abfrage: 24.05.2015)

Meier-Gräwe, Uta (2011): Armutsprävention von Kindern und Familien im Sozialraum. Eine strategische Aufgabe zur Verringerung von Bildungsarmut. In: Wittmann, Svendy/Rauschenbach, Thomas/Leu, Hans Rudolf (Hrsg.): Kinder in Deutschland. Eine Bilanz empirischer Studien. Weinheim und München: Juventa Verlag. S. 106–123

Merten, Roland (2007): Kinderarmut in Deutschland – mehr als nur ein Randphänomen! In: Widerstreit-Sachunterricht. H. 9. www.widerstreit-sachunterricht.de/ebeneI/didaktiker/merten/kinderarmut.pdf (Abfrage: 19.02.2016)

Meumann, Markus (1995): Findelkinder, Waisenhäuser, Kindsmord. Unversorgte Kinder in der frühneuzeitlichen Gesellschaft. München: R. Oldenbourg Verlag

Mey, Günter/Mruck, Katja (2009): Methodologie und Methodik der Grounded Theory. In: Kempf, Wilhelm/Kiefer, Markus (Hrsg.): Forschungsmethoden der Psychologie. Zwischen naturwissenschaftlichem Experiment und sozialwissenschaftlicher Hermeneutik. Band 3: Natur und Kultur. Berlin: Verlag Irena Regener. S. 100–152

Mey, Günter/Mruck, Katja (Hrsg.) (2011): Grounded Theory Reader. 2. Auflage. Wiesbaden: VS Verlag

Mierendorff, Johanna (2008): Armut als Entwicklungsrisiko. In: Kelle, Helga/Tervooren, Anja (Hrsg.): Ganz normale Kinder. Heterogenität und Standardisierung kindlicher Entwicklung. Weinheim und München: Juventa Verlag. S. 147–164

Mierendorff, Johanna (2010a): Kinderarmut in Deutschland. In: Heinzel, Friederike (Hrsg.): Kinder in Gesellschaft. Was wissen wir über aktuelle Kindheiten? Frankfurt a. M.: Grundschulverband e. V. S. 79–88

Mierendorff, Johanna (2010b): Kindheit und Wohlfahrtsstaat. Entstehung, Wandel und Kontinuität des Musters moderner Kindheit. Weinheim und München: Juventa Verlag

Mierendorff, Johanna (2011): Arme Kinder. In: Wittmann, Svendy/Rauschenbach, Thomas/ Leu, Hans Rudolf (Hrsg.): Kinder in Deutschland. Eine Bilanz empirischer Studien. Weinheim und München: Juventa Verlag. S. 124–137

Mierendorff, Johanna/Olk, Thomas (2010): Gesellschaftstheoretische Ansätze. In: Krüger, Heinz-Hermann/Grunert, Cathleen (Hrsg.): Handbuch Kindheits- und Jugendforschung. 2. Auflage. Wiesbaden: VS Verlag. S. 125–151

Murray, Charles (1984/1994): Losing Ground. American Social Policy, 1950–1980. 2. Auflage. New York: Basic Books

Nauck, Bernhard/Clauß, Susanne/Richter, Elisabeth (2008): Zur Lebenssituation von Kindern mit Migrationshintergrund in Deutschland. In: Bertram, Hans (Hrsg.): Der UNICEF-Bericht zur Lage der Kinder in Deutschland. München: C. H. Beck. S. 127–151

Netto Marken-Discount (2014): Initiative gegen Kinderarmut: In der „Woche des Aufrundens" setzen sich Prominente an die Kasse. Blogeintrag vom 30. 05. 2014. www.netto-online.de/blog/2014/05/initiative-gegen-kinderarmut-in-der-woche-des-aufrundens-setzen-sich-prominente-an-die-kasse/ (Abfrage: 02. 05. 2016)

Neuberger, Franz (2016): Kinderarmut als Problem – Die soziale Frage und die Rolle der Kinderbetreuung im 19. und 21. Jahrhundert. In: Sozialer Fortschritt 65, H. 12, S. 298–304

Niehues, Judith (2017): Die Mittelschicht in Deutschland. Vielschichtig und stabil. Herausgegeben vom Institut der deutschen Wirtschaft. Köln. www.iwkoeln.de/_storage/asset/3251 58/storage/master/file/12050661/download/IW-Trends_1_2017_Mittelschicht.pdf (Abfrage: 14. 06. 2017)

Nolte, Paul (2003): Das große Fressen. In: ZEIT online. 17. 02. 2003. www.zeit.de/2003/52/Essay_Nolte (Abfrage: 04. 11. 2015)

Nolte, Paul (2004): Generation Reform. Jenseits der blockierten Republik. München: C. H. Beck Verlag

Nolte, Paul (2007): Riskante Moderne. Die Deutschen und der neue Kapitalismus. München: Deutscher Taschenbuch Verlag

Nonhoff, Martin (2006): Politischer Diskurs und Hegemonie. Das Projekt Soziale Marktwirtschaft. Bielefeld: Transcript Verlag

O'Neill, John (2004): Civic capitalism. The State of Childhood. Toronto: University of Toronto Press

OECD (2008): Growing unequal. Paris: OECD

OECD (2009): Doing Better for Children. Paris: OECD

OECD (2011): Doing Better for Families. Paris: OECD

OECD (2016a): Bildung auf einen Blick 2016 (im Original: Education at a Glance). Paris: OECD

OECD (2016b): PISA 2015. Ergebnisse (Band I). Exzellenz und Chancengerechtigkeit in der Bildung. OECD. Bielefeld: W. Bertelsmann Verlag

OECD (2016c): Society at a Glance 2016. OECD Social Indicators. Paris: OECD

Offe, Claus (1972): Strukturprobleme des kapitalistischen Staates. Frankfurt a. M.: Suhrkamp Verlag

Offe, Claus (1982/2006): Some Contradictions of the Modern Welfare State. In: Pierson, Christopher, Castles, Francis G. (Hrsg.): The welfare state reader. 2. Auflage. Cambridge: Polity Press. S. 66–75

Olk, Thomas (2003): Kindheit im Wandel. Eine neue Sicht auf Kindheit und Kinder und ihre Konsequenzen für die Kindheitsforschung. In: Prengel, Annedore (Hrsg.): Im Interesse von Kindern? Forschungs- und Handlungsperspektiven in Pädagogik und Kinderpolitik. Weinheim und München: Juventa Verlag. S. 103–121

Olk, Thomas (2004): Kinder in der Armut. In: Deutsches Kinderhilfswerk e. V. (Hrsg.): Kinderreport Deutschland 2004. Daten, Fakten, Hintergründe. München: Kopaed Verlag. S. 21–40

Olk, Thomas (2007): Kinder im „Sozialinvestitionsstaat". In: Zeitschrift für Soziologie der Erziehung und Sozialisation (ZSE) 27, H. 1, S. 43–57

Olk, Thomas (2009): Ungleichheit und Gerechtigkeit im Generationenverhältnis. Sind Kindheit und Kinder die Verlierer der Sozialstaatsreform? In: Honig, Michael-Sebastian (Hrsg.): Ordnungen der Kindheit. Problemstellungen und Perspektiven der Kindheitsforschung. Weinheim: Juventa Verlag, S. 127–153

Olk, Thomas (2010): In Kinder investieren? Politik für Kinder und Familien in Deutschland und Norwegen. In: Dahme, Heinz-Jürgen/Wohlfahrt, Norbert (Hrsg.): Systemanalyse als politische Reformstrategie. Wiesbaden: VS Verlag. S. 291–306

Olk, Thomas/Hübenthal, Maksim (2009): Child Poverty in the German Social Investment State. In: Zeitschrift für Familienforschung 21, H. 2, S. 150–167

Olk, Thomas/Hübenthal, Maksim (2010): Zweckfreie Kindheit. In: Wittmann, Svendy/Rauschenbach, Thomas/Leu, Hans Rudolf (Hrsg.): Kinder in Deutschland. Eine Bilanz empirischer Studien. Weinheim: Juventa. S. 49–61

Olk, Thomas/Roth, Roland (2007): Mehr Partizipation wagen. Argumente für eine verstärkte Beteiligung von Kindern und Jugendlichen. Herausgegeben von der Bertelsmann Stiftung. Gütersloh: Verlag Bertelsmann Stiftung

Olk, Thomas/Wintersberger, Helmut (2007): Welfare States and Generational Order. In: Wintersberger, Helmut/Alanen, Leena/Olk, Thomas/Qvortrup, Jens (Hrsg.): Childhood, Generational Order and the Welfare State. Exploring Children's Social and Economic Welfare. Volume 1. COST A19: Children's Welfare. Odense: University of Southern Denmark Press. S. 59–90

Opielka, Michael (2005): Bildungsreform und Sozialreform. In: Opielka, Michael (Hrsg.): Bildungsreform als Sozialreform. Zusammenhang von Bildung und Sozialpolitik. Wiesbaden: VS Verlag. S. 127–155

Opielka, Michael/Müller, Matthias/Bendixen, Tim/Kreft, Jesco (2010): Grundeinkommen und Werteorientierungen – eine empirische Analyse. 2. Auflage. Wiesbaden: VS Verlag

Ostner, Ilona (2003): Kinderarmut – eine aktuelle Debatte soziologisch betrachtet. In: Kränzl-Nagl, Renate/Mierendorff, Johanna/Olk, Thomas (Hrsg.): Kindheit im Wohlfahrtsstaat. Gesellschaftliche und politische Herausforderungen. Frankfurt a. M.: Campus Verlag. S. 299–330

Ostner, Ilona (2008): Ökonomisierung der Lebenswelt durch aktivierende Familienpolitik. In: Evers, Adalbert/Heinze, Rolf G. (Hrsg.): Sozialpolitik. Ökonomisierung und Entgrenzung. Wiesbaden: VS Verlag. S. 49–66

Patschke, Mareike (2016): Der Diskurs Frühe Hilfen. Weinheim: Beltz Juventa

Paugam, Serge (2008): Die elementaren Formen der Armut. Hamburg: Hamburger Edition

Payandeh, Mehrdad (2014): Die Individualbeschwerde zum Kinderrechtsausschuss der Vereinten Nationen. Rechtsgutachten erstellt im Auftrag der Kindernothilfe e. V. in Kooperation mit der National Coalition Deutschland – Netzwerk zur Umsetzung der UN-Kinderrechtskonvention e. V. www.netzwerk-kinderrechte.de/fileadmin/bilder/user_upload/ Rechtsgutachten_Payandeh.pdf (Abfrage: 18. 05. 2016)

Pemberton, Simon (2015): Harmful Societies. Understanding social harm. Bristol: Policy Press

Pemberton, Simon/Gordon, David/Nandy, Shailen/Pantazis, Christina/Townsend, Peter (2007): Child Rights and Child Poverty: Can the International Framework of Children's Rights Be Used to Improve Child Survival Rates? In: PLoS Medicine 4, H. 10, S. 1567–1570

Pfeiffer, Friedhelm (2010): Entwicklung und Ungleichheit von Fähigkeiten: Anmerkungen aus ökonomischer Sicht. In: Krüger, Heinz-Hermann/Rabe-Kleberg, Ursula/Kramer, Rolf-Torsten/Budde, Jürgen (Hrsg.): Bildungsungleichheit revisited. Bildung und soziale Ungleichheit vom Kindergarten bis zur Hochschule. Wiesbaden: VS Verlag. S. 25–44

Picht, Georg (1964): Die deutsche Bildungskatastrophe. Olten: Walter Verlag

Platt, Lucinda (2005): Discovering Child poverty. The creation of a policy agenda from 1800 to the present. Bristol: Policy Press

Pro Asyl (2014): Stellungnahme zum Referentenentwurf des Bundesministeriums des Innern eines Gesetzes zur Neubestimmung des Bleiberechts und der Aufenthaltsbeendigung vom 7. 4. 2014. www.aktion-bleiberecht.de/media/PRO_ASYL_Stellungnahme_zum_Referenten-entwurf_Neubestimmung_Bleiberecht_und_Aufenthaltsbeendigung_5_Juni_2014.pdf (Abfrage: 29. 07. 2016)

Pro Asyl (2015): Stellungnahme zum Entwurf eines Gesetzes zur Verbesserung der Unterbringung, Versorgung und Betreuung ausländischer Kinder und Jugendlicher. https:// www.proasyl.de/fileadmin/fm-dam/o_Rechtspolitik/PRO_ASYL_Stellungnahme_Umverteilung_unbegleitete_Minderjaehrige_29.6.2015.pdf (Abfrage: 28. 12. 2016)

Qvortrup, Jens (2002): Was verspricht die neue Kindheitsforschung den Kindern in Armut? In: Holm, Karin/Schulz, Uwe (Hrsg.): Kindheit in Armut weltweit. Opladen: Leske und Budrich. S. 63–79

Qvortrup, Jens (2003): Kindheit im marktwirtschaftlich organisierten Wohlfahrtsstaat. In: Kränzl-Nagl, Renate/Mierendorff, Johanna/Olk, Thomas (Hrsg.): Kindheit im Wohlfahrtsstaat. Gesellschaftliche und politische Herausforderungen. Frankfurt a. M.: Campus Verlag. S. 95–120

Qvortrup, Jens (2005): Kinder und Kindheit in der Sozialstruktur. In: Hengst, Heinz/Zeiher, Helga (Hrsg.): Kindheit soziologisch. Wiesbaden: VS Verlag. S. 27–47

Qvortrup, Jens (2012): Kindheit und Politik. In: Neue Praxis 42, H. 1, S. 14–26

Qvortrup, Jens/Bardy, Marjatta/Sgritta, Giovanni/Wintersberger, Helmut (1994) (Hrsg.): Childhood Matters. Social Theory, Practice and Politics. Aldershot u. a.: Avebury

Qvortrup, Jens/Corsaro, William A./Honig, Michael-Sebastian (Hrsg.) (2009): The Palgrave Handbook of Childhood Studies. Houndmills: Palgrave Macmillan

Radtke, Uwe (2000): Janusz Korczak als Pädagoge. Zum Recht des Kindes auch Achtung. Marburg: Tectum Verlag

Rauschenbach, Thomas/Borrmann, Stefan (2010): Wenn die Privatsache Kinderbetreuung öffentlich wird. Zur neuen Selbstverständlichkeit institutioneller Kinderbetreuung. In: Karner, Britta/Cloos, Peter (Hrsg.): Erziehung und Bildung von Kindern als gemeinsames Projekt. Zum Verhältnis familialer Erziehung und öffentlicher Kinderbetreuung. Baltmannsweiler: Schneider Verlag Hohengehren. S. 11–25

Rawls, John (1971/1979): Eine Theorie der Gerechtigkeit. Frankfurt a. M.: Suhrkamp Verlag

Rehbein, Boike (2016): Die Soziologie Pierre Bourdieus. 3. Auflage. Konstanz: UVK Verlagsgesellschaft mbH

Reichwein, Eva (2012): Kinderarmut in der Bundesrepublik Deutschland. Lebenslagen, gesellschaftliche Wahrnehmung und Sozialpolitik. Wiesbaden: VS Verlag

Rettig, Hanna/Schrödter, Julia/Zeller, Maren (2017): Das Handeln von Familienhebammen: Entgrenzen, abgrenzen, begrenzen. Weinheim: Beltz Juventa

Richter, Antje (2000): Wie erleben und bewältigen Kinder Armut? Eine qualitative Studie über Belastungen aus Unterversorgungslagen und ihre Bewältigung aus subjektiver Sicht von Grundschulkindern einer ländlichen Region. Aachen: Shaker Verlag

Richter, Elisabeth/Lehmann, Teresa/Sturzenhecker, Benedikt (2017): So machen Kitas Demokratiebildung. Empirische Erkenntnisse zur Umsetzung des Konzepts ‚Die Kinderstube der Demokratie‘. Weinheim: Beltz Juventa

Ridge, Tess (2002): Childhood Poverty and Social Exclusion: From a Child's Perspective. Bristol: Policy Press

Ridge, Tess (2007): Children and Poverty across Europe – The Challenge of Developing Child Centred Policies. In: Zeitschrift für Soziologie der Erziehung und Sozialisation (ZSE) 27, H. 1, S. 28–42

Ristau, Malte (2005): Der ökonomische Charme der Familie. In: Aus Politik und Zeitgeschichte (APuZ), H. 23-24, S. 16–23

Ritz, Manuela (2013): Adultismus – (un)bekanntes Phänomen: Ist die Welt nur für Erwachsene gemacht? In: Wagner, Petra (Hrsg.): Handbuch Inklusion. Grundlagen vorurteilsbewusster Bildung und Erziehung. Freiburg: Herder Verlag. S. 165–173

Roche, Jeremy (1999): Children: Rights, Participation and Citizenship. In: Childhood 6, H. 4, S. 475–493

Ruck, Martin D./Peterson-Badali, Michele/Freeman, Michael (Hrsg.) (2017): Handbook of Children's Rights. Global and Multidisciplinary Perspectives. New York/London: Routledge

Rürup, Bert/Gruescu, Sandra (2003): Nachhaltige Familienpolitik im Interesse einer aktiven Bevölkerungsentwicklung. Gutachten im Auftrag des Bundesministeriums für Familie, Senioren, Frauen und Jugend. Berlin. www.bmfsfj.de/RedaktionBMFSFJ/Broschuerenstelle/Pdf-Anlagen/umschlag-nachhaltige-familienpolitik-r_C3_BCrup,property=pdf,bereich=bmfsfj,sprache=de,rwb=true.pdf (Abfrage: 22.04.2015)

Sachße, Christoph (2003): Subsidiarität. Leitmaxime deutscher Wohlfahrtsstaatlichkeit. In: Lessenich, Stephan (Hrsg.): Wohlfahrtsstaatliche Grundbegriffe. Historische und aktuelle Diskurse. Frankfurt a. M.: Campus Verlag. S. 191–212

Sachße, Christoph/Tennstedt, Florian (1980/1988/1992/2012): Geschichte der Armenfürsorge in Deutschland. Bd. 1–4. Stuttgart: Kohlhammer Verlag

Sandermann, Philipp (2010): Die Kontinuität im Wandlungsprozess des bundesrepublikanischen Wohlfahrtssystems. In: Neue Praxis 40, H. 5, S. 447–464

Sauer, Martin (1979): Heimerziehung und Familienprinzip. Neuwied und Darmstadt: Luchterhand

Saunders, Peter (2015): Not Just Statistics. Making Children's Poverty More Visible. In: Fernandez, Elizabeth/Zeira, Anat/Vecchiato, Tiziano/Canali, Cinzia (Hrsg.): Theoretical and Empirical Insights into Child and Family Poverty. Dordrecht: Springer. S. 41–57

Schelsky, Helmut (1953): Wandlungen der deutschen Familie in der Gegenwart. Dortmund: Ardey Verlag

Scherpner, Hans (1979): Geschichte der Jugendfürsorge. 2. Auflage. Göttingen: Vandenhoeck & Ruprecht

Schiettecat, Tineke/Roets, Griet/Vandenbroeck, Michael (2015): Do families in poverty need child and family social work? In: European Journal of Social Work 18, H. 5, S. 647–660

Schilling, Matthias (2014): Setzt sich der Fachkräftemangel in Kitas weiter fort? In: Kommentierte Daten der Kinder- und Jugendhilfe 17, H. 1-2, S. 13–17

Schmahl, Stefanie (2014): Auswirkungen der UN-Kinderrechtskonvention auf die deutsche Rechtsordnung – Eine Analyse jüngster gesetzgeberischer und judikativer Entwicklungen. In: Recht der Jugend und des Bildungswesens. Zeitschrift für Schule, Berufsbildung und Jugenderziehung 62, H. 1, S. 125–142

Schmid, Josef/Buhr, Daniel (2015): Wirtschaftspolitik. Begriffe, theoretische Ansätze und Handlungsfelder einer interdisziplinären Politischen Wirtschaftslehre. 2. Auflage. Paderborn: Schönigh

Schmidt, Manfred G. (2012): Einstellungen zur Demokratie. Dossier: Deutsche Verhältnisse. Eine Sozialkunde. www.bpb.de/politik/grundfragen/deutsche-verhaeltnisse-eine-sozialkunde/138703/einstellungen-zur-demokratie (Abfrage: 28.08.2015)

Schmidt, Renate/Rürup, Bert (2003): Die nützlichen Kinder. Familienpolitik lohnt sich. In: ZEIT online. 04.12.2003. www.zeit.de/2003/50/R_9frup_2fSchmidt (Abfrage: 03.12.2016)

Schmitz, Silvia/Tareli, Irmela/Wendt, Heike/Bos, Wilfried (2013): Bildungschancen von Kindern alleinerziehender Eltern. In: Bertram, Hans (Hrsg.): Reiche, kluge, glückliche Kinder? Der UNICEF-Bericht zur Lage der Kinder in Deutschland. Weinheim und Basel: Beltz Juventa. S. 118–133

Schneider, Norbert F./Dorbritz, Jürgen (2011): Wo bleiben die Kinder? Der niedrigen Geburtenrate auf der Spur. In: Aus Politik und Zeitgeschichte (APuZ), H. 10-11, S. 26–34

Schnurr, Stefan (2015): Partizipation. In: Otto, Hans-Uwe/Thiersch, Hans (Hrsg.): Handbuch Soziale Arbeit. 5. Auflage. München: Ernst Reinhardt Verlag, S. 1171–1180

Schroer, Markus (2014): Von Fremden und Überflüssigen. Baumans Theorie der Ausgrenzung. In: Junge, Matthias/Kron, Thomas (Hrsg.): Zygmunt Baumann. Soziologie zwischen Postmoderne, Ethik und Gegenwartsdiagnose. 3. Auflage. Wiesbaden: Springer VS. S. 403–422

Schütte, Friedhelm (2016): Integration oder Inklusion jugendlicher Flüchtlinge via Berufsbildung? In: Widersprüche. Zeitschrift für sozialistische Politik im Bildungs-, Gesundheits- und Sozialbereich 36, H. 141, S. 73–84

Schweiger, Gottfried/Graf, Gunter (2015): A Philosophical Examination of Social Justice and Child Poverty. New York: Palgrave Macmillan

Schwingel, Markus (2011): Pierre Bourdieu zur Einführung. 7. Auflage. Hamburg: Junius Verlag

Sen, Amartya (2007): Ökonomie für den Menschen. Wege zu Gerechtigkeit und Solidarität in der Marktwirtschaft. 4. Auflage. München: Carl Hansa Verlag

Sgritta, Giovanni B. (1994): The Generational Division of Welfare: Equity and Conflict. In: Qvortrup, Jens/Bardy, Marjatta/Sgritta, Giovanni B./Wintersberger, Helmut (Hrsg.): Childhood Matters. Social Theory, Practice and Politics. Aldershot: Avebury, S. 335–360

Simmel, Georg (1908/1992): Der Arme. In: Simmel, Georg: Soziologie. Untersuchungen über die Formen der Vergesellschaftung. Gesamtausgabe. Bd. 11. Hrsg. von Otthein Rammstedt. Frankfurt a. M.: Suhrkamp Verlag. S. 512–555

Simpson, Donald (2013): Remediating child poverty via preschool: exploring practitioners' perspectives in England. In: International Journal of Early Years Education 21, H. 1, S. 85–96

Sondermann, Ariadne (2010): Familie als Ort der Vernachlässigung elterlicher Pflichten? Arbeitslose und die Sorge um die Zukunft ihrer Kinder. In: Bühler-Niederberger, Doris/

Lange, Andreas/Mierendorff, Johanna (Hrsg.): Kindheit zwischen fürsorglichem Zugriff und gesellschaftlicher Teilhabe. Wiesbaden: VS Verlag. S. 167–182

Spiegel online (2011): Statistikpanne beim DIW: Forscher patzen bei Berechnung der Kinderarmut. 06.05.2011. Verfasst von böl. www.spiegel.de/wirtschaft/soziales/statistikpanne-beim-diw-forscher-patzen-bei-berechnung-der-kinderarmut-a-761070.html (Abfrage: 30.06.2015)

Spiegel online (2016a): Reichen-Einfluss auf Politik. Bundesregierung streicht Passage aus Armutsbericht. Beitrag verfasst von Benjamin Bidder und den Nachrichtendiensten dpa und AFP. 15.12.2016 www.spiegel.de/wirtschaft/soziales/armutsbericht-bundesregierung-streicht-umstrittene-reichen-passage-a-1125976.html (Abfrage: 20.03.2017)

Spiegel online (2016b): Gestrichene Passagen im Armutsbericht. Was hinter dem Streit über die Gutverdiener steckt. Beitrag verfasst von Florian Diekmann und Florian Gathmann. 16.12.2016. www.spiegel.de/wirtschaft/soziales/armutsbericht-was-hinter-dem-streit-ueber-gestrichene-passagen-steckt-a-1126114.html (Abfrage: 06.05.2017)

StEG-Konsortium (2016): Ganztagsschule. Bildungsqualität und Wirkungen außerunterrichtlicher Angebote. Ergebnisse der Studie zur Entwicklung von Ganztagsschulen 2012–2015. www.projekt-steg.de/sites/default/files/StEG_Brosch_FINAL.pdf (Abfrage: 17.05.2017)

Stehr, Nico (2001): Moderne Wissensgesellschaften. In: Aus Politik und Zeitgeschichte (APuZ), H. 36, S. 7–14

Stern (2004): Unterschicht. Das wahre Elend. Beitrag verfasst von Walter Wüllenweber. 22. Dezember 2004. www.stern.de/politik/deutschland/unterschicht-das-wahre-elend-533 666.html (Abfrage: 29.06.2015)

Stoecklin, Daniel/Bonvin, Jean-Michel (Hrsg.) (2014): Children's Rights and the Capability Approach. Challenges and Prospects. Dordrecht: Springer

Straubhaar, Thomas (2016): Ein Grundeinkommen kann die Gesellschaft wieder vereinen. In: Süddeutsche Zeitung. Gastbeitrag vom 07.12.2016. www.sueddeutsche.de/wirtschaft/aussenansicht-ein-grundeinkommen-kann-die-gesellschaft-wieder-vereinen-1.3282068 (Abfrage: 27.01.2017)

Straubhaar, Thomas (2017): Radikal gerecht. Wie das bedingungslose Grundeinkommen den Sozialstaat revolutioniert. Hamburg: Edition Körber Stiftung

Strauss, Anselm (1994): Grundlagen qualitativer Sozialforschung. Datenanalyse und Theoriebildung in der empirischen soziologischen Forschung. München: Wilhelm Fink Verlag

Strauss, Anselm/Corbin, Juliet (1996): Grounded Theory. Grundlagen qualitativer Sozialforschung. Weinheim: Psychologie Verlags Union

Strengmann-Kuhn, Wolfgang (2003): Armut trotz Erwerbstätigkeit. Analysen und sozialpolitische Konsequenzen. Frankfurt a. M.: Campus Verlag

Stringhini, Silvia/Carmeli, Christian/Jokela, Markus/Avendaño, Mauricio (2017): Socioeconomic status and the 25 x 25 risk factors as determinants of premature mortality: a multicohort study and meta-analysis of 1.7 million men and women. http://thelancet.com/journals/lancet/article/PIIS0140-6736(16)32380-7/fulltext (Abfrage: 29.04.2017)

Struck, Norbert (2016): Flüchtlinge in den Handlungsfeldern der Kinder- und Jugendhilfe. In: Neue Praxis. Sonderheft 13. Flucht, Sozialstaat und Soziale Arbeit. S. 126–135

Strübing, Jörg (2008): Grounded Theory. Zur sozialtheoretischen und epistemologischen Fundierung des Verfahrens der empirisch begründeten Theoriebildung. Wiesbaden: VS Verlag

Süddeutsche Zeitung (2016): Regierung strich heikle Passagen aus Armutsbericht. Beitrag verfasst von Thomas Öchsner. 14.12.2016. www.sueddeutsche.de/wirtschaft/armut-in-deutschland-regierung-strich-heikle-passagen-aus-armutsbericht-1.3295247 (Abfrage: 01.02.2017)

Süddeutsche Zeitung (2017): Merkels 25-Milliarden-Peinlichkeit. Beitrag verfasst von Nico Fried. 11.06.2017. www.sueddeutsche.de/politik/sozialpolitik-merkels-milliarden-peinlichkeit-1.3538638 (Abfrage: 20.06.2017)

Swartz, David, L. (2012): Grundzüge einer Feldanalyse der Politik nach Bourdieu. In: Bernhard, Stefan/Schmidt-Wellenburg, Christian (Hrsg.): Feldanalyse als Forschungsprogramm 2. Gegenstandsbezogene Theoriebildung. Wiesbaden: VS Verlag. S. 163–194

Taylor-Gooby, Peter (2009): Reframing Social Citizenship. Oxford: Oxford University Press

Thorne, Barrie (1987): Re-Visioning Women and Social Change: Where are the Children? In: Gender and Society 1, H. 1. S. 85–109

Thurn, Leonore (2017): Kinderschutz im Kontext der Kindertagesbetreuung. Eine Untersuchung zu Herausforderungen und Chancen im Umgang mit dem Schutzauftrag. Wiesbaden: Springer VS

Tocqueville, Alexis de (1834/2007): Das Elend der Armut. Über den Pauperismus. Berlin: Avinus Verlag

Tophoven, Silke/Wenzig, Claudia/Lietzmann, Torsten (2016): Kinder in Armutslagen. Konzepte, aktuelle Zahlen und Forschungsstand. IAB Forschungsbericht. 11/2016

Treibel, Annette (2008): Die Soziologie von Norbert Elias. Eine Einführung in ihre Geschichte, Systematik und Perspektiven. Wiesbaden: VS Verlag

Tsokos, Michael/Guddat, Saskia (2014): Deutschland misshandelt seine Kinder. München: Droemer Verlag

Ullrich, Carsten G. (2005): Soziologie des Wohlfahrtsstaates. Eine Einführung. Frankfurt a. M.: Campus Verlag

Ullrich, Carsten G. (2008): Die Akzeptanz des Wohlfahrtsstaates. Präferenzen, Konflikte, Deutungsmuster. Wiesbaden: VS Verlag

UNHCR/UNICEF (2016): Safe & Sound. Welche Maßnahmen Staaten ergreifen können, um das Kindeswohl von unbegleiteten Kindern in Europa zu gewährleisten. www.refworld.org/cgi-bin/texis/vtx/rwmain?docid=574fd31f4 (Abfrage: 14.03.2017)

UNICEF (o. J.): Konvention über die Rechte des Kindes. Herausgegeben von UNICEF Deutschland. Köln. www.unicef.de/download/9364/a1bbed70474053cc61d1c64d4f82d604/d-0006-kinderkonvention-pdf-data.pdf (Abfrage: 25.10.2015)

UNICEF (2000): A League Table of Child Poverty in Rich Nations. Innocenti Report Card No. 1. Florenz. www.unicef-irc.org/publications/pdf/repcard1e.pdf (Abfrage: 27.02.2016)

UNICEF (2007): Child Poverty in Perspective. An Overview of Child Well-Being in Rich Countries. A Comprehensive Assessment of the Lives and Well-Being of Children and Adolescents in the Economically Advanced Nations. Innocenti Report Card No. 7. Florenz. www.unicef-irc.org/publications/pdf/rc7_eng.pdf (Abfrage: 30.10.2016)

UNICEF (2012): Measuring Child Poverty. New league tables of child poverty in the world's rich countries. Innocenti Report Card No. 10. Florenz. www.unicef-irc.org/publications/pdf/rc10_eng.pdf (Abfrage: 08.05.2016)

UNICEF (2013a): Child well-being in Rich Countries. A comparative overview. Innocenti Report Card No. 11. Florenz. www.unicef-irc.org/publications/pdf/rc11_eng.pdf (Abfrage: 20.09.2016)

UNICEF (2013b): UN-Konvention über die Rechte des Kindes. Kinder haben Rechte. www.unicef.de/informieren/infothek/-/kinder-haben-rechte---un-konvention-ueber-die-rechte-des-kindes/17532 (Abfrage: 29.05.2017)

UNICEF (2014a): Children of the Recession. The impact of the economic crisis on child wellbeing in rich countries. Innocenti Report Card No. 12. Florenz. www.unicef-irc.org/publications/pdf/rc12-eng-web.pdf (Abfrage: 17.03.2016)

UNICEF (2014b): In erster Linie Kinder. Flüchtlingskinder in Deutschland. Verfasst von Thomas Berthold. www.unicef.de/blob/56282/fa13c2eefcd41dfca5d89d44c72e72e3/fluecht-lingskinder-in-deutschland-unicef-studie-2014-data.pdf (Abfrage: 06. 09. 2016)

UNICEF (2015): Fünf Punkte, die jetzt für Flüchtlingskinder in Deutschland wichtig sind. Pressemitteilung vom 24. 09. 2015. www.unicef.de/informieren/aktuelles/presse/2015/bund-laender-fluechtlingsgipfel/88510 (Abfrage: 03. 12. 2016)

UNICEF (2016a): The State of World's Children 2016. www.unicef.org/publications/index_91711.html (Abfrage: 23. 02. 2017)

UNICEF (2016b): Zur Situation der Flüchtlingskinder in Deutschland. UNICEF-Lagebe-richt. www.unicef.de/blob/115186/de54a5d3a8b6ea03337b489816eeaa08/zur-situation-der-fluechtlingskinder-in-deutschland-data.pdf (Abfrage: 12. 02. 2017)

UNICEF (2016c): Fairness for Children: A league table of inequality in child well-being in rich countries. Innocenti Report Card No. 13. Florenz. www.unicef-irc.org/publications/pdf/RC13_eng.pdf (Abfrage: 17. 01. 2017)

van Lancker, Wim/van Mechelen, Natascha (2015): Universalism under siege? Exploring the association between targeting, child benefits and child poverty across 26 countries. In: Social Science Research, H. 50, S. 60–75

Vandenhole, Wouter/Vranken, Jan/De Boyser, Katrien (2010) (Hrsg.): Why Care? Children's Rights and Child Poverty. Antwerpen u. a.: Intersentia

vbw – Vereinigung der Bayrischen Wirtschaft e. V. (Hrsg.) (2012): Professionalisierung in der Frühpädagogik. Qualifikationsniveau und -bedingungen des Personals in Kindertagesstätten. Münster: Waxmann Verlag

Vereinte Nationen (2007): Umsetzung der UN-Resolution 60/251. „Rat für Menschenrechte" vom 15. 03. 2006. Bericht des Sonderberichterstatters für das Recht auf Bildung, Vernor Muñoz. Addendum. Deutschlandbesuch (13.–21. 02. 2006). www.netzwerk-bildungsfrei-heit.de/pdf/Mission_on_Germany_DE.pdf (Abfrage: 02. 06. 2017)

Verhellen, Eugeen (1994): Convention on the Rights of the Child. Background, Motivation, Strategies, Main Themes. Leuven/Apeldoorn: Garant Uitgevers

Vesper, Dieter (2013): Finanzierung der Kinder- und Jugendhilfe unter besonderer Berück-sichtigung der Kinderbetreuung. Entwicklungstendenzen und Perspektiven. Expertise zum 14. Kinder- und Jugendbericht. Herausgegeben vom DJI. München. www.dji.de/file-admin/user_upload/bibs/14_KJB-Expertise-Vesper.pdf (Abfrage: 19. 11. 2016)

Vobruba, Georg (2003): Autonomiegewinne der Leute im Wohlfahrtsstaat. In: Lessenich, Stephan (Hrsg.): Wohlfahrtsstaatliche Grundbegriffe. Historische und aktuelle Diskurse. Frankfurt a. M.: Campus Verlag. S. 137–155

von Balluseck, Hilde (Hrsg.) (2017): Professionalisierung der Frühpädagogik. Perspektiven, Entwicklungen, Herausforderungen. 2. Auflage. Opladen: Verlag Barbara Budrich

Wadsworth, Martha E./Rindlaub, Laura/Hurwich-Reiss, Eliana/Riensk, Shauna/Bianco, Han-nah/Markman, Howard J. (2013): A Longitudinal Examination of the Adaption to Pov-erty-Related Stress Model: Predicting Child and Adolescent Adjustment Over Time. In: Journal of Clininal Child & Adolescent Psychology 42, H. 5, S. 713–725

Wagner, Dominik (2017): Familientradition Hartz IV? Soziale Reproduktion von Armut in Familie und Biografie. Opladen: Verlag Barbara Budrich

Wagner, Gert G./Brenke, Karl (2013): Ungleiche Verteilung der Einkommen bremst das Wirtschaftswachstum. In: Wirtschaftsdienst 93, H. 2, S. 110–116

Walper, Sabine (2008): Sozialisation und Armut. In: Hurrelmann, Klaus/Grundmann, Mat-thias/Walper, Sabine (Hrsg.): Handbuch Sozialisationsforschung. 7. Auflage. Weinheim und Basel: Beltz Verlag. S. 203–216

Weber, Max (1904–1920/2016): Die protestantische Ethik und der Geist des Kapitalismus. Die protestantischen Sekten und der Geist des Kapitalismus. Schriften 1904–1920. Herausgegeben von Wolfgang Schluchter in Zusammenarbeit mit Ursula Bube. Max-Weber-Gesamtausgabe I/18. Tübingen: J. C. B. Mohr (Paul Siebeck)

Weber, Max (1921–1922/1980): Wirtschaft und Gesellschaft. Grundriss der verstehenden Soziologie. 5. Auflage. Tübingen: J. C. B. Mohr (Paul Siebeck)

Weiß, Hans (2010a): Kinderarmut als Entwicklungsrisiko. In: Kißgen, Rüdiger/Heinen, Norbert (Hrsg.): Frühe Risiken und Frühen Hilfen. Grundlagen, Diagnostik, Prävention. Stuttgart: Klett-Cotta. S. 47–67

Weiß, Hans (2010b): Kinder in Armut als Herausforderung für eine inklusive Perspektive. In: Zeitschrift für Inklusion 4, H. 4. www.inklusion-online.net/index.php/inklusion-online/article/view/114/114 (Abfrage: 04. 08. 2016)

Wersig, Maria (2013): Der lange Schatten der Hausfrauenehe. Zur Reformresistenz des Ehegattensplittings. Opladen: Verlag Barbara Budrich

Westermeier, Christian/Tiefensee, Anita/Grabka, Markus M. (2016): Erbschaften in Europa. Wer viel verdient, bekommt am meisten. In: DIW Wochenbericht 83, H. 17, S. 375–386

Wiesner, Reinhard (2013): Das Jugendamt im Schnittpunkt öffentlicher und privater Verantwortung für das Aufwachsen junger Menschen. In: Eger, Frank/Hensen, Gregor (Hrsg.): Das Jugendamt in der Zivilgesellschaft. Weinheim und Basel: Beltz Juventa. S. 34–56

Wihstutz, Anne (2009): Verantwortung und Anerkennung. Qualitative Studie zur Bedeutung von Arbeit für Kinder. Berlin: Lit Verlag

Wilkinson, Richard/Pickett, Kate (2009): The Spirit Level. Why More Equal Societies Almost Always Do Better. London: Allen Lane

Winkelhofer, Ursula/Schübel, Thomas (2012): Kommunale Ressourcen gegen Kinderarmut: Handlungsspielräume für Soziale Arbeit. In: Neue Praxis 42, H. 5, S. 429–444

Winkler, Michael (2014): Spiel und Pädagogik. In: Braches-Chyrek, Rita/Röhner, Charlotte/Sünker, Heinz/Hopf, Michaela (Hrsg.): Handbuch Frühe Kindheit. Opladen: Budrich Verlag. S. 261–271

Wise, Amanda (2016): Behind Singapore's PISA rankings success – and why other countries may not want to join the race. In: The Conversation. Beitrag vom 08. 12. 2016. www.theconversation.com/behind-singapores-pisa-rankings-success-and-why-other-countries-may-not-want-to-join-the-race-70057 (Abfrage: 31. 01. 2017)

Wolff, Reinhart (2016): Moderner Kinderschutz in der Unsicherheitsgesellschaft. Ganzheitliche Hilfe oder autoritäres Risikomanagement – Entwicklungstrends und aktuelle Herausforderungen. In: Sozialwissenschaftliche Literaturrundschau 39, H. 73, S. 149–160

Wolff, Reinhart/Flick, Uwe/Ackermann, Timo/Biesel, Kay/Brandhorst, Felix/Heinitz, Stefan/Patschke, Mareike/Rönsch, Gundula (2013): Aus Fehlern lernen. Qualitätsmanagement im Kinderschutz. Opladen: Verlag Barbara Budrich

WSI (2015): Sozialausgaben für Familie und Kinder in Deutschland überdurchschnittlich hoch. http://media.boeckler.de/Sites/A/Online-Archiv/17852 (Abfrage: 30. 05. 2017)

Wulff, Pilar (2017): Der Einsatz von Familienhebammen in Handlungsfeldern sozialer Organisationen. Inter- und transdisziplinäre Kooperation an der Schnittstelle zwischen Gesundheitswesen und Jugendhilfe. In: Neue Praxis 47, H. 1, S. 23–38

Wüstendörfer, Werner (2008): „Dass man immer nein sagen muss". Eine Befragung der Eltern von Grundschulkindern mit Nürnberg-Pass. www.nuernberg.de/imperia/md/sozialreferat/dokumente/befragung_nuernberg_pass.pdf (Abfrage: 20. 02. 2015)

Zander, Margherita (2010a): Resilienzförderung als Neuorientierung in der kommunalen Kinderarmutsprävention. In: Lutz, Ronald/Hammer, Veronika (Hrsg.): Wege aus der Kinderarmut. Gesellschaftspolitische Rahmenbedingungen und sozialpädagogische Handlungsansätze. Weinheim und München: Juventa Verlag. S. 142–157

Zander, Margherita (2010b): Einleitung. In: Zander, Margerita (Hrsg.): Kinderarmut. Einführendes Handbuch für Forschung und soziale Praxis. 2. Auflage. Wiesbaden: VS Verlag. S. 7–11

Zander, Margherita (2010c): Armes Kind – starkes Kind? Die Chance der Resilienz. 3. Auflage. Wiesbaden: VS Verlag

Zander, Margherita (2013): Entwicklungsrisiko Armut – Wo liegt der Ausweg? Die Verheißungen des Capabilities- und Resilienzansatzes. In: Graf, Gunter/Kapferer, Elisabeth/Sedmak, Clemens (Hrsg.): Der Capability Approach und seine Anwendung. Fähigkeiten von Kindern und Jugendlichen erkennen und fördern. Wiesbaden: Springer VS. S. 201–225

Zander, Margherita (2015): Laut gegen Armut – leise für Resilienz. Was gegen Kinderarmut hilft. Weinheim: Beltz Juventa Verlag

Zeiher, Helga (1996): Kinder in der Gesellschaft und in der Soziologie. In: Zeitschrift für Soziologie der Erziehung und Sozialisation (ZSE) 16, H. 1, S. 26–46

Zelizer, Viviana (1994): Pricing the priceless child. The changing social value of children. Princeton: University Press

Zimmermann, Gunter E. (2000): Ansätze zur Operationalisierung von Armut und Unterversorgung im Kindes- und Jugendalter. In: Butterwegge, Christoph (Hrsg.): Kinderarmut in Deutschland. Ursachen, Erscheinungsformen und Gegenmaßnahmen. Frankfurt a. M.: Campus Verlag. S. 59–77

Quellen

PP1: Deutscher Bundestag (2009): Plenarprotokoll 16/202. 29. 01. 2009.

PP2: Deutscher Bundestag (2009): Plenarprotokoll 16/205. 12. 02. 2009.

PP3: Deutscher Bundestag (2009): Plenarprotokoll 16/206. 13. 02. 2009.

PP4: Deutscher Bundestag (2009): Plenarprotokoll 16/208. 05. 03. 2009.

PP5: Deutscher Bundestag (2009): Plenarprotokoll 16/211. 19. 03. 2009.

PP6: Deutscher Bundestag (2009): Plenarprotokoll 16/212. 20. 03. 2009.

PP7: Deutscher Bundestag (2009): Plenarprotokoll 16/214. 26. 03. 2009.

PP8: Deutscher Bundestag (2009): Plenarprotokoll 16/217. 23. 04. 2009.

PP9: Deutscher Bundestag (2009): Plenarprotokoll 16/222. 14. 05. 2009.

PP10: Deutscher Bundestag (2009): Plenarprotokoll 16/228. 19. 06. 2009.

PP11: Deutscher Bundestag (2009): Plenarprotokoll 16/230. 02. 07. 2009.

PP12: Deutscher Bundestag (2009): Plenarprotokoll 17/4. 11. 11. 2009.

PP13: Deutscher Bundestag (2009): Plenarprotokoll 17/7. 26. 11. 2009.

PP14: Deutscher Bundestag (2009): Plenarprotokoll 17/10. 04. 12. 2009.

PP15: Deutscher Bundestag (2009): Plenarprotokoll 17/12. 17. 12. 2009.

PP16: Deutscher Bundestag (2010): Plenarprotokoll 17/16. 21. 01. 2010.

PP17: Deutscher Bundestag (2010): Plenarprotokoll 17/19. 28. 01. 2010.

PP18: Deutscher Bundestag (2010): Plenarprotokoll 17/21. 09. 02. 2010.

PP19: Deutscher Bundestag (2010): Plenarprotokoll 17/24. 25. 02. 2010.

PP20: Deutscher Bundestag (2010): Plenarprotokoll 17/27. 04. 03. 2010.

PP21: Deutscher Bundestag (2010): Plenarprotokoll 17/31. 18. 03. 2010.

PP22: Deutscher Bundestag (2010): Plenarprotokoll 17/32. 19. 03. 2010.

PP23: Deutscher Bundestag (2010): Plenarprotokoll 17/39. 05. 05. 2010.

PP24: Deutscher Bundestag (2010): Plenarprotokoll 17/43. 20. 05. 2010.

PP25: Deutscher Bundestag (2010): Plenarprotokoll 17/45. 09.06.2010.
PP26: Deutscher Bundestag (2010): Plenarprotokoll 17/46. 10.06.2010.
PP27: Deutscher Bundestag (2010): Plenarprotokoll 17/49. 17.06.2010.
PP28: Deutscher Bundestag (2010): Plenarprotokoll 17/51. 01.07.2010.
PP29: Deutscher Bundestag (2010): Plenarprotokoll 17/59. 16.09.2010.
PP30: Deutscher Bundestag (2010): Plenarprotokoll 17/61. 29.09.2010.
PP31: Deutscher Bundestag (2010): Plenarprotokoll 17/62. 30.09.2010.
PP32: Deutscher Bundestag (2010): Plenarprotokoll 17/65. 07.10.2010.
PP33: Deutscher Bundestag (2010): Plenarprotokoll 17/66. 08.10.2010.
PP34: Deutscher Bundestag (2010): Plenarprotokoll 17/69. 29.10.2010.
PP35: Deutscher Bundestag (2010): Plenarprotokoll 17/71. 11.11.2010.
PP36: Deutscher Bundestag (2010): Plenarprotokoll 17/73. 23.11.2010.
PP37: Deutscher Bundestag (2010): Plenarprotokoll 17/75. 25.11.2010.
PP38: Deutscher Bundestag (2010): Plenarprotokoll 17/79. 03.12.2010.
PP39: Deutscher Bundestag (2010): Plenarprotokoll 17/81. 16.12.2010.
PP40: Deutscher Bundestag (2011): Plenarprotokoll 17/90. 10.02.2011.
PP41: Deutscher Bundestag (2011): Plenarprotokoll 17/91. 11.02.2011.
PP42: Deutscher Bundestag (2011): Plenarprotokoll 17/94. 25.02.2011.